2013年度国家社会科学基金青年项目“民族法视域下西南山地民族自发社会控制研究”（13CFX024）研究成果
宁夏大学民族学一流学科建设经费资助出版（NXYLXK2017A02）

Study on Spontaneous Social Control of
Ethnic Groups in the Mountainous Regions of Southwest China
from the Perspective of Ethnic Law

民族法视域下西南山地民族自发社会控制研究

刘振宇 著

中国出版集团
研究出版社

图书在版编目 (CIP) 数据

民族法视域下西南山地民族自发社会控制研究 / 刘振宇著 . -- 北京 : 研究出版社 , 2022.9
ISBN 978-7-5199-1340-3

Ⅰ . ①民… Ⅱ . ①刘… Ⅲ . ①民族地区 – 社会约制 – 研究 – 西南地区 Ⅳ . ① D633.2

中国版本图书馆 CIP 数据核字 (2022) 第 175157 号

出 品 人：赵卜慧
出版统筹：张高里 丁 波
责任编辑：张立明

民族法视域下西南山地民族自发社会控制研究
MINZUFA SHIYUXIA XINAN SHANDI MINZU ZIFA SHEHUI KONGZHI YANJIU
刘振宇 著
研究出版社 出版发行
（100006 北京市东城区灯市口大街100号华腾商务楼）
北京中科印刷有限公司印刷 新华书店经销
2022年9月第1版 2022年9月第1次印刷
开本：710毫米 × 1000毫米 1/16 印张：19.75
字数：317千字
ISBN 978-7-5199-1340-3 定价：68.00元
电话（010）64217619 64217612（发行部）

作者简介

刘振宇

男，汉族，1982 年 5 月出生，山西省霍州市人。法学博士，宁夏大学法学院副院长、副教授、硕士生导师。主要社会职务及荣誉：宁夏法学会区域法治发展协同创新研究会副秘书长，宁夏社会学会常务理事、学术委员会委员；入选宁夏青年哲学社会科学和文化艺术人才托举工程、宁夏第十二届人民代表大会法制委员会立法专家咨询委员会成员、教育部和中央政法委高等学校与法律实务部门人员互聘“双千计划”，荣获第十二届“宁夏青年五四奖章”。

主要从事民族法学、法学理论、法社会学的教学和研究工作。现主持各级各类科研、教学项目 18 项，参与省部级以上科研项目 4 项，其中主持国家社会科学基金项目 2 项，主持完成宁夏哲学社会科学规划项目 1 项、自治区研究生教育创新计划示范课程建设项目 1 项，主持在研国家民委民族研究项目 1 项、宁夏新型智库课题 1 项，出版学术专著 1 部，副主编和参编著作 10 部，发表学术论文 40 余篇，荣获宁夏哲学社会科学优秀成果二等奖、宁夏第二届优秀教育科研成果三等奖等奖励 10 余项。

目　录

前　言

现代社会背景下法律法规和国家政策无疑是主导性社会控制力量，但秩序调控和社会治理从来都不是国家正式社会控制的垄断物和专属品。广义的社会控制是指所有使人们对社会规范和习惯采取循规行为的力量和约束方式。伴随着多元社会控制理论的兴起，越来越多的学者开始关注民间自发社会控制秩序，研究路径主要有两条：一条是在理论上构建自发社会控制的合理性；另一条则是从实证出发探寻道德、伦理、民俗、习惯法、民间法等自发社会控制资源。对蕴含丰富自发社会控制“地方性知识”的西南山地民族，民族法学界也倍加关注。在研究中为多数学者所使用的“习惯法”和“民间法”术语，对于破除“法律中心主义”具有积极意义，但与“社会控制”概念相比较，习惯法研究范式存在一定的不足与缺陷，而“社会控制”概念能够包容各种社会秩序和社会治理的建构力量，适宜考察和整合民族地区法治建设中各种有益的社会治理资源。

本书的研究某种意义上超越了传统规范法学的局限，既有较强的理论学术价值，同时又有着较好的现实实践意义。西南山地民族在长期实践中形成了独具特色且至今仍然发挥效用的自发社会控制秩序。对这些传统资源进行调查、收集和整理，揭示隐藏其背后的历史文化背景，既有利于探寻其蕴含的社会合理性与原创智慧，又有利于保护和传承少数民族优秀传统法文化，还有助于深化对民族地区社会控制和民族法学基本理论问题的探讨。除此之外，当代西南山地民族地区一方面国家正式社会控制资源不足，另一方面传统社会控制出现了断裂。因而，充分发掘自发社会控制这一本土民族地区基层社会治理的有益资源，积极引导其与国家正式社会控制、准正式社会控制有效衔接，实现各种社会控制资源的优化整合，对于探索符合民族、地域、时代特色的民族地区基层社会治理道路，实现民族地区的社会稳定有序、和谐发展而言意义重大。

本书的研究基于社会控制和法律多元理论，以整体文化观和跨学科研究视角，按照法社会学和法人类学的分析框架，围绕民族法视域下西南山地民族进行资料收集与实地调研，对西南山地民族自发社会控制的研究构想、理论基础、生成机理、变迁演进、基本维度等方面展开全方位、多角度、立体化研究，力图呈现西南山地民族自发社会控制的真实图景。与此同时，笔者还分析了现代化语境下西南山地民族社会控制的现状和境遇，探讨了当前西南山地民族地区断裂的“多元复杂”的社会控制困局，阐明了民族自发社会控制与其他社会控制之间的关系，并在典型实践模式和个案研究的基础上，提出整合协同当代西南山地民族多元社会控制的初步设想和路径探索。

本书是国家社会科学基金青年项目“民族法视域下西南山地民族自发社会控制研究”（项目批准号：13CFX024）的最终成果。该项目在研究过程中得到了多位民族法学界专家、学者的指导，来自不同高校、实务部门的六位课题组成员参与了研究资料的收集和整理工作，同时本研究还参考了各位同行专家、学者的相关研究成果，在此表示衷心的感谢！由于课题研究者水平有限，本书中的疏漏和错误之处在所难免，还望学界同仁惠予指正！

刘振宇

2021年8月8日

第一章　西南山地民族自发社会控制的研究构想

一、西南山地民族简述

（一）西南地区

所谓“西南地区”，乃是一个地理区位概念，它与东北地区、华北地区、西北地区、华东地区、华中地区、华南地区共同构成我国统一的国家地理区域划分整体。国家地理区域划分即是将一国全部国土依据其典型特征划分为若干板块，以便国家和政府开展自然地理、经济社会和行政管理等方面的研究与管理。囿于划分依据、研究侧重和历史传统等因素的影响，中国的地理区域存在着多种划分方式，不仅每种划分方式的标准、重点和结果有所不同，即便同一地理区域称谓在不同划分方式下的具体指称和范围大小也不尽相同。就西南地区指称范围而言，学术界至少存在以下三种不同观点：一是狭义上的西南地区，仅指四川、云南、贵州“西南三省”区域；二是广义上的西南地区，包括四川省、云南省、贵州省、西藏自治区和重庆市；三是最广义上的西南地区，具体是指在广义上的西南地区外，再加上广西壮族自治区、湖南湘西土家族苗族自治州、湖北恩施土家族苗族自治州以及陕西南部地区。①

在本书中，为了尽可能扩大研究对象的时空范围，笔者使用的是最广义上的西南地区的概念指称范围，其区域地理位置大致在东经 78°42′～112°08′，北纬 21°13′～34°32′，自然

---

① 胡兴东：《西南民族地区纠纷解决机制研究》，社会科学文献出版社 2013 年版，第 3 页。

地理上涵盖青藏高原大部、云贵高原、四川盆地和两广丘陵西部地区，总面积近280万平方公里，约占我国陆地国土总面积的29.17%。总体而言，在我国七大国家地理区划当中，西南地区地形地貌结构错综复杂，以高原和山地为主，河流湖泊众多、高山峡谷纵横，各种自然资源（如矿藏、水能、生物、土地等）丰富但交通信息闭塞，由于历史上长期地处蛮荒边陲之境，经济文化及社会发展水平较为滞后。

（二）西南民族地区

西南地区还有一个典型特征就是少数民族众多。我国55个少数民族主要分布于西南、西北以及东北地区，而尤以西南地区最为集中，仅云南一省世居少数民族就高达26个，其中15个为云南特有民族（即人口数占全国该民族总人口的80%以上），贵州省的世居民族也多达18个。由是，西南地区常被冠以"西南民族地区"的名号。实际上这种等而视之的用法有失妥当，从空间范围来看，"西南地区"应是"西南民族地区"的上位概念。在我国，民族地区特指少数民族聚居生活，国家设立相应的自治机关，行使民族区域自治权的地方。[①] 事实上西南地区绝非全是少数民族聚居区域，例如，以成都平原为代表的四川平原就呈现以汉族为主体的分布格局。当然，也必须承认西南地区确是中国民族自治区域分布最为密集的地方。除西藏自治区和广西壮族自治区外，西南地区还分布有16个自治州、60个自治县，占我国155个民族区域自治地方的50.3%，[②] 此外还拥有绝对数量的民族乡。

（三）西南少数民族

谈到西南民族地区就不得不提及"西南少数民族"这一概念。"西南少数民族"与"西南民族地区"是既有联系又有区别的两个术语。"西南民族地区"是一个地理范围概念，指的是"地域上的西南"；而"西南少数民族"则是一个民族群体概念，指的是"文化上的西南"。[③] "西南民族地区"是"西南少数民族"赖以生存和发展的时空前提与基础。

西南民族地区是我国少数民族成分最复杂、人口最众多的区域，全国56

---

① 吴宗金、张晓辉主编：《中国民族法学》，法律出版社2004年版，第203页。
② 金炳镐：《民族理论与民族政策概论》，中央民族大学出版社2006年版，第499－505页。
③ 潘志成：《西南民族传统法文化的历史与现状考察》，民族出版社2010年版，第2页。

个民族均有成员在这里繁衍生息。其中世代定居于斯的有藏、彝、羌、壮、瑶、苗、侗、佤、白、傣、怒、京、水、景颇、纳西、拉祜、布朗、独龙、哈尼、门巴、珞巴、基诺、布依、仡佬、仫佬、毛南、普米、阿昌、回、满、土家、蒙古等30余个少数民族以及尚未明确族别的摩梭人、苦聪人、纳日人、西番人、克木人、夏尔巴人、达布人、僜人和莽人等。① 西南少数民族语言分属汉藏语系的藏缅语族、苗瑶语族、壮侗语族和南亚语系的孟高棉语族。② 根据2000年第五次全国人口普查统计显示，西南少数民族人口共计6494万人，占我国少数民族总人口10643万人的61%以上。③ 其中西藏、广西乃藏、壮、瑶等少数民族主要聚居区；云南是我国民族种类最多的省份，2015年底全省少数民族人口为1583万人，占全省总人口数的33.4%，少数民族遍及云南全省各县，分布甚广且呈现犬牙交错之布局；贵州亦是我国著名的多民族省份，少数民族人口数量仅次于云南、广西、新疆，位列全国第4位，占全省总人口数的40%以上；四川被誉为全国唯一的羌族聚居区、最大的彝族聚居区和"中国第二大藏区"；重庆、湖南湘西和湖北恩施则是土家、苗等少数民族的重要聚居地。④

（四）西南山地民族

有了上文的知识背景作为铺垫，下面将着重介绍本书的研究对象——"西南山地民族"。我国西南地区地形地势十分复杂，虽以高原、山地和丘陵地貌为主，但也不乏平原、盆地、山间坝子以及河谷谷地等平坦地带。因此，并非所有西南少数民族都聚居于崇山峻岭之中，也有少数民族长期栖息于平原地区。例如，精于灌溉农业技术且适应热带气候环境的傣族就多分布于滇西南西双版纳、普洱、德宏等地的河谷与平坝区域。历史上傣族人将自己聚居的高原盆地和河谷平地称为"勐"（傣语音译），而将其控制的其他民族所聚居的山区称为"圈"。⑤ 后来"勐""圈"被引申为古代傣泰民族治下的一级行政

---

① 陈金全主编：《西南少数民族习惯法研究》，法律出版社2008年版，第2页。

② 周世中等著：《西南少数民族民间法的变迁与现实作用——以黔桂瑶族、侗族、苗族民间法为例》，法律出版社2010年版，第54页。

③ 资料来源：全国第五次人口普查数据以及《中国民族工作年鉴》编辑委员会编：《中国民族工作年鉴2002》，《中国民族工作年鉴》编辑委员会，2002年版。

④ 陈金全主编：《西南少数民族习惯法研究》，法律出版社2008年版，第1－2页。

⑤ 夏征农主编：《辞海》（缩印本），上海辞书出版社1990年版，第539页。

区划单位，时至今日傣族聚居的地方仍多沿用“勐”字命名，如勐海县、勐腊县、勐董镇等。又如，善于经商和精耕农业的云南回族、满族90%以上居住于掌控商路驿道的城镇及其周边平地坝区。由是观之，“西南山地民族”亦不能直接等同于“西南少数民族”，“西南少数民族”实乃“西南山地民族”的上位概念。

虽然如此，汉族而外，我国34个西南世居少数民族中除傣、回、满等个别民族外，绝大多数民族均为高山、山地或半山地民族。就族群种类数量而言，西南山地民族确实是西南少数民族当中的绝对主体。西南民族地区山地民族分布密集程度之高，不仅在我国高居榜首，即便放之世界也无出其右者。这就随之产生了一个问题，缘何在中国西南地区这块不大的区域内会密布如此之多的少数民族，而且山地民族还居于绝对多数地位呢？下文笔者将从自然地理、经济社会、民族交往和历史上的民族政策四个方面展开具体的讨论。

1. 独具特色的自然地理条件

自然地理因素是西南地区形成众多山地民族的首要原因，并且是其他因素得以发挥作用的根本前提。我国西南地区位于亚欧、印度洋和太平洋三大板块交界地带，是由泛华夏陆块西南部与冈瓦纳古陆北端经过不断弧后扩张、碰撞、裂离等强烈地质运动形成的起伏隆起的复杂构造区域。① 此外该地区可溶性石灰岩层广布，加之亚热带季风性湿润气候影响，降水量充沛，河流的切割和溶蚀作用明显，塑造了地表破碎崎岖的喀斯特地貌，使得西南地区成为中国乃至世界范围内最为险峻的地质区域之一。

按照马克思主义的观点，所谓民族“是在一定的历史发展阶段形成的稳定的人们共同体，一般来说，民族在历史渊源、生产方式、语言、文化、风俗习惯以及心理认同等方面具有共同的特征。”②“民族是人们在历史上形成的一个有共同语言、共同地域、共同经济生活以及表现于共同文化上的共同心理素质的稳定的共同体。”③ 上述独特的自然地理环境将西南地区分隔成独立的封闭性极强的地域单元，为民族的产生、形成和发展提供了不可或缺的时空条件。居住在共同地域上的人们长期在共同的生产生活中不断地交往融合，逐渐

---

① 刘增铁、丁俊、秦建华、范文玉：《中国西南地区铜矿资源现状及对地质勘查工作的几点建议》，载《地质通报》2010年第9期，第1371－1382页。

② 本书编写组：《中央民族工作会议精神学习辅导读本》，民族出版社2005年版，第29页。

③ 中共中央马克思恩格斯列宁斯大林著作编译局编：《斯大林全集》（第二卷），人民出版社1953年版，第294页。

形成拥有共同语言、共同经济活动、共同文化与心理素质的民族共同体。与此同时，西南地区不同地域单元之间互不连通的自然地理格局在当时生产力条件下成为不同地域人们进行经济文化联系难以逾越的天然屏障，反而为不同地域单元人们的共同体之间产生族源、生产方式、语言、文化、风俗习惯、心理认同以及宗教等方面的差异性提供了得天独厚的条件。

西南地区如此高密度地涌现出众多山地民族实与当地错综复杂的自然地理条件密不可分。崎岖险峻的地势地貌把西南地区隔离成大量分散的、范围狭小的独立生存地域空间，这一点在“仰望山接天，俯看江成线”的云贵高原横断山区表现得尤为突出。西南地区高原、山地、丘陵、盆地、山谷、河谷、洼地等各种地貌形态星罗棋布且广泛均衡。在如此众多且相互隔绝的地域单元内，民族分化容易、民族融合实难，如居住在阿佤山区的佤族、独龙江畔的独龙族以及滇南山谷中的拉祜族、景颇族、哈尼族和基诺族等均是在闭塞狭小的地域空间内形成的山地少数民族。① 因此，民族众多且广泛交错分布便成为西南山地民族的第一大特征。

2. 复杂多样的经济社会因素

囿于西南地区风格迥异的地形地貌（青藏高原高山山地区、云贵高原中高山山地丘陵区、四川盆地及其周边山地等）、差异悬殊的海拔落差（青藏高原、云南高原、贵州高原和四川盆地平均海拔分别为4000米以上、2000米、1000米和500米左右）以及经纬度的不同等自然因素的影响，导致西南地区不同地理区域气候、土壤、生物资源等方面存在巨大差异。该地区从西北到东南气温和降雨存在明显差异，西部年均气温可低至0℃以下，而东部年均气温可高达24℃，年降水量也呈“东多西少”的态势，从东南到西北相差上千毫米且分布极不均匀，致使该区域内既有终年高温潮湿的热带经济作物种植区，又有温度与降水适宜的亚热带、温带耕作区，还有适于发展畜牧业的高山草甸牧区。西南地区复杂多变的自然条件促使生活在各自分散独立、相互隔绝地域单元内的人们因地制宜，分别从事采集、游猎、耕猎、种植等不同的生计方式，进而在共同的经济活动和生活方式基础上形成各自独特的经济文化类型、语言文字、风俗习惯和宗教信仰的民族共同体，这是西南地区产生众多山地民族在经济社会层面的原因。

---

① 尤玉明：《试论西南地区少数民族众多的原因》，载《中学地理教学参考》1999年第9期，第19－20页。

在长期的历史演进进程中，西南山地民族大致形成了以下五种截然不同的经济文化类型：以藏族为代表的高山草场畜牧经济文化类型；横断山区南段独龙、门巴、珞巴、佤、怒、景颇、德昂、基诺以及部分傈僳、苗、瑶等少数民族为代表的山林刀耕火种经济文化类型；青藏高原东南斜坡和云贵高原中西部山区彝、羌、拉祜、纳西、普米和部分藏族、傈僳族为代表的山地耕牧经济文化类型；云贵高原中部以东山区苗、瑶、土家、仡佬等少数民族为代表的山地耕猎经济文化类型；云南中南部和黔桂壮、侗、仡佬、毛南等少数民族为代表的丘陵稻作经济文化类型。①

还有一点需要强调，西南山地海拔落差甚大，特别是横断山脉山岭与河谷高差高达 1000～2500 米，如此巨大的海拔落差和迎、背风坡的不同导致温度、降水、动植物种类等自然条件，以及受其制约的人类生产方式和经济类型呈现垂直差异变化，正所谓“一山有四季，十里不同天”，进而形成不同经济文化类型的山地民族立体分布的特点。很多流传于西南民族地区的民间谚语能够生动形象地说明这一现象。诸如：“高山瑶，半山苗，汉人住平地，壮侗住山槽”（广西民谚）；“汉族住街头，傣族住坝头，瑶族住山头”（云南民谚）；“布依住水边，水苗在中间，瑶族在山岭”（贵州民谚）等。与西南地区立体地形和气候相适应，各民族立体分布格局便成为西南山地民族的第二大特征。

3. 相互隔绝的民族交往因素

西南地区高山环峙、峡谷纵横，自古川渝就以“蜀道之难，难于上青天”而闻名于世，贵州高原亦有“天无三日晴，地无三里平”之称，复杂险峻的地形地势阻隔着该地区不同山地民族以及外部民族与本地民族之间经济、政治、文化常态化经常性的交往、交流与交融，这是众多西南山地民族长期共存至今的又一重要因素。一是就内部原因而言，封闭隔绝的自然地理条件为众多居住于不同地域单元的山地民族提供了一个免受外界干扰的外部环境，使民族共同体在长期历史进程中得以自发、自主地实现自然演进，助推和巩固着西南山地民族的形成与发展。二是就外部原因而言，险恶崎岖的自然地理环境延缓了外部民族的征服兼并和区域内民族的同化融合。一方面，囿于山峦叠嶂、地理隔阻，清代“改土归流”之前，西南山地民族多属“化外”之地，历代王朝对其治理基本沿袭“因俗而治”的羁縻政策，相较于东北、西北绝大多数

① 林耀华主编：《民族学通论》，中央民族大学出版社 1997 年版，第 91－94 页。

民族地区，西南山地民族地区乃是中央政府最晚建立起有效行政建制与统治秩序的地方。时至民主改革前，怒、佤、纳西、门巴、珞巴、独龙、傈僳、拉祜、景颇、布朗、基诺等西南山地民族仍处于原始社会形态。① 另一方面，西南山地多属高寒地带和喀斯特地貌，山高坡陡、耕地匮乏、土壤贫瘠、岩层保水性很差，不利于大规模耕作农业的推广，严重阻碍了西南山地民族生产力的提高与经济社会的发展，进而深刻影响着西南山地民族的历史发展进程。西南地区历史上虽有彝族建立的南诏和白族建立的大理等割据政权，但落后的社会生产方式和经济文化始终无法形成能够统一和同化区域内众多山地民族的强大族群。三是原始粗放的生产方式，加之地震、泥石流等地质灾害频仍，以及游猎、游牧经济形态需要或是人口滋生繁衍所迫，历史上西南山地民族总是处于不断的迁徙之中，原属于同一民族迁徙后可能分居于不同的地域单元。生活区域互不连通、交通不便，久而久之，居住于不同地域单元的同一民族在生产生活、语言、居住、服饰、风俗习惯等方面便产生了差异，② 进而形成同一民族的不同支系。例如：在长期的民族迁徙过程中，瑶族产生了盘瑶、茶山瑶、布努瑶、平地瑶、山子瑶、花篮瑶、红头瑶、白裤瑶等多达 20 余个支系；③ 云南彝族因聚居地不同形成诺苏、纳苏、颇罗、阿鲁、尼濮、密期、他留、纳若等 24 个支系。同一民族不同支系存在差异性便成为西南山地民族的第三大特征。

4. 历史上不平等的民族政策

前文笔者探讨的只是西南众多山地民族产生的客观原因，而造成西南山地民族林立局面的还有重要的人为因素——历史上不平等的民族政策。囿于时代和阶级局限性，无论汉家王朝还是区域强势民族均把维护本民族特权作为处理民族关系的根本立场，推行民族歧视、民族压迫与民族隔离政策。历代中原王朝和区域内割据政权长期奉行“分而治之”“以夷制夷”的统治策略，④ 从而加深了西南山地民族之间的隔阂和分化，直至新中国成立前，民族内外纷争与武装冲突持续不断、经久不息。此外，为加强对西南地区的控制，王朝政权在

---

① 林耀华主编：《民族学通论》，中央民族大学出版社 1997 年版，第 223 - 242 页。

② 例如：我国绝大多数佤族奉行父系制婚俗，但在位于云南省普洱市孟连傣族拉祜族佤族自治县腊雷区的海东、班顺、曼卡、芒信以及公信乡的公吉、公良等少数佤族村寨，至今仍传承着奇特的母系制婚俗。这则见闻是在孟连县公信乡公良村采访岩牛老人（男，佤族）时记录的，访谈、记录人为刘振宇，翻译为岩理（男，佤族）。

③ 高其才：《瑶族习惯法》，清华大学出版社 2008 年版，第 3 页。

④ 李鸣：《中国民族法制史论》，中央民族大学出版社 2008 年版，第 3 页。

战略要地设置卫所，历史上为避灾荒战乱，大批“流民”“客民”纷至沓来，还有不少罪犯被流放此地，军队戍边要屯田军垦，移民生存也必须开荒耕植、开矿经商，外来民族和区域内强势民族（如汉、满、回、傣族等）凭借先进的生产技术和政治军事优势占据大量的川区和平坝，挤占了其他民族的生存空间，他们只好穿梭于深山密林间成为所谓的“山地民族”。

当然，在民族关系缓和时期，迫于生产生活等原因西南山地民族中部分分支族众也会走出大山来到平地谋生。但他们在与政治、经济、社会、文化占优势的强势民族交往过程中，往往自愿或不自愿地为后者所征服或影响，致使同一民族在社会发展进程中产生显著的不平衡性。以佤族为例，至少迟至清代中叶时佤族社会已呈现出明显的发展不平衡现象。史载“卡瓦（注：“卡瓦”乃佤族自称，意为“住在山上的人”），夷中之顽梗者也……亦耕种，有寨落。红藤束发缠腰，披麻布。持利刃梭标于要路，窃伏劫掠。行商必结伴多人，兼有护者乃敢过……（卡瓦）有生熟二种，生者劫掠，熟者保路。”① 在这里“生卡瓦”指的是居于阿佤山区从事落后的耕猎经济，保留猎人头习俗的佤族；而“熟卡瓦”则指走出山地定居农耕并且革除猎人头习俗的佤族。时至民主改革前，佤族社会发展的不平衡性表现得更为强烈，就经济形态而言，已明显地划分成三种类型：阿佤山中心地区的原始公社经济形态、阿佤山边缘地区受傣族控制下的领主经济形态以及镇康、永德坝区在汉族影响下的封建地主经济形态。② 除此之外，历史上苗族也有“生苗”“熟苗”之分，瑶族亦有“生瑶”“熟瑶”之别。因此，受族际关系等因素影响，同一民族发展进程中具有显著的不平衡性便成为西南山地民族的第四大特征。

综上所述，西南山地民族长期生存于险峰环生、湍河竞流之所，关山重重、峡谷幽深，地表起伏崎岖、地势高差悬殊，封闭的自然地理环境、复杂的社会经济形态、隔绝的民族交往限制以及历史上不平等的民族政策等因素叠加影响，使西南山地民族彰显出数量众多、呈平面交错分布和空间立体分布格局、同一民族发展中存在差异性和不平衡性等诸多典型特征，因此被学界誉为“世界上最大的民族博物馆”。由此可见，西南山地民族在民族学和人类学等社会科学研究领域中占据着举足轻重的地位。

---

① ［清·雍正］《云南通志·卷44》。

② 刘振宇：《初民社会法的图景——佤族习惯法的法人类学诠释》，九州出版社2014年版，第3－4页。

二、选题思路和研究目的

（一）选题思路

诚然我们可以多学科、多视域地对西南山地民族这一学术“富矿”进行多角度的研究，但本书选题则仅限于“民族法视域下西南山地民族自发社会控制研究”，那么为什么要选择这一研究主题呢？

众所周知，“社会治理”（social governance）① 已然成为一个学术研究热点。党的十八大以来，以习近平同志为核心的党中央高度重视社会治理问题，明确提出一系列新的历史条件下加强和创新社会治理的新思维、新举措、新路径，建立健全党委领导、政府负责、民主协商、社会协同、公众参与、法治保障、科技支撑的现代社会治理体制，打造共建、共治、共享的社会治理格局，完善自治、法治、德治相结合的乡村善治体系，强调社会治理过程中依法治理、系统治理、协同治理、综合施策，不断提升国家治理体系与治理能力现代化。

《宪法》规定“中华人民共和国是全国各族人民共同缔造的统一的多民族国家。”② 我国有 55 个少数民族，人口 1 亿多，占全国人口总数的 8.49%，分布在全国各地，155 个民族自治地方占国土面积的 64%，我国 2.1 万公里陆地边境线有 1.9 万公里在少数民族聚居区。③ 我国这一基本国情决定了“民族地区社会治理问题研究”实乃“中国社会治理问题研究”必不可少的应有之义。近年来，管理学、政治学、社会学、经济学和法学界等社会科学学者纷纷对包括民族地区社会治理在内的中国社会治理问题展开研究，取得了丰硕的研究成果。具体到法学研究而言，囿于学科研究范式偏好，研究成果主要集中于社会治理法治化（如徐汉明的《社会治理法治研究》④，张志铭、于浩的《转型中

---

① “社会治理”，一般是指政府、社会组织、企事业单位、社区和个人等多种主体通过平等的合作、对话、协商、沟通等方式，依法依规对社会组织、社会事务以及社会生活进行引导与规范的过程。参见周红云主编：《社会治理》，中央编译出版社 2015 年版。

② 全国人民代表大会民族委员会编：《中华人民共和国民族法律法规全书》，中国民主法制出版社 2008 年版。

③ 国家民族事务委员会编：《中国共产党关于民族问题的基本观点和政策》，民族出版社 2002 年版，第 16 页。

④ 徐汉明等著：《社会治理法治研究》，法律出版社 2018 年版。

国的法治化治理》[①] 等）、地方政府社会治理实践（如何跃军的《基层政府社会稳定治理的法治反思与制度构建》[②]，周望的《社会治理创新的地方经验研究》[③] 等）以及具体领域的社会治理研究（如孙午生的《网络社会治理法治化研究》[④]，武小川的《公众参与社会治理的法治化研究》[⑤] 等）等方面，但基于法学视角对民族地区社会治理的研究尚处于被忽视的状态。

然而，笔者并未将“法学视域下民族地区社会治理”作为最终的研究选题，而是在此基础上紧接着从研究对象、研究范围和研究视角三个方面对其展开进一步的限定。

首先，在直接研究对象层面，笔者将研究主题限定于“社会控制”。“民族地区社会治理”确实是一个较为宏大的研究主题，既包括民族地区社会治理理论研究［治理体系、治理方式（社会控制、社会整合等）、治理模式（政府管理型、公共服务型等）、治理机制等］，还包括具体领域民族地区社会治理研究（社会组织治理、生态环境治理等）以及具体场域民族地区社会治理研究（城市治理、乡村治理等），因而很难将这些内容囊括在一本书中进行讨论。是故，笔者选取“社会控制”这一重要的社会治理方式作为研究的切入点，试图以小见大、管中窥豹，从特别总结一般、由微观迈向宏观，进而得出一些关于民族地区社会治理具有普遍性的规律性认知，也为后续进一步研究打下坚实基础和留下突破空间。

其次，在具体研究范围层面，笔者将研究主题限定于“西南山地民族”。我国民族众多且差异较大，国土幅员辽阔，民族分布空间跨度极大，在一本书中将 55 个少数民族社会控制“一揽子”通盘研究亦有相当的难度。于是，笔者将研究主题的范围聚焦于“西南山地民族”。如此抉择主要基于以下三点考虑：一是西南山地民族自身具有独特的研究优势。我国西南地区集中了全国 60% 以上的世居民族，其中绝大多数均为山地民族，便于开展实证调研和比较分析。另外，由于自然条件和经济社会等诸方面的主客观因素制约，西南山地民族社会发展进程相对滞后，是世界著名的“原生态文化”中心，因此传统自发社会控制得以较好地遗存，使其具备其他民族地区无可比拟的重要学术研

---

① 张志铭、于浩：《转型中国的法治化治理》，法律出版社 2018 年版。

② 何跃军：《基层政府社会稳定治理的法治反思与制度构建》，法律出版社 2017 年版。

③ 周望：《社会治理创新的地方经验研究》，中国法制出版社 2014 年版。

④ 孙午生：《网络社会治理法治化研究》，法律出版社 2014 年版。

⑤ 武小川：《公众参与社会治理的法治化研究》，中国社会科学出版社 2016 年版。

究价值。二是西南山地民族地处边疆地带，其中有 19 个民族为跨境民族①，且又呈现出典型的“大杂居、小聚居”犬牙交错的分布格局。因此，加强西南山地民族社会控制研究，提升山地民族社会治理能力，能够更好地解决民族发展问题和协调民族关系，对于巩固西南民族地区的民族团结与社会和谐以及维护国家安全和西南民族地区的社会稳定而言具有重大战略意义。三是笔者长期以来关注和从事西南山地民族法文化研究，截至目前发表相关学术论文 10 余篇，硕士和博士学位论文也是围绕佤族法文化展开，可以说对西南山地民族相关问题的研究已有一定程度的积淀。攻读硕士学位期间，在导师陈金全教授的指导下，追随先生先后赴滇西南、黔东南、四川凉山以及桂西北等西南山地民族地区开展少数民族法文化田野调查，收集到大量有关西南少数民族法文化的一手民族志资料。再者，笔者长期研读民族法学、民族史学、人类学和社会学等方面书籍，特别是攻读博士学位期间，在导师李鸣教授的悉心教导下习得了运用实证方法与整体文化观视角研究少数民族法文化的能力，获得了对少数民族法文化研究更为广阔的问题意识和分析视角。毕业后虽在宁夏大学工作，但仍然坚持赴西南山地民族地区开展实地调研。因此，完成好这一选题的研究既是对盛情好客的西南山地民族同胞的最好回馈，也是对自己十余年来学习和研究历程的全面总结。

最后，在分析研究视角层面，笔者将研究主题限定于“民族法视域”，具体分析内容详见下文“相关概念界定”一节，在此不再赘述。

基于上述原因，笔者于 2013 年 2 月申请了国家社会科学基金青年项目“民族法视域下西南山地民族自发社会控制研究”，并于同年 6 月获批立项。

（二）研究目的

任何社会都是个体的人相互结合而成的群体组织，基于生存需要而联合是维系人类社会稳定的“凝聚力”，但凡人群所在之处总会产生各种纷争，为消解族群内外争斗和社会冲突引发的“离心力”，就必须形成维护群体生存的基本社会秩序。社会秩序对任何社会而言都必不可少，因为“没有社会秩序，一个社会就不可能运转。”② 初民社会秩序绝非古代典籍中所描绘的“昔太古尝

---

① 我国西南山地民族中有藏、壮、彝、佤、怒、苗、瑶、京、布依、哈尼、门巴、珞巴、拉祜、傈僳、景颇、阿昌、独龙、德昂、布朗 19 个少数民族分别与越南、老挝、泰国、缅甸、印度等国跨境居住。此外，西南世居民族中的傣、回等少数民族亦属于跨境民族。

② ［美］布罗姆利：《经济利益与经济制度——公共政策的理论基础》，陈郁、郭宇峰、汪春译，上海三联书店 1996 年版，第 55 页。

无君矣，其民聚生群处，知母不知父，无亲戚兄弟夫妻男女之别，无上下长幼之道，无进退揖让之礼”①，“神农无制令而民从”②，“刑政不用而治，甲兵不起而王”③。实际上根据法人类学者的考察，初民“远非卢梭想像中的那样，是自由自在而又无拘无束的生灵（注：卢梭谓之‘自然状态’）。相反，他的一切都处于其所在群体的习俗的禁锢之中……他生活的方方面面都被束缚在历史悠久的古老传统的锁链上。”④ 其实任何社会若想要正常存在与发展，必然在长期生产和生活实践中逐渐形成运用物质或精神的力量促使人们服从社会秩序的权威、规范、手段和机制，即所谓自发社会控制。

囿于封闭的自然地理环境与隔绝的民族交往等诸多因素，居住在各自独立地域单元的西南山地民族先民在漫长的历史演进长河中，在认知、适应、利用、改造和协调人与自然关系的同时，自发产生了许多物质、制度和精神层面原生性的优秀文化传统，其中就包括世代传承且在族群内部具有普遍约束力和持久生命力的维系正常社会秩序的自发社会控制系统，且由于西南山地民族社会发展的缓慢而不同程度地得以存留。正因如此，作为“活态博物馆”的西南山地民族为我们研究少数民族自发社会控制提供了珍贵的本土“活化石”资料。礼失而求诸野⑤，善治自生黎民中！通过研究西南山地民族自发社会控制，一方面，在描述的同时可以解读隐藏于具体情境背后的历史逻辑、文化密码和社会理性，总结西南山地民族在实现社会治理中的原创文化与经验智慧；另一方面，作为“多元一体”中华优秀传统法文化的有机组成部分，西南山地民族自发社会控制中被反复实践证明有效的成分实乃建构当代民族地区基层社会治理体系中不可忽视的本土资源和基层经验。

从发生学的视角看，任何封闭社会都会在长期发展过程中自然而然地积累演化出一整套能够有效约束人们行为、调控社会矛盾纠纷、稳定社会运行秩序和维系族群共同价值观念的自发社会控制系统。西南山地民族正是靠着各自自发形成的社会控制系统从而在长久历史发展进程中实现社会秩序的有效治理。但伴随历代中央王朝对西南地区的经略开发和周边强势民族的崛起［民族割

---

① ［战国］吕不韦：《吕氏春秋·恃君览》。

② ［西汉］刘安：《淮南子·汜论训》。

③ ［战国］商鞅：《商君书·画策》。

④ 转引自［英］马林诺夫斯基：《原始社会的犯罪与习俗》，原江译，法律出版社 2007 年版，第 4 页。

⑤ ［东汉］班固：《汉书·艺文志》。

据政权（如南诏、大理等）、土司土目（如傣族土司等）]，特别是清代“改土归流”政策的实施和里甲制、保甲制的相继推行，各种异于西南山地民族传统自发社会控制的国家政府和强势民族社会控制不断地向山地民族社会渗透，逐步挤压和影响着西南山地民族自发社会控制的生存空间。新中国成立后，随着西南民族地区各级政权组织的广泛建立和国家政策法律的强制推行，对西南山地民族传统自发社会控制造成了根本性冲击和变迁。时至今日，西南山地民族地区原汁原味的传统自发社会控制已荡然无存，而为一种充斥着各种不同性质和类型社会控制且内部无序化、不稳定的“多元复杂”社会控制格局所取代。那么，处于日益激烈的时代变革和社会转型的当代社会背景下，西南山地民族自发社会控制呈现怎样的表现形态？发挥着何种功能和效用？其与传统自发社会控制有何差异？西南山地民族自发社会控制与其他社会控制之间的关系如何？这种关系状态是否恰当并有益于民族地区基层社会治理？应当以何种正确态度看待西南山地民族自发社会控制的过去、现在及未来？应该以怎样科学的策略和路径整合西南山地民族地区“多元复杂”的社会控制格局，使之发挥维护社会秩序与实现社会治理的整体功能？这些都是西南山地民族自发社会控制研究中无法回避且亟须解决的重要现实问题。

概而言之，本书拟选择“社会控制”这一理论分析工具，围绕西南山地民族自发社会控制相关问题展开，力图实现资料汇集整理和理论分析的有机结合，述评结合与现实镜鉴的有机统一，通过研究希冀达致以下研究目的：一是西南山地民族自发社会控制是民族特殊社会结构和历史文化的产物，是当地民族长期生产生活实践中应对各种越轨行为和社会失范的原创经验，它不仅是一种遗存的历史文化现象，而且更是一种现实社会中的实践活动。二是自然地域的封闭性、经济类型的多样性、民族文化的差异性和社会生活的复杂性共同决定了西南山地民族自发社会控制的多元特征。三是西南山地民族自发秩序的实现是控制主体、控制规范、控制手段、控制机制、控制方式、控制类型等自发社会控制系统相互配合和动态互动的结果，是多种社会控制要素共同作用下的“综合之治”。四是当前西南山地民族地区存在着民族自发社会控制和其他社会控制断裂共存的“多元复杂”社会控制资源，民族自发社会控制与其他社会控制之间既不是纯粹的冲突、对立关系，也不是简单的影响、补充关系，就西南山地民族社会秩序实现和治理能力提升而言，它们之间无法相互替代，而应处于经常的相互配合、交叉渗透的合作状态。五是西南山地民族地区的社会稳定与和谐绝不是单一社会控制所能达致的结果，社会治理的变革与完善也并非是一种社会控制形式消灭另一种社会控制形式的简单过程，而是各种社会控制资源经过不断博弈形成共识的过程。当代中国民族地区的复杂性决定了需要建构多元整合协同的社会控制体系，应当充分利用和发掘西南山地民族自发社会控制这一传统本土资源与现实基层实践经验，通过积极引导和路径探索实现其与其他社会控制资源的整合协调谐与有效协同。

三、选题研究意义

（一）理论学术意义

1. 探寻西南山地民族社会控制原创智慧

“历史上任何一个民族，只要它在历史舞台上扮演过一定的角色，在历史的时空中出现过，都有它起始阶段的原创性智慧。”① 生活于高山深涧中的数千万西南山地民族，面对险恶的自然条件和各种天灾人祸，为建立适宜民族生存和发展的基本社会秩序，在长期实践中形成了独具特色且至今仍发挥效用的原创文化智慧——自发社会控制。

若以现代人的眼光或曰现代文明的标准审视西南山地民族自发社会控制，可能会随意地给它贴上“野蛮”“落后”“迷信”等标签。然而实际上，人类社会历史的发展绝非是从落后到先进、从野蛮到文明这样简单的单线进化历程，而是呈现出复杂的多向进化发展方向。因而，不同民族的文化只有适宜或是不适宜之论，而绝无野蛮与文明之分。即便“落后民族”的“落后文化”中也保留着很多原创文化的本真与智慧。当我们自以为是、沾沾自喜地谈论西南山地民族的陈规陋习、奇风异俗时却可能忘却了现代文明涌现出的种种“文化失真”与“文明失范”问题。当所谓文明社会充斥着物欲横流、贪污腐败、环境污染、高犯罪率和高离婚率等诸多问题的时候，西南山地民族却依赖“落后”的自发社会控制书写着家庭和谐、互助互爱、社会安定、生态优美的祥和景象。站在文化相对主义的立场看，这莫不是对现代文明一种绝妙的颠覆与反讽。

著名人类学者爱德华·泰勒曾经说：“文明时代的法律是要从野蛮人的

① 陈村富：《有关原创文化的若干理论问题》，载杨适主编：《希腊原创智慧》，中国社会科学文献出版社2005年版，第30页。

法律中求得其钥匙，从较早的阶段遗留下来变成现在的人们中间实行的法律或准则，只是多少加以修改以便与新的环境相适合。"① 诚然泰勒的论断似乎过于夸大与乐观，但"他山之石，可以攻玉"②，对传统和当下的西南山地民族自发社会控制展开认真调查和细致整理，通过分析隐藏其背后的历史文化背景，探寻其中蕴含的合理性和原创智慧，有助于我们反思被奉为"神圣"的国家正式社会控制存在的缺陷与不足，为处于"异化"中的现代文明寻求人类的本真文化与原创智慧，乃至于建构西南山地民族地区新型社会控制体系所需的精神、原则和规则都能从这些原创文化和经验智慧中获得某些启示。

2. 保护和传承少数民族优秀传统法文化

中国优秀传统法文化是中华民族共同创造的兼收并蓄、多元一体的文化瑰宝，是各民族法文化互融互通和共同智慧的宝贵结晶，少数民族优秀传统法文化乃是其中光彩夺目的一朵奇葩。费孝通先生总结凝练的"各美其美，美人之美，美美与共，天下大同"③ 十六字箴言表明，站在跨文化研究视角，相互喜爱、尊重、赞许乃至学习应当是科学对待少数民族优秀传统法文化的正确态度。在悠久的历史长河中，西南山地民族先民在这块神奇的土地上不仅创造了辉煌灿烂的物质文化（如劳动工具、建筑、饮食、服饰、交通工具等）和精神文化（如语言、风俗、节庆、文学艺术等），还形成了类似于自发社会控制这样的法文化。

对西南山地民族自发社会控制进行认真梳理，不难发现其中蕴含着大量诸如遵循自然规律、规范言行举止、唤醒道德良知、激发民众上进、维护社会秩序、实现公平正义等优秀传统法文化。西南山地民族自发社会控制中的优良资源实是中国传统法文化宝库中的奇珍异宝，是少数民族对中华文明做出的巨大贡献，是应当保护和传承的珍贵财富。新中国成立以来，经历民主改革剧烈的社会变革和改革开放后深刻的社会转型，不少西南山地民族自发社会控制正以惊人的速度消逝与嬗变，加之不少内容仅依靠口耳相传而得以延续，因此应当奔向田野、深入民间，去发现、搜集和整理西南山地民族传统自发社会控制资

① ［英］爱德华·泰勒：《原始文化：神话、哲学、宗教、语言、艺术和习俗发展之研究》，连树声译，广西师范大学出版社 2005 年版，第 749－750 页。

② ［春秋］《诗经·小雅·鹤鸣》。

③ 马戎、周星主编：《二十一世纪：文化自觉与跨文化对话》，北京大学出版社 2001 年版，第 9 页。

源及其活态表现，记录、抢救和保护这一弥足珍贵的人类文化遗产，丰富人类文化“基因库”。

3. 深化对社会控制基本理论问题的探讨

改革开放以来，随着西方相关著述的大量译介和中国学者的自主研究，中国的社会控制研究取得了长足进展，但与此同时也忽略了对一些基本问题的探讨。诸如：何为自发社会控制？为什么需要自发社会控制？自发社会控制的基础来源于什么？自发社会控制是如何形成的？自发社会控制由哪些要素构成？人们是如何通过自发社会控制实现社会秩序的？自发社会控制的正常运行存在哪些阻却因素？自发社会控制与其他社会控制的关系如何？学界对这些问题的研究仍然停留在形而上学理论层面的逻辑推演，缺乏运用本土资料展开具体的实证分析。本书笔者以西南山地民族自发社会控制为实证分析材料，遵循“个别→一般→个别”的认知规律，通过典型个案透视，试图得出一些有关自发社会控制生成、构成、运转、变迁、发展等基本理论问题领域带有普遍性的性质和规律。这恰如罗伯特·C. 埃里克森所说，“世界的偏僻角落发生的事可以说明有关社会生活组织的中心问题。”①

（二）现实实践意义

1. 发现民族地区基层社会治理有益的本土资源

清末修律以降，中国开启了一条移植西方法治的社会治理现代化道路，移植来的法律制度与文化不仅适用于汉族地区，而且依靠国家强制力渐次推行于包括西南山地民族在内的广大民族地区。客观地讲，必须承认移植西方的各种法律制度和官方社会控制在促进民族地方经济发展、政治稳定、文化繁荣与社会治理以及提高民众法律意识等方面做出了积极贡献。在经济文化全球化的今天，理性合理的法律移植和借鉴域外一切优秀社会控制治理经验自是无可厚非。但需要警醒的是，我们绝不能把“现代化”简单地等同于“西化”。中西方社会历史文化传统有别、产生机理不同、面临问题各异，加之以“通过法律的社会控制”为表征的西方法治本为解决西方问题而生，绝非是为中国问题提供的标准答案。我们在大规模移植西方法治之时往往怀有一种“病态心理”，即把中国当成“病灶”，而把西方当成“药铺”，去收罗专治中国病的

① ［美］罗伯特·C. 埃里克森：《无需法律的秩序——邻人如何解决纠纷》，苏力译，中国政法大学出版社 2003 年版，译者序。

“灵丹妙药”①，而在法治建设与社会治理过程中很大程度上缺失自我本位和文化自觉，忽视受体本身的具体情境、生活方式和个体感受。“立法者缺乏深入社会生活的耐心与相关体验，往往在脱离实际社会生活的情况下制定法律，以致统一的法律系统与生活相分离……法律规范社会关系和调整人们行为的过程与效果时常偏离理论设定的轨道。于是，各项法律制度设计者不时发出‘淮南为桔，淮北为枳’的叹息”②，大规模移植西方法治并未从根本上解决包括民族地区基层社会治理在内的各种中国问题。

诚如苏力教授所言：“在中国的法治追求中，也许最重要的并不是复制西方法律制度，而是重视中国社会中那些起作用的，也许并不起眼的习惯、惯例，注重经过人们反复博弈而证明有用的法律制度。否则的话，正式的法律就会被规避、无效，而且可能会给社会秩序和文化带来灾难性的破坏。”③ 实际上，民族地区基层社会治理不应只是盲目追求所谓西方模式，唯西方理论“马首是瞻”，而应是域外社会控制成功经验和本土社会控制资源交互作用的过程。因此，“我们的目光必须关注我们生长的这片土地，首先就需要认识和了解自己的家底，要善于总结和重视我们自己创造的经验。”④ 在西南山地民族基层社会治理中，我们不应也无法忽视源自民间和社会的力量，应当充分利用西南山地民族自发社会控制这一本土资源，吸收少数民族传统优秀法文化精神，唯有如此才能造就中国民族地区基层社会治理的独特品格，而我们“如果对那些促进非正式合作的社会条件缺乏眼力”，造就的有可能只是“一个法律更多但秩序更少的世界。”⑤ 但与此同时，也应当看到西南山地民族自发社会控制并非完美无瑕，而是存在着诸如地方性较强、差异性较大、欠缺强制力等缺陷，这就需要我们在田野调查中广泛关注并详加筛选与甄别，真正汲取其中积极合理的有益成分。

2. 探索中国特色民族地区基层社会治理道路

新中国成立后，尤其是改革开放 40 多年来，深受日渐激烈和持续深入的

---

① 刘小枫、甘阳：《重新阅读西方》，载甘阳：《文明·国家·大学》，生活·读书·新知三联书店 2012 年版，第 133 页。

② 厉尽国：《法治视野中的习惯法：理论与实践》，中国政法大学出版社 2010 年版，第 2 页。

③ 苏力：《法治及其本土资源》，中国政法大学出版社 1996 年版，第 36 页。

④ 张伟仁辑，陈金全注：《先秦政法理论》，人民出版社 2006 年版，序言二第 9 页。

⑤ ［美］罗伯特·C. 埃里克森：《无需法律的秩序——邻人如何解决纠纷》，苏力译，中国政法大学出版社 2003 年版，第 354 页。

社会转型之影响，我国广大民族地区乡村出现了传统生产生活方式变迁、社会结构性紧张、社群关系松弛以及价值体系坍塌等诸多社会问题，诱使越轨行为和社会失范现象大量涌现，严重冲击了社会控制体系本就脆弱的民族地区基层社会秩序。因此，加强和完善民族地区基层社会治理已然成为我国构建和谐社会的一项基础任务，学界围绕这一课题形成了许多颇具价值的研究成果。但就民族地区基层社会控制而言，研究还显单薄，一些问题仍然悬而未决。例如：当前民族地区基层社会控制有哪些？它们相互之间呈现何种关系状态？现代化的推进对民族地区传统社会控制造成怎样的影响？国家正式社会控制能否满足民族地区基层社会秩序维护的现实需要？民族地区基层社会是如何调控社会秩序的？现有民族地区基层社会控制有无问题？如有问题，又当如何改善？诚然上述问题的解决绝非是在书斋中苦思冥想所能主观臆断出来的，需要通过实证研究才能得出较为客观公允的结论。

因此，西南山地民族自发社会控制研究便具有了重要的个案研究价值，借助这一典型个案分析，有助于认知和提炼我国民族地区基层社会治理中的一般规律和特殊机制。当前我国西南山地民族基层社会治理面临着困局，一方面，囿于人财物力不足，国家正式社会控制资源相对稀缺（在民族偏远乡村表现更为突出）；另一方面，由于社会转型的巨大冲击，本民族传统自发社会控制的传承又出现断裂。对于中国现代化进程中产生的这一独特问题，无论前史古籍还是西方社会均无现成答案和既有模式可循。西南山地民族基层社会治理绝无可能纯粹依靠“继承”或“移植”而成，民族主体基于需要内生自发形成的本土资源和实践创造倒不失为一种可能的路径。因此，唯有关注本土、眼光向下、兼收并蓄、自主创新，坚持文化自信、树立理论自觉，充分发掘和科学运用西南山地民族自发社会控制这一本土资源与基层经验，积极稳妥地引导其与国家正式社会控制有效衔接，实现多元社会控制资源的整合协同，这样才能探索出一条符合时代特色、中国国情、民族现状和地域特点的“中国特色”民族地区基层社会治理道路，为当代世界多民族国家民族地区社会治理寻找一些可资借鉴的成功经验。

四、相关概念界定与研究材料说明

（一）相关概念界定

概念是学术研究的基础和前提。一般而言，概念应当具有明确的内涵和外延，概念界定的模糊将会大幅削弱论证效力，甚至导致逻辑推理错误、理解上的混乱和交流中的无谓冲突。本书中使用的“西南山地民族”（前文已加以阐明，在此兹不赘述）、“社会控制”“民族法”等核心概念，学界虽多有论述，但尚未形成统一意见，概念的内涵与外延远未达致不证自明的程度。因此，出于严谨的学术态度，笔者在此对上述核心概念进行必要的考察和辨析，并作出相应的界定与说明，唯其如此才能使“民族法视域下西南山地民族自发社会控制研究”过程中的探讨对象更加清晰，分析手段更加有效，便于读者理解接受的同时推动相关学术交流活动的顺利开展。

1. 社会控制

所谓“控制”，最早乃是一个管理学语汇，其含义为人类调节、引导、管理客观事物的运动过程及其结果的行为过程。① 后来被逐步引入生物学、工程学等自然科学和经济学、社会学等人文科学领域。

“社会控制”（social control）一词作为专门的学术术语最早是由美国学者E. A. 罗斯于1986年提出的。当时美国正处于自由资本主义向垄断资本主义过渡阶段，歧视、越轨、犯罪、移民等各种社会问题层出不穷。罗斯认为人类社会是有秩序的，并经历了一个由“自然秩序”走向“社会秩序”的演进历程，但社会秩序并不源于人类“动物性”的自然遗传，而是人们有计划和有目的的社会活动。事实上，“我们的社会秩序决不仅仅是蜂房或兽群的秩序。它似乎是建构物，而不是长成物。”② 罗斯提出了舆论、法律、宗教、礼仪、信仰、艺术、人格、启蒙、幻象、伦理法规、社会价值观、社会暗示、个人理想共计13种社会控制手段，并比较了各种控制手段的标准、界限和利弊，但他始终未对“社会控制”做出明确界定。③

罗斯之后，国内外学者站在不同的学科视角都尝试给出“社会控制”的具体定义。例如：美国社会学者戴维·波普诺认为，“社会控制是指意图促使人们遵从重要社会准则的社会机制”；美国法社会学者唐纳德·布莱克认为，“社会控制是社会生活的规范方面，它确定异常行为并对其作出反应，特别是对应该是什么：什么是正确或错误，什么是违反义务、不正常或破坏”④；美

① 郑杭生主编：《社会学概论》，中国人民大学出版社2003年版，第400页。

② ［美］E. A. 罗斯：《社会控制》，秦志勇、毛永政译，华夏出版社1989年版，第4页。

③ ［美］E. A. 罗斯：《社会控制》，秦志勇、毛永政译，华夏出版社1989年版，第4页。

④ 朱景文：《现代西方法社会学》，法律出版社1994年版，第171页。

国控制论学者史蒂文·威格则认为，“社会控制是指社会成员用来维持秩序和提升行为预测性的各种方法。”① 中国最早阐述社会控制理论的乃是吴泽霖先生。他在20世纪30年代就提出“社会约制”概念，在他看来，“社会控制”的提法有以上临下之意，往往局限于单向控制，而“社会约制”则能够很好地体现出双向控制。同时代的社会学者孙本文先生则认为“凡此种种可供社会上个人行为标准的规则与制度，对于个人行为，即具有约束的力量。社会控制，就是此种种行为规则与制度对于个人行为约束的作用。”②

综上所述，不难得出以下两点认识，一是不同学术领域（如社会学、控制论、法学等）学者由于关注的侧重点不同，提出的社会控制定义并不一致甚至可能大相径庭；二是学界对“社会控制”的概念界定大致可划分为广义和狭义之说。例如：《法学大辞典》对其解释即是“社会控制是社会为使人们遵从社会规范和维护社会自身的稳定与秩序对个人或团体行为所做的约束。有广义、狭义两种。广义指为达到社会和谐稳定而采取的一切手段，包括风俗、习惯、礼仪、信仰、理想、宗教、艺术、教育、法律、舆论等；狭义指对社会越轨行为加以限制和维持社会和谐的各种专门手段，如法律、警察、法院等。”③ 一般而言，广义的社会控制是“指所有使人们对社会规范和习惯采取循规行为的力量和约束方式”④；而狭义的社会控制特指布莱克提出的越轨社会学或犯罪学定义，即是指“对越轨的消除和遏制的行动或回应。”⑤

诚然，每种社会控制定义均有其特定的适用场域，无所谓孰优孰劣。但就本书选题而言，狭义的社会控制过分专注于越轨行为而忽视了其他行为的规制和民众的自律行为，极大地束缚了西南山地民族自发社会控制的考察范围，而广义的社会控制又失之过宽，社会行为而外还染指对人们精神、意志、情感、心理等诸多方面的规制，又会导致西南山地民族自发社会控制的考察难以聚焦。笔者比较了学界很多“社会控制”定义，最后选定采取郑杭生、郭星华教授相对中观的社会控制概念，将西南山地民族自发社会控制的考察限定于

---

① See Steven Vago. Law and Society，Pearson Education，2009，203.

② 孙本文：《社会学原理》，商务印书馆1935年版，第511页。

③ 邹瑜、顾明主编：《法学大辞典》，中国政法大学出版社1991年版，第820页。

④ Charlotte Seymour – Smith. Macmillan Dictionary of Anthropology，Macmillan Press Ltd，1986，259 –260.

⑤ ［美］唐纳德·J. 布莱克：《法律的运作行为》，唐越、苏力译，中国政法大学出版社2004年版，第2页。

"社会行为及与之相关的价值观念"。因此，本书采取的社会控制定义是"指社会组织体系①运用社会规范以及与之相应的手段和方式，对社会成员（包括社会个体、群体及社会组织）的社会行为及价值观念进行指导和约束，对各类社会关系进行调节和制约的过程。"②

2. 民族法

从本书题目看，笔者在研究主题"西南山地民族自发社会控制研究"之前加上了"民族法视域下"这一限定，这是因为"社会控制"可以有多学科的研究视域，诸如社会学、控制论、管理学、经济学等，而本书侧重基于法学视域研究西南山地民族规范民众行为、解决社会纠纷、调控社会秩序以及实现社会治理过程中的自发社会控制资源。或许你会问，若是基于研究视角层面的考量，缘何不直截了当地将其限定在"法学视域下"？这是由西南山地民族这一研究对象的特殊性所决定的，西南山地民族自发社会控制研究所涉及的不是哪一个具体法律部门领域或是纯粹法理学、法哲学的探讨，而是"民族法"这一兼顾理论法学和应用法学，跨越多个部门法学的综合性法域范畴。

那么何谓"民族法"（ethnic law）呢？学界至今尚未形成统一意见，比较有代表性的定义有以下三种：第一种观点认为，民族法有广义和狭义之分，广义上的民族法指的是国家机关制定和认可的，调整国内民族关系以保障各民族合法权益的法律规范的总称，包括宪法中的民族条款、单行民族法律法规和其他法律法规中的附属民族规范；而狭义上的民族法则特指专门的民族法文件（如《民族区域自治法》）。③ 第二种观点认为，"民族法是指国家或其授权机关制定和认可的，调整民族之间以及国家与民族地区之间的权利义务关系的法律规范的总和。"④ 第三种观点则认为，民族法是历史上形成的多民族国家调整民族关系法律规范的总称，是民族文化独立性在法律上的反映。⑤ 学者们对民族法的定义可谓"仁者见仁，智者见智"，区别的根源在于对"法"或"法律"的理解存在差异。

---

① 这里的社会组织体系包括正式国家机构以及各种形态的非正式社会组织。

② 郭星华主编：《法社会学教程》，中国人民大学出版社 2015 年版，第 153 页。

③ 吴宗金：《民族法制的理论与实践》，中国民主法制出版社 1998 年版，第 22 页。

④ 牛文军：《略论民族法与民族立法——历史、概念及关联性》，载《西南民族大学学报》（人文社科版）2007 年第 8 期，第 98 页。

⑤ 吴宗金、张晓辉主编：《中国民族法学》，法律出版社 2004 年版，第 103－109 页。

诚如张冠梓所说："在法学中，'法'的确是最为古老、出现频率最高的范畴，却也是被搞得最为混乱、歧义丛生的范畴。"① "法"或"法律"呈现在人们面前的仿佛是一张"普罗透斯的脸"（a Protean face）。自然法学基于二元化世界观将法分为自然法与人定法，自然法高于人定法，是一种超越不同时代和民族的永恒不变的客观规律，对法的评价应当采取"法之理在法外"的道德伦理标准。自然法学对法的理解有助于探寻法的共同客观基础和终极价值目标，但其历史唯心主义和形而上学的认识基础，混淆了法与道德之间的应有边界，注重抽象理论解释却忽视现实问题解决。与自然法学相对立，规范法学或曰分析法学认为法是中性和价值无涉的，真正的法只是国家制定的法律规则，除此之外的东西均应从法的领地中"放逐"出去，对法的研究应当采取"法之理在法内"的语义分析方法。毫不夸张地说，规范法学对中国法学的影响可谓根深蒂固。我国各种法律工具书和法学教材对法或法律的解释大都站在规范法学立场，其经典表述为"法是国家制定或认可并依靠国家强制力保证实施的，反映由特定社会物质生活条件所决定的统治阶级意志，以权利和义务为内容的行为规范体系。"② 诚然规范法学对法的理解使法具有了特定的研究对象和明确的研究范围，为法学成为一门独立学科奠定了坚实基础。但规范法学将法的研究视野禁锢于国家法，并将法律视为社会秩序维护的唯一力量，忽视了丰富多彩的法的现实实践表现，迷信逻辑分析而拒斥价值评判亦可能导致研究的封闭和僵化。可见，规范法学仅关注法的阶级性而忽视了法的社会性，仅关注法的技术性而丧失了法的价值性，仅关注法的时代性而否认了法的继承性。因此，规范法学受到信奉"法律的生命不在于逻辑，而在于经验"③ 的社会法学的猛烈批判。

与规范法学根本不同，将社会学理论框架（如功能主义、结构主义、系统理论、行为主义、冲突理论、建构主义等）和分析范式导入法学研究的法社会学（或曰"社会法学"）则体现出拓宽法的视野和转变研究重心的突出特色，在研究方法上坚持经验实证而非纯粹的逻辑分析。"活法"论、"法律多元主义"以及"行动中的法"是法社会学关于法和法律理解在学说理论上的

---

① 张冠梓：《论法的成长——来自中国南方山地法律民族志的诠释》，社会科学文献出版社2002年版，第11页。

② 张文显主编：《法理学》，高等教育出版社、北京大学出版社2011年版，第47页。

③ ［美］小奥利弗·温德尔·霍姆斯：《普通法》，冉昊、姚中秋译，中国政法大学出版社2006年版，第1页。

体现。

第一是“活法”论（living law）。“活法”理论是奥地利学者尤根·埃利希在《法律社会学基本原理》①（1913 年）一书中首次提出的。其主要观点包括以下三个方面：一是在法的起源问题上，埃利希将法界定为“社会团体的内在秩序”，并强调“人类团体的内在秩序不仅是法律最初的表现形式，而且直到现在也是它的基本形式。”② 二是在法的概念问题上，埃利希反对将法律视为一种由国家维护的强制性秩序，法与国家之间并不存在必然联系，法的本质应是一种社会秩序。三是在研究对象问题上，埃利希认为法律有两种形式，一种是国家制定法，而更为重要的一种则为“活法”，它是指在日常生活中各种社会团体成员所认可并在实际上支配社会一般成员之间关系的行为规则，它并不存在于制定法的条文中，而是存在于各种民间契约及团体章程之中。基于上述认识，埃利希提出了一个著名论断——“法律发展的重心从远古以来就不在国家的活动，而在社会本身，现在必须到社会那里去寻找。”③ 之后，不少学者如法国的弗朗西斯·斯奈德、美国的埃里克·波斯纳以及我国的罗豪才教授又继之提出“软法”论（soft law）。所谓“软法”，即与“硬法”（hard law，指称国家法）相对，指那些一般不通过国家强制力保证实施，但具有一定程度的法律意义和“类法”（或曰“准法”）效力的行为规范。④

第二是“法律多元主义”⑤（legal pluralism）。“多元主义”乃是一个涉及哲学、社会学、人类学等诸多学科的理论学说与研究范式，当其运用到法学领域时，主要用来表示在特定社会中法并非仅限于某一结构范围，而是由多个层次构成。肇始于 20 世纪 70 年代的“法律多元主义”是与“法律一元主义”（或曰“法律中心主义”）相对立的概念。“法律多元主义”的基本观点认为，

---

① ［奥］尤根·埃利希：《法律社会学基本原理》，叶名怡、袁震译，中国社会科学出版社 2009 年版。

② Eugene Ehrlich. Fundamental Principles of the Sociology of Law, Harvard University Press, 1936, 37 - 42.

③ Eugene Ehrlich. Fundamental Principles of the Sociology of Law, Harvard University Press, 1936, 493.

④ 罗豪才、宋功德：《软法亦法——公共治理呼唤软法之治》，法律出版社 2009 年版。

⑤ 这里需要指出，不同研究关注下“法律多元”有着截然不同的含义。它既可指称各种法系之间的共生共存状态，又可被用来描述联邦制国家中存在的二元化法制体系。而本书中“法律多元”则是在法社会学和法人类学语境下使用的，用来描述国家法之外规范人们行为与维护社会秩序的各种力量和资源。

社会中的法律秩序不是仅由国家单一官方法律机构和统一立法体系组成的，相反它有着多个社会层面的行为规范来源，并且这些规范层次在一定范围内能够自我管理。美国学者鲍斯皮西尔将法界定为“合法权力在作出决定的过程中所适用的制度化的社会控制规范”，他并不将法视为国家制定或认可并由国家强制力保障实施的唯一规范，而是认为任何社会规范只要同时具备了权威、普遍适用的意图、当事人之间的权利义务关系和制裁四种要素，那么这种规范就具备了法的属性。① 法律多元主义分为古典法律多元主义和新法律多元主义两个发展阶段。前者产生于法人类学研究，特指与西方近现代法律不同的发现于广大亚非拉澳和太平洋岛屿部落社会的法规范。而后者则兴起于法社会学研究，指称的是现代社会中国家和政府的法之外事实上起调控社会秩序功能的大量非国家和政府的准法秩序（如詹姆斯·N. 罗西瑙的《没有政府的治理》②、马考利的《私人政府》③ 等）。诚如日本学者千叶正士所言，“法律多元在当代的存在已成为一个不争的事实。”④ 在人类法律史上和现实法律生活中，从未出现过纯粹单一的法控制秩序，国家法之外社会上还存在着很多其他类型的法，多元法律在一起共同发挥着调控特定社会秩序的作用。毋庸置疑，近年来法律多元主义对我国法学研究产生了深远影响，广为学者们接受和使用的习惯法、民间法、自组织规范、多元化纠纷解决等概念背后其实都隐含着法律多元主义这一理论支撑。

第三是“行动中的法”（law in action）。另有一些学者认为，法社会学研究的重心不是“书本上的法”（law in books），而应是法在社会中的实际运行状况以及现实中各种各样法律行为的真实实践及其实施效果。“行动中的法”认为法实施过程中除法律规范本身外，还受到多种社会因素影响，诸如组织、设施、技术等物质条件是否充备，具体个案中面临的偶然性因素，来自社会力量的压力以及案件的社会构成（如当事人之间的关系距离、当事人社会地位、当事人和第三方的社会实力）等。美国法社会学学者唐纳德·布莱克就认为

---

① Leopold Pospisil. Anthropology of Law: A Comparative Theory, Harper & Raw, 1971.

② ［美］詹姆斯·N. 罗西瑙：《没有政府的治理》，张胜军、刘小林等译，江西人民出版社 2001 年版。

③ See S. Macaulay. “Private Government”, in Leon Lipson & Stanton Wheeler. Law and the Social Science, Rusell Sage Foundation, 1986, 281 – 340.

④ ［日］千叶正士：《法律多元——从日本法律文化迈向一般理论》，强世功、王宇洁、范愉、董炯、彭冰、赵晓力译，中国政法大学出版社 1997 年版，第 2 页。

"法是国家和它的公民的规范性的生活。"① 在布莱克看来，法是一种社会控制，但不能完全从国家角度去理解法，而应当从人们的社会活动中去研究法，法可以通过各种运作过程中的行为进行定量测定。霍尔也认为法是活生生的人所进行的行为，是规范转化成现实社会关系后所形成的社会秩序，是融形式、价值和事实为一体的整体性操作过程。总之，"行动中的法"认为对法的研究不应局限于"纸面规则"，要关注现实生活中的法秩序（即"实在规则"），要关注法律规范的形成及其实施的社会条件，要关注法律规范的实施效果。

法人类学关于法和法律的理解，除上述"法律多元主义"之外，还将其视为一种"地方性知识"。孟德斯鸠和萨维尼均认为法是"民族精神"的产物，不同民族和经济社会类型的法是不可能完全一致的。美国学者克利福德·吉尔兹用阐释学方法把法学和人类学联结起来，主张法本身就是一种地方性知识，认为在任何社会中，个案或事件的文化情景都应是法律分析的一个重要方面，特定民族和社会法的特征就存在于这种文化情景之中。② 从"地方性知识"视角看，法势必具有多元主义的特征，作为社会控制形式的各种类型的法生成于各自独特的时空条件、社会结构和文化情景下，每一民族和社会均可能在长期发展演进中不同程度地形成一套由本土语言构筑的法概念、法规范体系及法符号、法解释系统。这就需要研究者以"他者的眼光"③ 而非"观察者的眼光"看待不同民族与社会的法，这样才有可能得出相对客观、公允的结论。

时下少数民族传统法文化研究中，仍有相当数量的研究者基于惯性思维将少数民族习惯法划分为民商法、刑法、诉讼法、环保法等，这种过度依赖现代法律概念和法律体系分类将法律民族志材料装进西方法学的套子，就像将鹦鹉塞进鸽巢一般，颇有驴头不对马嘴之嫌。④ 单纯"观察者的眼光"容易造成研究者依照自我的文化认知"肢解"和"拼接"研究材料，或是对少数民族法

---

① ［美］唐纳德·J. 布莱克：《法律的运作行为》，唐越、苏力译，中国政法大学出版社2004年版，第2页。

② ［美］克利福德·吉尔兹：《地方性知识：阐释人类学论文集》，王海龙、张家瑄译，中央编译出版社2000年版。

③ ［英］罗伯特·莱顿：《他者的眼光：人类学理论导论》，罗攀、苏敏译，华夏出版社2005年版。

④ Paul Bohannan. Justice and Judgment Among the Tiv，Waveland Press，1989，Preface.

文化展开主观的“猜想”和“拟构”，用一些简单的属性“标签”来概述复杂的法文化现象，进而可能导致研究的“失真”并误导读者。诚如英国学者拉德克利夫－布朗所言，“把刑法和民法这种现代划分运用于初民社会曾造成了混乱。”[①] 有鉴于此，本书在对西南山地民族自发社会控制的描述中规避了现代法律部门语汇的运用，与此同时，研究中尽量避免现代西方专门法律术语的使用，而是尽可能以“他者的眼光”从当地人文化脉络中去理解西南山地民族自发社会控制这一“地方性知识”。

综上所述，本书对法或法律概念的理解是站在法社会学和法人类学立场上的。本书中民族法的界定采取的是法律多元主义的广义阐释，它既包括国家制定法层面的社会控制规范，具体指宪法、专门民族立法［民族区域自治法、散居少数民族权利保障法、自治法规（自治条例、单行条例、变通立法等）］以及其他含有调整民族方面的法律法规，又涵盖“活法”视域下的社会控制规范，具体有少数民族习惯法和传统法文化、民族法制史和国际民族约法；既指称静态层面纸面上的民族法规范，又囊括动态层面行动中的民族法实施；既要从文本层面理解民族法的规则意义，更应从社会活动过程中解读民族法的规范意蕴；既要看到民族法作为“法”的共同属性，又要关注民族法的地方性特征（谢晖教授谓之“大传统”和“小传统”[②]）。

（二）研究材料说明

本书在西南山地民族自发社会控制研究过程中主要使用了四个方面的研究材料。

一是古史典籍（如《二十四史》《清史稿》《清实录》《岭外代答》[③]、《云南通志》[④]、《黔南职方纪略》[⑤] 等）和前人游记等传世文献资料。西南山地民族大多没有本民族文字或用本民族文字记录的历史，因此，这些传世文献对研究近代以前西南山地民族自发社会控制的生成演进具有重要史料价值。但

---

① ［英］A. R. 拉德克利夫－布朗：《原始社会的结构与功能》，潘蛟、王贤海、刘文远、知寒译，潘蛟校，中央民族大学出版社 1999 年版，第 237 页。

② 谢晖：《大、小传统的沟通理性》，中国政法大学出版社 2011 年版。

③ ［宋］周去非著，杨武泉校注：《岭外代答校注》，中华书局 2006 年版。

④ ［清］鄂尔泰等修，靖道谟纂：《云南通志》，江苏广陵古籍刻印社 1988 年版。

⑤ ［清］爱必达撰，罗绕典辑：《黔南职方纪略》，清道光二十七年（1847 年）刻本。

囿于时代和阶级局限性，介绍过于粗略且多为转述，常有语焉不详之处，描述中带有强烈的文化偏见，多有捕风猎奇和主观臆断成分，材料的真实度有待仔细甄别。

二是民国以降官方组织或学术团体、学者个人对西南山地民族展开的田野调查。其中最为重要的当属20世纪50年代全国人大民族委员会组织的全国范围内大规模的少数民族社会历史调查，先后有200余位专家学者参加，整理形成的调研报告计有148册，凡1500万字。① 由于西南山地民族涵盖了所有社会形态发展阶段，从而成为当时少数民族社会历史调查的重中之重，总共8个调查组中的云南、贵州、四川、西藏、广西均位于西南地区。民主改革之后，面对史无前例的社会变迁和现代转型的巨大冲击，我国少数民族经济、政治、社会、文化发生了根本性变化。因此，这次全面系统的抢救性调查便成为认知西南山地民族传统自发社会控制弥足珍贵的资料宝库。当然同时也需看到，由于当时少数民族社会历史调查过度强调意识形态与阶级斗争，且从根本上服务于民族地区社会改革之政治目的（如划定阶级成分等），致使调研结果存在一些遗漏、偏差与不足等瑕疵。除此之外的田野调查资料还包括民国时期南京国民政府组织的对西南少数民族的社会调查②，老一辈学者艰辛调查获得的珍贵民族志资料（如杨成志的《云南民族调查报告》③、林耀华的《凉山彝家》④ 等）以及改革开放以来雨后春笋般层出不穷的学者们对某个民族或特定领域西南山地民族传统法文化的田野调查。例如：吴江对侗族石牌的调查编录⑤，海乃拉莫、曲木约质、刘尧汉对四川凉山彝族习惯法及其典型案例的集成⑥，张济民对藏族习惯法的考察⑦，莫金山对广西金秀瑶族村规民约的辑录⑧，陈金全对

---

① 《中国少数民族社会历史调查资料丛刊》，民族出版社。

② 李文海主编：《民国时期社会调查丛编·少数民族卷》，福建教育出版社2005年版。

③ 杨成志：《云南民族调查报告》，载《国立中山大学语言历史学研究所周刊》1930年第11期。

④ 林耀华：《凉山彝家》，商务印书馆1947年版。

⑤ 吴江编录：《侗族部分地区碑文选辑》，黎平县方志办公室印刷，1989年。

⑥ 海乃拉莫、曲木约质、刘尧汉：《凉山彝族习惯法案例集成》，云南人民出版社1998年版。

⑦ 张济民主编：《渊源流近——藏族部落习惯法法规及案例辑录》，青海人民出版社2002年版。

⑧ 莫金山编著：《金秀瑶族村规民约》，民族出版社2012年版。

黔东南文斗苗族民间契约和诉讼文书的汇编（共三册）[①] 等。

三是本书课题组赴西南山地民族地区亲身田野调查获得的第一手资料。少数民族法文化作为一种重要的社会控制资源，归根结底是由民众自发创造的，法律史的记载不能只有官方话语而无民众声音，甚至完全不见民众的作用和价值。[②] 民族法学研究者不要一味埋首西方法学理论和中国律令典籍，而应走出“象牙塔”，到广阔的田野中去寻找“山野妙龄女郎”[③] 般的新材料。正如顾颉刚先生所主张的，“要实地搜罗材料……到古文化的遗址中去发掘，到各种的人间社会去采风问俗，才能建设许多新学问。”[④] 正是基于上述认知，课题组成员长期进行扎实的田野调查和资料搜集工作，先后十余次深入西南山地民族地区从事实地调研，建立了若干调查点，获得了不少地方志、民族志资料，收集到许多珍贵的访谈记录、寨规村约、原始档案、司法案例等第一手材料。此外，课题组所有成员均拥有博士学位且接受过系统的田野工作训练，长期致力于西南少数民族法文化研究工作[⑤]，知识结构合理、研究专长多元，具有复合型学术背景，拥有较强的独立研究能力和团队合作精神，发表了不少与本书研究相关的研究成果，从而为本书的研究提供了优质的科研团队保障。

四是伴随法律多元主义的兴起，近年来西南少数民族法文化研究如火如荼，涌现出大量研究成果，因而本书研究中不可避免地运用到该领域专家、学者的一些学术观点与田调资料，当然所有引用在书中都严格依照学术规范做出了详尽的注释说明。

---

① 陈金全、杜万华主编：《贵州文斗寨苗族契约法律文书汇编——姜元泽家藏契约文书》，人民出版社 2008 年版；陈金全、梁聪主编：《贵州文斗寨苗族契约法律文书汇编——姜启贵等家藏契约文书》，人民出版社 2015 年版；陈金全、郭亮主编：《贵州文斗寨苗族契约法律文书汇编——易遵发、姜启成等家藏诉讼文书》，人民出版社 2017 年版。

② 陈金全：《走人类学的路，开创法史学新天地》，载《法学研究》2009 年第 2 期，第 202 页。

③ 范文澜：《一篇待字闺中的稿件》，载《光明日报》1956 年 5 月 24 日。

④ 顾颉刚：《〈国立中山大学语言历史学研究所周刊〉发刊词》，载《国立中山大学语言历史学研究所周刊》1927 年第 1 期。

⑤ 本书课题组成员主要学术简介如下：本人主要从事佤族法文化研究；潘志成教授主要从事苗族、藏族法文化研究；李剑（男，彝族）副教授主要从事彝族法文化研究；郭亮副教授主要从事壮族、佤族法文化研究；陈小曼博士主要从事国际法学、民族法学研究；张伟副教授主要从事侗族法文化研究；叶黑龙（女，佤族）博士主要从事少数民族语言学、民俗学研究。

五、研究现状综述

（一）国外研究状况

“社会控制”作为一个年轻的学术概念，自19世纪末产生至今大致经历了社会学、法学、控制论、社会哲学四种理论形态。19世纪末20世纪初，以E. A. 罗斯、斯宾塞、埃米尔·涂尔干等为代表的社会学者对社会控制的对象、体系及变迁展开研究，奠定了社会控制的基本理论，但他们仅关注对人的动物性的社会控制，而忽略了人的社会属性，是故社会学社会控制理论无法解释复杂的社会结构问题。20世纪50年代之后，N. 维纳、A. F. G. 汉肯、盖叶尔、佐文、鲍姆戛特勒、本尼格等学者主张在控制论视域下探讨社会控制问题，将社会控制研究推向新阶段，他们强调社会控制手段的作用，突出社会控制的定量分析和数学模型，但由于过于关注个体行为和技术层面因素，反而某种程度上限制了控制论社会控制理论的发展。自20世纪90年代以来，社会控制研究又发展到从更为宏观的社会哲学层面审视民族国家社会控制的阶段，社会哲学社会控制理论研究重心既非个体行为，也非数理模型，而是社会控制的结构及其功能。①

然而，就法学形态的社会控制理论而言，国外研究主要形成了以下几方面的学术成果。

一是法社会学领域的社会控制研究。持“法律多元主义”的法社会学者们普遍认为，除官方正式社会控制外，事实上现实社会生活中还广泛存在着发挥社会规范作用和社会治理功能的大量非正式社会控制。例如：尤根·埃利希提出著名的“活法”理论，在他看来，控制社会生活的“活法”不仅有法律规范，而且包括那些没有被设置在法律规定之中的各种道德、宗教、习惯、荣誉、礼仪、时尚等社会团体的内在秩序，因此，“一切法都是社会法。”② 英国学者哈耶克认为，自发秩序乃是人类社会的根本秩序，只有基于自生自发的内在秩序，才能促进社会秩序不断扩展和人类文明持续进步。③ 与上述认知一脉

---

① 寇祥强：《社会控制理论的主要形态》，载《大理学院学报》2009年第1期，第29－31页。

② 转引自朱景文主编：《法社会学》，中国人民大学出版社2013年版，第25－26页。

③ ［英］弗里德利希·冯·哈耶克：《自由秩序原理》，邓正来译，生活·读书·新知三联书店1997年版。

相承，美国学者本杰明・内森・卡多佐把法这一社会控制形式看成一个自发秩序的内在生长过程[①]，而德国学者贡塔・托依布纳则将作为社会控制的法视为一个自组织的“自创生系统”。[②]

二是法人类学领域的社会控制研究。“每个民族都有其社会控制系统，除了极少数的民族以外，其他各民族都有作为他们控制系统一部分的复杂行为模式和制度机制，我们正是将此称为法”[③]，美国学者霍贝尔的观点代表了法人类学者的普遍意见。英国法人类学者马林诺夫斯基通过对西太平洋岛屿氏族部落长期田野调查发现，即便是初民社会也存在依靠经济互惠、习俗规范、婚姻法则、禁忌巫术等使其成员服从的自发社会控制秩序。[④] 类似研究还有霍贝尔的《原始人的法》、布朗的《安达曼岛人》[⑤]、埃文思－普理查德的《努尔人——对尼罗河畔一个人群的生活方式和政治制度的描述》[⑥] 等。

三是针对不同社会控制之间的调适提出了各种解决方案。一种为人为建构模式。较早将“社会控制”引入法学研究的美国学者罗斯科・庞德认为社会控制是维护文明的重要方法，道德、宗教和法律是迄今为止人类社会控制的三种基本手段。尽管他也意识到，“如果法律在今天是社会控制的主要手段，那么它就需要宗教、道德和教育的支持”[⑦]。但庞德在《通过法律的社会控制》一书中仍主张建构法治主义社会控制，认为法律才是社会控制的首要手段和最终有效工具，法律具有其他社会控制手段无可比拟的优势，其他道德、宗教只能从属法律并在法律赋予的范围内行使纪律性权力。另一种为进化演进模式。哈耶克虽不完全拒斥国家政府的作用，但坚决反对极端的人为建构模式并谑之为“致命的自负”，他认为“自由之法”的社会控制实乃人之行动而非人之制定或设计的结果，国家法对民间规范的强制规制乃至侵扰取代，会导致自发内

① ［美］本杰明・内森・卡多佐：《法律的生长》，刘培峰、刘骁军译，贵州人民出版社2003年版。

② ［德］贡塔・托依布纳：《法律：一个自创生系统》，张骐译，北京大学出版社2004年版。

③ ［美］E. A. 霍贝尔：《初民的法律——法的动态比较研究》，周勇译，罗致平校，中国社会科学出版社1993年版，第4－5页。

④ ［英］马林诺夫斯基：《原始社会的犯罪与习俗》，原江译，法律出版社2007年版。

⑤ ［英］拉德克利夫－布朗：《安达曼岛人》，梁粤译，梁永佳校，广西师范大学出版社2005年版。

⑥ ［英］埃文思－普理查德：《努尔人——对尼罗河畔一个人群的生活方式和政治制度的描述》，褚建芳、阎书昌、赵旭东译，华夏出版社2002年版。

⑦ ［美］罗・庞德：《通过法律的社会控制 法律的任务》，沈宗灵、董世忠译，杨昌裕、楼邦彦校，商务印书馆1984年版，第8－10、89－93页。

生秩序与植根其间的个体行动自由蒙受侵犯并遭致扼杀。① 因此，“最好的法律不过是对民间规范的承认和演化。”② 还有一种为情境主义模式。持此意见的学者既反对极端的人为建构主义，也抵制纯粹的进化演进主义，他们认为自发秩序和建构秩序均非璞玉无瑕，而是各有其自身难以克服的缺陷，如自发秩序的随意性和缓慢性、建构秩序的主观性与片面性等。借鉴现代控制论的有益成分，两者关系不是一方排斥或取缔另一方，理想境界应是互补支撑的互养状态与混合秩序，进而形成全方位、立体化的多元网状社会控制格局。多元网状社会控制格局的形成既非纯粹自然演进，也非单纯人为建构，更不存在“一刀切”或普世性的标准模式，而是具体历史社会文化情境中国家法与民间规范的整合协同。

综上所述，虽然国外学者著述中鲜有直接论及我国西南山地民族自发社会控制的内容，却为本书研究提供了理论智识和方法论指导，具有重要的镜鉴意义。但国外学者的研究是在不同的民族文化场域下展开的，因而不能完全照搬其理论阐释与既成结论。

（二）国内研究述评

现代社会背景下法律法规和国家政策无疑是主导性社会控制力量，但秩序调控和社会治理从来都不是国家正式社会控制的垄断物和专属品。随着现代社会控制理论和法律多元主义的兴起，国内越来越多的学者关注于民间自发社会控制，主要形成两条研究路径。第一条路径是在理论层面阐述自发社会控制的合理性与实现途径。这方面的代表性著作有：杨桂华的《转型社会控制论》③，王铭铭、王斯福的《乡土社会的秩序、公正与权威》④，田成有的《乡土社会中的民间法》⑤ 等。第二条路径是从实证研究出发探寻中国社会存在的道德、民俗、宗法、习惯法等各种自发社会控制资源。这方面的代表性著作有：李禹

---

① 邓正来：《研究哈耶克法律理论的一个前提性评注——〈法律、立法与自由〉代译序》，载［英］弗里德利希·冯·哈耶克：《法律、立法与自由》（第一卷），邓正来、张守东、李静冰译，中国大百科全书出版社 2000 年版，第 40 页。

② ［美］罗伯特·C. 埃里克森：《无需法律的秩序——邻人如何解决纠纷》，苏力译，中国政法大学出版社 2003 年版，译者序。

③ 杨桂华：《转型社会控制论》，北京师范大学出版社 2009 年版。

④ 王铭铭、王斯福主编：《乡土社会的秩序、公正与权威》，中国政法大学出版社 1997 年版。

⑤ 田成有：《乡土社会中的民间法》，法律出版社 2005 年版。

阶、廖小波的《道德理性与社会控制：宋明理学社会控制与社会整合思想》[①]，金玉学的《民俗与社会控制》[②]，鞠春彦的《教化与惩戒——从清代家训和家法族规看传统乡土社会控制》[③]，马珺的《清末民初民事习惯法对社会的控制》[④] 等。对于蕴含丰富自发社会控制"地方性知识"的西南山地民族传统法文化，民族法学界也倍加关注，涌现出了丰硕的知识生产。但囿于法学传统研究范式的禁锢，民族法学者大都惯常运用"习惯法"或"民间法"术语考察西南山地民族自发内生的传统法文化。[⑤] 不言而喻，这些著述对本书研究具有重要的参考价值。

就目前民族法学界而言，运用"社会控制"视角对包括西南山地民族在内的少数民族传统法文化的研究尚不多见。从已公开出版的学术著作来看，仅有近年来覃主元、刘晓聪的《瑶族习惯法与社区控制和法治秩序构建》[⑥]，黎

---

① 李禹阶、廖小波编著：《道德理性与社会控制：宋明理学社会控制与社会整合思想》，中国文联出版社 2004 年版。

② 金玉学：《民俗与社会控制》，群众出版社 2008 年版。

③ 鞠春彦：《教化与惩戒——从清代家训和家法族规看传统乡土社会控制》，黑龙江教育出版社 2008 年版。

④ 马珺：《清末民初民事习惯法对社会的控制》，法律出版社 2013 年版。

⑤ 就民族法学视域而言，学者们主要从全国、局部区域和特定民族三个层面对西南山地民族传统法文化展开研究（囿于成果颇多，篇幅所限，在此仅列举学界代表性著作，学术论文兹不逐一列出）。一是研究中国少数民族习惯法中涉及西南山地民族传统法文化。主要有：范宏贵的《少数民族习惯法》（1990 年），徐中起、张锡盛、张晓辉的《少数民族习惯法研究》（1998 年），高其才的《中国少数民族习惯法研究》（2003 年），吴大华的《民族法律文化散论》（2004 年）等。二是研究西南民族地区或其中某个区域山地民族传统法文化。主要有：杨怀英、赵勇山等的《滇西南边疆少数民族婚姻家庭制度与法的研究》（1988 年），师蒂的《神话与法制：西南民族法文化研究》（1992 年），张冠梓的《论法的成长——来自中国南方山地法律民族志的诠释》（2002 年），方慧的《少数民族地区习俗与法律的调适：以云南省金平苗族瑶族傣族自治县为中心的案例研究》（2006 年），陈金全的《西南少数民族习惯法研究》（2008 年），徐晓光的《原生的法：黔东南苗族侗族地区的法人类学调查》（2010 年），周世中等的《西南少数民族民间法的变迁与现实作用——以黔桂瑶族、侗族、苗族民间法为例》（2010 年），潘志成的《西南民族传统法文化的历史与现状考察》（2010 年），郭亮的《桂西北村寨治理与法秩序变迁——以合寨村为个案》（2011 年），吴才茂的《民间文书与清水江地区的社会变迁》（2016 年）等。三是研究某一特定西南山地民族传统法文化。主要有：邓敏文、吴浩的《没有国王的王国：侗款研究》（1995 年），龚佩华的《景颇族山官制社会研究》（1988 年），莫金山的《瑶族石牌制》（2000 年），冉春桃、蓝寿荣的《土家族习惯法研究》（2003 年），李鸣的《碉楼与议话坪——羌族习惯法的田野调查》（2008 年），蔡富莲、米伍作的《当代凉山彝族血缘家支、传统习惯法研究》（2014 年），淡乐蓉的《藏族"赔命价"习惯法研究》（2014 年），刘振宇的《初民社会法的图景——佤族习惯法的法人类学诠释》（2014 年），周相卿的《雷公山地区苗族习惯法研究》（2016 年）等。

⑥ 覃主元、刘晓聪：《瑶族习惯法与社区控制和法治秩序构建》，民族出版社 2014 年版。

瑛的《民国时期广西民族地区社会控制（1927～1949）》①，杨志明等的《边疆社会非正式控制研究——一种基于民族伦理控制的扩展分析》② 等为数极少的几部著述。现有研究成果主要以学术论文的形式呈现，并大致形成以下四个关注领域。

第一，对民族社会控制的若干理论问题的探讨。代表作有：赵利生的《民族社会控制及其必然性分析》（《甘肃理论学刊》2003 年第 6 期）和《民族社会控制系统分析》（《甘肃政法学院学报》2003 年第 2 期），赵桅的《少数民族地区传统社会控制系统探析》［《三峡大学学报》（人文社会科学版）2010 年第 5 期］，李毅的《民族地区的社会控制》［《南昌师范学院学报》（社会科学）2017 年第 2 期］，廉睿、高鹏怀的《来自民间的社会控制机制——中国“民间法”的过去、现在和未来》（《理论月刊》2016 年第 2 期），孙秋云的《少数民族山村村民自治的民间基础分析》（《民族研究》2004 年第 1 期）等。

第二，对哈尼、苗、瑶、佤、藏、彝等个别西南山地民族自发社会控制的研究。代表作有：罗家云的《哈尼族村寨的社会控制组织体系——以红河州绿春县新寨村为例》（《学术探索》2006 年第 6 期），曹端波的《苗族文化的社会控制》［《中央民族大学学报》（哲学社会科学版）2008 年第 1 期］，吴才茂、李斌的《清代黔东南地区的乡村社会控制——以新见官文书为中心》（《中国社会经济史研究》2017 年第 1 期），张冠梓的《近代瑶族社会控制研究》（《广西民族研究》1994 年第 2 期），李国明的《佤族村寨的社会控制——以沧源县翁丁村为例》（《凯里学院学报》2012 年第 1 期），王林敏的《论藏区社会控制与赔命价习惯法的治理》（《湖南警察学院学报》2015 年第 4 期），杨文倩的《彝族古代社会控制思想研究》（云南师范大学 2015 届硕士学位论文）等。

第三，对禁忌、宗教、神话、民俗、伦理、习惯法等西南山地民族不同社会控制手段的研究。代表作有：张冠梓的《禁忌：类同于法律属性的初级社会控制形态》［《中央民族大学学报》（哲学社会科学版）2002 年第 4 期］，杨玉

---

① 黎瑛：《民国时期广西民族地区社会控制（1927～1949）》，社会科学文献出版社 2015 年版。

② 杨志明等著：《边疆社会非正式控制研究——一种基于民族伦理控制的扩展分析》，中国社会科学出版社 2016 年版。

荣的《鄂西南民族地区宗教信仰及其社会控制功能》[《中南民族学院学报》(人文社会科学版)2002年第1期],钱锦宇的《通过神话的社会控制——兼论神话作为民间法的渊源》[《中南民族大学学报》(人文社会科学版)2010年第4期],梁利的《边境民族地区社会控制模式中的民俗控制检讨——以广西为考察对象》(《学术论坛》2012年第6期),赵天宝的《论德昂族孝文化的社会控制功能——基于法人类学的分析》[《湖北民族学院学报》(哲学社会科学版)2018年第4期],杨军、刘娟的《少数民族习惯法与少数民族地区社会控制》(《思想战线》2008年第S2期)等。

第四,对婚姻家庭、犯罪控制、乡村治理、民间权威、社会和谐等西南山地民族不同调控领域社会控制的研究。代表作有:朱和双、李金莲的《佤族的神灵信仰及其对男女性关系的社会控制》[《湖北民族学院学报》(哲学社会科学版)2003年第4期],刘希的《民间法:一种少数民族地区犯罪控制的乡土力量——以云南宁蒗跑马坪乡彝族社区民间禁毒个案为样本》[《西南边疆民族研究》(第6辑),2009年],张晓辉、王启梁的《少数民族地区农村的社会控制与法治建设》(《思想战线》2005年第2期),潘志成的《传统权威与当代少数民族村寨社会控制》[《民族法学评论》(第6卷),2009年],黄润柏的《社会控制体系的重构与壮族和谐社会建设》(《广西民族研究》2006年第2期)等。

从上述已有成果看,关于西南山地民族自发社会控制的研究虽引起了民族法学者的一定关注,但尚处于起始阶段。研究的局限性主要体现在:一是民族法学界尚未形成运用“社会控制”研究范式的学术自觉,鲜有对西南山地民族自发社会控制进行跨学科交叉研究与系统考察的成果,既有研究颇显零散,缺乏整体性、体系性和规律性。二是西南山地民族自发社会控制的研究总量不足,成果形式较单一,几乎均为学术论文,此外同质性研究较多,而一些重要问题却无人问津(如西南山地民族自发社会控制的理论基础、生成演进、基本结构、动态运行以及其与其他社会控制之间的整合现状、协同困境与解决路径等),问题的重要性与被关注程度不相协调,研究的理论性和现实性均有待进一步提高。三是过度依赖现代法学术语和分类体系,容易导致研究的“失真”,且主要使用20世纪50年代民主改革时期的社会历史调查资料,由于田调体验和实证材料不足,因此研究流于空泛,难以触及问题的核心层面。总体而言,国内民族法学界对西南山地民族自发社会控制的研究还很薄弱,是一个不容也不应忽视的潜在学术增长点。

六、主要研究内容

本书基于社会控制和法律多元理论，以整体文化观和跨学科研究视角，按照法社会学和法人类学的分析框架，围绕民族法视域下西南山地民族进行资料收集与实地调研，对西南山地民族自发社会控制的研究构想、理论基础、生成机理、变迁演进、基本维度等方面展开全方位、多角度、立体化研究，力图呈现西南山地民族自发社会控制的真实图景。与此同时，笔者还分析了现代化语境下西南山地民族社会控制的现状和境遇，探讨当前西南山地民族地区分裂的“多元复杂”的社会控制困局，阐明自发社会控制与其他社会控制之间的关系，并在典型个案研究的基础上，提出整合协同当代西南山地民族多元社会控制的初步设想。具言之，本书主要研究内容可分为以下七个部分：

第一部分为西南山地民族自发社会控制的研究构想。在简述研究对象西南山地民族的基础上，详细阐明本书的选题思路、研究目的、研究意义、研究综述、研究内容、研究方法和主要创新点，并对研究过程中使用的核心概念和研究资料进行了明确界定与必要说明。

第二部分为西南山地民族自发社会控制的理论基础。通过研究范式的比较、反思与批判，指出“社会控制”研究范式在民族地区基层社会治理研究中的重要意义。紧接着重点阐述西南山地民族自发社会控制的概念性质、特征类型、系统要素、功能作用以及西南山地民族自发社会控制的内外关系。

第三部分为西南山地民族自发社会控制的生成演进。从自然地理环境、经济社会类型、国家权力格局、宗教文化因素等方面具体阐释西南山地民族自发社会控制产生、形成、发展的外部时空条件和内在需求动因。近代以降是西南山地民族自发社会控制变迁演进的重要时期，大致而言可以划分为四个阶段，即新中国成立之前的繁荣兴盛阶段、新中国成立后至民主改革前的合作共谋阶段、民主改革至改革开放前的压制隐匿阶段、改革开放之后的重新“回潮”阶段。

第四部分为西南山地民族自发社会控制的基本维度。从社会控制理论的六个面向，即控制主体［社会组织（血缘组织、地缘组织、区域组织）、个体权威（窝郎、德古、寨老、山官等）］）、控制规范（阿佤理、节威、榔规、款约、石牌等）、控制手段（禁忌、舆论、习俗、道德、仪式、宗教等）、控制机制（自我控制、私力控制、自发组织控制等）、控制方式（规范强制、心理约束、行为型塑等）和控制类型（自律型、和解型、赔偿型、惩罚型、治疗型等）来研究西南山地民族自发社会控制的内在结构以及西南山地民族自发社会控制在秩序实现和社会治理过程中的具体运行过程，揭示西南山地民族应对社会失范地方性资源的文化密码、行动逻辑、社会理性和经验智慧。

第五部分为当前西南山地民族社会控制的现状与困境。全面透视当前西南山地民族地区传统自发社会控制“断裂”和国家正式社会控制“不足”的现状，对实践中存在的性质不同、规范有别、手段多样、机制复杂、功能各异的社会控制进行比较研究，分析它们之间的差异与暗合，并讨论此种“多元分裂”的社会控制在民族地区基层社会治理实践中遭遇的问题。

第六部分为西南山地民族多元社会控制的实践模式。通过典型个案对实践中已有的西南山地民族多元社会控制运行模式［强力压制型；自为创新型（合寨壮族村民自治）；契合一致型（丽江纳西族生态环境保护、占里侗族人口生育控制）；互动协调型（文斗苗族契约秩序）；引导治理型（凉山彝族德古调解、宁蒗彝族“虎日禁毒”）；管控治理型（彝族“死给案”、藏族“赔命价”）］展开剖析和比较研究，总结各种实践模式的优缺点及其经验教训。

第七部分为当代西南山地民族多元社会控制整合协同的构想。结合西南山地民族实际情况，总结基层实践的创造性经验，积极促进各种社会控制资源之间的理解和沟通，从调控主体、调控规范、调控手段、调控机制等方面创新民族自发社会控制、国家正式社会控制和准正式社会控制三者之间整合协同的理念更新与路径探索，尝试建构西南山地民族地区复合型、自主型和现代型的新型社会控制体系，助力提升西南山地民族地区社会控制的系统化、科学化与社会化水平。

七、主要研究方法

在明确选题思路和研究内容之后，研究方法的选择运用便成了关键因素，只有科学的方法论才能有效地帮助研究者形成科学结论。除传统法学规范分析、语义分析等研究方法外，本书主要采取法社会学和法人类学重经验、重个案的实证方法，争取在研究方法上有所新意。具言之，本书研究过程中主要运用了下列五种研究方法。

（一）文献研究法

文献研究是任何人文社会科学研究的基础与前提，我们的研究应当“站在巨人的肩膀上”，绝不应忽视前人积累起来的大量知识。本研究充分利用图书馆、博物馆、档案馆以及西南山地民族地区民族宗教事务局、文史办、公检法司实务部门和高等院校、科研院所获取有关材料，同时运用日益发达的电子网络资源下载相关成果，全面收集古今中外与西南山地民族自发社会控制有关的文献资料。

（二）田野调查法

田野调查法，又称田野工作法、实地调查法或现场研究法。这一方法是由马林诺夫斯基于20世纪20年代考察特罗布里安德群岛初民法秩序时所创立的，之后便成为人类学、民族学和社会学主要的研究方法。本书课题组成员曾先后赴滇西南、黔东南、桂西北、四川凉山、渝东南和西藏地区选定的调查点进行实地调研，运用包括参与观察、个别访谈、座谈会等方法获取、补充、更新田野调查资料，对西南山地民族自发社会控制的传统遗存、活态表现以及建构多元社会控制秩序面临的制约因素进行调查、记录和分析。课题组在实地调研过程中与当地的民族权威、乡村干部、文化传承人、党政机关和法律实务部门干部以及专家学者建立了长期友好的关系，保持着畅通的联系，以便于定点跟踪回访，并邀请少数民族群众和文化传承人作为向导和顾问，这些均是顺利完成本书研究的重要保障。

（三）个案研究法

法社会学和法人类学意义上的“个案研究法”与传统法学范式下的“案例研究法”自是不同，它不仅是指案例本身，还包含个案的前因后果以及牵涉的各种关系网络与社会情境。规范法学那种“只注重抽象的法律条文、将视野收敛于制度或强制性规范的研究方式具有很大的片面性，它难以把握法律在实际运行中复杂多样的实际情况。”① 霍贝尔首创了崭新的“个案研究法”，它既有助于克服纯粹“描述”引发的对普遍性规则的忽视，同时又能够克服

① ［日］棚濑孝雄：《纠纷的解决与审判制度》，王亚新译，中国政法大学出版社2004年版，代译序第3页。

单纯规范分析导致的僵化呆板，而是将二者有机融合起来，进而实现“从特殊到普遍，又从普遍到特殊来进行考察。”① 本书对收集到的各种案例均放置于其所依赖的社会结构和文化情景之中进行探讨，通过深入细致的过程分析来解释行为规范，彰显其内在行动逻辑和个案背后的各种社会综合影响因素，同时借助典型个案研究当前西南山地民族多元社会控制各种实践模式的背景、优势、经验教训等延展性问题。换言之，本书不是西南山地民族自发社会控制的“规范清单”和典型案例的简单汇编，也不是“肢解”或“拼接”田调资料去迎合和印证某些所谓西方理论，而是对西南山地民族自发社会控制这一活生生“地方性知识”所作的法律民族志的忠实记录与合理阐释。

（四）比较研究法

比较研究法是对两个及以上的事物展开对比分析，在寻找它们之间相似性和差异性的基础上探求某种规律的科学方法。本书通过对不同民族（彝、藏、佤、苗、侗、瑶、壮、纳西、景颇等）、不同领域（财产所有、交换贸易、婚俗生育、环境保护、纠纷解决、基层治理等）、不同性质（自发控制、正式控制、准正式控制）的社会控制进行比较研究，分析不同民族和治理领域内西南山地民族自发社会控制的特殊运行机制与运作机理，不同性质社会控制之间的暗合与差异之处，以及各自在秩序实现过程中的不同作用、独立价值、互动关系和相互建构，寻求各种社会控制资源之间的相互理解与沟通渠道，以期全面透视西南山地民族自发社会控制现代转型等问题。

（五）整体分析法

正如功能主义理论奠基人拉德克利夫 - 布朗所言：“社会是一个整体，要想认识某种社会现象，就必须将它与其他社会现象、与整个社会联系起来加以考察，如此方能真正认识它的意义与功能。”② 西南山地民族自发社会控制的生成、发展、运行、变迁以及未来发展趋向与其所处的独特的自然、经济、历史、社会、文化环境密不可分，是一个整体文化场域内的过程和事业。因此，考察西南山地民族自发社会控制生成演进、发展变迁、活态表现以及整合协同

---

① ［美］霍贝尔：《原始人的法——法律的动态比较研究》，严存生等译，法律出版社 2006 年版，第 34 页。

② ［英］拉德克利夫 - 布朗：《社会人类学方法》，夏建中译，华夏出版社 2002 年版。

当代西南山地民族多元社会控制资源的时候，应将各种文化现象视为相互联系、交互作用的有机统一整体，而不能将其与其他社会现象割裂开研究。

八、研究创新之处

（一）研究选题和内容的创新

首先，选题新颖。笔者选择“社会控制”作为崭新的切入点和突破口，将西南山地民族自发社会控制作为民族法学研究的新内容，能够深入探讨传统习惯法/民间法研究范式下少数民族法文化被遮蔽的若干重要问题，相对于已有成果而言，具有独特的学术价值。其次，内容新意。本书系统阐述了西南山地民族自发社会控制的理论基础、生成机理、变迁演进、基本维度以及与其他社会控制之间的互动关系，在目前的研究中尚属少见，一定程度上弥补了少数民族法文化研究之不足。

（二）研究视野和方法的创新

一是研究视野的创新。我们应当警醒地意识到，长期以来法学研究中故步自封的知识结构和研究范式致使分析社会问题时丧失了某些重要视角。因此，在学科交叉的学术背景下笔者采用了跨学科研究方法，对西南山地民族自发社会控制的考察涉及法学、社会学、民族学、人类学、历史学、政治学、宗教学等多学科综合性研究。二是研究方法的创新。本书试图摒弃那种依照西方法学概念术语和现代法律部门分类，站在纯粹“客位”的视角（即“观察者的眼光”）去“科学地拟构”研究对象的范式，而是尝试运用本民族语义系统和文化逻辑构筑的解释系统，站在“主位”的视角（即“他者的眼光”）客观地描述与阐释西南山地民族自发社会控制。特别是土生土长的少数民族研究者参与到课题研究，有利于站在相对主义和文化体悟的立场上获得本民族对自身法文化的“自我解读”，避免主观臆断式的“失真”研究或是运用材料附会西方理论的“伪实证”研究，在西南山地民族自发社会控制研究中尽可能地实现“客位”与“主位”研究①的有机统一。

---

① 按照人类学和民族学的观点，“客位研究”即是指研究者站在局外立场，用研究者所持的一般观点去解释所看到的文化现象；而“主位研究”则相反，是站在被研究者的视角，用本地人的观点去解释他们的文化现象。

（三）研究思路和目标的创新

本书对当前西南山地民族复杂分裂的社会控制现状、困境以及各种实践模式的分析不是拘泥于某种理论预设和逻辑推演层面的研究，而是基于西南山地民族地区的社会现实，通过考察大量的实证材料和案例，在提炼本民族维护社会秩序原创性“地方性知识”和总结民族地区现实社会治理“基层经验”的基础上，提出现代法治和多元文化背景下整合协同西南山地民族多元社会控制的初步设想和具有可操作性的路径探索，以实现民族地区社会治理过程中民族自发社会控制与其他社会控制资源的互补共谋与和谐共存。因此，本书某种意义上超越了传统规范法学的局限，既有较强的理论价值，又有较好的实践意义。

综上所述，本书的整体研究构想如下图所示。

民族法视域下西南山地民族自发社会控制研究构想示意图

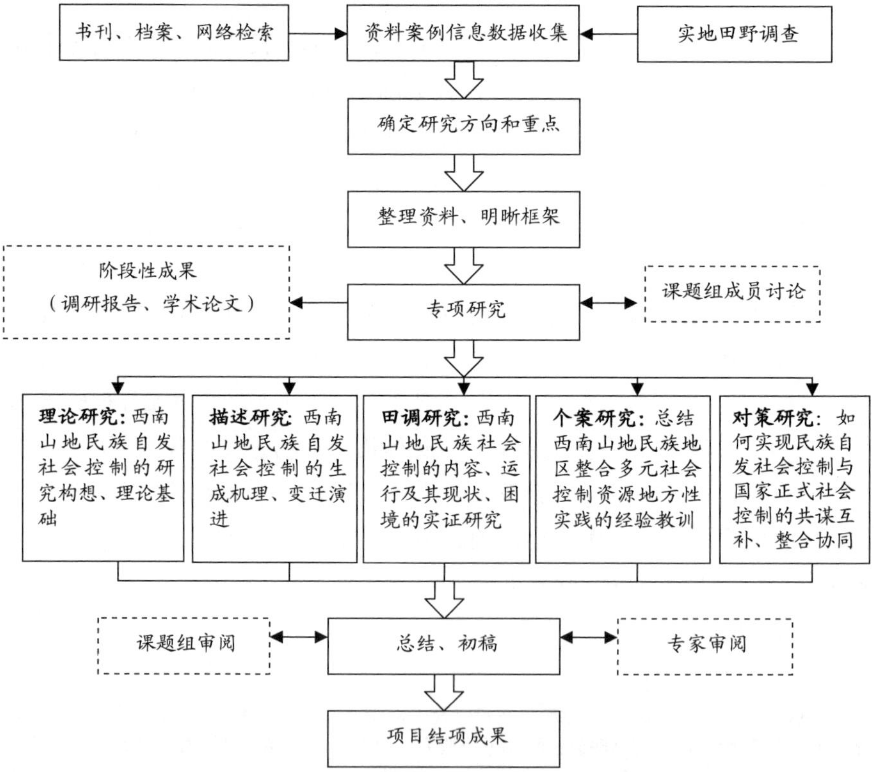

第二章　西南山地民族自发社会控制的理论基础

一、"社会控制"范式研究少数民族法文化的证成

"研究范式"这一概念最早是由美国学者托马斯·库恩提出的。所谓研究范式，是指在某一时期内，科学研究共同体成员在进行常规研究中所共同遵循的理论、规范和方法论模式。[①] 常规的科学活动通常是在某种研究范式中展开的，但在研究过程中研究者在遵循研究范式的同时又建构着研究范式，并为最终突破范式和实现科学革命奠定基础与积累条件。

长期以来，中国法学界广泛使用"习惯法"或"民间法"范式[②]研究少数民族法文化和民族地区法治建设等相关问题。囿于传统"法"概念国家性和阶级性的过度强调，新中国成立后相当长的一段时间内，学界主要是站在国家法的考察视角去界定"习惯法"概念的。当时主流观点认为，"习惯法是国家认可和由国家强制力保证实施的习惯……在国家产生以前的原始习惯并不具有法的性质"[③]，习惯法乃是"源于习惯并由国家认可的法律。"[④]

---

① ［美］托马斯·库恩：《科学革命的结构》，金吾伦、胡新和译，北京大学出版社 2012 年版。

② 虽然法学界在研究少数民族法文化过程中多使用"习惯法"和"民间法"这两个概念，但绝不应将二者等同视之。诚如有学者所指出的，两者在参照对象、外延范围、具体形式等方面存在着一定差异。具体内容请参见周世中等著：《西南少数民族民间法的变迁与现实作用——以黔桂瑶族、侗族、苗族民间法为例》，法律出版社 2010 年版，第 23－25 页。

③ 中国大百科全书法学编辑委员会编：《中国大百科全书·法学》，中国大百科全书出版社 1984 年版，第 87 页。

④ 沈宗灵主编：《法学基础理论》，北京大学出版社 1988 年版，第 89 页。

随着法律多元主义在我国的兴盛，自20世纪90年代起越来越多的学者开始从法社会学和法人类学角度研究习惯法。凡是依据某种社会组织和权威，为维护社会秩序和进行社会治理，带有某种强制性的调整人们权利义务关系的行为规范均应纳入广义上的“法”概念范畴。正如《牛津法律大辞典》对习惯法的界定，“当一些习惯、惯例和通行的做法在相当一部分地区已经确定，被人们所公认并被视为具有法律约束力……它们就理所当然可称为习惯法。”①时至今日，学者们对“习惯法”和“民间法”概念仍有着诸多的表述方式。“习惯法”为大多数学者普遍认为，“习惯法乃是这样一套地方性规范，它是在乡民长期的生活与劳作过程中逐渐形成；它被用来分配乡民之间的权利、义务，调整和解决他们之间的利益冲突，并主要在一套关系网络中被予以实施。”② 与国家法相较，习惯法表现形式可能诉诸文字，也可能口耳相传；习惯法具体内容有明确规范，但更多内容则富有弹性；习惯法生成演进属于自发内生秩序；习惯法适用范围既可是局地村落，亦可是特定民族；习惯法实施机制既依赖“熟人社会”的公众舆论或心理强制，也包括特定权威和社会组织的施行。而被学者广为接受的“民间法”定义则是，“民间法是独立于国家法之外的，是人们在社会生活中根据事实经验，依据某种社会权威和组织确立的具有一定社会强制性的人们共信共行的行为规则。”③ 具体到民族习惯法和民间法来说，一般是指“独立于国家制定法之外，依据少数民族或民族地区社会组织的权威而自然形成或约定的具有强制性和习惯性的行为规范的总称。”④

结胎于法律多元理论的“习惯法”和“民间法”研究范式的重要学术价值在于对“法律一元主义”或“法律中心主义”的猛烈批判。强调国家性、规则性和逻辑性的规范法学“法”概念的重大缺陷是将国家法律和官方机构视为形成社会秩序、实现社会治理和推动社会变革的唯一力量，而根本上否认或低估了来自民间的其他非正式性社会规范的功能作用。然而法人类学和法社会学实证研究却表明，即便是在没有政府的前国家形态或缺乏国家管理的非政

---

① ［英］戴维·M. 沃克编：《牛津法律大辞典》，北京社会与科技发展研究所译，光明日报出版社1988年版，第236页。

② 梁治平：《清代习惯法：社会与国家》，中国政法大学出版社1996年版，第1页。

③ 周世中等著：《西南少数民族民间法的变迁与现实作用——以黔桂瑶族、侗族、苗族民间法为例》，法律出版社2010年版，第23页。

④ 吴大华主编：《民族法学讲座》，民族出版社1997年版，第258页。

府领域，社会秩序和社会治理仍然是可以实现的。例如：英国学者埃文思－普理查德在东非努尔人部落社会就发现，即使没有中央权威、行政管理和国家法规范，努尔人部落内部仍然有其自发社会控制能够有效地避免追逐私利而给社会秩序带来的冲击。[①] 美国学者马考利在《私人政府》一文中也指出，即便是在美国这样的发达社会，公共政府之外大量的非政府社会组织（如商贸中心、行业协会、仲裁机构、社区居委会，甚至包括黑社会组织等）都具有制定、解释和适用规则的治理功能，马考利形象地称之为“私人政府”。[②] 就我国广大民族地区而言，自发内生的少数民族传统法文化对民族社会内部矛盾纠纷至今仍具有一定的自我消解能力，作为一种与民众认知和生活贴近的“地方性知识”，在基层社会治理中发挥着不可替代的积极效用。与传统规范法学“国家法”概念截然不同，“习惯法”与“民间法”研究范式的运用表征了少数民族的多元法律形态和民族地区社会治理中的多元规范存在，极大地拓宽了民族法学的研究视野。

诚然，在民族法学研究中为学者广泛使用的“习惯法”和“民间法”研究范式，对破除“法律一元主义/法律中心主义”的学术禁锢具有重要意义，但“习惯法”与“民间法”研究范式亦存在其自身难以克服的悖论。第一，相比于“国家法”概念，“习惯法”和“民间法”术语的使用能够说明少数民族地区秩序调控和社会治理的多元属性，但“国家法”和“习惯法”“民间法”概念本身隐含着强烈的二元对立。“国家法”概念中的“法”是指国家制定或认可的并由国家强制力保障实施，本质上体现统治阶级意志的以成文法为表现形式的属地主义行为规范，而“习惯法”和“民间法”术语中的“法”则是指民间俗成或约定的并由民间权威和组织实施，反映族群群体意志的，以不成文法为主要表现形式的属人主义行为规范。不同内涵概念的同时并用必然违反形式逻辑的同一律和排中律规则。因之，“习惯法”“民间法”与“国家法”表述上的形似性容易引起研究中的概念混淆和逻辑混乱。第二，“习惯法”和“民间法”术语中“法”属性的强调，致使少数民族法文化研究过程中难以展开深入的整体分析、过程研究和个案讨论，而实际上往往沦为较肤浅

① ［英］埃文思－普理查德：《努尔人——对尼罗河畔一个人群的生活方式和政治制度的描述》，褚建芳、阎书昌、赵旭东译，华夏出版社 2002 年版。

② See S. Macaulay. “Private Government”, in Leon Lipson & Stanton Wheeler. Law and the Social Science, Rusell Sage Foundation, 1986, 281－340.

的规范罗列与案例集合，并且"法"属性的内涵限定使探讨"习惯法""民间法"与国家法的调适等问题时经常陷于规范对接的窠臼。第三，宽泛的"习惯法"和"民间法"概念试图把民族地区不同性质的社会控制资源囊括起来探讨，进而扩大法的研究范围，但这样却可能导致难以对习惯法与道德、习俗、禁忌等行为规范的差异展开必要的区分。须知"习惯法"和"民间法"仅是非正式社会控制的一种形式而非全部资源。同时，值得警醒的是，法虽是一种重要的社会规范，但并非所有的社会规范都具有法的属性，"习惯法"和"民间法"研究范式在拓展法的视野的同时容易遮蔽和混淆不具有强制力的社会控制形态，而将不具备法属性的某些伦理、风俗、心理、情感等规范形式统统纳入分析范畴，进而导致"习惯法"和"民间法"术语在某种程度上具有被"滥用"的可能。

针对"习惯法"和"民间法"范式研究少数民族法文化以及民族地区法治建设存在的上述问题，笔者同意王启梁教授将"社会控制"范式引入民族法学研究的观点。① 一是自20世纪前半叶罗斯科·庞德将"社会控制"导入法学研究②，法学社会控制便成为社会控制四大理论形态之一，"社会控制"亦成为社会法学派研究现实法律问题的一个核心术语和重要研究范式。二是与"习惯法"和"民间法"研究范式相比，深受控制论与系统论影响的"社会控制"研究范式能够包容少数民族维护社会秩序中的多元力量，并且能够很好地对不同性质（如习惯法、道德、习俗、禁忌等）和不同运作方式（如控制主体、控制规范、控制手段、控制机制、控制方式、控制类型等）的社会控制资源进行必要的区分与比对分析。三是对比"习惯法"和"民间法"研究范式，"社会控制"研究范式具有开放性的特质，适宜用来考察当代我国民族地区法治建设中的各种有益资源，探讨多元社会控制（如民族自发社会控制、国家正式社会控制、准正式社会控制）在民族地区社会治理过程中的各自地位、不同作用、互动关系与相互建构等诸多现实问题。③

---

① 王启梁：《习惯法/民间法研究范式的批判性理解——兼论社会控制概念在法学研究中的运用可能》，载《现代法学》2006年第5期，第23-26页。

② ［美］罗·庞德：《通过法律的社会控制 法律的任务》，沈宗灵、董世忠译，杨昌裕、楼邦彦校，商务印书馆1984年版。

③ 王启梁：《社会控制与秩序》，云南大学2005届民族法学专业博士学位论文。

二、西南山地民族自发社会控制的概念性质

（一）西南山地民族自发社会控制的概念

“社会控制”依照不同的标准，可以划分为不同的类型。如按照控制规模可划分为宏观控制和微观控制，按照控制功能可划分为积极控制和消极控制，按照控制性质可划分为硬控制和软控制，按照控制手段可划分为组织控制、制度控制和文化控制等，按照控制作用力方向可划分为内在控制和外在控制。[①]

上述分类均是深入探讨社会控制的重要研究类型。但就本书选题而言，更为重要的分类是按照控制主体和控制依据将社会控制划分为自发社会控制（spontaneous social control）、正式社会控制（formal social control）和准正式社会控制（quasi – formal social control）。具体到西南山地民族社会治理领域，自发社会控制是指民族权威等族群内部社会力量运用长期内在自发生成的习惯法、禁忌、舆论、习俗、道德、仪式等形式对社会成员的行为及价值观念展开的社会控制。正式社会控制是指国家各级政权组织（包括各级立法机关、行政机关和司法机关等）运用法律法规、国家政策等制度化手段对少数民族社会成员的行为及其价值观念进行的社会控制。两者相比，正式社会控制由专门化的社会机构负责实施，控制手段具有制度化、规范性和程式化的特点，而自发社会控制的实施并没有固定的社会机构专门负责，且控制手段也欠缺正式社会控制那样的规范性、制度化与程式化。准正式社会控制是介于正式社会控制和自发社会控制二者之间的特殊社会控制形式，主要表现为西南山地民族地区普遍存在的村（乡）规民约或村民自治章程。[②] 一方面，村规民约由少数民族群众制定，并由基层群众自治组织（如村民委员会、人民调解委员会等）实施，内容包含了不少本民族传统自发社会控制中的有益成分，因此具有某些自发社会控制的特性；另一方面，村规民约不得与宪法和国家法律法规相抵触，并要遵循法定的制定程序，形成的村规民约草案须报上级党委和政府审核，这又使其具备了某些正式社会控制的特征。

---

① 郭星华主编：《法社会学教程》，中国人民大学出版社 2015 年版，第 153 – 155 页。

② 如果村（乡）规民约完全由村民自主约定而无政府的影响，内容源自民族民间生活经验且在民众社会生活中自发形成，这种村规民约亦应被视为一种自发社会控制形态。当然这种形态的村规民约更多地表现为国家力量尚未进入民族地区或虽已进入但还很薄弱的历史上的村规民约，随着《中华人民共和国村民委员会组织法》（1998 年 11 月起施行）的实施，不受国家管治的村规民约在当今中国几乎已经不存在了。

那么应该如何理解“自发社会控制”的内涵和具体指向呢？《现代汉语词典》对“自发”一词的解释是，“由自己产生，不受外力影响的；不自觉的。”① 本书核心概念“自发社会控制”中的“自发”遵从但不限于这样的解释。按照研究复杂自组织系统（如生命系统、社会系统等）形成和发展机制问题的自组织理论（self – organizing theory）的观点，“自发”是指在未有外部指令或压力的条件下，社会系统内部各子系统之间能自行按照某种规则形成一定的结构或功能，进而使社会系统内生自为地由无序状态走向有序状态。②

就西南山地民族社会治理而言，“自发社会控制”具有以下三种含义。第一种含义是指在未受外部族际互动和人为因素干预的情形下，西南山地民族在长期发展进程中内在自主形成的约束人们行为和应对社会失范的社会控制形式。例如，佤族的“阿佤理”、瑶族的“石牌律”、侗族的“款约”、苗族的“理词”和“榔规”、彝族的“节威”等。第二种含义是指随着本民族社会的不断发展，在没有外力因素介入的前提下，西南山地民族自发社会控制进行的自我革新。西南山地民族自发社会控制绝非一成不变，而是处于缓慢的动态发展之中。比如：为适应发展新情势和解决社会出现的新问题，苗族“理词”在自发演进过程中不断地加入“新理”，以后“新理”又成为“古理”，从而使苗族“理词”在自我完善中逐渐丰富和周密。第三种含义是指虽受到族际互动等外部因素的影响，但西南山地民族不是被动或被迫接受而是积极主动适应，并将外源社会控制形式吸收涵化到本民族自发社会控制系统中的过程。譬如：传统佤族社会借粮、借物本属族群内部成员之间的“互惠”行为，起初并无利息之说，但19世纪中叶以降，随着银矿开采和鸦片经济的畸形发展，佤族社会“珠米”等富人阶层崛起，为维护自身的私有财产和经济特权，攫取部分政治权力的“珠米”阶层将周边汉、傣民族的高利贷规则引入佤族社会控制系统，逐渐形成重利盘剥且惩罚严厉的债务习惯法规范。③

由是观之，本书中的“自发社会控制”采取的是一种广义界定，它不仅包括西南山地民族内在自然生成的社会控制，还蕴含自发社会控制在民族发展进程中的自我革新以及主动适应并将外源社会控制吸收、涵化为本民族自发社

① 中国社会科学院语言研究所词典编辑室编：《现代汉语词典》，商务印书馆2016年版，第1737页。

② 胡浩、楼慧心：《自组织理论与社会发展研究》，上海科技教育出版社2002年版。

③ 刘振宇：《初民社会法的图景——佤族习惯法的法人类学诠释》，九州出版社2014年版，第20、23 – 24、57页。

会控制等多元样式。这里必须严肃申明的是，任何事物均应“一分为二”地辩证看待，西南山地民族自发社会控制展现丰富多彩、形式多样的同时也可能隐藏着泥沙俱下、鱼龙混杂，本书研究中不包括西南山地民族自发社会控制中可能隐匿的反人类、反文明、反时代以及明显反国家、反政府、反社会的异质性自发社会控制内容。

（二）西南山地民族自发社会控制的性质

任何一个民族社会的存在和发展均离不开与生俱来的自发社会控制系统。笔者认为，可以从以下三个方面认识西南山地民族自发社会控制的本质特性。

第一，从演进模式来看，西南山地民族自发社会控制既非单纯的人为理性建构，亦非纯粹的进化理性模式。从根本上来讲，西南山地民族自发社会控制依赖于民族群众和社会自治力量内生自发地实现发展，但这种内生自发的演进方向不是盲目或任意的，而是民族群众根据经济社会生活的实际需求、面对新情势与新问题以及受到外部因素影响时的自主选择和理性应对。可见，自发社会控制不是物质世界那种毫无意识的“机械自动”或“自然选择”，某种意义上讲它并不拒斥理性建构，它所反对的是站在“法律中心主义”的立场上大刀阔斧的所谓“人为建构”，而认为选择和建构的主体归根结底应是民族群众自身。

第二，从依托资源来看，西南山地民族自发社会控制的发展演进依靠的不是外来输入的社会控制资源，而是立足于本民族既有的传统法文化和作为“地方性知识”的本土社会控制资源。

第三，从发展动力来看，与在外部压力推动之下被动适应的外源型社会控制根本不同，西南山地民族自发社会控制属于内源型社会控制，发展演进的基本动力是内在的，源自民族社会发展的客观需要或主动适应。

需要指出的是，笔者这里分析的是历史上较少受外部因素影响的西南山地民族自发社会控制的性质，而非当代西南山地民族社会控制秩序发展路径和演进模式的探讨。不言而喻，随着新中国成立后国家正式社会控制的强势进入，如何超越“二元对立”，引导西南山地民族地区不同层次多元社会控制实现良性互补与整合协同，实是摆在民族法学界面前亟须解决的重要课题。

三、西南山地民族自发社会控制的特征类型

（一）西南山地民族自发社会控制的特征

1. 民族性和地域性

民族自发社会控制是与民族的产生、形成与发展相伴生的，乃是民族特有心理、观念、意识和行为的集中体现，是构成民族文化的重要方面，突出展现了一民族的民族特性。西南山地民族自发社会控制各有其自身特色，每一民族自发社会控制都是特定社会结构和文化情景的产物，因此在形式和内容上必然有所差异。如若不了解彝族独特的家支社会结构与特殊宗教和伦理观念的文化背景，断然难以理解类似“死给”这样的属于民族特有的社会控制样式。①

自发社会控制的民族性与地域性相辅相成。处于社会历史文化迥异的不同民族或是同一民族却分处不同的地域空间、生存环境及建诸其上各异的经济形态和生活方式，其自发社会控制必然表现出明显的地域性或乡土性。譬如：佤族自发社会控制是刀耕火种农耕文化的体现，而藏族自发社会控制则反映了游牧文化的特点。又如：虽然同为瑶族，但因居住地域的长期隔绝致使自发社会控制产生了很大差异，经济发展程度较低的广西瑶族社会组织多实行的是体现原始民主色彩的石牌制，而经济发展程度较高的广东瑶族则多为体现等级关系的瑶老制。② 民族和地域特性使得西南山地民族自发社会控制成为一种“地方性知识”或曰“小传统”。

2. 长期性和广泛性

与可以骤然废立的正式社会控制不同，西南山地民族自发社会控制是其先民在长期生产生活实践中逐渐总结积累演化而来，是族群群体智慧的结晶，绝无可能一蹴而就。正是由于自发社会控制在西南山地民族长期秩序调控过程中表现出来的生命力、公正性以及贴近民众生活，决定了其效力上的长期性、内容上的广泛性且深受民众的喜爱。一方面，自发社会控制产生于长期物质生产活动中。囿于低下的社会生产力和对客观世界的认知水平，西南山地民族产生了崇拜、敬畏大自然的“万物有灵”自然崇拜。所谓“靠山吃山、靠水吃水”，山林作为西南山地民族获取生活必需物质资料的依靠，因此逐渐在先民

① 周星：《死给、死给案与凉山社会》，载马戎、周星编著：《田野工作与文化自觉》（下），群言出版社 1998 年版，第 726－727 页。

② 高其才：《中国习惯法论》，中国法制出版社 2008 年版，第 374 页。

意识中产生“神山”“圣水”“神树”等原始宗教信仰以及严格约束自身行为和保护生态环境的各种行为禁规。另一方面，自发社会控制产生于长期社会生活活动中。“人是社会性的动物”，西南山地民族在长期的人与人交往、人与社会交互过程中逐渐形成了约定俗成的行为范式，其中某些规则还有权威和社会组织运用外部强制保障实施。① 例如：由于落后的社会生产，西南山地民族形成了共同劳作的生产组织形式，村寨公益劳动每户均需派人参加，否则罚物（款）充为公用；对于协同性很强的大型狩猎活动，要求参加者必须遵守劳动纪律，对于捕获的猎物实行“见者有份”的分配原则；人们在长期的婚姻实践中逐渐意识到“男女同姓，其生不蕃”② 的道理，于是形成同姓不婚、氏族外婚的禁律，以及恋爱、订婚、结婚等一系列婚姻仪式和分家析产、遗产继承的处理规则；随着社会物质财富的增加和人们私有观念的增强，一系列诸如先占规则、禁止越界垦种、欠债还钱、严惩偷盗等行为范式应运而生。久而久之，西南山地民族在人与自然的抗争中、在人与社会关系的相处中形成了广泛涉及财产所有、交换贸易、婚俗家规、秩序调控和纠纷解决等方方面面维系族群成员生存发展不可或缺的自发社会控制。

3. 内生性和传承性

西南山地民族自发社会控制绝非人为理性创造或设计的产物，而是民族社会自组织体在民众长期生产生活活动中自然而然地“生长”出来的。诚如恩格斯所说，“在社会发展某个很早的阶段，产生了这样一种需要：把每天重复着的生产、分配和交换商品的行为用一个共同规则概括起来，设法使个人服从生产和交换的一般条件。这个规则首先表现为习惯，后来便成了法律。”③

与此同时，内生自发的西南山地民族自发社会控制决定了其具有自身发展的规律性和相对独立性，通过成文或不成文等多样化的方式实现着少数民族法文化传承和知识延续。就彝族自发社会控制传承而言，既有成文的节威、典籍、简牍、毕摩经书，还有口耳相传不成文的古理、格言、谚语、案例以及习俗、伦理、禁忌等多种方式。经过世世代代的传承，自发社会控制早已积淀为

① 高满良：《农村治理中正式制度与非正式制度的整合方式研究》，中国社会科学出版社 2016 年版，第 38 – 40 页。

② ［春秋］《左传·僖公二十三年》。

③ ［德］恩格斯：《论住宅问题》，载中共中央马克思恩格斯列宁斯大林著作编译局编：《马克思恩格斯选集》（第二卷），人民出版社 1972 年版，第 538 – 539 页。

西南山地民族法文化的有机构成，在社会秩序维护和社会治理调控中表现出极强的生命力和与当地社会文化的适宜性，因此也就更加具有持续发展的稳定性。

4. 综合性和互动性

民族社会系统本就是一个复杂的社会有机体，西南山地民族自发社会控制不是单一的控制形式，而是综合性的系统社会控制过程，是多种社会控制力量和资源协力作用的结果。[①] 因此，只有对西南山地民族自发社会控制的基本维度进行多角度的综合性分析，才可能真正获得本质性和规律性的认知。

西南山地民族自发社会控制系统不仅是多元的而且是互动的，这种互动性源自民族社会系统的变迁与分化，以及系统内部构成要素之间的相互作用。[②] 西南山地民族自发社会控制的互动性主要体现在：一是自发社会控制系统内部各种控制规范、手段和方式的相互作用；二是社会组织和群体与社会成员之间的相互制约，社会组织和群体能够对社会成员的行为展开调控，但反过来社会成员（特别是民族权威或新兴阶层）也会影响社会组织和群体，西南山地民族自发社会控制秩序是社会组织、群体和社会成员合力作用的过程。

5. 规范性和灵活性

要实现社会生活有序化和促进社会稳定发展，就必须具备系统有效的社会控制规范体系，西南山地民族在长期发展中演化出一套可以为民众行为提供指引、遵循和预测的方向、模式与标准。西南山地民族在长期应对社会越轨和失范行为的“事业”中酝酿产生人们可以做什么、必须做什么、禁止做什么的指示，成为民族个体行为和群体互动的基本依据。而这种规范性又使西南山地民族自发社会控制在特定民族和局地范围内具有了某种意义上的一般性、概括性（即自发社会控制的适用对象不是针对特定个体，而是指一般的人）、约束性和反复适用性。历史上凉山彝族传统习惯法可谓系统完备、规范明确、法网严密，以杀人伤害领域的社会控制规范而言，不仅确定了等级身份不同、家支内外有别、区分故意过失等原则性规则，而且根据侵害对象的属性（如人格、

---

① 赵利生：《民族社会控制及其必然性分析》，载《甘肃理论学刊》2003 年第 6 期，第 16 页。

② 赵利生：《民族社会控制及其必然性分析》，载《甘肃理论学刊》2003 年第 6 期，第 16 页。

"天菩萨"①、身体、生命等)、部位(如手脚、耳朵、眼睛、鼻子、牙齿等)、身份(如毕摩、德古等)的不同详细规定了"血价"或"命金"的种类和具体数额，并依据犯罪事实与情节将家支内部杀人案件细致地划分为"黑案"(阿诺)、"黑花案""花案"(阿则)、"花白案""白案"(阿曲)五类，颜色越深表明案件社会危害性越大，行为人所需赔偿的"命金"种类就越多，每项"命金"的数额也越高。②

西南山地民族自发社会控制虽具有一定程度的规范性，但这种规范性无法与国家法律相比拟，尤其是习惯法以外的禁忌、舆论、习俗、道德、仪式等自发社会控制形式的灵活性表现得更为明显。即便是习惯法实施过程中，相同的案情也可能会因违犯者的实力和社会地位、当事人之间的关系与相互依赖程度、调处者的权威以及违犯者的认错态度、补救措施及惯常表现等诸多社会因素的影响而有所不同甚至大相径庭。

6. 强制性和软约束

如若自发社会控制不具有强制性，族群成员的行为可以各行其是、完全自由，则民族社会秩序必然失序，更遑论社会治理的实现，因此强制性便成为维系民族社会控制权威性和保障力的源泉。民主改革前，西南山地民族自发社会控制基于维护社会整体利益的考虑，各民族渐次形成了具体、系统的对越轨和失范行为的惩罚方式，大致而言包括生命罚、肉体罚、财产罚、荣誉罚和身份罚等(当然现在与国家法律法规相冲突的惩罚方式已然被禁止实施)。惩罚方式因越轨和失范行为的危害程度、情节轻重大有不同，但种类却多种多样、异常繁杂而且往往残酷严厉。例如：壮族的生命罚有刀砍、棒杀、活埋、沉塘等，藏族的肉体罚有鞭打、砍手剁脚、挖眼、削鼻、割舌等，佤族的财产罚有赔款罚物、抄家、拉小孩等。此外，很多西南山地民族都存在荣誉罚(如批评、嘲笑、谴责、蔑视以及拒绝交往与合作)和身份罚(如开除族籍、寨籍等)，对违犯者的隔离和孤立乃是熟人社会有效的强制性控制手段，因为在生产落后的封闭社会，被拒斥于社会共同体之外的个体是极其痛苦、难以生存的。当然有的惩罚方式可能兼具多种性质，如杀牲请酒赔罪既具有财产罚的属

① "天菩萨"乃彝族男子头上锥髻状发式，被彝族人视为男子汉灵魂藏栖之所，神圣不可侵犯，违犯触摸"天菩萨"禁忌者须赔偿。

② 具体内容请参见陈金全、巴且日伙主编：《凉山彝族习惯法田野调查报告》，人民出版社2008年版，第61－81页。

性，同时又有荣誉罚的特征。

此外，西南山地民族自发社会控制也并非都具有强制性，特别是某些不带强制色彩的道德、伦理、习俗、仪式控制并非靠着外在强力约束，而是依赖于民众内心的自觉信奉、心理约束或久而久之通过文化模式型塑的个体社会人格①等软约束手段。

（二）西南山地民族自发社会控制的类型

所谓分类泛指从一定角度或根据一定准则，把符合同一标准的事物聚类，而将不同的事物予以区分的一种认知事物的方法。区分不同类型，对于深入认识西南山地民族自发社会控制的概念、性质、特征而言具有重要意义。依据不同的分类标准，西南山地民族自发社会控制可划分成以下五种不同类型（当然各种类型之间可能存在交叉现象），其中前两类为西南山地民族自发社会控制的特有类型，后三类为与其他社会控制之通用分类。

1. 俗成型控制和约成型控制

俗成型控制和约成型控制是基于自发社会控制的产生方式进行的分类。

俗成型控制是指各民族在长期人际交往与社会互动过程中自然而然地内在生长的调控族群生产生活各个方面并逐渐为民众所认可接受、共同遵行的社会控制。如同意大利学者米拉格利亚所说的那样，“社会中发生一个需要，而要求一个合法的承认。其实，这种需要，系由暂时的孤独的动作满足之，稍后，社会中乃产生一般的信念，以此满足为必要。同一的动作，由社会中较多数的人，以一致与不变，反复为之。于是‘习惯行之既久，渐成为人民全体确认的方式统一行为’。”② 可见，俗成的习俗或习惯实乃西南山地民族自发社会控制的一种重要产生方式。

约成型控制是指民族社会面对社会失范情形，由族群民众共同议定并以某种形式公之于众，要求全体民众共同遵守，如有违反由社会权威和组织进行裁处的社会控制。瑶族的“石牌”、苗族的“榔规”、侗族的“款约”以及盛行于西南山地民族地区的家法族规、村规民约大体属于约成型控制。约成型控制既可是民族社会整体秩序的调控，也可是仅对其中某一社会领域的约制。前者

① ［美］露丝·本尼迪克：《文化模式》，何锡章、黄欢译，梦觉、鲁奇校，华夏出版社 1987 年版。

② ［意］米拉格利亚：《比较法哲学》，朱敏章等译，商务印书馆 1940 年版，第 306 页。

如黔西南册亨布依族的《册亨马黑乡规碑》（1847 年）①，后者如黔东南锦屏县文斗苗寨旨在保护生态环境的《六禁碑》（1773 年）②。

俗成型控制是民族社会长期缓慢地自然生成，通过口耳相传方式传承的"习惯控制"，而约成型控制则是族群成员共同制定且予以公布，并由相应的权威和社会组织对违犯者进行裁决与惩处的"约法之治"。一般而言，约成型控制的形式化、周密性、规范性、概括性和权威性均强于俗成型控制，但不容

---

① 黔西南布依族苗族自治州史志办公室编：《黔西南布依族清代乡规民约碑文选》，册亨县印刷厂，1986 年，第 48 页。碑文附录于下：

【册亨马黑乡规碑】

我等生居乡末弹丸，少睹王化之典，各宜所有，务要出入相友，守望相助，勿生相仇之心，少男当以耕种女渍纺。庶乎家家盈宁，般室安居，乐享光天化日。自立碑之后，严示弟子，贫不可为贱，贱只宜卖气。倘忽行乱偷，通寨一力禁革。上下邻村多有被盗苦案，只因强盗告失主之事。今我寨上，若有为非及行盗告失主者，人众必同力面差吊打，支用银钱不能相丢。倘有白日夜晚，拿得是贼是盗者，众人一力上前砍手剜目，使成废人。若窝藏匪类，勾引外贼，必定擒拿送官治罪。若有贼人枉告中人，以为磕索者，此事指鹿为马，众人不致相丢。兹恐无凭，特立碑为照，再立禁革款目，列载于后：

一禁革不许赌钱。

二禁革不许偷笋盗瓜。

三禁革不许掳抢孤单。

四禁革不许调戏人家妇女。

五禁革不许游手好闲。

六禁革不许窝藏匪类。

七禁革不许偷鸡摸狗。

八禁革不许作贼反告。

寨老　　岑抱台　黄朝通　覃抱必　覃应贤

岑抱慕　覃掩赖　杨卜平　陈抱龙　班卜孜　黄秉秀同众花户人等立

道光二十七年秋七月谷旦立

② 陈金全、郭亮主编：《贵州文斗寨苗族契约法律文书汇编——易遵发、姜启成等家藏诉讼文书》，人民出版社 2017 年版，第 265 页。这块碑文是在当地田野调查时发现的，整理、记录人为刘振宇。碑文附录于下：

【文斗六禁碑】

众等公议条禁开列于左（下）：

——禁：不俱远近杉木，吾等所靠，不许大人小孩砍削，如违罚艮（银）十两。

——禁：各甲之阶分落，日后颓坏者自己修补，不遵者罚艮（银）五两，与众修补，留传后世子孙遵照。

——禁：四至油山，不许乱伐乱捡，如违罚艮（银）五两。

——禁：今后龙之阶，不许放六畜践踏，如违罚艮（银）三两修补。

——禁：不许赶瘟猪牛进寨，恐有不法之徒宰杀，不遵禁者，送官治罪。

——禁：逐年放鸭，不许众妇女挖阶前后左右锄膳，如违罚艮（银）三两。

乾隆三十八年仲冬月　姜弘道书撰　立

否认的是，俗成型控制实乃约成型控制产生的内容前提与现实基础。

2. 传承型控制、成长型控制和涵化型控制

传承型控制、成长型控制和涵化型控制是基于自发社会控制的来源路径进行的分类。

在民族社会自发演进的发展进程中，通过渐进式的“应激→反馈→调整”机制使得能够满足社会秩序维护与社会治理调控的自发社会控制资源世代被承袭和吸收，这种地方性经验的选择性延续即是传承型控制。可以这样说，在受外部因素影响之前，传承型控制曾是西南山地民族自发社会控制的唯一渊源，即便时至今日仍是其重要来源之一。

任何民族社会控制都不是静止的、不变的、永恒的，而是随着社会情势的变化进行着缓慢的自我革新，进而产生新的自发社会控制内容，这就是成长型控制。例如：瑶、壮、苗、侗、布依等民族的寨规民约初时主要是为了维护生产生活秩序和保护公私财产（如前文列举的《册亨马黑乡规碑》），但随着清末农民暴动风起云涌、局势动荡不安，联团自保、防匪治盗、抵御暴强便成为这一时期寨规民约的重要内容，如黔西南册亨布依族村寨间咸丰年间约定的《者骂者六等寨齐团合同》（1857 年）①，广西龙胜县龙脊乡各寨壮族于道光、光绪年间议定的一系列会议集约②等。古时如此，现今亦然！改革开放之初，随着人民公社制度的解体，国家权力从农村急速撤出，致使广大农村出现“权力真空”。面对日益严峻的社会治安形势，广西河池合寨村壮族群众创造

① 黔西南布依族苗族自治州史志办公室编：《黔西南布依族清代乡规民约碑文选》，册亨县印刷厂，1986 年，第 87 – 89 页。碑文附录于下（注：立合同凭据字人姓名省略不录）：

【者骂者六等寨齐团合同】

立合同凭据字人：……

九寨等人，情因为地方变乱，红白未分之际，乱世推扰，只得合寨大众公议齐团。协力同心，安分守直，毫无枉为，各宜冰心。父戒其子，兄勉其弟，老幼全安，切莫听其旁人唆哄，肇事生端，共享升平。倘有日后红白来，过境安抚地方，或是投诚者，或是要完纳粮项，大众公议，一力同然，不使自专。又有各寨人等，一切田土婚姻之事者，最要投明寨老里长人等，宽容理论了息。倘有不遵此者，二比一切再禀明团内，望祈里老人等施仁慈，分明了事，一体同仁。倘有不遵此者，糊行乱为，仍然引匪往挖别团，又引外贼入境，伙串害地方，大众齐心，拿获治罪，自贻后悔，谨之慎之，合众分明。恐后无凭，立合同凭据一纸，交赴团首长老人苏国珍收执存照。

代笔人　黄玉明

咸丰七年二月二十日立合同

② 广西壮族自治区地方志编纂委员会编：《广西通志·民俗志》，广西人民出版社 1992 年版，第 177 页。

性运用传统自发社会控制经验，1980 年自发成立治安联防队和村民委员会，并制定了《村规民约》和《封山公约》。广西壮族民众的这一首创不仅使合寨村成为“中国村民自治第一村”，而且这一自发秩序得到党和国家的肯定而转化为正式制度，1982 年村民自治制度被写入《宪法》，基层群众自治制度现已成为我国的一项基本政治制度。

除此之外，由于受到外部因素和族际互动的影响，民族社会在发展进程中通过“应激→反应”机制，主动将外族社会控制予以吸收并内化为自发社会控制组成成分，进而完成对外部社会控制的选择和民族传统社会控制的扬弃，此种自发社会控制的来源路径即为涵化型控制。清代黔东南“熟苗”地区的苗族群众就主动学习周边汉民族民间契约文化和儒家礼法伦常，并将其运用到本民族繁盛的林业关系与社会秩序调控中去，使之成为当地苗民自发社会控制的有机组成部分。比如，饱受汉文化浸润和儒家婚姻礼俗影响的黔东南锦屏文斗苗寨乾隆、嘉庆年间为禁革苗民传统姑舅强制婚姻以及借婚姻索取钱财等陋俗自发议定并请示官府批准所立的“婚俗改革碑”（1791 年、1806 年）。①

---

① 黔东南锦屏文斗苗寨的“婚俗改革碑”由两块碑文组成，一块是立于乾隆五十六年（1791 年）的《恩垂万古碑》，另一块是立于嘉庆十一年（1806 年）的《千秋不朽碑》。两块碑文是在当地田野调查时发现的，碑文由苗族老人姜高松整理提供，刘振宇、潘志成记录。现将碑文附录于下（注：立碑各寨出首头人姓名省略不录）：

【恩垂万古碑】

圣朝教化已久，诸无异于民，而独于婚姻尚有未改夷俗者。或舅掯姑甥，姑霸舅女；或男女年龄不相等，另行许嫁，则聘礼总归舅氏。此等陋习，殊勘痛憾。今据文斗、尧里村寨民姜廷干、李宗梅等禀请给示，前来合行出示晓谕。为此示仰府属人等知悉：嗣后男女订婚，必由两家情愿，凭媒聘订，不得执行姑舅子女必应成婚；及籍甥女许嫁必由舅氏受财，于中阻扰滋事致于控告，严究不贷。各宜禀遵无违，特示：

遵刑府主示：凡姑亲舅霸，舅受财礼，掯阻婚姻一切陋习，从今永远革除。如违示者，众押送官治罪。

一众遵示禁勒：凡嫁娶聘金，贫富共订八两，娘家收受外，认舅家亲礼银入钱。如有违禁者，送官治罪。认亲礼在郎家，不干娘家事。

一众遵示禁勒：凡女子出室，所有簪环首饰，郎家全收，娘家兄弟不得追回滋事。如违者，送官治罪。

一众遵示禁勒：凡问亲必欲请媒，有庚书斯为实据。若无庚书，即为赖婚。如违送官治罪。在先请示之先已准之亲，虽无庚书，一定不易；岩寨竖碑之后，必要庚书方可准行。

一众遵示禁勒：凡二婚礼，共议银两两，公婆、叔伯不得掯勒、阻拦、逼迫生事。如违送官治罪。若有嫌贫爱富、弃旧贪花、无媒证而强夺生人妻者，送官治罪。

众勒：其有写外甥女礼银抵人银两者，大皆丢落，不许转追借主。如抗，众送官治罪。

正基于此，苏力教授敏锐地指出："寻找本土资源、注重本国传统，往往容易被理解为从历史中去寻找，特别是从历史典籍规章中去寻找。这种资源固然是重要的，但更重要的是要从社会生活中的各种非正式法律制度中去寻找。研究历史只是借助本土资源的一种方式。但本土资源并非只存在于历史中，当代人的社会实践中已经形成或正在萌芽发展的各种非正式的制度是更重要的本土资源。传统也并不是形成文字的历史文献，甚至也不是当代学者的重新阐述，而是活生生地流动着的、在亿万中国人的生活中实际影响他们的行为的一些观念；或者从行为主义角度来说，是他们的行为中体现出来的模式。"①

3. 硬控制和软控制

硬控制和软控制是基于自发社会控制的规范性质进行的分类。

硬控制是指以习惯法、禁规等"准法"或"类法"硬性规范为依据，并以强力手段保障实施，违犯者将会受到来自个体或组织身体、物质或心理强制的民族自发社会控制。软控制则是指以习俗、道德、伦理、仪式等通过控制族群民众的心理、意识和价值观念，引导民众形成遵约守俗、循规蹈矩的行为范

计开各寨出首头人姓名于后（注：共计十三寨 109 人，姓名省略不录），如有违禁者，照开甲教均派帮补费用。以上结亲，有媒证庚书，年纪班辈相当，爱亲结亲，虽然亲不干犯禁，及此乱伦强蛮者，则犯禁。

……

告示四张，姜梦熊、姜瑾、姜骧、姜廷仪各存一张。

外勤：凡娶亲，必上娘家备席，下帖请房，分众还席；

毕值，依时候入门，不许守夜及中途会席。

皇清乾隆五十六年孟冬月各旦

【千秋不朽碑】

"尝思守正理者，则必受天庥，行邪道者，则必遭王法"。是故子曰"必也正名乎有"。子曰"君子务本"。圣贤已先训之矣。况我等地方久沐王化，习读诗书，而岂有不明返本归源之道乎！兹因以前嫁娶种种陋弊，请示已禁革，若夫爱结亲，固已遵从。而定亲礼及过门礼，明则顺之，暗则勒索，与夫干犯伦常等等，屡生兹扰，大非所宜。为此，众等齐集重勒，免杜后患，以静地方云尔。是为序。

具列勒条于后：

一勒：凡结亲礼只许五钱，定亲酒礼，小则一两五钱，大则四两。如多，罚冲（充）公；

一勒：凡诉毁、拐带、强夺、有妻子弃妻子再娶者，罚钱三十两冲（充）公，照礼劝息。若不听罚，送官府治罪。

计开各寨人名于后（注：姓名省略不录）。

有名人分有合同各执一张照查。

嘉庆十一年三月十六日立

① 苏力：《法治及其本土资源》，中国政法大学出版社 1996 年版，第 14 页。

式。诚所谓“道之以政，齐之以刑，民免而无耻；道之以德，齐之以礼，有耻且格。”① 西南山地民族自发社会控制良好效用的发挥亦离不开其中各种硬控制和软控制的通力协作。

4. 积极控制和消极控制

积极控制和消极控制是基于自发社会控制的功能态度进行的分类。

积极控制，又称事前控制，是指民族社会运用舆论、教育等手段使族群民众认同各种控制规范，并在行动上与之保持一致，使其能够从心所欲不逾规，进而预防社会越轨行为的发生和保障社会秩序的实现。但积极控制再严密，也无法根绝所有的社会矛盾与冲突。社会冲突乃是一种社会常态和普遍存在的现象。一旦事前积极控制不足或失效，任何社会都有运用惩罚性方式制裁社会越轨行为和应对社会失序的消极控制，亦被称为事后控制。中国古代社会的“礼法之治”实乃积极控制和消极控制两者关系的绝佳诠释，正所谓“夫礼者禁于将然之前，而法者禁于已然之后。”② 因此，对于西南山地民族自发社会控制秩序而言，积极控制与消极控制二者相互补充、缺一不可，如同人之身体，平日需勤加锻炼以维其康健，但若有疾亦需药石辅之，切不可讳疾忌医。

5. 外在控制和内在控制

外在控制和内在控制是基于自发社会控制的作用力方向进行的分类。

外在控制是指民族社会动用各种形式的力量（如习惯法、禁忌、舆论等）对族群民众施加的社会控制。概言之，任何社会的外在控制无非奖惩两端，对服从控制者表扬或奖励，对违犯者则谴责与惩治。内在控制则是指族群成员（特别是婴幼儿、少年时期）通过模仿、学习、体验将民族社会控制内化于心、外化于行的社会化过程，使民族社会控制由“该我怎么做”的客观行为规范转化为“我该怎么做”的主观行为动机。当然，民族社会通过全面控制使越轨者重新获得服从社会行为范式内在动机的再社会化过程（如罪犯改造、戒除毒瘾等），应属于外在控制的范畴。诚如日本学者横山宁夫的观点，“最有成效，并持续不断的控制不是强制，而是触发个人内在的自发性的控制。”③

---

① ［春秋］孔子：《论语·为政》。

② ［西汉］贾谊：《陈政事疏》。

③ ［日］横山宁夫：《社会学概论》，毛良鸿、朱阿根、曹俊德译，上海译文出版社 1983 年版，第 226 页。

毋庸置疑，与其他任何社会一样（只是程度不同），西南山地民族自发社会控制秩序亦是外在控制的“他律”与内在控制的“自律”相结合的产物。

四、西南山地民族自发社会控制的系统要素

自发社会控制是西南山地民族存在与发展的前提和保障。按照控制论的观点，自发社会控制涉及民族社会生活的各个方面，属于系统化的动态调控过程。因此，分析自发社会控制的系统要素就成为西南山地民族自发社会控制理论研究中的一个基本问题。笔者认为，西南山地民族自发社会控制系统由控制主体、控制对象、控制规范、控制手段、控制方式、控制类型、控制目标和控制的度等要素共同构成且相互之间处于不断的互动中。因为只有构成自发社会控制系统的诸要素平衡协调，才能确保民族社会的有序发展和自发演进，否则，自发社会控制系统内部要素的纷乱无序乃至相互冲突将会导致民族社会的失序、停滞、倒退甚至瓦解。

（一）控制主体

西南山地民族自发社会控制的控制主体是由个体、群体和组织构成的多层次、复合型主体。

民族社会控制首要关注的是个体和社会的互动，因此族群成员便成为民族社会控制的基础。个体欲成为合格族群成员中的一分子，则必须把民族社会各领域中的价值观念和社会规范通过社会化的过程内化为自身行动依据。而民族社会乡土熟人社会的封闭性往往形成特殊的文化场境，身处其间的族群成员自觉不自觉地成为其他个体行为的评论者和监督者，使族群成员需要根据他人肯定或批评、表扬或谴责、合作或拒绝等反应（当然这种反应不是任意性的，而是民族文化模式型塑的社会集体人格）不断地调整自己的行为以符合社会的整体期待。① 与此同时，民族社会控制对族群成员绝非仅是单向度的约束过程，不应忽视族群成员尤其是个体权威或杰出人物在民族社会控制自发演进与自我变革中的重要作用。

人是群居性生物，群体是人类生产生活的基本组织单位，因此群体便成为民族社会控制的重要实体。任何民族社会群体都会通过各种硬控制或软控制手

---

① 赵利生：《民族社会控制系统分析》，载《甘肃政法学院学报》2003 年第 2 期，第 102 页。

段对内部成员的观念与行为进行引导、规制、调节乃至惩罚，缓和个体之间、个体与社会的矛盾冲突，以维系民族凝聚力与社会稳定度。西南山地民族的群体控制主体类型具有多样性，既包括基于血缘形成的家庭、家族，也包括基于地缘结成的村寨、部落等形式。

与具有强烈情感归属、联结相对松散的群体不同，社会组织是民族社会为达致特定目标而建立的更加严密、复杂的制度化人类聚合体。一般而言，社会组织具有一定的合理目标、较明确的制度规范以及内部产生劳动和权力分工等特性。一些西南山地民族在民族社会长期发展演进中产生了各具特色、丰富多彩的社会组织形式，如议榔组织、寨老组织、石牌组织、合款组织、鼓社组织、山官组织等。

需要特别指出的是，西南山地民族自发社会控制主体个体、群体和组织的划分是相对的，在民族社会控制实践中，各种控制主体往往是互相依存、共同作用的，任何控制主体的弱化都可能削弱民族社会控制的效果。

（二）控制对象

借鉴郑杭生教授的观点，笔者将西南山地民族自发社会控制对象划分为微观层面的社会行为和社会关系，中观层面的社会结构和社会制度，以及宏观层面的社会系统和社会价值观念。①

一是微观层面的社会行为和社会关系。社会是由个体组成的，社会秩序的好与坏直接反映在个体成员社会行为合规还是越轨，因而社会行为成为民族社会控制的直接对象。但社会行为又不同于自组织的个体生理运动，而是社会网络中人们交互作用的结果。这也就决定了民族社会控制关注的不是个体的自我指向行为，而是个体、群体、组织等控制主体之间通过社会行为形成的社会关系是否处于有序状态。

二是中观层面的社会结构和社会制度。社会行为的合规与社会关系的和谐很大程度上与民族社会的社会结构和社会制度的适宜性有关。在良性的社会结构与社会制度下，个体、群体、组织等控制主体能够扮演好自身社会角色，族群成员各安其分、各得其所，民族社会秩序自然稳定无虞。若是社会结构不够优化或社会制度不尽合理，民族社会秩序的安定自是难以达成。

---

① 郑杭生、李强等著：《社会运行导论——有中国特色的社会学基本理论的一种探索》，中国人民大学出版社 1993 年版，第 435 – 436 页。

三是宏观层面的社会系统和社会价值观念。不言而喻，民族社会对于微观社会行为与社会关系的调控，从根本上讲是为了维护民族社会整体的稳定，即经济、政治、文化、社会生活系统的协调与稳固。此外，任何民族社会必然建筑在特定社会价值观念基础之上（当然不同民族的价值观念既有共通性，又有差异性），于是维系族群成员对民族共同社会价值观念的认同和遵奉，对于民族社会控制而言具有重要意义。

（三）控制规范

控制规范是西南山地民族自发社会控制的尺度和依据，指导和约束着族群成员的社会行为。民族社会控制规范是指以特定民族社会关系为内容，调整个体、群体、组织之间社会关系的行为规范，旨在维护民族社会秩序与社会治理。任何社会规范都是衡量和规制个体成员社会行为的标准，是社会组织依据自身发展需求确定的，并随着社会历史的变迁而变化，具有明显的社会制约性和历史时空性。

除具有上述共同特征外，西南山地民族自发社会控制规范还具有以下三点特征。一是鲜明的民族性。自发社会控制是西南山地民族在各自独特的社会结构和文化情境中长期孕育而生的，正因如此，虽不乏应对共同社会问题的“共通性经验”，但究其本质终属于解决特定地域民族社会问题的“地方性知识”。西南山地民族自发社会控制规范不仅内容有别，名称亦不同，如佤族的阿佤理、彝族的节威、侗族的款约、瑶族的石牌、苗族的理词和榔规等。二是种类上的多样性。即便是当今现代社会，社会控制也绝非仅依靠法律法规、国家政策等正式社会控制规范就可“包打天下”，还需要伦理道德、风俗习惯、党内法规、企业章程、行业规范、乡规民约等非正式社会控制规范的协助配合。可想而知，缺乏国家法的西南山地民族传统社会控制规范更是种类繁多。多种控制规范之间有时虽有冲突与竞争，但它们之间绝非非此即彼的“零和博弈”，而是相互促进、互谋共生的合作关系。三是形式上的混杂性。西南山地民族自发社会控制规范既有用文字表达的，如刻在石头上的石牌律、写在竹简上的节威以及藏族历代政权颁布的成文法典（如《法律二十条》《十六法典》《十三法典》《红本法》等），也有通过成例、理词、古歌、古训、格言、谚语、神话传说、民间故事等通俗、形象、生动的口传形式表现的，而且同一民族的控制规范常常兼具以上两种表现形式。

（四）控制手段

控制手段乃是保障西南山地民族自发社会控制规范与控制系统实施和运行的各种措施之总和。民族社会控制主体往往通过多样化的控制手段实现社会控制，不同社会控制手段的作用地位虽不可等量齐观，但只有协同合作才能使民族社会稳定前行。西南山地民族自发社会控制手段亦具有多样性，具体包括习惯法、禁忌、舆论、习俗、道德、仪式等。大量民族社会控制手段的存在又为站在不同角度对其展开类型学分类提供了可能与必要。依前所述，西南山地民族自发社会控制手段类型大体可分为俗成型控制与约成型控制，传承型控制、成长型控制与涵化型控制，硬控制与软控制，积极控制与消极控制，外在控制与内在控制等类型。

（五）控制方式和控制类型

西南山地民族自发社会控制规范和控制手段的多样性决定了控制方式和控制类型的丰富性。就控制方式而言，既有习惯法的强制规训，又有禁忌、舆论、宗教的心理约束，还有道德、习俗、仪式等社会化言传身教的行为型塑。[①] 就控制类型而言，除惩罚型控制之外，还包括自律型控制、和解型控制、赔偿型控制、治疗型控制等多种控制类型。[②] 这部分内容笔者将在本书第四章"西南山地民族自发社会控制的基本维度"中详加论述，此处便不再赘述。

（六）控制目标和控制的度

与其他民族社会一样，西南山地民族自发社会控制系统的控制目标是通过对族群成员社会行为进行必要的引导、规制和惩戒，进而维护民族社会秩序的有序状态和实现民族社会治理的善治境界。

上述目标的实现离不开民族社会控制，但任何民族社会控制亦非越严越好，这就存在一个"度"的问题。社会控制的度指的是民族社会控制系统对

---

① 赵桅：《少数民族地区传统社会控制系统探析》，载《三峡大学学报》（人文社会科学版）2010 年第 5 期，第 46－49 页。

② 张晓辉、王启梁：《少数民族地区农村的社会控制与法治建设》，载《思想战线》2005 年第 2 期，第 113 页。

族群成员社会行为和社会关系的调控程度。西南山地民族自发社会控制的“度”可从控制力度、控制强度、控制密度三个维度进行综合判断。① 社会控制力度用以衡量族群成员社会空间之大小，社会控制力度与个体活动空间之间呈反比例关系。社会控制强度用以衡量族群成员越轨行为及其受制裁的可能性大小与强弱程度，社会控制强度与越轨行为受制裁严厉程度之间呈正比例关系。社会控制密度用以衡量民族社会控制网络的致密程度，社会控制密度与社会控制程度之间亦呈正比例关系。② 为达致社会控制的最终目标，民族社会控制的度需要限定在有利于民族社会整体发展的合理、适中的范围内，这就需要在族群成员个体自由与社会秩序、社会整合与社会稳定之间实现动态协调与平衡。

五、西南山地民族自发社会控制的功能作用

西南山地民族自发社会控制的功能作用是指其对民族社会所发挥的有利作用与效能。既然西南山地民族自发社会控制的目标是维护社会秩序与实现社会治理，下文中笔者就从这两个方面具体分析西南山地民族自发社会控制的功能价值。

（一）维护民族社会秩序方面的功能作用

就维护民族社会秩序稳定和谐层面而言，西南山地民族自发社会控制具有引导、评价、预测、凝聚、调节、强制和教育等规范功能。

1. 引导功能

引导功能是指西南山地民族自发社会控制能够为族群民众的行为指明方向并提供既定模式。这种引导又可划分为选择性引导与确定性引导两种类型。选择性引导激励着族群成员做出民族社会认可、允许或赞扬的行为，而确定性引导则约束着族群成员不得做出民族社会否定、反对或谴责的行为。其中确定性引导又包含两种形式，一种是要求族群成员必须做出某种行为的命令性引导，另一种则是要求族群成员不得做出某种行为的禁令性引导，无论何种形式违犯者都将受到惩罚与规训。这样通过正向指引和反向规制将族群成员的各种行为全方位地纳入民族社会的既定行为模式中，进而维护民族社会秩序。

---

① 郭星华主编：《法社会学教程》，中国人民大学出版社 2015 年版，第 155－156 页。

② 赵利生：《民族社会控制的适度问题》，载《青海民族研究》2004 年第 1 期，第 5－6 页。

2. 评价功能

自发社会控制乃西南山地民族长期积淀的作为生存之道的集体智慧结晶，可以作为判断和衡量族群社会成员的行为合规还是越轨的重要标尺和准则。遵奉社会秩序规范的族群成员会获得他人的认同和赞许，反之，违犯者将招致族群成员的反感与排斥。

3. 预测功能

社会行动的产生与互动依赖于人们对特定社会秩序规则的合理预测，通过西南山地民族自发社会控制提供的信息，族群成员可以知晓自身行为或预期他人行为并估量行为的后果，进而依据这种预测在社会互动中做出合理计划与安排，以期减少行为的盲动性和偶然性。

4. 凝聚功能

西南山地民族自发社会控制是特定乡土熟人社会下族群成员在长期交往互动中形成的共奉共行的约束机制，生活在其中的族群成员潜移默化地形成了共同民族文化心理，① 从而强化了族群成员之间的认同感，能够起到凝心聚力和稳定社会秩序的作用。换言之，西南山地民族自发社会控制能够有效地将族群成员凝聚、维系在民族共同体之中。

5. 调节功能

调节功能是指西南山地民族自发社会控制在协调族群成员人际交往关系中起到的“润滑剂”和“调控器”的作用。举凡遵循自发社会控制要求处理人际关系的，通常会达到沟通情感、和睦相处、增进友谊进而获得交际成功的目的。而当人际关系出现裂痕或面临危机之时，自发社会控制又积极发挥着愈合裂痕与消除危险的功能。

6. 强制功能

任何民族社会既有维系社会稳定的“凝聚力”，又有因社会失范引发的“离心力”，对于“离心力”往往需要具有强制性的控制规范予以规制。德国学者耶林曾将不具有强制力的社会规范形象地比喻为“不燃烧的火，不发光的灯”。② 西南山地民族自发社会控制通过对越轨者和失范者采取惩处、制裁

---

① 高满良：《农村治理中正式制度与非正式制度的整合方式研究》，中国社会科学出版社2016年版，第42页。

② 转引自［德］伯恩·魏德士：《法理学》，丁晓春、吴越译，法律出版社2013年版，第30页。

和预防等强制手段，以保障自身所维系的社会秩序的巩固与发展。

7. 教育功能

教育功能即指西南山地民族自发社会控制本身所具有的，通过其实施运作教导、督促族群成员改恶从善、行为合规的规范作用。一般而言，民族社会控制的教育功能又有两种形态。一种形态为通过惩治越轨者对其本人和族群成员产生震慑与警示作用，另一种形态为通过多种形式的宣传教育使族群成员遵从民族社会秩序规范的引领和示范作用。

（二）实现民族社会治理方面的功能作用

就实现民族社会治理善治层面而言，西南山地民族自发社会控制又具有调控社会关系、实现社会整合、推动社会自治、培育社会角色和传承民族文化等社会功能。

1. 调控社会关系

西南山地民族自发社会控制通过对社会权威和组织的产生运行、杀人、伤害、偷盗、财产归属和使用、生产与分配、债权债务、婚姻家庭继承以及纠纷解决等方方面面社会关系领域的细致规定与调控规范，满足个体利益需要，为族群成员的生存、成长、发展和延续创造良好环境，实现社会公平正义，维护正常的生产生活和社会交往秩序，以保障民族社会的共同整体利益，进而促进民族社会的稳定、有序和发展。

2. 实现社会整合

矛盾纠纷和社会冲突既然是任何民族社会的经常状态，那就需要通过社会整合避免冲突日益尖锐引发社会失序甚至是社会解构。所谓社会整合是指通过社会控制协调和调整民族社会不同要素间的矛盾与冲突，使之成为运行良好的统一体系的过程。[①] 荀子有言："人生而有欲，欲而不得，则不能无求；求而无度量分界，则不能不争；争则乱，乱则穷。先王恶其乱也，故制礼义以分之，以养人之欲，给人之求，使欲必不穷乎物，物必不屈于欲，两者相持而长，是礼之所起也。"[②] 这里的"礼"作为一种社会控制，即通过一系列礼治标准和规范使冲突中的人们能够克己节制、互相礼让，进而实现社会秩序之和

① 李瑞清：《社会控制在构建和谐社会中的地位和功能》，载《内蒙古师范大学学报》（哲学社会科学版）2007年第6期，第103页。

② ［战国］荀子：《荀子·礼论》。

谐。同样，西南山地民族自发社会控制亦具有社会整合功能，它通过规范成员行为、调节人际关系、协调社会矛盾、解决社会问题、引导社会观念、形成共同价值，从而使民族社会各个部分相互顺应达致均衡状态。

3. 推动社会自治

党的十九届四中全会明确提出“党委领导、政府负责、民主协高、社会协同、公众参与、法治保障、科技支撑的社会治理体制”，表明国家已经意识到单靠政府力量“单打独斗”难以实现有效社会治理，应当积极发掘民族民间优秀的社会自治力量与国家政府形成公共治理合力。西南山地民族自发社会控制作为一种被长期历史实践反复证明行之有效的自发内生的社会治理资源，其中蕴含民主性、平等性和自治性的合理优秀成分不失为建构自治、法治、德治相结合的现代民族地区基层善治体系的重要资源。

4. 培育社会角色

西南山地民族自发社会控制通过言传身教、学习模仿、行为型塑、集体活动等正向教导和对违犯者的反向制裁，反复重申理想社会成员应具备的各种条件与素质，不断强化族群成员的社会角色意识，积极培育实现民族社会治理所需要的个体社会人格。

5. 传承民族文化

某种意义上说，自发社会控制的功能就是文化的功能。诚如马林诺夫斯基（又译马凌诺斯基）所说，“文化根本是一种‘手段性的现实’，为满足人类需要而存在”①，“文化是包括一套工具及一套风俗——人体的或心灵的习惯，它们都是直接地或间接地满足人类的需要。”② 西南山地民族自发社会控制实乃包罗万象的民族社会“百科全书”，是民族意识、民族文化和民族精神的集中体现。族群成员议定、执行和社会权威讲诵、阐释、适用社会控制系统的过程实际上就是民族优秀文化保存、传承的重要方式，正是通过这样的世代传袭才使西南山地民族自发社会控制能够绵延长远、历久不衰和深入民心。

这里需要特别指出的是，即便时至今日，西南山地民族自发社会控制亦有其独特的功能与价值，但“人无完人，金无足赤”，西南山地民族自发社会控制绝非美玉无瑕的“绝代佳人”，本身存在着形式散乱、内容矛盾、程序简单的固有缺陷以及与国家正式社会控制的冲突和抵牾，有时还体现出保守性、混

① ［英］马凌诺斯基：《文化论》，费孝通译，华夏出版社 2002 年版，第 99 页。
② ［英］马凌诺斯基：《文化论》，费孝通译，华夏出版社 2022 年版，第 15 页。

杂性、家族性甚至等级性、神意性、残酷性等“面目狰狞”的一面。因此，在当代西南山地民族地区发挥自发社会控制积极功能的同时，应当运用国家正式社会控制对其消极因素进行必要的引导、限制、改造与革新。这部分内容笔者将在本书第五章、第六章和第七章中展开详细讨论。

六、西南山地民族自发社会控制的内外关系

西南山地民族自发社会控制作为多种控制规范、控制手段和控制方式结合而成的综合性控制系统，加之“改土归流”之后，国家正式社会控制的逐渐渗透乃至强势进入，这就必然涉及西南山地民族自发社会控制内部各种控制资源及其与国家正式社会控制之间的复杂关系。由是，自发社会控制的内外关系亦成为西南山地民族自发社会控制理论研究中不容忽视的重要议题。对于此问题，以研究民族国家社会控制结构及其功能的社会哲学社会控制理论为我们提供了某些科学认知上的智识支持。

杨桂华教授认为，“社会结构的异质性决定了社会控制的层次性，不同的社会结构在社会生活中有着不同的控制功能。”① 在他看来，从发生学的视角可将社会结构划分成基于个体需要在实践中通过自组织过程自然形成的“自在社会结构”和基于群体自觉建构的社会联结方式所形成的“自觉社会结构”。与自在社会结构相伴生的是自在控制，而与自觉社会结构相适应的则为自为控制。自在控制有以下特点：社会控制的目的不是预设的，是族群成员在长期社会互动活动中自然产生的；自在控制是无确定主体的全员性参与的全息社会控制；自在控制的信息传输是直接的，反馈渠道非制度化和不固定；自在控制是即时现实的，不具有超前性。自在控制的优点在于族群成员活动自由度大，直接信息传输减少了可能的失真，非强制的内在控制能及时调控族群成员社会行为，使之适应民族社会需求与环境变化。但其显著缺陷在于全息控制仅适用于局地社会，口头信息传输的不准确、反馈渠道的非固定和前馈控制的缺失往往导致社会控制的多维分散和不稳定性（易发生社会震荡）。与之正好相反，自为控制的特点是：社会控制的目标是群体自觉预设的；自为控制是有确定主体的中心控制；自为控制有着较完备的控制系统，信息传输是程式化的，反馈渠道亦是确定的；自为控制的前馈机制使其具有超前性和稳定性。自为控

---

① 杨桂华：《社会控制理论的三大历史阶段》，载《北京社会科学》1998 年第 3 期，第 75 页。

制的优势在于群体自觉的计划性，强有力的中心控制以及综合性的控制系统拓宽和提高了社会控制的范围与效率，确保了信息反馈的及时性。但它的缺点却在于群体预设可能的非科学性和阶级利益的狭隘性经常制约着社会控制目的的公共性，强大的控制中心反而不受控制，信息反馈的自卫性过滤常常导致信息失真。[①] 自在控制和自为控制两者优缺点的耦合对应关系并非偶然，恰恰表明二者之间的功能互补以及它们对于民族社会稳定、有序和发展不可或缺的必要性。

具体到西南山地民族自发社会控制而言，按照杨桂华教授的类型划分，笔者认为前文论述的俗成型控制与传承型控制大体可视为“自在控制”类型，而约成型控制、成长型控制和涵化型控制以及后来渗透或进入的周边强势民族和中央政府的正式社会控制大致可归于“自为控制”类型。这样西南山地民族自发社会控制的内外关系问题实际上转为自在控制和自为控制二者的辩证关系问题。在这一问题上，笔者亦赞同杨桂华教授的观点：自在控制是在社会系统与自然系统以及族群成员个体相互作用中自组织形成的，它很好地解决了社会系统对自然系统的适应问题，因而具有某种程度的合理性与必然性。但囿于自在控制是在个体自觉水平上自然形成的，因此难以达致对社会的最优控制，自在控制的不足需要自为控制的“粉墨登场”。但自为控制在提供可能的社会优化控制之时，也隐含着背离自在控制的或然性。因此，理想的民族社会控制应是建立以自在控制为基础并扬弃自在控制的自为控制体系。[②] 为达致此目标，笔者认为要义有三：一是自为控制须以自发社会结构（即“自在社会结构”）和自在控制为时空条件和基础前提，二是自为控制应当为自在控制的自发演进、革新扬弃与自我发展留下足够的自由空间，三是通过各种措施实现自在控制和自为控制之间的优势互补与整合协同。

周勇、高兴在《社会控制中的文化因素分析》一文中把社会控制划分为原始社会的“自发控制”（或“简单控制”）和国家社会的“自觉控制”（或“理性控制”），前者乃内生自发秩序，后者则是人为建构秩序。按照国家与法在社会控制中发挥作用的不同，国家社会的“自觉控制”又可划分为法律与

---

① 杨桂华：《论社会系统的自在控制和自为控制》，载《哲学研究》1998 年第 8 期，第 60 – 63 页。

② 杨桂华：《论社会系统的自在控制和自为控制》，载《哲学研究》1998 年第 8 期，第 65 页。

其他控制手段并行的古代“复合控制阶段”、表征工具技术理性规范法学主导的近现代“复杂控制阶段”以及未来社会成员通过对话方式达成高度自觉秩序的“系统控制阶段”。①

社会控制的这种类型划分妥当与否另当别论，但却为我们认识西南山地民族自发社会控制与国家正式社会控制的关系提供了有益智识。一是民族社会控制确有由“自发控制”向“理性控制”演进的趋向，但这种演进绝非后者取代前者的单向进化。二是任何民族社会的社会控制都不可能是一元的，而应是全方位的，民族社会的复杂性决定了社会控制的综合性与系统性。三是自发社会控制和国家正式社会控制之间的互补性要求良性运作的民族社会系统控制不是“垂直型”“管制型”的主体性控制模式，而是“网格型”“治理型”的主体间性控制模式。四是自发社会控制与国家正式社会控制绝非一方压倒另一方的“零和博弈”，而应当在相互理解、相互尊重的基础上引导形成二者共同认同的高度自觉秩序。这一高度自觉秩序的“系统控制”既不能坐等民族社会传统社会控制毫无目的地自发演进，也不能专靠国家正式社会控制“自以为是”地“包打天下”，可能的合理途径应是二者之间展开积极的平和对话和有效沟通以达致民族社会系统控制的共识，而这种共识又是构筑在代表时代发展的前进方向、民族社会的现实需求和族群成员的利益诉求三者基础之上的一种理性共识。

① 周勇、高兴：《社会控制中的文化因素分析》，载《湖南大学学报》（社会科学版）2015年第1期，第129－131页。

第三章　西南山地民族自发社会控制的生成演进

法社会学开山鼻祖法国学者孟德斯鸠很早就意识到法不是封闭静止、孤立运转、永恒不变的规则体系，他敏锐地超越法的原理精神和纯粹法律文本的考察，而是倡导“法之理在法外”，从自然环境、生活方式、政治制度、历史文化、风俗习惯等方面探寻“法的精神”，在社会演进中考察社会诸因素在法律生成演进中所起的作用。孟德斯鸠曾精辟地阐述道：“法律应该和国家的自然状态有关系；和寒、热、温的气候有关系；和土地的质量、形势与面积有关系；和农、猎、牧各种人民的生活方式有关系。法律应该和政制所能容忍的自由程度有关系；和居民的宗教、性癖、财富、人口、贸易、风俗习惯相适应。”①

作为社会控制重要手段的法律尚且如此，对于民族自发社会控制而言亦是不容例外。按照历史唯物主义的观点，西南山地民族自发社会控制既不是天然存在，亦非神意天启或某位圣人的突发奇想，它必有其产生、形成的特定物质生活条件和变迁、演进的独特内在发展规律。本章将从自然地理环境、国家权力格局等外部时空条件和经济社会类型、宗教文化因素等内在需求动因四个方面分析民主改革前西南山地民族传统自发社会控制的生成机理，通过历时性的描述浓缩西南山地民族传统自发社会控制“繁荣兴盛→合作共谋→压制隐匿→重新回潮”的变迁演进历程，并在描述和分析过程中试图总结提炼出一些带有一般性的规律性认识。

---

① ［法］孟德斯鸠著：《论法的精神》（上册），张雁深译，商务印书馆1961年版，第7页。

一、西南山地民族自发社会控制的生成机理

（一）自然地理环境

自然地理环境是西南山地民族自发社会控制产生、形成和发展的空间条件和舞台情境。本书第一章已经描述过我国西南山地地区的自然地理环境在世界范围内都是错综复杂且独具特色的。西南山地地区地质构造和地形地貌异常复杂，总体上呈“东低西高”的分布态势，自东向西大致可划分为以下四个相对独立的地理单元。

第一个地理单元是位于湘鄂川渝四省交界的武陵山区和广西南岭地区，具体包括湘西、鄂西、渝东南、黔东北以及广西北部。这一地区的地形地貌为山地之间夹杂交错着谷地、盆地、丘陵和低山，大陆性气候特征明显，由于山地不高、谷地低缓、河流众多，南北气流的对撞导致了山地气候的复杂性。因此，生物物种多样性复杂且水平分布和不同坡向的生态亦不相同，武陵山脉素有“华中动植物基因库”的美誉。第二个地理单元为云贵高原东部和广西丘陵，包括贵州、广西大部和云南东部地区。这一地区石灰岩广泛分布，加之江河众多，形成了复杂的喀斯特地貌特征，分水岭至深切峡谷表现出“峰林溶盆→峰丛谷地→峰丛洼地”规律性的交替变化，地表崎岖、山岭纵横，素有“地无三里平”之谓。该地区地处低纬度高海拔高原地带，受东南季风影响属高原型亚热带气候，夏无酷暑、冬无严寒、日照较少，物种繁多、类型齐全，生态环境丰富多样。第三个地理单元为云贵高原西部与青藏高原东南段川滇黔交界的横断山区，包括四川、云南两省西部和西藏自治区东部部分地区。横断山区由西起伯舒拉岭—高黎贡山东至邛崃山一系列南北走向、东西并行的平行山系构成，山高谷深、沟壑纵横，长约900千米，海拔4000~5000米，岭谷高差悬殊，平均落差超过1000米。① 雅砻江、金沙江（长江上游）、澜沧江、怒江、雅鲁藏布江五大水系奔流其间，呈流量大、水流急、落差高、多峡谷等典型特征。该地区地形复杂，导致气候差异明显，不仅迎风坡、背风坡水平气候有别，如受南亚暖湿气流影响高黎贡山西坡属热带季风气候，而其东坡下的怒江谷地则为热带草原气候，而且山上、山下气候变化显著，一山之中亚寒

---

① 《横断山区》，https://baike.so.com/doc/5850596-6063434.html，访问时间：2015-05-12。

带、温带、暖温带、亚热带、热带自上而下垂直分布。类型齐备的气候条件和复杂多样的生态系统（横断山区拥有全国 95% 以上的生态类型）使得该地域成为中国生物资源最丰富的地区。仅云南一省 105 个森林类型中就拥有 1.7 万余种高等植物和 1360 多种野生陆生脊椎动物，分别占全国总量的 62.9% 和 58.2%，其中不乏珍稀濒危野生动植物品种，① 使云南成为我国名副其实的“动植物王国”与“生物基因宝库”。第四个地理单元为西藏高原，具体是指横断山区以西的西藏自治区。西藏高原自然环境复杂、地形地貌多样，地势西北高而东南低，平均海拔超 4500 米，有“世界屋脊”和“第三级”之称，由一系列巨大山系、高原面和少量湖盆和宽谷平原组成，内陆湖泊星罗棋布。西藏高原为高原山地气候，气候垂直变化和水平变化交织体现，日照强烈但昼夜温差大、积温少，气温随纬度与高度的升高而降低，降雨量由东南向西北递减，干季雨季分明，多夜雨。② 除极少数河谷平原（仅为全区总面积的 1.2%）可从事农耕之外，绝大多数高原山地只适宜放牧。

上述特殊的自然地理环境对西南山地民族自发社会控制的孕育生成产生着深远影响。

一是民族自发社会控制的民族多样性。“一山有四季，十里不同天”。崎岖复杂的地形地貌和类型多样的气候条件将西南山地割裂为许多狭小的独立地域单元，生存在共同地域中的人们久而久之在各自共同经济生活和文化心理基础上形成了为数众多的民族共同体，以及应对地方性问题和解决族群生存之道的社会控制资源。自然地理的复杂性、西南民族的多样性和自发社会控制的民族性可谓一脉相承。

二是民族自发社会控制的内在生长性。西南山地层峦叠嶂、地貌崎岖、湍河争流、裂谷丛生的相对隔绝的天然屏障，严重制约了各民族之间的交往交流交融，外源型力量和资源的先天不足为民族社会控制的内生、自发和演变创造了得天独厚的自然条件。

三是民族自发社会控制的独特分布性。社会存在决定社会意识。西南山地复杂的自然地理环境导致民族分布的多样化，同一民族既可能沿河流谷地链式

---

① 《云南省野生动植物种质资源丰富》，http：//www.forestry.gov.cn/portal/main/s/72/content－341479.html（中国林业网），上传时间：2007－12－25，访问时间：2015－05－12。

② 王晓军、程绍敏：《西藏主要气候特征分析》，载《高原山地气象研究》2009 年第 4 期，第 81－84 页。

分布（如贵州南部的布依族沿盘江、蒙江等河流谷地分布，因善植稻米而享有“水稻民族”之称），也有可能占据不同山地散状分布（如广西大瑶山的瑶族，故瑶族被称为“高山民族”），不同民族还可能分居山脉不同位置而垂直分布（如滇西南“佤族住山上，拉祜住山腰，傣族住平坝”）。正因如此，西南山地民族的经济类型以及建诸其上的社会形态、语言服饰、文化习俗以及自发社会控制系统也呈现出条块分割、立体分布的奇特格局。

四是民族自发社会控制的民族差异性。不同民族的自发社会控制自是不同，但即便是同一民族也未必就浑然一体，囿于各种主客观原因，西南山地民族先民处于频繁的迁徙之中，是故同一民族往往派生出许多不同的支系，交通不便长期阻隔着民族支系之间的经济社会文化联系，久之必然在自发社会控制的内容和形式等方面产生或多或少的差异。

五是民族自发社会控制的族际互动性。复杂的自然地理环境决定了西南山地民族很多时候呈犬牙交错的杂居布局，这样的族际分布为不同民族社会控制之间的互动和干预提供了外部条件。若一个民族相对孤立地存在着（如藏区腹地的藏族、凉山彝族等），自然能够较好地保持民族社会控制的自发内生性。若一个民族与周边民族势均力敌，其社会文化往往相互影响，如贵州苗、侗、布依等民族杂居地区就形成了“款约”这一具有相似性的民族自发社会控制。若一个民族毗邻周边强势民族甚至为其所包围，则其民族社会控制必然受强势民族的渗透或干预。例如：新中国成立前，在较少受外族影响的阿佤山中心地区，刀耕火种向挖犁散种过渡的生计方式决定了当地佤族原始公社高级阶段的经济形态，以及兼具体现共有互惠关系和维护私有制度经济法权的双重属性，窝郎、魔巴、头人等社会权威基本上自然形成，重大事项通过头人会议、寨民大会集体议决，体现着浓厚的原始民主色彩，社会权威违犯禁规同样要受到惩罚。而阿佤山边缘区的佤族因受傣族的征服和汉族的浸润，经济上已被纳入领主经济甚至地主经济形态，共有经济法权逐渐消解，私有经济法权得到强化，社会权威方面则呈现出多元结构的特征，有的佤族地区在傣、汉民族影响下自主实现社会权威的专门化与等级化，如岩帅头人制和班洪部落王制等，而更多佤族地区则直接接受傣、汉民族的委任而逐渐融入异民族社会组织结构之中，如孟连、勐董的土司制和永德、镇康的保甲制等。① 又如：西南地

① 刘振宇：《初民社会法的图景——佤族习惯法的法人类学诠释》，九州出版社2014年版，第1－72页。

区不少苗、侗、壮、瑶、土家等民族与汉族形成交错布局，长期民族民间交往过程中，汉族儒家伦常道德渐次融入山地民族社会控制系统之中，就连民族习惯法、民间契约亦直接用汉字写就而成。

（二）经济社会类型

我们应当承认自然地理环境对民族自发社会控制的重要影响和制约因素，但绝不能因此陷入“地理决定论”的泥沼，一般而言，自然地理环境往往是通过生计方式和经济社会类型对民族社会控制产生作用的。恰如孟德斯鸠所言，“不同气候的不同需要产生了不同的生活方式；不同的生活方式形成了不同种类的法律。”① 按照马克思主义的观点，民族自发社会控制的内容模式和发展水平归根结底乃是由其所处的经济社会类型所决定的。孟德斯鸠早就说过，“法律和各民族谋生的方式有着非常密切的关系。一个从事商业与航海的民族比一个只满足于耕种土地的民族所需要的法典，范围要广得多。从事农业的民族比那些以牧畜为生的民族所需要的法典，内容要多得多。从事牧畜的民族比狩猎为生的民族所需要的法典，内容那就更多了。”② 马克思对此则进行了更为科学精准的论断，“每种生产形式都产生出它所特有的法权关系、统治形式等……无论是政治的立法还是市民的立法，都只是表明和记载经济关系的要求而已。”③ 多数西南山地民族地区自然条件恶劣，加之生产力水平不高、发展缓慢，民主改革前各山地民族几乎均处于较为落后的前资本主义经济社会形态，同时囿于自然地理的复杂性和封闭性，导致西南山地民族经济社会类型的丰富多样，构成了“一部活的社会发展史缩影”，这又必然决定了西南山地民族自发社会控制的多姿多彩。

1. 原始公社经济社会类型

民主改革前，在我国云南西北部、西部、西南部和南部这一半月形横断山脉南段，不少山地民族仍从事或遗存着生产力水平低下的刀耕火种生计方式。这些民族有怒、佤、独龙、德昂、布朗、门巴、珞巴、基诺、傈僳、景颇、僜

① ［法］孟德斯鸠：《论法的精神》（上册），张雁深译，商务印书馆 1961 年版，第 235 页。
② ［法］孟德斯鸠：《论法的精神》（上册），张雁深译，商务印书馆 1961 年版，第 284 页。
③ 中共中央马克思恩格斯列宁斯大林著作编译局编：《马克思恩格斯选集》（第四卷），人民出版社 1972 年版，第 103－104、122 页。

人等10余个民族或族群。[①] 原始公社乃是人类历史上最早的经济社会形态，大体上经历了原始群、母系氏族公社、父系氏族公社和原始公社解体（或称原始公社高级阶段）四个时期。新中国成立前，上述民族社会大体发展到了原始公社解体阶段。一方面，氏族仍然是社会生产生活的重要组织形式，保持着生产资料公有和成员共同劳动的传统；另一方面，铁制农具的使用使个体家庭劳动逐渐成为可能，社会上已经出现私有制度，出现了贫富差距和阶级分化萌芽。

独龙族是西南山地民族中发展最为迟缓的民族之一。民主改革前，独龙族山林土地为血缘家族公社共有，生产方式以父系家族为单位，共同从事从开荒、垦种到收获等各项劳动，成果平均分配，除武器和首饰等之外，一切财产均为公有，社会贫富分化很小。公有共耕的生计方式要求族群成员必须参加公社公共集体劳动，在日常生活中应互助互惠，杀猪宰牛全寨分食，有余粮者须接济缺粮者，鳏寡孤独废疾者大家共同扶养。由于平均分配劳动产品，独龙族少有偷盗行为，民间契约关系也鲜见，亲邻间借粮亦无利息，确属困难者也可不还。[②] 与独龙族情况相似的还有布朗族。独龙族和布朗族的自发社会控制并不需要专门机构，前述集体纪律与互惠规范在封闭社会中具有很强的强制力，如同R. 施瓦茨发现的那样，违反者将会招致族群成员的“讥笑、横眉冷对、公众谴责、沉默对待、对个人要求的非正式拒绝、在工作中的不予合作等”，而这些足以令越轨者在封闭社会中陷入绝境。[③] 独龙族社会也有头人，头人自然产生，由能说会道、办事公允者充任，主要负责公社事务管理、同意外人入寨、调处内外纠纷等。独龙族内部社会矛盾很少，相较而言倒是公社之间更容易发生纠纷。独龙族家族公社之间通常以河沟、山梁、大石等自然标志为界，除非对方同意一般不允许越界垦荒农作，否则很有可能引发双方的集体械斗。出现械斗事件往往需要双方和解或由第三方头人调解，如双方死者人数相同则人命相抵，若不相等则少死一方向多死一方支付命金，命金由公社成员分摊，但纯系私人纠纷则由本人赔偿，不过亲族有帮扶之义务。命金为实物形式的牛、刀、锅等生产生活用具。一般而言，男性死者要赔9件东西，女性死者则

---

① 尹绍亭：《一个充满争议的文化生态体系——云南刀耕火种研究》，云南人民出版社1991年版。

② 《独龙族社会历史调查》（第一册），云南民族出版社1981年版，第8–9页。

③ ［美］R. 施瓦茨：《法律控制发展中的社会因素：两个以色列居民点的个案研究》，载《耶鲁法律杂志》（第63卷），1964年，第471页。

赔 7 件。[①]

而更多从事刀耕火种的西南山地民族（如佤、怒、傈僳、景颇等）土地私有程度已然很高。民主改革前，这些民族社会的土地所有大体可分为三类，即主体地位的个体家庭私有、补充形式的家族共同伙有以及残留形态的家族或村社集体公有。与“混合型”土地所有制相适应的是这些民族自发社会控制的“两面性”。以阿佤山腹地的佤族为例，一方面，社会生活中存在着村寨公有土地使用和公共集体劳动规范[②]，以及合种制度（若干家庭结成的伙种关系）、换工制度、借种制度（无偿性借地耕种）等反映原始公有制特征的经济关系规则，普遍保持着互助互惠的人际交往习俗。另一方面，也出现了维护私有制度的新的自发社会控制秩序。一是佤族保护个人土地、房屋以及其他私有财产的控制规范不仅数量增加而且内容更加明确化。例如：佤族有“先占”之习惯，将某块无主荒地上的林木砍倒并烧光，就意味着自己获得了该土地的所有权；私有土地往往立桩或栽石为界，不得越界过耕，若未经田主同意擅自“翻田界”，则须赔礼道歉并予以赔偿；发现牲畜践踏、偷吃庄稼和园圃，可以拉走牲畜向其主人主张损失赔偿；打伤的野兽跑进其他村寨，猎手可以进入搜捕。[③] 二是佤族重惩偷盗行为以维护私有财产秩序。如偷盗数量不多且系初犯，偷盗者如数赔偿之后，由失主或家族批评教育了事；若偷盗性质、情节严重且为屡教不改之徒，则有可能被打死或开除寨籍。[④] 西盟岳宋、班帅和芒杏三寨 1950 年至 1954 年五年间处死偷盗者就多达 19 人。[⑤] 三是随着贫富分化的加剧，佤族社会普遍出现了带有剥削色彩的雇佣和债务关系。借债通常是实物以及单利形式的高利贷，一般年利为 50% ~100%，并规定了具体的偿还时间。为保障富户阶层的利益，佤族社会产生了严厉的债务规范，充分体现了野蛮的掠夺性，欠债者必须按时还本付息，如果逾期不还，债主可以欠债者的土地、房屋抵债乃至强制其以劳务抵债或卖身为奴，债主有权到欠债者及其亲族

---

① 《独龙族社会历史调查》（第一册），云南民族出版社 1981 年版，第 11 页。

② 如佤族习惯法规定：举凡修寨子、修道路、修水槽等公共集体劳动，每户均须派一人参加。如无故不参加，由头人按日收取谷子若干，充作全寨公用；若因生病或其他原因而不能参加，经头人同意，可以谷子或半开（注：“半开”是近代云南银元的一种）抵工。参见《佤族社会历史调查》（第一册），云南人民出版社 1983 年版，第 47 页。

③ 上述佤族保护私有财产的习惯法规范是在云南省昆明市采访隋嘎时记录的。隋嘎，男，佤族，原西盟佤族自治县县长，访谈、记录人为刘振宇。

④ 《佤族社会历史调查》（第一册），云南人民出版社 1983 年版，第 47 页。

⑤ 罗之基：《佤族社会历史与文化》，中央民族大学出版社 1995 年版，第 289 页。

家里拉牛、抄家甚至拉小孩抵债（如案例11所示）。

【案例1】①：西盟佤族民主改革以前，马散右寨的岩居嗖②欠岩松九两大烟，欠债六年无法偿还，只好以仅有的两块土地抵债；窝努小寨的岩帅借了债主八斤荞子未还，便被强占房屋一间；小马散寨的岩来、岩肯和岩孙三对夫妻，长期欠债不还，最后卖身给窝努寨的岩戛为奴；大马散寨的岩快欠了债主两赛因（注："赛因"指佤族传统的量度单位，1赛因约合3～5斤）谷子，便被拉牛一头；大马散寨的岩块因欠债久未还，家中三个小孩都被拉走为奴。

2. 奴隶制经济社会类型

奴隶制是以奴隶主占有生产资料和劳动者（奴隶），靠强制与剥削奴隶生产劳动为基础的一种经济社会类型，先后经历了原始公社解体时期早期阶段的家长奴隶制和进入阶级社会后成熟阶段的奴隶占有制两种形态。

新中国成立前，我国西南山地佤、傈僳、景颇等民族以及僜人社会已经产生了蓄奴关系。这些民族社会的蓄奴关系体现着家长奴隶制的某些特征：一是社会上奴隶人数不多，奴主也要从事生产，奴隶劳动尚未成为社会生产之基础，也未产生古希腊、古罗马那样的专门贩奴市场，不存在世世代代为奴的情形。二是奴隶生产主要满足主人家庭生产生活需要，而非以生产剩余价值为目的，奴主对奴隶的剥削量总体不大。三是社会上尚未形成轻贱奴隶之观念，也没有惩治奴隶的专门机构和暴力体系，奴隶往往作为主人家庭成员而存在，主奴关系相对缓和。③以佤族为例，主奴之间依年龄以平辈或异辈称呼，他们同吃共住，奴隶除劳动久些、强度大些之外，生活待遇与主人几无差异，奴隶拥有人身自由，既可社交婚恋，亦可参加各种政治宗教、礼仪节庆等社会活动，

---

① 《佤族社会历史调查》（第一册），云南人民出版社1983年版，第85页；罗之基：《佤族社会历史与文化》，中央民族大学出版社1995年版，第199页。

② 佤族人的姓名比较复杂。据统计佤族有125个姓氏，但姓氏平时不用，只呼其名。佤族人的名字随着年龄和地位的变化有着多种称谓，一般而言有初名、成年名和老年名三种（成年名日常亦少用）。佤族人初名的命名规则是"排行+己名"，其中排行是固定的，又有性别之分，男子的排行为岩、尼、桑、赛、俄等，女子为叶、伊、安、也、欧等。如案例中的岩居嗖便是家中长子。需要指出的是，"岩"音为"ai"，20世纪50年代的调查报告多译为"艾"字，为了统一，本文笔者在引述这些材料时一律转用为"岩"字，在此特做说明。佤族实行父子连名制，故其成年名的命名规则是"己名+父名"。佤族有尊老敬老的传统，称呼老人时要用其老年名，规则是"尊称+己名"，男性尊称"达"，女性尊称"牙"。

③ 林耀华主编：《民族学通论》，中央民族大学出版社1997年版，第245页。

表现好的奴隶甚至能够被主人收为养子女或者被娶为妻子，从而摆脱奴隶身份。四是主人虽可打骂或转卖奴隶，但无故任意处死奴隶的行为仅是个别现象，且多为舆论所指责。

而位于川滇交界的大小凉山彝族地区则已发展出较完备的奴隶占有制。民主改革前，凉山彝族已步入山地耕牧型生计方式，在山区经营荞麦、土豆、玉米等旱作农业的同时放养牛羊猪鸡等家禽。属于此种生计类型的还有羌、纳西、拉祜、普米等民族和部分藏族。传统凉山彝族社会等级关系森严，按财产多寡和社会地位划分为“兹莫”“诺合”“曲诺”“阿加”“呷西”五个等级。其中兹莫和诺合属“色颇”——统治阶层。兹莫即“土司”或“土目”，历史上曾受中央王朝册封世袭，本为彝区最高统治阶层，但后因势力衰微渐次融入诺合等级。诺合，汉译“黑彝”，各诺合家支乃凉山彝族的实际统治力量，相互之间互不统属、分裂割据，彝人自谓“黑彝的脑壳一般大”，因未产生统一的政治组织而处于一盘散沙的状态。后三个等级为“节伙”——被统治阶层。曲诺，汉译“白彝”或“百姓”，隶属于“色颇”，但本身具有相对独立的经济生活，有的还拥有少量奴隶。阿加，汉译“安家娃子”或“分居奴”，是指从事生产的奴隶，拥有小块自耕地和有限的人身权利。呷西，汉译“锅庄娃子”或“家奴”，特指一无所有且无人身权利的单身奴隶，呷西处于社会最底层。

与奴隶占有制经济社会类型相适应，民主改革前，凉山彝族形成了以“节威”（彝族习惯法）及其实施为主要内容的自发社会控制秩序。凉山彝族自发社会控制有以下几个显著特征：第一，确认和维护奴隶制生产方式。彝族“节威”反复重申兹莫与诺合是统辖范围内土地和节伙的所有者，所谓“色颇占有曲诺、阿加、呷西的人身，有世代对他们加以主宰的权利。”曲诺不能迁出黑彝管辖的区域，阿加不能搬离黑彝指定的区域，否则将招致主子的惩处。黑彝有权处分属于自己的土地、呷西、阿加及其财产，包括使用、赠与、出卖、典当、出租等形式，除家支外不受任何干预。① 曲诺和阿加处置自己的土地与财产时，必须事先征得主人同意，否则会被处死或出卖。节伙绝业（即无子嗣）则其所有财产由主子所得。第二，公开维护不平等的等级关系。彝族“节威”宣扬“豹子天生吃羊子，老鹰天生吃小鸡，没有主子的人，在世界上

---

① 《四川省凉山彝族社会调查资料选辑》，四川省社会科学院出版社 1987 年版，第 126 页。

是没有的”“兹下为百姓，父下为子，奴上是主子，妇上是丈夫”，不断地为等级制度的天然合法性张目。为确保黑彝的贵族血统与社会地位，彝族保留着口传“父子连名”家族谱系的传统，用以保证家支世系血缘纽带的纯正和连接。凉山彝族严厉地推行民族内婚和等级内婚制度，不同等级身份的男女结合，家支通常给予严惩，即使不被处死亦会被逐出家支。凉山彝族对不同等级之间人身侵犯案件的处理奉行等级差别原则。诺合无故杀掉呷西、阿加被认为天经地义，即便杀的是曲诺也无须抵命，赔给命金即可，但节伙即使误杀乃至因自卫而致死黑彝，也必须抵命，另须支付高额命金（一般而言，诺合的命金是曲诺命金的三倍）。此外，主人家逢年过节、婚丧嫁娶、修建新房之时，曲诺和阿加还须奉献实物、承担劳役，平时还要承担名目繁多的摊派和负担。第三，凉山彝族残酷的刑罚执行（包括各种死刑、肉刑、监禁等）主要体现了黑彝奴隶主的意志和利益，以维护其政治统治和经济剥削。第四，凉山彝族四分五裂的政治组织形态使其自发社会控制的生长、议定和执行主要通过家支组织完成，并且只有在本家支范围内才具有效力。不同家支均有自己的头人——苏易、德古和毕摩，负责阐释和适用“节威”调控家支内外矛盾纠纷与社会秩序，但尚未产生专门化的司法组织和程式化的诉讼流程。

3. 封建领主制经济社会类型

领主制是封建领主在其领地之上建立的依靠对农奴进行超经济剥削的一种经济类型，又称封建农奴制。领主制经济社会形态下，少数领主占有绝大部分劳动资料，并部分地占有农奴人身，农奴从领主那里获得份地，但必须为领主无偿耕种，以地租形式提供各种劳役和上缴大部分收成。民主改革前，我国有400多万少数民族群众生活在领主制下，其中最为典型的当属高山草场畜牧生计方式下的西藏农奴制和丘陵稻作农耕生计方式下的西双版纳傣族领主制。

从严格意义上讲，傣族不属于西南山地民族范畴，是故这里主要讨论的是藏族的封建领主制（即西藏农奴制）。西藏农奴制主要表现出以下特点：一是等级成分森严。极少数官家、贵族与寺庙僧侣“三大领主”集团构成了领主阶级，农奴阶级则由广大的差巴、堆穷组成，囊生则为奴隶阶层。二是劳动资料集中。仅占人口5%的领主阶级占有西藏所有的土地、草场、山林和绝大部分房屋、牲畜、农具等生产生活资料。三是人身依附性强。领主与农奴之间存在严格的人身隶属关系，西藏人口95%以上的农奴与奴隶被剥夺人身自由而被牢牢束缚于土地上，领主则利用这种人身依附进行超经济强制。四是剥削程度严重。西藏领主对农奴的剥削以劳役地租为主，辅之以实物地租和货币地租，劳役地租平均剥削程度超过50%，有的甚至高达70% ~80%。[①]

早期藏族社会处于高原游牧部落发展阶段，既无政权组织结构，亦无成文立法规范，社会秩序靠民间长期自然生成并为藏民普遍接受且遵守服从的自发社会控制维系，通过“苯”（藏族固有宗教）、“仲”（神话寓言故事）、“德乌”（谜语）等软控制手段规范藏民行为和调整社会关系。但随着吐蕃等“政教合一”性质的地方割据政权的建立，西藏地区专门化的正式社会控制体系逐步建构起来。首先，大量颁行维护农奴制经济社会形态的法律。例如，松赞干布颁布的《法律二十条》（629年）、元末帕竹（乃东）政权的《法律十五条》、明清之际藏巴汗政权的《十六法典》（1618年）、五世达赖阿旺罗桑嘉措时期的《十三法典》、清雍正时期青海果洛藏区的《红本法》等。这些立法确认了封建农奴制并公开维护领主等级特权。《十六法典》宣称农奴宿命命中注定，农奴制度乃上天旨意，并规定人分三等九级，王子贵胄上上等级尊贵者，其命价是与他的尸体等重之黄金；而诸如猎户、屠夫、流浪汉、妇女等下下等级之流，命价不过一草绳而已。[②] 农奴与奴隶均属领主私产，可以任由领主买卖、抵债、转让、交换或赠与。其次，建立法庭、监狱和军队等政治权威机构，对农奴反抗进行严厉惩罚与残酷镇压。最后，制定野蛮残暴的各种刑罚以维护农奴制度，动辄对农奴采取挖眼、割舌、砍手、剁脚、抽筋、投河等酷刑。史书记载，早在吐蕃时期“其刑，虽小罪必抉目，或刖劓，以皮为鞭，扶之从喜怒，无常算。”[③] 不仅如此，刑罚执行遵循“贵贱异罚”的原则。如《十六法典》第十条规定：“尊者滴血值一钱，卑者滴血值一厘。伤人上下有别：民伤官，视伤势轻重，断伤人之手足；主仆之间，主失手伤仆，治伤不再判罪，主殴仆致伤无赔偿之说。”[④]

还有一点需要特别指出，民主改革前藏区社会控制呈现“二元化”态势，既包括前文所述的由历代西藏政权制定的法律乃至中央颁布的律令［如《番例》（1734年）、《理藩院则例》《钦定西藏章程》（1793年）、《新治藏政策大

① 周世中等著：《西南少数民族民间法的变迁与现实作用——以黔桂瑶族、侗族、苗族民间法为例》，法律出版社2010年版，第61－62页。

② 《旧西藏〈十三法典〉与〈十六法典〉》，载《光明日报》2008年4月29日，第3版。

③ ［北宋］欧阳修、宋祁等撰：《新唐书·吐蕃传》。

④ 周润年、喜饶尼玛译注：《西藏古代法典选编》，中央民族大学出版社1994年版，第45页。

纲》（1907 年）等］以及保障法律实施的专门机构和刑罚制度组成的正式社会控制，但受制于藏区地理广袤、交通不便、统治力量和技术条件不足等因素，正式社会控制的触角难以延伸至西藏高原的每一个藏族部落，在广大藏区部落社会那里盛行的是千百年流传下来的民族权威运用民间习惯调控社会秩序的自发社会控制。两者之间既有存在差异、相互竞争的一面，又有相互认可、互为补充的一面，还有相互转化、彼此促进的一面。就本书研究主题而言，后者无疑才是研究关注与重心之所在。

4. 封建地主制经济社会类型

新中国成立前，壮、白、侗、土家、布依、仡佬等西南山地民族以及“熟苗”“熟瑶”地区已经进入封建地主制经济社会形态。这些民族中既有从事山地耕猎型生计方式的（如苗族、瑶族、土家族等），也有进入丘陵稻作型生计阶段的（如壮族、侗族、仡佬族等）。随着西南地区的经济开发与军事屯守，大批汉族移民和流民自东向西、由北至南地迁居此地并渐次向西南腹地延伸，流官制度也逐步建立起来，在不少地方形成汉族与少数民族交错共居的格局。

这些民族在与毗邻汉族长期交往和影响下，农业生产力水平有了明显提高，部分山地民族地区出现了山货土产、木材贸易、矿山、茶盐等特色经济，进而促进了局地集市和商业的发展，甚至某些领域还催生了资本主义性质的经济因素。与上述经济社会发展相适应，封建地主制下的西南山地民族社会控制领域大为拓展，除传统民族社会财产所有与交易、社会治安、婚姻继承、环境保护、社会组织和权威、纠纷调解与裁断等调控领域外，进一步拓展到市场交易、牙商中介、运输劳务、商业帮会等商品经济领域。即便在同一领域内，封建地主制下西南山地民族的社会控制内容也更为丰富。如财产交易和流转方面，田土房屋以及其他财产的买卖、租佃、典当、抵押、借贷和债权债务关系呈现频繁化、复杂化和大宗化倾向，产生了诸如合伙、雇佣、分关等新的内容，并在表现形式上实现口约化向契约化的转型。此外，社会组织和权威的分工与专门化也有了相当程度的发展。

由于受族际关系，特别是来自汉族先进经济社会文化和中央政府的影响，封建地主制经济社会类型下的西南山地民族社会控制表现出明显的“混合性”与“多元化”特征，既有民族自发内生的传统社会控制，又有其对汉族社会控制资源的主动吸收，还有来自国家的正式社会控制。就控制规范而言，既有口耳相传的习惯法、禁忌和习俗，更有以汉文形式写就的石牌、款约与榔规；

就控制内容而言，既能体现本民族的伦理道德、宗教信仰与价值传统，又能融入以儒家伦常为核心的礼法秩序；就控制主体而言，既有来自本民族的民间权威（如石牌头人、理老等），又有处理重大案件和应对严重事态的中央委任的“土官”或任命的“流官”；就控制手段而言，既广泛存在双方和解、权威调解甚至神明裁判等民族自发解纷机制，又有吸收涵化汉族民间契约的“约法”秩序，还可以看到“流官”的晓谕文告与断案实例。

综上所述，从经济社会类型角度考察，我们能够发现西南山地民族自发社会控制生成演进的复杂性和不平衡性。就社会控制的复杂性而言，一方面，从事相同生计方式和处于同一经济社会类型的不同山地民族很大程度上具有类似的自发社会控制秩序。另一方面，处于不同自然地理环境的同一民族，却因为生计方式和经济社会类型的不同而迥然各异。以民主改革前的瑶族为例，经济社会形态大致可分为三种类型：位于南岭山脉深山密林中从事刀耕火种游耕生活，处于原始农村公社解体阶段的“过山瑶”；位于南岭山脉山区或平山地带受土司统治从事定居农业生产，处于封建领主制经济社会类型的“居山瑶”；以及位于湖南中部向广西东部延伸弧形地带受王朝政府直接统辖，处于封建地主制经济社会类型的“平地瑶”（即所谓“熟瑶”）。[①] 生计方式和经济社会类型的不同决定了瑶族内部自发社会控制的差异性。就社会控制的不平衡性而言，既体现在经济社会类型有别的不同民族之间，也表现在不同经济社会类型的同一民族之间。例如：民主改革前，处于奴隶制经济社会形态的大小凉山彝族盛行民族传统的自发社会控制；但已步入地主制经济社会形态的云南巍山和贵族水西彝族地区，国家正式社会控制已大为增强。又如：滇池、洱海周边的白族已进入地主制经济社会形态，受汉族封建宗法制度影响，一切族内纠纷和事务均由族长把持；而怒江、澜沧江处于原始农村公社解体阶段的与白族同源的“那马人”和“勒墨人”，社会纠纷则是由自然形成的辈分较高、办事公正、懂得古规的老者调处，体现共有互惠经济关系的互助习惯法依然存在。[②] 再如：位于云南宁蒗泸沽湖中心地带受其他民族影响较小，经济较为落后，处于“母系社会”形态的摩梭人长期沿袭“男不娶女不嫁”的“阿注婚”（即

---

① 邓文通、徐杰舜：《进入社会主义前瑶族社会经济形态试析》，载《中南民族学院学报》（哲学社会科学版）1989 年第 5 期，第 81 – 88 页。

② 杨志明等著：《边疆社会非正式控制研究——一种基于民族伦理控制的扩展分析》，中国社会科学出版社 2016 年版，第 194 – 195 页。

“走婚”)；而泸沽湖外与其他民族杂居，经济相对发展的摩梭人则已过渡到一夫一妻制的专偶婚形态，传统母系社会已然解体。

（三）国家权力格局

西南山地民族自发社会控制的生成演进离不开宽松的国家政治权力格局。试想一下，若中央王朝很早就在西南山地民族地区建立与内地无异的行政管理体制，受正式的制度化社会控制的强力挤压，西南山地民族自发社会控制则难以有萌芽形成、产生发展的生存空间。在历史上西南民族地区虽较早地纳入中原王朝的势力范围或国家版图之中，但囿于地理阻隔、关河叠嶂，清代“改土归流”之前历代王朝在此地基本上没有建立起常态化有效运转的行政组织建制与直接社会控制，而是在“修其教不易其俗，齐其政不易其宜”[①] 的精神原则指导下，推行了以“五服制”“属国制”“左郡县制”“羁縻制”“土司制”等为代表的“以夷制夷”“因俗而治”的民族自治策略，[②] 这为西南山地民族自发社会控制长期稳定的生成演进提供了绝佳的契机。

1. 先秦时期的“五服制”

中国调处民族关系的法制实践探索滥觞于三代。面对各自雄长且风俗各异的民族林立的客观现实，夏商周依据不同区域的发展程度和文化形态由近及远地实行因地制宜的五服统治，即所谓“邦内甸服、邦外侯服、侯卫宾服、蛮夷要服、戎狄荒服”[③]。其中要服、荒服是针对周边少数民族的，要求“要服者贡，荒服者王”。要服荒服制要义有二：一是“束之以文教”，少数民族需承认天子的宗主地位，按时朝觐纳贡；二是“因其故俗而治之”，民族权威依固有自发社会控制处理本民族内部事务，王朝政府基本不予干涉。

2. 秦汉时期的“属国制”

秦汉统一中央集权王朝的建立，在军事征伐的基础上使其有能力对西南夷施加有限度的影响。在部分西南夷地区秦设道与属邦、汉立边郡县和属国，总体而言，中央政府对道与边郡县的控制力要强于属邦和属国。此外，秦汉时期还制定出中国历史上最早的专门性民族立法——秦《属邦律》和汉《蛮夷律》。“属国制”承认民族权威地位，不改变民族社会结构，维持民族地区原

---

① ［西汉］《礼记·王制》。

② 胡兴东：《中国少数民族法律史纲要》，中国社会科学出版社 2015 年版。

③ ［春秋］左丘明：《国语·周语上》。

状，正所谓“虽有郡名，仍令其君长治之”[①]。同时，少数民族仅须向国家承担有限的政治义务，赋役征收特别优待、从轻减免，酋领有罪也变通执行、以赎当罪。

3. 魏晋时期的“左郡县制”

有晋一代在有实力辖治的西南夷地区设立左郡、左县，南朝皆因袭之。一方面，授之郡县之名以示此地已非“化外”之所；另一方面，冠以“左”字申明与正式郡县不同，实行的是“使其渠帅自相统属”的民族自治管理。[②]

4. 唐宋时期的“羁縻制”

唐宋两朝在前代“属国制”的基础上，在可掌控的西南山地民族地区推行“务在羁縻，不深治也”[③] 的羁縻府州制度。一是羁縻府州属于中央政府领地并受都护府或节度使遥领节制，政治上遵奉中原王朝正朔，军事上具有守土保边和遵调从征之责，经济上象征性朝贡进献土产土贡。二是羁縻府州长官（如都督、刺史等）由民族首领世袭担任，但需经中央册命。三是羁縻府州拥有很大的自治权力，无须向朝廷呈报户口和缴纳赋税，中央认可其运用民族自发社会控制自行其是地处理内部各项事务。[④] 四是尊重少数民族社会控制规范。唐《永徽律》（653 年）明文规定“诸化外人（即指少数民族），同类自相犯者，各依本俗法。”[⑤]

5. 元明时期的“土司制”

自元代开始，封建王朝在西南民族地区普遍推行有别于内地的“远方蛮夷，顽犷难制，必任土人，可以集事”[⑥] 的土司土官制度。明朝因袭发展之，有明一代全国土官共有 298 人，及至清初时虽有缩减但仍有 112 人。[⑦] 土司制度源于羁縻制度，但控制力有所加强。与羁縻长官名义册封性质不同，土司土官由民族酋领充任且有品秩高下之分并授予印信，与中央是“臣属”而非“宗藩”关系；与羁縻府州完全自治管理不同，土司土官隶属上级州府行省；

---

① ［清］钱大昕：《潜研堂文集·郡考（卷 36）》。

② 刘振宇：《中国古代民族法的历史演进及其精神特质》，载《法学杂志》2012 年第 6 期，第 171 页。

③ ［元］脱脱等撰：《宋史·蛮夷三（卷 495）》。

④ 刘振宇：《唐代前期民族法制探析》，载《内蒙古农业大学学报》（社会科学版）2011 年第 1 期，第 311 页。

⑤ ［唐］《唐律疏议·名例律（卷 6）》。

⑥ ［明］宋濂、王祎主编：《元史·仁宗本纪（卷 26）》。

⑦ 吴玉章：《中国土司制度渊源与发展史》，四川民族出版社 1988 年版，第 166 页。

与羁縻制度中央不求深治不同，土司制度形成了一套较完整的土司土官承袭、考课、升迁、奖惩、监督、教化等具体制度和朝贡、纳赋、应征等各项义务，以使土司“谨守疆土，修贡职，供征调，无相携贰”[①]。但土司制度下，西南山地民族运用自发社会控制调控社会秩序和实现社会治理的自治模式依旧稳若磐石，史载时至明嘉靖年间的“熟苗”地区仍尚且是“苗人争讼不入官府，即入亦不以律例科之。推其属之公正善言语者，号曰行头，以讲曲直”[②]，各种社会纠纷均由苗民依其习惯自行处理，官府亦不主动干预。

由此可见，清改土归流之前，历代中原王朝在广大民族地区实行的“二元化”管理模式和“因俗而治”的羁縻策略，为众多西南山地民族事实上自治权和自主权的充分行使以及自发社会控制的生成演进创造了难以寻觅的宽松政治环境。如果说隔绝幽闭的地势地貌为西南山地民族自发社会控制的内生长成提供了较少受族际影响的自然地理层面上得天独厚的时空舞台，那么羁縻统治的国家权力格局则为西南山地民族自发社会控制的茁壮成长创造了鲜受正式社会控制挤压的政治文化意义上无与伦比的历史场域。自然和人文两方面有利外部条件的叠加使得西南山地民族自发社会控制由一棵棵稚嫩小树生长成为矗立于中华民族优秀法文化之林的苍松翠柏。

（四）宗教文化因素

正如美国学者罗斯科·庞德所阐述的那样，民族社会控制经历了一个由早期宗教、道德、习惯法等多元化控制手段混沌不分的状态逐步走向近现代社会各种社会控制手段专门化和分工化，而且以法律为代表的世俗性社会控制已居于主导地位并发挥着重要作用。[③] 但民主改革前，广大西南山地民族地区囿于恶劣的自然条件和滞后的经济水平，宗教因素不仅影响着族群成员的思维方式与行为范式，而且贯穿于西南山地民族自发社会控制产生发展的整个过程。影响西南山地民族自发社会控制的宗教文化因素既有传统内生的原始宗教，同时也包括后来输入的各种外来宗教。

---

① ［清］张廷玉等撰：《明史·职官五（卷72）》。

② ［明］田汝成：《炎徼纪闻》。

③ ［美］罗·庞德：《通过法律的社会控制 法律的任务》，沈宗灵、董世忠译，杨昌裕、楼邦彦校，商务印书馆1984年版。

1. 西南山地民族自发形成的原始宗教文化

原始宗教大抵是在初民敬畏和崇拜自己不可抗拒但又无法认知的自然界的基础上产生的。原始宗教可谓是西南山地民族自发社会控制的最初形式和精神基础，为其生成演进提供了内容渊源、评判观念以及运行保障。尽管不同西南山地民族原始宗教文化内容各异，但大都体现着“万物有灵”的观念，大致而言经历了自然崇拜、生物崇拜、灵魂崇拜、图腾崇拜和祖先崇拜五个发展阶段。需要说明的是，这五个发展阶段绝非属于单线进化的先后梯次关系，而是可能全部或部分在同一民族社会中共时性地存在。

（1）自然崇拜

自然崇拜应是西南山地民族原始宗教的最初形式，先民们对充满神秘力量但又理解不了的日月星辰、风雨雷电、山川石土等自然现象纷纷加以神化而顶礼膜拜。所谓“蛮人迷信最深，凡天然可惊可怖之物，无不信以为神，竞相膜拜。即平常如桥梁、道路、大树、河流、石头种种，亦时见香烟缭绕，相率跪祷。”① 恩格斯早就指出，“一切宗教都不过是支配着人们日常生活的外部力量在人们头脑中的幻想的反映。”② 由于西南山地民族所面临的自然环境千差万别，因此不同民族自然崇拜的具体对象亦是千姿百态，既有相互差异之别，亦有交叉重合之处。诸如：纳西、景颇、普米等民族的天神崇拜；瑶族、藏族的太阳崇拜；多雷雨的哈尼、布朗、基诺等民族产生雷崇拜；定居农耕的巍山彝族兴盛地母神崇拜；身处大山的藏、彝、傈僳、拉祜等民族有山崇拜；遍地奇石的白、瑶等民族为石崇拜；世居高山的佤、藏、纳西等民族多有龙潭（泉水）崇拜；藏、佤、彝、布朗等民族则普遍存在火崇拜等。③

（2）生物崇拜

采集和狩猎曾是西南山地民族先民的主要生计方式，野生生物乃是族群成员维系生存的重要依赖，渐渐地在先民意识中形成了对这些来自自然界恩赐的生物的崇拜。因为各山地民族所居生态环境及其生物资源迥异，是故不同民族崇拜的动植物对象也不尽相同。例如：佤、独龙、布朗、景颇、纳西等民族的神树鬼林崇拜；藏族、普米族和摩梭人的毒树和常青树崇拜；拉祜族有葫芦崇

---

① ［民国］刘锡蕃：《岭表纪蛮》，商务印书馆 1934 年版，第 87 页。

② 中共中央马克思恩格斯列宁斯大林著作编译局编：《马克思恩格斯选集》（第三卷），人民出版社 1972 年版，第 354 页。

③ 吕大吉、何耀华总主编：《中国各民族原始宗教资料集成》，中国社会科学出版社。

拜，并认为祖先是“从葫芦中走出来的”；刀耕火种低效益的粗放式农业使佤、景颇以及部分彝、瑶等民族盛行祭谷仪式；佤、彝、藏、傈僳、拉祜、景颇、普米等存在狩猎经济的民族崇拜猛兽（如虎、豹、熊、狼、蛇、鹰等）；狗是猎人的好朋友，狗崇拜流行于普米、景颇等民族；农业为主的白、纳西等民族崇拜燕子（因燕子知节气、吃害虫）；从事游牧的藏族则有牦牛崇拜；濒临洱海的白族崇拜鱼和海螺；此外，布朗族崇拜竹鼠，普米族崇拜蟾蜍等。[①]

（3）灵魂崇拜

宗教并非与人类社会一同诞生，而是当人类至少发展出灵魂观念之后的产物。初民在思考自身的过程中逐渐形成这样的观念：“思维和感觉不是自己身体的活动，而是一种独特的、寓于这个身体之中而在人死亡时就离开身体的灵魂活动。”[②] 既然灵魂可以脱离肉体而存在，初民便产生了“灵魂不死”的观念，并开始以“拟人化”的方式理解周边的自然万物，灵魂崇拜由是而生。正像英国学者詹·乔·弗雷泽所言：“在原始人看来，整个世界都是有生命的，花草树木也不例外，它们跟人们一样有灵魂，从而也像对人一样对待它们。”[③] 以西盟佤族为例，佤民最为尊崇的“木依吉”（又称“莫伟”）有五子，即“达路安”“达利吉”“普冷”“格拉柔拇”“克里托”，前四子分别掌管开天、辟地、打雷、地震，小儿子“克里托”则是佤族传说时代的首领。[④] 此外，万事万物皆有灵魂，谷魂叫“司欧布”、树魂叫“腔秃”、水魂叫“阿容”、风魂叫“达务”。[⑤] 在佤族人看来，自然万物的灵魂不仅可以生儿育女、司职一方，而且有喜怒哀乐之情、善恶正邪之分，既能造福人类亦可为祸人间。因此，对降福于民的神灵，佤族人会倾其所有地取悦与奉献（如“祭木依吉”“祭谷魂”），而对致人疾病的恶魂，人们便请魔巴举行各种“做鬼”仪式赶走它（如致人疟疾的“各朗”、致人头疼的“吉柚”等）。再以凉山彝族为例，彝人认为一切动物都有被称为“依娜”的灵魂并且永生不灭。动物活着的时候，“依娜”保护其肉身不受伤害，动物死后，“依娜”则转变为鬼魂。

---

① 吕大吉、何耀华总主编：《中国各民族原始宗教资料集成》，中国社会科学出版社。

② 中共中央马克思恩格斯列宁斯大林著作编译局编：《马克思恩格斯选集》（第三卷），人民出版社 1972 年版，第 219 页。

③ ［英］J. G. 弗雷泽：《金枝》（上），徐育新、汪培基、张泽石译，刘魁立审校，新世界出版社 2006 年版。

④ 罗之基：《佤族社会历史与文化》，中央民族大学出版社 1995 年版，第 316 页。

⑤ 田继周、罗之基：《西盟佤族社会形态》，云南人民出版社 1980 年版，第 125 页。

彝人认为鬼魂亦分善恶，人若是正常死亡，“依娜”便成为好鬼，如若非正常死亡，“依娜”将变作恶魂，这时就需要毕摩做法驱鬼。①

（4）图腾崇拜

初民把灵魂崇拜赋之于自然物或动植物便衍生出图腾崇拜。“图腾”（“ototemn”）一词源自北美印第安鄂吉布瓦人土语，本义为“他的亲族”。氏族制度下，产生灵魂观念的初民往往将令人敬畏的自然力、高山密林中的走兽猛禽、生命力旺盛或与族群生活密切相关的动植物作为与自己有亲缘关系的先祖，族群成员对图腾虔诚膜拜。民主改革前，云南怒江流域残留氏族形态的傈僳族村寨多由不同图腾氏族组成，其中有以自然现象为图腾的，如雷、电、霜、火等；也有以动植物为图腾的，如虎、熊、蛇、羊、猴、鼠、蜂、鱼、竹、麻、茶、荞麦、菌子、紫柚木等；还有的图腾氏族繁衍出若干支系，如熊氏族派生出狗熊、大熊等氏族。② 图腾具有重要的社会功能，它既是氏族组织的标志，也是族群成员的共同姓氏，村寨中共同图腾信仰者即具有血缘关系，相互之间禁止通婚并承担习惯法所规定的集体义务。当氏族制度逐步走向解体后，传统有影响力的图腾崇拜仍残存于民族群体共同意识之中。例如，西南山地民族中摩梭人的虎图腾、瑶族的狗图腾、拉祜族的葫芦图腾、西盟佤族的牛角图腾和部分彝族的竹图腾等。

（5）祖先崇拜

就崇拜对象而言，原始宗教无非“物灵崇拜”和“人灵崇拜”两类。初民灵魂不死的观念与自然物结合产生了图腾崇拜，其与人的结合便形成了祖先崇拜。祖先崇拜不仅汉族有，而且普遍地存在于西南山地民族。西南山地民族的祖先崇拜突出表现在对先人长期、固定的祭祀和供奉上，既有对氏族首领和英雄、首任建寨者或为村寨、家族利益作出重大贡献者的集体守护神的崇拜，也有对个体家庭男性先祖的崇拜，而且随着个体家庭经济的逐渐确立，后者渐次成为祖先崇拜的主要形式。前者如沧源佤族神林中供奉着共同的部落保护神“梅顶”和各姓氏的祖先神“梅雅克”；后者如佤族供奉的“阿依俄”、彝族供奉的“马都”、景颇族供奉的“家堂鬼”等。除此之外，西南山地民族的祖先

---

① 张冠梓：《论法的成长——来自中国南方山地法律民族志的诠释》，社会科学文献出版社2002年版，第406页。

② 《图腾崇拜》，http：//www. ynethnic. gov. cn/zjzc/zjzs/yszj/lsxtjxdyc/201506/t20150626_10545. html（云南省民族宗教事务委员会官网），上传时间：2015－06－26，访问时间：2015－08－21。

崇拜还表现在对死去先人的停尸、出殡、葬法、陪葬等丧葬仪式中。

在某种程度上，民主改革前几乎没有一个西南山地民族的自发社会控制称得上是完全世俗的，原始宗教文化实际上早已渗透和融入西南山地民族自发社会控制中，并对其产生重要影响。第一，原始宗教很多内容直接成为西南山地民族自发社会控制规范（如禁止砍伐神林神树、严禁触犯禁规禁忌等），成为评判和调整人与自然以及族群成员之间关系是非对错的依据，是维系自然生态平衡和族群秩序稳定的重要力量。第二，原始宗教丰富了西南山地民族自发社会控制手段，诸如关涉社会生产生活各个方面的食物禁忌、行为禁忌、性禁忌、言语禁忌、器物禁忌和人物禁忌等。德国学者恩斯特·卡希尔曾高度评价禁忌在初民社会的社会控制功能，称“禁忌是人迄今为止所发现的唯一的社会约束和义务的体系，它是整个社会秩序的基石，社会体系中没有哪个方面不是靠特殊的禁忌来调节和管理的。”[①] 第三，原始宗教还为西南山地民族复杂疑难案件的解决提供了“神明裁决”的裁断方式。例如，佤族磨手掌、打头、扎手指、站穴顶板、捞沸锅、看鸡头、爬螺蛳、鸡蛋判等类型多样的神判方式。[②] 第四，原始宗教作为西南山地民族自发社会控制的精神纽带，能够有效地保证实施过程中族群成员的内心约束与自觉遵奉。这里笔者套用美国学者伯尔曼的观点，民族社会控制的确立很大程度上需要依赖宗教，因为宗教给予了民族社会控制精神、方向和获得崇敬所必需的神圣性。[③]

2. 西南山地民族吸纳涵化的外来宗教文化

原始宗教内容粗浅、形式杂乱、多神崇拜、口头传承等弱点决定了一旦其与理论体系成熟的高级宗教相遇便败下阵来的命运。多向度的宗教文化传播为西南山地民族地区先后带来了本土的道教和域外的佛教、基督教等外来宗教文化。外来宗教文化对不少西南地区少数民族都产生了不同程度的影响。例如：道教影响壮、白、瑶、苗、侗、纳西、仡佬、毛南等山地民族；佛教影响藏、傣、佤、白、壮、纳西、德昂、拉祜、布朗、布依等少数民族，尤以藏族的藏传佛教和傣族的小乘佛教为盛；基督教影响佤、白、彝、壮、侗、苗、瑶、独龙、拉祜、傈僳、纳西、景颇、哈尼、布依、土家等山地民族。[④]

---

① ［德］恩斯特·卡希尔：《人论》，甘阳译，上海译文出版社1985年版，第88页。

② 《佤族社会历史调查》（第二册），云南人民出版社1983年版，第25－26、130－131页。

③ ［美］伯尔曼：《法律与宗教》，梁治平译，中国政法大学出版社2003年版，第12页。

④ 周世中等著：《西南少数民族民间法的变迁与现实作用——以黔桂瑶族、侗族、苗族民间法为例》，法律出版社2010年版，第77－85页。

外来宗教文化的传入使其与西南山地民族内生原始宗教文化共存并行，甚至在部分民族地区还取代了前者获得主导地位。外来宗教文化的进入造成了西南山地民族复杂化的宗教格局，宗教文化差异性不仅体现在不同民族之间，即便同一民族也呈现出碎片化的分布特征。以佤族为例，处于阿佤山腹心地带的西盟与澜沧雪林地区遗存着原始宗教文化；小乘佛教分布于孟连、勐董、双江、耿马等受傣族土司统辖的佤族以及班洪、班老地区，而大乘佛教仅限于沧源岩帅和单甲地区；基督教则散布于澜沧的安康、文东，沧源的永和、岩帅、勐省、勐角及双江部分地区。① 与佤族情形相类似的还有壮、白、瑶、苗、侗、纳西、拉祜、布依等西南山地民族。

民主改革前，作为涵化型自发社会控制类型重要体现的外来宗教文化，某种程度上丰富了西南山地民族自发社会控制的内容与形式。

首先，传教者们带来了优良的农牧品种、先进的农具和耕作方式，兴办教育事业、创制民族文字，开展慈善事业、倡导移风易俗，发展卫生事业、改善医疗条件，从改造生产生活方式入手客观上推动了西南山地民族的社会文化进步，为外来宗教文化的传播赢得了族群成员的心理认同。

其次，外来宗教的某些教义教法、清规戒律潜移默化地影响着民族信众的思想观念与行为范式。例如：不盗不偷、不诈不骗、不害命杀生、不奸淫妇女、不抽烟饮酒、不打扮娱乐、不听淫歌秽曲、不睡华丽高床、不做买卖用金银的佛教“九戒”；不杀人、不偷盗、不赌博、不说谎、不喝酒抽烟、不玩弄女性、孝敬父母、爱人如己、勿生嫉妒、互帮互助等基督教教义。外来宗教在一定程度上客观地拓展了西南山地民族自发社会控制的调控能力。外来宗教在革除部分山地民族猎头祭谷、原始宗教牺牲、酗酒成风和婚前性关系等陈规陋习的同时，还根据山地民族社会实际对教规教义进行了适应性调整，使之落地生根，进而发挥令信众谨言慎行、循规蹈矩，协调人际关系、减缓社会冲突的社会控制作用。

再次，外来宗教权威与民族社会权威的结合与合作，使其获得裁处社会矛盾纠纷的权力。信奉道教的山地民族权威往往由师公、道公担任，充当宗教权威的同时兼具实施习惯法的世俗权力。佛教为初生的特权等级提供“合法化”的教义理论支撑，因此寺院和佛爷获得了处理纠纷的权力。只要不危及世俗权

---

① 罗之基：《佤族社会历史与文化》，中央民族大学出版社 1995 年版，第 315、359－362 页。

威的利益，基督教会也拥有管治约束教民的权力，凡有违基督教义以及多妻、亵渎或侵犯传教士和教会权威等行为，祷告忏悔赎罪、禁食圣餐等精神惩治外，教会还可对违犯者罚款罚物、拷打责罚、开除教籍乃至动用死刑。[①] 然而时至今日，在我国“政教分离”原则之下，严禁宗教干预国家行政、司法事务，上述各种宗教传统的财产罚、肉体罚和生命罚因违反国家法律而不被允许，但在实践中宗教组织仍可对违反教规同时又涉及违法行为的宗教人员施以教育、精神惩戒、剥夺教职或开除教籍等惩罚（如案例2所示）。

【案例2】[②]：20世纪八九十年代，云南省思茅市（即今普洱市）澜沧拉祜族自治县上允镇下允村淘金河教堂传教员田岩再（男，佤族）和文东乡堂梨湾教堂传教员陈明廷（男，佤族），先后发生婚后与别的女性保持不正当关系的违反教规和不法行为，后来相继被澜沧县佤族基督教会免去了传教员之教职，但两人均被保留了教籍。

最后，相对而言教规教义规范系统的外来宗教的传入，有力地推动了西南山地民族自发社会控制的成文化、规范化与程式化。例如：藏区施行时间最久的《十三法典》即受藏传佛教的深刻影响，并在五世达赖阿旺罗桑嘉措主持下由第巴索南饶登[③]负责制定。

需要特别强调的是，应当科学辩证地看待西南山地民族地区的外来宗教文化，它既有在民族社会控制领域发挥积极作用的一面，同时也存在着不容忽视的消极影响。其一，宗教权威与世俗权威的密切联合，加速了西南山地民族社会的等级分化，对宗教场所和宗教权威的奉献更是加重了族群信众的超经济剥削程度。其二，外来宗教通过各种方式手段广泛争取教徒信众，以宗教意识取代民族意识（如禁过民族节日、不唱民族歌不跳民族舞、结婚须由牧师洗礼并在教堂举行等）和国家意识，某种程度上或多或少流露出“去中国化”的想法，这主要体现在基督教和伊斯兰教方面。其三，由于宗教的渗透性、隐匿

---

① 该内容是笔者在云南省澜沧拉祜族自治县访谈田岩平（男，佤族，时为澜沧县上允镇下允村淘金河教堂牧师）时记录的，访谈、记录人为刘振宇。

② 这则案例是笔者在云南省澜沧拉祜族自治县访谈田岩平（男，佤族，时为澜沧县上允镇下允村淘金河教堂牧师）时记录的，访谈、记录人为刘振宇。

③ “第巴”，又称“第悉”“第司”“第斯”，乃西藏地区旧官名。“第巴”原为西藏部落或地方首领的称号，清初用以称总理西藏地方事务的官员，后又指西藏地方政府所委派的地方官及中下级执事官。在这里，“第巴”指称总理西藏地方事务之官员。索南饶登，又称吉雪八，乃西藏首任第巴，1642—1659年在位。

性和群众性，传入的国际性宗教有可能成为境外敌对势力和分裂主义分子图谋分裂国家统一、对抗各级政府、破坏民族团结的工具，威胁边疆民族地区的社会稳定。譬如：1939 年，基督教牧师借地方政府强制铲除罂粟之际，挑唆煽动岩帅佤族反抗地方政府，从而引发“大队之战”。[①] 其四，外来宗教权威运用教规教义调整社会秩序，由于规范内容的差异会引起其与民族社会内生社会控制的紧张和与国家正式社会控制的抵牾，加之“披上宗教外衣”的神意权威缺失来自外部的监督，难免在纠纷裁断中出现有失公正、欺压良善的现象。其五，司法制度之外，外来宗教中的某些内容还可能与其他诸如教育、税收等正式社会制度有所冲突。例如：傣、德昂、布朗等信奉小乘佛教的民族中盛行把未成年男子送入寺庙学习，这势必造成佛寺教育与国民教育之间的矛盾。不言而喻，加强对外来宗教的法治化和现代化治理，积极引导其与社会主义社会相适应已然成为西南山地民族社会治理中亟须解决的重要问题。

综上所述，从各种生成机理的角度分析，西南山地民族自发社会控制不仅具有上一章笔者阐述的民族性和地域性、长期性和广泛性、内生性和传承性、综合性和互动性、规范性和灵活性、强制性和软约束以及本章前述的独特分布性、复杂综合性、发展不平衡性与族际互动性，民主改革前的西南山地民族自发社会控制还具有以下几点特征。一是群体性与家族性。西南山地民族恶劣的自然条件和落后的生计方式导致了个体对群体的依赖，从而决定了血缘家族在生产生活中发挥着重要作用。除在经济生产方面不同程度地表现出集体土地所有、合伙共耕、合亩制度外，在自发社会控制领域体现为互助互惠和公益劳动习惯法，民族伦理、族群惯例与家法族规中规定的家族成员之间的权利和义务（如财产优先购买权、同姓孤儿独老扶助义务等）以及矛盾纠纷家族调解与执行等。二是社会性与阶级性。由于经济社会类型的复杂性，处于原始农村公社解体阶段的各西南山地民族自发社会控制的民主性、平等性和社会性色彩较为浓厚，而随着不少山地民族步入奴隶制、领主制和地主制经济社会形态，维护等级特权、专制统治和保障富人利益的社会控制内容日渐增多。当然，阶级性也绝非西南山地民族社会控制的全部内容，除此之外，维护生产生活秩序和保护自然生态环境等反映族群成员共同意志的社会控制也大量地存在。三是宗教性与神意性。民主改革前，西南山地民族既有丰富多彩的内生原始宗教，又有

---

① 沧源佤族自治县地方志编纂委员会：《沧源佤族自治县志》，云南民族出版社 1998 年版，第 646 页。

各式各样的被涵化的外来宗教文化，致使西南山地民族自发社会控制的精神原则、规范内容、裁断手段、运转执行、实施效果等方面具有一定的神意色彩。四是自组织性与非正式性。民主改革前，除个别民族外（如藏族等），绝大多数西南山地民族基本上处于前国家状态，虽然不少民族社会已经产生了初阶的权力分工，但是与马克斯·韦伯所说的专门化、职业化的科层制①分工相去甚远。根源于政治国家这样的次生组织的正式社会控制是通过专门控制机构实施的有组织、制度化的社会控制，与之相比，处于前国家形态的西南山地民族自发控制则是由未形成特定控制机构的初级组织实施的自组织、非制度化的非正式社会控制。

二、西南山地民族自发社会控制的变迁演进

从前文“国家权力格局”小节的论述中，可以得出清代以前“二元化”管理模式和“不改其旧”“因俗施化”的羁縻策略，为西南山地民族自发社会控制的生成发展、茁壮成长提供了难得的历史机遇和宽松条件。但自清代“改土归流”之后，国家正式社会控制开始以越来越迅猛的速度和力度向西南山地民族地区广泛渗透，两种异质的社会控制逐渐产生越来越剧烈的冲突与碰撞。如何科学对待与正确协调民族自发社会控制和国家正式社会控制之间的关系已然历史性地成为西南山地民族社会治理体系建设中必须直面的问题。在阐述此问题之前，我们先来以历时性的视角对清代“改土归流”之后三百年来西南山地民族自发社会控制的变迁演进展开一番扼要的描述。

（一）新中国成立之前的繁荣兴盛阶段

“改土归流”，顾名思义即是废除西南民族地区原先由少数民族首领统辖的“土司制”，改为由中央直接委任官员管理的“流官制”，旨在强化中央政府对西南民族地区的直接控制和有效管理。“改土归流”始于明永乐年间，但终明之世适用地域狭小且措施多不得力，最后以失败告终。雍正四年（1726年），清世宗接受云贵总督鄂尔泰的提议，开始在西南民族地区推行声势浩大的“改土归流”运动。“改土归流”所引发的文化冲突与碰撞是多方面的。就社会控制领域而言，在“以夏变夷”指导思想之下，官府视民族自发社会控

① ［德］马克斯·韦伯：《经济与社会》（上卷），林荣远译，商务印书馆1997年版。

制为“犷獠草昧之风”，若任之泛滥实属大干法纪，而欲在西南山地民族地区强制推行与内地无异的以国家典章律令和正统儒家文化为主导的正式社会控制，并借助里甲（团甲）制度予以强制推行。与此同时，要求民族社会权威远离纠纷解决领域，民族地区“其婚姻、田土、命盗正案，均归地方官办理”①，若有违犯擅自裁处者，将被“斥革究办”，并言之凿凿“永为定例”。

上述理想虽很“丰满”，但现实却很是“骨感”，现实社会的发展变迁并不以统治者的一厢情愿为转移。自雍正直至清末长达近两百年的持续推进，国家正式社会控制在部分民族地区确实获得了重要地位，但在多数西南山地民族地区，悉从汉法的“改土归流”推进得并不顺利，甚至出现了多次反复。以贵州“熟苗”地区为例，早在康熙时就设立专理苗务的流官，并欲将所有案件管辖权收归国家。现存黔东南锦屏县康熙三十六年（1697 年）所立“平鳌（寨）附籍碑”中明文载有当时黎平府晓谕苗民告示：“今尔等愿归府辖，凡一切斗殴、婚姻、田地事件，俱令亲赴府控告，不得擅行仇杀。倘有故违者，责有所得。”② 但时至乾隆年间，流官对当地苗民苗务的正式社会控制仍很薄弱。就为官者而言，“受任斯邑，莫不心怀畏缩，裹足不前……间有亲至者，皆清南丹兵防护。”③ 就纠纷管辖权而言，面对当地苗民的强烈抵制，清廷不得不作出变通，“苗民风俗与内地百姓迥别，嗣后苗众一切自相争讼之事，俱照‘苗例’完结，不必绳以官法。”④ 有清一代，流官能够施以主动管辖的无非苗族社会重大刑事案件、影响较大的跨村寨纠纷以及居住城邑中苗民之间的纠纷，而广大苗寨中大量的刑民治安纠纷则往往由民族权威通过“理老唱诵理词”和“请中讲理调解”等传统方式解决，只有当地权威解决不了或是苗民不满调解结果的民族民间纠纷才报送官府“禀官究治”。

综上所述，清代“改土归流”推行得并不彻底，流官对民族社会控制的权限、范围和程度与制度设计的初衷相距甚远。及至 1912 年清廷覆亡，不少西南山地民族地区仍旧残留着很多土司、土目。代清而立的民国政府也欲进一

---

① ［清］《直隶理番厅志·志存（卷 6）》。

② 陈金全、郭亮主编：《贵州文斗寨苗族契约法律文书汇编——易遵发、姜启成等家藏诉讼文书》，人民出版社 2017 年版，第 280 – 281 页。这块碑文是在当地田野调查时发现的，整理、记录人为郭亮、刘振宇。

③ 彭兆荣、牟小磊、刘朝晖：《文化特例：黔南瑶麓社区的人类学研究》，贵州人民出版社 1997 年版，第 176 页。

④ ［清］《清实录·高宗实录（卷 22）》。

步推进“改土归流”的实施，南京国民政府在民族社会控制方面虽然提出了“重边政，弘教化，以固国族而成统一”① 可谓雄心勃勃的边政宣言和纲领，但无奈囿于经年累月的军阀混战，继之而起的抗日战争和解放战争，加之西南民族地区又多为地方军阀所掌控，因而在制度建设和具体实施方面并无多少建树。

清代以降直至新中国成立这一较长的历史时期内，“改土归流”之下流官制、里甲制、保甲制基层行政建制和国家统一法制等正式社会控制的逐步推进，渐次改变了西南山地民族社会控制内生自发的传统发展轨道，面对外部社会文化条件的变化不得不做出相应的自我调整，受外部因素影响下的成长型控制和涵化型控制等社会控制类型不断增多，某些国家正式社会控制的内容逐渐被有选择地吸纳或以变通后的面目融入民族自发社会控制系统中去。但总体而言，由于西南山地民族地区封闭隔离的自然地理和交通条件并未得到根本改观，山地民族原有的经济结构、既有社会组织与传统文化观念并没有发生重大变迁，② 因此，民族自发社会控制依然在西南山地民族社会秩序维护和社会治理调控中居于主导地位。

（二）新中国成立后至民主改革前的合作共谋阶段

1950 年前后西南地区相继获得解放，随着人民解放军的进驻和基层党团组织、乡村政府、政府工作队、农会等人民政权组织纷纷建立，彻底打破了先前西南山地民族隔绝封闭的状态，西南山地民族自发社会控制面临前所未有的剧烈社会变革。不过在民主改革之前，社会改革对民族自发社会控制的影响还是渐进和缓的。一方面，当时的工作重心在于剿匪平叛，彻底涤荡国民党残余势力，巩固新生的人民政权，对民族传统社会控制的改造还未提上议事日程。另一方面，正确、科学、理性的民族政策的贯彻落实，广大基层干部能够以尊重、理解、宽容的态度对待西南山地民族自发社会控制。毛泽东主席曾高瞻远瞩地论述道，“少数民族地区的社会改革，是一件重大的事情，必须谨慎对待。我们无论如何不能急躁，急了会出毛病。条件不成熟，不能进行改革。一个条

① 荣孟源主编：《中国国民党历次代表大会及中央全会资料》（下），光明日报出版社 1985 年版，第 298 页。

② 兰元富：《西南民族地区百年法制变迁述论》，载《贵州民族研究》2008 年第 5 期，第 14 页。

件成熟了，其他条件不成熟，也不要进行重大的改革。”[①] 在这一精神原则的指导下，不少民族民间权威和上层人士被吸纳为新政府的组成人员，各地纷纷成立的解纷组织中也出现众多民族传统权威的身影。1951 年，西南军政委员会还专门发出决议，要求民族地区各级政府组织民族民间权威加入调解委员会，以便做好解纷团结工作，稳定社会秩序。国家法律法令也未在民族地区强制推行，民族自发社会控制事实上在调控当地族群内外社会秩序中仍然发挥着积极作用。

首先，当时基层工作干部和西南山地民族上层人士展开积极的对话与合作，整合多元社会控制力量和资源，有效地化解了大量的族群内部社会矛盾纠纷，取得了良好的社会效果。以四川凉山彝族为例，通过各级调解委员会吸收德古、苏易等民族权威广泛参与、灵活处理，盐源县 1950—1952 年三年间调处各类社会矛盾 27909 件[②]，美姑县 1953—1955 年三年间调解抢劫、诈骗、土地、财产、债务、婚姻等影响较大的刑民事纠纷 624 宗。[③]

其次，除调控民族内部社会秩序之外，民族权威和自发社会控制还被广泛运用于缓和历史上形成的民族外部之间的复杂紧张关系。为解决佤族不同村寨和彝族不同家支之间长年累月无休止的大规模冤家械斗，政府工作队在头人、德古等民族权威的大力协助下充分沟通、反复协调，有效地遏制了曾经给当地民族群众带来长期痛苦与深重灾难的“械斗”“打冤家”现象。据统计，1951—1954 年四年间，四川凉山彝族地区就成功调解新旧大小冤家械斗纠纷高达 12000 余件，仅布拖一县就达到 2000 余件之多。[④] 此外，同一民族不同支系之间还充分利用“乡约团款”这一约成型控制形式调整相互关系，合理建构顺应国家政治导向、符合民族社会现实需求和反映族群成员共同呼声的自发社会秩序。例如：在中国共产党和地方政府倡导下，广西金秀大瑶山成立各族各界代表会议，并于 1951 年 8 月 28 日制定《大瑶山团结公约》六条（公约具体内容附录于下）。该公约内容涉及取缔长毛瑶等级特权、荒地自由开垦以及租佃关系和各种发展生产之规定，并要求大瑶山各瑶族支系共同遵守，若有违

---

① 中共中央毛泽东选集出版委员会：《毛泽东选集》（第五卷），人民出版社 1977 年版，第 23 页。

② 盐源县县志编纂委员会：《盐源县志》，四川民族出版社 1998 年版，第 868 页。

③ 李剑：《凉山彝族纠纷解决方式研究》，民族出版社 2011 年版，第 218 页。

④ 《四川彝族历史调查资料、档案资料选编》，四川省社会科学院出版社 1987 年版，第 99 页。

犯者或有纠纷需要解决，则由人民选举的各级协商委员会负责调处，同时会同人民政府依照其情节轻重予以处理。嗣后 1952 年 2 月，中共大瑶山瑶族自治区委员会、金秀瑶老座谈会和区乡干部会议又共同制定了《大瑶山团结公约补充规定》[①] 凡三条九款，进一步完善和细化了种树还山、山权以及瑶族内部租佃关系等问题。上述两个公约在新的历史情势下为瑶族石牌律注入了崭新的内容，使西南山地民族自发社会控制在新社会条件下的社会治理领域中焕发出新的生命力。

【大瑶山团结公约】[②]

我大瑶山各族各阶层人民，自解放后，在中国共产党、毛主席领导教育下，大家认识到，过去各族及民族内部不团结的原因，是国民党反动派和少数坏瑶头挑拨离间所造成。因此，今后大家必须互相谅解，不计旧怨，共同在中国共产党、毛主席和人民政府领导下，亲密团结，并订立团结公约六条，共同遵守不渝：

（1）长毛瑶为表示团结，愿放弃过去各种特权，将以前号有公私荒地，给原住瑶区各族自由开垦种植，谁种谁收；长毛瑶和汉人不再收租，过去种树还山者不退，未还者不还。

（2）荒山地权归开垦者所有，但荒芜一年以上，准由别人开垦。杉树山砍后，如隔一年不修种，则该山地可自由开垦，谁种谁收。水田荒芜五年以内者，经别人开垦后，三年不收租；荒芜五年以上者，可自由开垦，谁种谁收。

（3）老山原杉树、香菇、香草、竹、林等特产，仍归原主所有，不应偷取损害；但无长毛瑶培植特产之野生竹木地区，可自由栽培香菇、香草。

（4）经各乡各村划定界之水源、水坝、祖坟、牛场不准垦殖；防旱防水之树木，不准砍伐；凡放火烧山，事先各村约定日期，做好火路，防止烧森林。

（5）除鸟盆附近外，山上可自由打鸟。各地河流，准自由钓鱼、放网，但若放麸闹鱼应互相通知邻村集股作份，不作份者，只能在界

---

① 《大瑶山团结公约补充规定》具体内容请参见莫金山编著：《金秀瑶族村规民约》，民族出版社 2012 年版，第 320－322 页。

② 莫金山编著：《金秀瑶族村规民约》，民族出版社 2012 年版，第 319－320 页。

外捡鱼。

(6) 瑶族内部，原有水田的租佃关系可由双方协定，但不许超过主一佃二租额。除地主富农外，有力自耕者，可收回自耕，但不许换佃。

以上公约，如有违犯或纠纷，由各族各阶层人民选出代表成立各级协商委员会调处，并会同各级政府按情节轻重处理。凡住在我大瑶山人民（包括汉人），均须遵守。各乡各村可依本地情况另订具体公约，但不得与本约相违背。本公约修改权，属于大瑶山各族各界代表会议。

大瑶山各族代表会议订立

1951 年 8 月 28 日

最后，西南山地民族自发社会控制在改变旧社会民族歧视和民族压迫政策，建立、巩固和发展平等、团结、互助的社会主义新型民族关系方面有其独特的贡献。在无文字和有浓厚原始自然崇拜的民族社会中，“盟誓”往往成为解决同一民族不同村寨、支系乃至不同民族重大纠纷和相互关系的重要方式，是建立在神意性有效自我约束机制基础上的一种族内族际交往信用凭证。盟誓绝非少数民族的独有物，实际上早期汉族社会也广为盛行。春秋时期列国诸侯为拓展其政治势力，往往歃血结盟、亲同伐异，如著名的侯马盟书与温县盟誓。及至汉初，高祖刘邦为杜绝异姓为王之路还与群臣杀白马而立盟誓，“非刘氏而王，天下共击之”①。不同西南山地民族的盟誓仪式存在多样性与差异性，但有一点是共通的，族群成员深信盟誓之后便直面神灵的监督，如有违背将像牺牲祭物般悲惨地死去。西南山地民族的盟誓实践与汉族流传下来的历史上盟誓文化记忆相融合，衍生出独创地创造性解决不同民族关系问题的伟大实践。早在 1935 年 5 月中国工农红军长征中被迫途经凉山彝区时，刘伯承司令和果基家族头领小叶丹在彝海②边“打鸡”盟誓化解了一触即发的战争危险。“彝海结盟”的佳话成为共产党民族平等和自治政策的成功实践，在中国民族关系史上留下了厚重的一页。新中国成立后，中国共产党人亦不缺乏运用西南山地民族熟悉和认同的“地方性知识”处理各民族关系的政治智慧。1950 年

① ［西汉］司马迁：《史记·吕太后本纪（卷 9）》。

② 彝海，原名“鱼海子”，因盛产细鳞鱼而得名，彝语称“乌勒苏泊”，位于今四川省凉山州冕宁县城以北 47 公里的草坪山上。彝海海拔 2280 米，属高山深水湖泊。

12月26日，云南普洱15个县26个民族的48位代表在共产党的领导下，为着民族团结之目的齐集普洱红场举行了盛大的“镖牛”盟誓仪式。年过半百的佤族代表拉勐镖牛镖得吉兆（水牛倒地且镖口向上），傈僳族代表李保“打鸡”兑酒，48位代表共同喝了“团结酒”。随后，各民族代表集体宣读民族团结誓词，并用汉、傣、拉祜三种文字在红纸上签名。最后，将誓词和代表签名镌刻成著名的“民族团结誓词碑”（具体内容附录于下）。“民族团结誓词碑”这一汉族与滇西南25个少数民族达成的集体政治盟约中随处可见镖牛、打鸡、喝血酒等民族自发社会控制形式，但对于增强西南少数民族群众的国家认同意识，巩固西南边疆民族地区政治社会稳定，践行新型社会主义民族关系等方面起到了不可估量的重要作用。

【民族团结誓词碑】①

> “我们二十六种民族的代表，代表全普洱区各族同胞，慎重地于此奉行了剽牛②，喝了咒水。从此我们一心一德，团结到底，在中国共产党的领导下，誓为建设平等自由幸福的大家庭而奋斗。此誓。”

（三）民主改革至改革开放前的压制隐匿阶段

放宽历史的视野，现在回过头来审视，新中国成立后至民主改革前这一短暂的过渡阶段却是民族自发社会控制与国家正式社会控制关系发展难得的“黄金时期”，二者之间平等对话、互为补充、合作共谋，共同成功地应对了西南山地民族错综复杂的矛盾纠纷、社会秩序和社会治理问题。借助民族民间权威和传统控制规范能够有效地弥补当时国家法律法令的简易空白和民族地区正式控制力量的尚付阙如。与此同时，民族自发社会控制也并非随心所欲地自在运行，而应贯彻党的领导和遵循各项新民主主义政策，在广大基层干部和思想开明进步的民族权威的直接参与及任劳任怨、耐心细致地宣传方针、讲解政策和进行思想动员、反复劝说下，民族自发社会控制在秩序调控中取得了在旧

---

① “民族团结誓词碑”刻于白色石灰石上，碑长142cm、宽65cm、厚12cm，原立于普洱红场东侧城楼旁，“文化大革命”运动中遭遗弃，现陈列于宁洱哈尼族彝族自治县普洱民族团结园内。碑文参见郑茜：《民族团结誓词碑》，载《中国民族》2009年第Z1期，第5页。

② “剽牛”，即镖牛。镖牛，是佤族举行传统原始宗教仪式必不可少的一个项目，是宗教图腾的一种表现形式。每逢重大节庆和祭祀活动，佤族都要举行镖牛仪式。在佤族看来，牛属于吉祥物，祭牛头则表示对神灵的虔诚。镖牛和供奉牛头，是佤族人民祈求安居乐业、吉祥如意、幸福安康的传统仪式活动。

社会无法企及的巨大成绩和良好效果。这实际上为我们理性、科学地协调西南山地民族自发社会控制和国家正式社会控制两者关系提供了丰富的实证素材和宝贵的基层经验，只可惜在那个特殊时代背景下，这些值得总结提炼的好的实践做法被轻易地忽视、否定和遗忘掉了。

在20世纪50年代前中期，国家正式社会控制与西南山地民族自发社会控制的确经历了一段“蜜月期”。然而好景不长，自50年代后期开始直至“文化大革命”运动结束的20余年间，受极“左”政治思潮和极端激进主义的影响，国家一改前一阶段以和缓、商谈态度对待民族自发社会控制的渐进式改良路线，进而以疾风暴雨般“运动化”形式对包括西南山地民族在内的所有民族地区的经济社会形态进行官方意识形态主导下的人为建构，并随之开始以一元化国家正式社会控制彻底涤荡民族自发社会控制的极“左”实践。

伴随着土地改革、民主改革、合作化和人民公社、“大跃进”等接踵而至的运动完全摧毁了民族社会先前的经济社会形态，“四清”“破四旧”① 和“文化大革命”运动则把斗争矛头指向民族自发社会控制。民族自发社会控制规范要么被贴上“愚昧”“迷信”的标签，要么被视为维护阶级统治的反动工具而被批判和取缔；民族民间权威不加甄别地被划为地主、富农，被扣上“守旧”“反动”的帽子持续地进行批斗打击；废除了少数民族保持改革风俗习惯和宗教信仰自由的宪法权利，各种民族禁规习俗、节庆仪式、宗教活动迫于政治压力也销声匿迹。而与此同时，代表官方意志的社会组织和国家政策措施则在民族地区急速膨胀和强化，并成为秩序调控中的唯一垄断性力量。兼具生产组织、政治动员、宣传教育等多重职能的党政军社民一体的公社大队、生产小队、民兵组织、革命委员会等社会组织形式迅速取代传统民族权威并实现向西南山地民族地区最基层的渗透。先前被优待、尊重的民族民间权威被逐下“神坛”，不仅被剥夺了指挥生产、主持仪式的传统权力，调解矛盾、化解纠纷则更是被严厉禁止。民族传统自发社会控制规范化解社会纠纷、稳定社会秩序的合理性也遭到彻底否定。劳动改造和阶级专政对待所谓阶级矛盾，用罚款、游寨处理严重破坏社会秩序的行为，以教育说服解决人民内部矛盾以及各

---

① 所谓“四清运动”是指1963—1966年开展的社会主义教育运动，前期主要是在农村中“清工分、清账目、清仓库、清财物”，后期则扩大到全国城乡范围内“清思想、清政治、清组织、清经济”；所谓“破四旧”则是指1966年8月中共八届十一中全会肯定的“大破一切剥削阶级的旧思想、旧文化、旧风俗、旧习惯”运动。

种诉苦会、批斗会等群众运动堂而皇之地成为民族地区社会控制的主导形态。

土地改革与合作化打破了民族地区既有的经济形态，民主改革和人民公社摧毁了少数民族先前的社会结构，“文化大革命”以及“破四旧”等运动则斩断了民族传统文化支撑，经济、政治、文化等前所未有的社会整体性巨大变革，使失去赖以生存条件的西南山地民族自发社会控制遭受到史无前例的毁坏和瓦解。然而，从实际情况看，国家仅凭单方意志运用政治强力摧毁民族传统社会控制来人为建构新的社会控制的努力并不成功。首先，旧制度固然可以一夜之间砸个粉粹，但新秩序的确立绝非朝夕之功可以完成。我们捣毁了西南山地民族传统自发社会控制，但是以完备的法律法规体系和健全的法律实施机构为表征的正式社会控制却迟迟未能建立，致使不少民族地区社会领域出现“组织失范”和“规范空白”等问题，某些时候社会调控甚至沦为民众“歇斯底里式”的闹剧。这正应了费孝通先生在《乡土中国》一书中发出的深彻警示：一味破坏传统秩序并不意味着新秩序的有效建成，社会改造的强行推进其结果很可能出现的是，想象中的社会控制秩序的好处尚未得，而破坏传统社会控制的弊病已然显现。① 其次，单纯依靠政治强力取缔西南山地民族传统自发社会控制的极端激进的社会变革方式引起了民族权威和普通族群民众的强烈反感与不适，在心理层面上有碍新的社会控制秩序建构的同时，也不利于民族关系的和谐稳定，反而成为个别少数民族边民外逃的重要诱因以及少数藏区权贵、彝族家支发动武装动乱的借口托词。最后，尽管西南山地民族自发社会控制被官方全盘否定，但文化传统和惯性决定了它在广大族群成员的思想观念和内心深处不可能瞬间消失殆尽，况且国家正式社会控制资源的供给不足更加深了族群民众对它的依赖。表面上看，西南山地民族自发社会控制已然退出历史舞台，但事实上却以极为隐匿的方式发挥着秩序调控的功能。以四川凉山彝区为例，尽管政府三令五申明令禁止德古调解，虽然彝人大小会议上都表示要听党和政府的话，但一旦有了纠纷仍然会偷偷地找德古依习惯法调解，白天不行就晚上调，明里不能就暗里调，公开不敢就晚上钻到干河坝、树林里去调，只要不被基层干部发现，就一直调解直至纠纷得到解决。②

---

① 费孝通：《乡土中国 生育制度》，北京大学出版社 1998 年版，第 58 页。

② 上述访谈内容是在四川省凉山彝族自治州美姑县沃木镇沃木村采访的日尺哈老德古（男，彝族）时记录的，访谈、记录人为严文强、李剑，翻译为曲比古哈（男，彝族）。

（四）改革开放以后的重新“回潮”阶段

改革开放春风的到来终结了极“左”路线的泛滥与蔓延，极“左”年代那种“大政府、小社会”的社会格局被逐步打破。党的十一届三中全会以后，随着人民公社制度和各级生产队、革委会的解体，国家权力快速从基层乡村撤出，广大民族村寨一时陷入社会控制“权力真空”与“规范失灵”的困境。加之政治氛围和国家政策的放宽舒缓（如大量民族自治地方和民族乡的增设、“两少一宽”刑事政策[①]的推行等），在历史惯性和文化传统的推动下，蛰伏和潜藏于族群民众记忆中的民族自发社会控制重新“回潮”。

就西南山地民族而言，民族民间权威和传统社会组织复苏，民族自发社会控制再次担负起化解民间纠纷、调控社会秩序的功能。壮、苗、瑶、侗等少数民族群众又开始以传统形式议定村规民约。凉山彝区的德古们也重新开始解决民间社会矛盾纠纷，实践中不仅出现了与以人民法院裁断和行政机关调解为核心的官方纠纷解决相对应的民间德古调解形式（当地民众形象地将这一现象称为“坎上法庭”与“坎下法庭”[②]），而且根据来自凉山彝区腹心地带美姑、昭觉、布拖等县的调查数据显示[③]，至少80%以上的民事纠纷和轻微刑事案件通过德古民间调解解决掉了。

1978年改革开放以来，西南山地民族自发社会控制虽然重新“回潮”，但同时也有几个问题必须要有足够清醒和充分的认识。

第一，西南山地民族自发社会控制的回潮绝非是原汁原味传统的“原样重生”。由于受民主改革深刻的社会变革和改革开放巨大的社会变迁的影响，回潮后的民族自发社会控制自是不能简单地等同于传统，二者之间存在着某种程度上的“断裂”。例如：民族权威已不再是其唯一身份，传统控制规范也并非其调整纠纷的唯一依据，不少权威兼有其他正式或非正式的社会身份或是退休还乡的民

---

① “两少一宽”刑事政策具体是指，对少数民族犯罪分子坚持少捕、少杀，在处理上一般从宽。该刑事政策是中共中央在1984年第5号文件中首次提出的，目前该刑事政策在司法实践中业已被废止。

② 巴且日火：《“坎上法庭”与“坎下法庭”——凉山彝族的国家法律权益与习惯法保护》，载《凉山民族研究》（内部刊物），2005年刊。

③ 根据课题组成员李剑在其家乡凉山彝族地区的调查发现，人口20多万的昭觉县（其中彝族人口占95%）人民法院1997年、1998年、1999年三年刑民事案件受理量仅为290件、273件、303件，明显低于同期全国平均水平；美姑县人民法院年均裁决民事案件则更低，仅为70~80件，90%以上的矛盾纠纷都通过民间德古调解的方式化解了。

族干部，他们头脑中拥有更多的政策、法律知识和国家观念；民族自发社会控制中也越来越多地渗透着国家法律法规的身影；社会纠纷解决层面，在长期政治引导和法律宣传下，绝大多数西南山地民族自发社会控制已退出刑事领域和治安维护，而主要集中于生产秩序、民事纠纷、婚姻继承和生态环境保护等方面。①

第二，西南山地民族自发社会控制的回潮不是“整体性”重生，充其量不过是“碎片化”恢复。经过历次运动和社会变革，随着现代化的持续推进，西南山地民族自发社会控制赖以维系的经济基础与社会形态早已因结构性断裂而发生沧桑巨变，即便改革开放之后出现有利时机和生长条件，民族自发社会控制也断难整体复活，而只能是零散、局部地“回潮”。“去魅”后的民族权威早已不再是一言九鼎，传统社会组织也并非民族村寨的运转中心，而更多扮演的是配合、协助、补充基层社会组织（如乡镇政府、村两委、派出所、司法所等）在社会秩序调控方面的职能。亘古未有的社会变迁冲击着民族自发社会控制规范，就形式而言，口耳相传的民族传统控制规范逐渐为成文化的村规民约所替代；就内容而论，不少民族传统控制规范因社会条件的消逝不合时宜而丧失效力，而更多的民族传统控制规范则随社会情势的变迁而进行着自我嬗变与调适。科学文化的普及与封闭社会的打破（如交通设施、通信条件的改善以及人口流动的增长等），导致禁忌、舆论、习俗、道德、仪式等民族自发社会控制手段的松弛和调控效果的削弱。

第三，改革开放以来，我国法治建设取得了举世瞩目的成就，民族地区法治设施逐渐改善，普法宣传教育力度正在加强，国家法制在民族地区（特别是城市和城镇地区）的影响力和权威性不断增强，这势必造成某些民族自发社会控制因素与国家正式社会控制之间的冲突和碰撞更加突显且呈现出新的表现形式。譬如：民族民间权威参与社会纠纷化解和社会秩序调控的依据、范围、地位与合法性问题；乡（村）规民约与民族自发社会控制规范、国家法律法规之间的关系协调与整合协同问题；民族民间调解与人民调解、行政调解、法院裁决之间的关系和有效衔接问题；法院判决之后当事人不服，又通过民族民间调解再次处理的所谓“二次处罚”问题；命金血价、开除寨籍、抄家惩罚、罚款罚物等民族社会对失范行为的自发强制形式与国家法律法规的禁止性规范之间的冲突抵牾问题等。

① 吴大华主编：《民族法学讲座》，民族出版社 1997 年版，第 11 页。

第四章　西南山地民族自发社会控制的基本维度

无论是传统社会亦或是现代社会都离不开维系和确保社会秩序和谐与社会治理稳定的调控能力。历史上西南山地民族除藏、彝、白等少数民族建立过割据政权外，绝大多数山地民族地区则处于自我管理的“自治”状态或土司治理下的“半自治”状态，各山地民族在长期发展演进中逐步形成了一整套实现社会稳定、有序和发展的自发社会控制力量。按照系统论的观点，一社会无论发达程度如何，其社会控制要素不可能只是单一化的，而必然是由特定的社会组织、规范体系、沟通渠道以及物质设施所组成的复杂系统（虽然复杂程度各有不同）。那么，西南山地民族自发社会控制具体由哪些要素构成？各构成要素呈现怎样的表现形式以及它们又是如何发挥维护社会秩序与实现社会治理功能的呢？接下来，笔者将以文献记载资料和田野调查材料为分析基础，从社会控制理论的六个面向，即控制主体、控制规范、控制手段、控制机制、控制方式和控制类型详细阐述民主改革前西南山地民族自发社会控制的基本维度和内在结构等问题。

西南山地民族自然条件多样、民族分布复杂且经济社会发展极不平衡，有的民族地理气候条件优越，适宜发展精耕农业，而更多民族自然地理恶劣，只能从事刀耕火种或耕猎、耕牧生计方式；有的民族与汉民族或周边其他强势民族毗邻交错，族际交往频繁且深受其影响，而有些民族因山川阻隔则自发自为的独自发展；个别民族较早地步入了国家社会状态，而绝大多数民族直至民主改革之前仍处于前国家社会发展阶段。上述多重因素的叠加作用致使西南山地民族社会控制领域形成了丰富多样的控制形式。囿于本书研究主题所限，历史上西南山地民族建立的区域性政权（如滇国、夜郎、掸国、南诏、大理以及吐蕃等历代藏区割据政权等）的专门化组织形式和正式性政治法律制度①便不在本书探讨之列。

一、西南山地民族自发社会控制的控制主体

个体既然是构成社会的细胞，自然便成为社会控制不应忽视的力量，西南山地民族也不例外。就积极的事前控制来说，在封闭社会中，无需外在强力的直接作用，族群成员出于对习惯法、禁忌、道德、伦理和习俗的内心认同、心理惯性或是由于惧怕可能招致的惩罚、社会舆论压力而自觉遵循民族自发社会控制规范，能够对自己的失范或越轨行为及时地进行赔礼、补救及赔偿，以自律形式的“自我控制”形态维护着民族社会秩序的稳定。就消极的事后控制而言，当自身或个体家庭利益遭受他人侵犯或有侵害之危险，不借助其他社会控制力量，族群成员可仅凭自己实力直接向对方主张权益或索赔以实现矛盾纠纷的化解。不言而喻，在这样的私力救济过程中，族群成员个体既是社会纠纷的发起者，同时也是纠纷解决的调控主体。不可否认，族群个体自是西南山地民族自发社会控制主体的一种形式，但囿于险恶自然地理条件和落后经济社会形态等因素的制约，那种现代社会基于社会成员异质性和相互高度依赖的“有机团结”基础上的“个体中心”绝无可能成为主流社会控制主体，相反，居于社会控制主导地位的应是通过根深蒂固集体意识将同质性个体凝结为一体的“机械团结”基础上的“团体中心”。② 这种“团体中心”反映在西南山地民族自发社会控制主体表现形式上则体现为血缘组织、地缘组织和区域组织等集体性而非个体性社会控制力量。

（一）血缘组织

诚如美国学者 R. M. 基辛指出的，所谓社会组织究其本质就是围绕广义亲属关系为中心产生的各种问题。③ 血缘亲属关系实乃人类社会组织的最初形式

---

① 具体内容参见李鸣：《中国民族法制史论》，中央民族大学出版社 2008 年版，第 115 - 140、154 - 161、340 - 365 页；胡兴东：《中国少数民族法律史纲要》，中国社会科学出版社 2015 年版，第 34 - 35、49 - 53、88 - 90、262 - 291、310 - 315 页。

② ［法］埃米尔·涂尔干：《社会分工论》，渠东译，生活·读书·新知三联书店，2000 年版。

③ ［美］R. M. 基辛：《文化·社会·个人》，甘华鸣、陈芳、甘黎明译，辽宁人民出版社 1988 年版，第 183 页。

和最基础的内容，男女结合而为家庭，继之通过血缘、姻亲关系结成家族，此外尚有扩大性血缘组织即氏族。

1. 家庭

家庭是以婚姻、血缘或收养关系为纽带，由一定范围内的亲属组成的基本社会组织单位。当然，不同婚姻形态下的家庭形式有着很大差别，就家庭结构和规模而言，大致包括核心家庭、主干家庭、联合家庭和扩大式家庭等多种形式。西南山地民族传统社会中家庭有着多重社会功能，大量社会活动以家庭为单位组织进行，诸如繁衍生育、经济生产、同居共财、养老育幼、财产继承、化解矛盾和秩序调控等。

扩大式家庭乃是适应刀耕火种生计方式基础上共有和伙有所有制形式所决定的集体共耕的需要。西南山地民族典型的扩大式家庭当属横断山区的独龙族和部分拉祜族。独龙族婚后并不分居，而是紧邻父母住处旁加盖新屋，每代依次添盖，最终形成一排干栏式长屋。耕地、房屋、粮仓集体共有，家庭成员共同生产劳动，初时收获的粮食归全家公仓“邦千”，后来又有了各户仓房“邦秋”。消费实行平均主义的主妇分食制，每顿饭由各户主妇轮流去做，先取“邦千”存粮，吃尽后再由各户“邦秋”轮流供应，所有存粮吃完就采集、捕猎为生。独龙族扩大式大家庭称为“吉柯罗”，每个“吉柯罗”公推一位家长，由德高望重、能说会道、办事公正的男性长者充任，负责选择耕地、组织生产、主持宗教和婚丧事宜、调处内外争端等，家长没有特殊权力，重大事项召集家庭成员共同商议决定。[①] 与独龙族相似的还有滇南布朗族的“噶滚”父系扩大式家庭。与此同时，澜沧拉祜族传统社会也存在着名为“底页”的母系扩大式家庭，祖孙几代人同居共住于被称为“耶类玛”的大房屋内。“底页”又由若干“底谷”（即主干或核心家庭）组成，伐林开荒需要“底页”共同劳作，耕种则由“底谷”自行或联合组织，收获后“底页”留一份，剩余归“底谷”，各家开设火塘独立消费，“底谷”存粮吃完后则向“底页”支取。[②] 与独龙族相较，拉祜族扩大式家庭不仅分配消费方式有所差异，社会权威亦是不同，每个“底页”从事无偿公共事务管理和服务的家长由女性长者担任。此外，部分纳西族、白族的“三坊一照壁”和彝族的“一颗印”式的

---

① 林耀华主编：《民族学通论》，中央民族大学出版社 1997 年版，第 233 页。

② 林耀华主编：《民族学通论》，中央民族大学出版社 1997 年版，第 231 页。

大型庭院住宅[①]都是扩大式家庭遗存的体现。

与血缘关系纵向延伸形成的数代亲属同堂共居的扩大式家庭不同，联合家庭则是指同辈兄弟姊妹婚后共同组成的家庭形式，属于同代亲属血缘关系的横向拓展。这种联合家庭曾盛行于藏族牧区一妻多夫和僜人社会一夫多妻的多偶制家庭之中。新中国成立前，藏区家庭形态以一夫一妻专偶制家庭为主，多偶制家庭只是补充形式。实践中多偶制家庭实行一夫多妻的较少，这是因为藏人认为这类家庭不容易团结起来，内部关系不和睦，[②] 而以兄弟共妻为主体的一妻多夫便成为多偶制家庭的主要形式且多见于藏族牧区。据调查，藏东牧区一妻多夫家庭比率为15%，而藏北牧区这一比例则高达50%。[③] 此外，川西南俄亚纳西族也保持着这种婚姻家庭形态。不少传统藏区牧民之所以选择一妻多夫，是因为这一联合家庭形式既能最大化地聚集家庭劳力以扩大再生产和应付差役，同时又能避免为数不多的牲畜被不断地分家析产而影响畜群的正常繁衍。当然若要维护一妻多夫联合家庭的和谐，关键在于妻子在家政事务和两性关系方面的调处能力。与藏族牧区一妻多夫紧密式联合家庭不同，僜人社会存在的是一夫多妻松散性联合家庭形式。来自1976年的田调资料显示，西藏察隅县自称“格曼”或“达让”的僜人中间一夫多妻联合家庭占比仍有11.3%。[④] 妻子们统一居住于丈夫的长屋内，但每个妻子各自经营丈夫交给的小块土地并拥有独自的粮仓、火塘，相互之间较少协作，各自构成相对独立的生产生活单位。

主干家庭是指由祖父母、父母与未婚子女三代直系亲属组成的家庭形式，而核心家庭则通常由父母及其未婚子女两代人结合而成。随着铁器和牛耕的使用，社会生产力的不断提高，当个体劳动成为可能时，土地和财产私有就成了必然的社会需求，儿子婚后分家析产导致大家庭的解体而让位于主干家庭和核心家庭。近代以来，除个别民族或少数区域存在母系制家庭和上述其他家庭形式外，建立在父系制基础上的核心家庭逐渐成为西南山地民族占主导地位的家庭形态。与扩大式家庭相较，核心家庭的社会控制范围和领域大为缩减，这部分职能转由公共社会组织所取代，但受婚姻形态影响又延伸出新的社会控制内容，主要体现在父系制下的夫权、父权以及母系制残存的舅权。

---

① 潘志成：《西南民族传统法文化的历史与现状考察》，民族出版社2010年版，第22页。

② 《藏族社会历史调查》（第三册），西藏人民出版社1988年版，第223页。

③ 徐益棠：《康藏一妻多夫制之又一解释》，载《边政公论》1948年第2期。

④ 《僜人社会历史调查》，云南人民出版社1990年版，第158页。

2. 家族

为了便于组织集体生产、应对各种自然风险和抵御外族侵犯，人类生活自始之初就表现出强烈的群体性特征。同一祖先后代具有血缘关系的核心家庭或主干家庭聚集而居便组成家族（即宗族）。

对西南山地民族家族的认识在此有几点需要说明。一是不同民族“家族”的具体称谓有所不同。二是从历史发展看，家族既可为母系亦可为父系，不过就实际情形而言，西南山地民族的家族绝大多数属父系，女子婚前属父亲家族，婚后则被整合入丈夫家族。三是血缘关系之外，家族还兼具地缘特征。西南山地民族往往聚族而居，一家族通常居于一村寨，但随着人丁繁衍则可能分居于毗连的几个村寨，当然更为广泛的是数个家族居于同一村寨。四是家族以血缘亲属关系为纽带，但实践中也存在着拟制血缘关系结成的家族。具体表现为几个不同小姓为某种利益合并成一个大家族，或是一个同姓大家族吸收了后来移居来的小姓。例如：笔者田调的黔东南文斗苗寨原先只有姜姓，后来陆续迁入的易、李、张等小姓也被融入同一家族之中，尽管彼此没有血缘关系，各小姓仍保留独立姓氏，但家族禁规也得一体同遵，相互之间禁止婚配。五是伴随着长期的子孙繁衍，家族规模势必不断扩大，由是衍生出各种亚群体血缘组织。苗、瑶民族称之为“房族”、毛南族称之为“宗支”，而彝人出自共同的男性祖先并以血缘关系为纽带，具有共同名称、居所、祭祀和墓地，成员之间互相保护和共担责任的紧密家族团体称为“家支”。除彝族家支这一特例外，一般而言，亲属代系越久远，交往联系则越松弛，相互关系也就越疏远。壮、瑶民族“三代亲，四代疏，五代了”① 的民谚正是此谓。三代以内房族的整合功能体现在经济合作联系和参与族内事务等众多方面，而三代以外房族的凝聚功能大抵只剩下共同的节庆与婚丧仪式了。

与传统汉族社会类似，家族主义和团体本位构成了西南山地民族社会组织和运转的基础，村寨往往由一个或若干家族组成，家族无疑成为西南山地民族传统自发社会控制主体的一种重要载体。

首先，家族是一个经济社会共同体，这是其发挥自发社会控制功能的物质前提。每个西南山地民族家族都拥有着种类不同、多寡不等的族产，如公共的鬼林、神山、族田、墓地等。鬼林是具有原始宗教信仰的民族家族成员举行祭

---

① 广西壮族自治区地方志编纂委员会编：《广西通志 · 民俗志》，广西人民出版社 1992 年版，第 151 页。

祀、做鬼驱邪的公共场所。神山乃全族之公产，族人可以种山樵收，但未经许可外人不得擅入。族田由族人共耕或轮种，收获用于族内祭祖、扶危济困、兴办公益等公用。受汉族影响较深的部分苗、侗、壮、土家、仡佬等民族的族产还有学田和祠堂。学田收益用于资助族中贫寒学子科举应考。祠堂为祭祀先祖和凝聚族人之场所，此外，家族重大事务的商议、族规祖训的议定和申诫以及族内纠纷的调解与裁处也往往在祠堂内举行。

其次，家族内部公推族长，由族长负责族内外社会控制等一应公共事务。一家族通常一位族长，大的家族可有多位，族长自然形成且无任期限制，族人信服即为族长，族人不服则族长之权自然解除。族长多由族中辈高年长、品行端正、见多识广、能力突出者担任。族长在族内行使族权，对外代表家族参与各种活动，族规的议定、解释和执行也由族长操控，族长可对违规者训斥乃至施以惩处。例如：建于清代嘉庆年间的四川茂县土门乡马家村羌族卞氏祠堂内就挂着刻有“公置家法”的竹板、木棍，[①] 用以惩戒失范和越轨的家族成员。

再次，家族内部成员之间存在着带有强制性的俗成或约定的社会控制规范。家族成员在长期共同生产生活中形成了互帮互助互惠、协调族人关系、增强内部团结、稳定族群秩序的社会控制规范，以凝聚家族力量应对外部自然或人为因素的挑战，某种程度上承担了社会保障和救济功能。就义务性控制规范而言，西盟佤族习惯法要求：借同姓之债，死后有财产债主可径自取来抵债，若死时无财产则一笔勾销，且同姓之间负债不得拉小孩作抵或转卖；同族之间有相互帮助、抚育孤儿、赡养老人以及救助鳏寡孤独和家境困难者的义务。[②] 西盟佤族生产过程中同族之间的合种、借种、换工即是互助互惠机制的现实写照。广西南丹瑶族家族组织名曰“破卜”（汉译“油锅”），举凡各户春耕、秋收均由“破卜”会议统一安排，家族成员婚丧嫁娶或因病无法劳动，其他成员有资助和帮扶之义务。凉山彝族习惯法规定：家支保护个体家庭的利益和安全，有义务解决本家支家庭和个人的经济困难，家支成员婚丧、灾祸、农忙之时，全家支有义务以其人力或财力相助。[③] 藏族习惯法也认为，家族重要生产资料归大家集体共有，每位家族成员只有保护之责而无转让之权。家族成员须为家族的稳定发展履行应尽的责

---

① 李鸣：《碉楼与议话坪——羌族习惯法的田野调查》，中国法制出版社 2008 年版，第 142 页。

② 刘振宇：《初民社会法的图景——佤族习惯法的法人类学诠释》，九州出版社 2014 年版，第 28、18 – 20 页。

③ 陈金全、巴且日伙主编：《凉山彝族习惯法田野调查报告》，人民出版社 2008 年版，第 32 页。

任，但这种义务并非只是单向度的，“没有无义务的权利，也没有无权利的义务”①，家族成员在某些情况下也享受着作为其中一员所拥有的权利。就权利性控制规范来说，西盟佤族习惯法规定：若死者财产无人继承，则同族人有权继承，继承人依其与死者亲属关系实行“先亲后疏”的原则；出卖土地时须先告同族，同族人享有先买权，只有同族不要方可卖于异姓，否则会遭致同族的谴责。② 同族先买权是为防止因族人穷困潦倒而导致族产外流，同时还能避免出卖者陷入异姓经济盘剥的泥沼。如果说阿佤山佤族的同族先买权尚是口头传承的俗成型社会控制规范，而深受汉文化影响的黔东南苗族的同族先买权则在大量遗存至今的民间传世契约中有着直观反映。下文所引清道光二十九年（1849 年）一份卖山场杉木契，姜熙华、姜熙和兄弟二人因缺钱用度，出卖共有之位于九奇祖遗山场 1/3 的份额，买受人则是同房族内卖主之叔姜钟英。而类似“卖主、房族弟兄不得异言（注：“异言”有时也写做“争论”）”等直接言明同族先买权的格式化语言频频出现在当时苗民买卖契约之中，已然成为必备的契约要素之一。

【姜熙华、熙和兄弟卖山场杉木契】③

立断卖山场杉木字人姜熙华、熙和，为因用银使用，无处得出，到（自）愿将到地名九奇祖遗之山场壹股，出卖与本房姜钟英叔名下为业。当面凭中议定价纹［银］肆两捌钱正（整），亲手收回应用，分毫不欠。其山界限：上凭路，下凭犁嘴，左凭领（岭）与买主零（临）界，右凭冲为界。其山至（自）卖之后，应凭买主修理管业，卖主、房族弟兄不得异言。今欲有凭，立此断卖字为据是实。

外批：祖遗之山并无契字。

外批：地主叁股，本名壹股出卖。

凭中、代笔　姜相德

道光廿九年三月初八日　立

熙华弟兄九奇卖契

① 中共中央马克思恩格斯列宁斯大林著作编译局编：《马克思恩格斯选集》（第二卷），人民出版社 1972 年版，第 137 页。

② 刘振宇：《初民社会法的图景——佤族习惯法的法人类学诠释》，九州出版社 2014 年版，第 146、28 页。

③ 陈金全、梁聪主编：《贵州文斗寨苗族契约法律文书汇编——姜启贵等家藏契约文书》，人民出版社 2015 年版，第 330 页。这份契约是在当地田野调查时发现的，契约提供人姜启贵（男，苗族），整理、记录人为刘振宇。

随着家族的开枝散叶，为识别家族成员、教育团结族人，使家族内部等级辈分秩序和相互权利义务关系明确化，不少西南山地民族中出现了家谱。在无文字民族中间盛行的是父子连名式的口传家谱（不同民族的父子连名具体形式各异，如白族、彝族多为“父名 + 己名”的正推顺连，而佤族则是“己名 + 父名”的逆推反连），亲属关系不明确的两人同时追诵家谱，若有共同的祖先名则属同一家族并能够确定辈分大小。而在饱受汉文化浸润的部分西南山地民族中则借用汉字订立书面家谱。笔者在文斗苗寨就曾见到这样的家族宗支图，由同一先祖向下层层延展，越往下家族成员越为庞杂，形成上窄下宽、层层递增的塔状结构，当地苗民形象的称其为“瓜藤图”。书面家谱中往往有族人共同议定的约成型社会控制规范——“族规”，以约束族人的行为。以下文所引立于民国九年（1920 年）广西罗城大梧村仡佬族吴姓族规为例，族规的内容一般包括家族渊源、立规情由以及涉及道德伦常、婚姻禁规、田产买卖、勾匪通盗、纠纷解决和越轨处罚等方面的具体规范（当然不同民族、地域和时代的族规内容既有共通性，也存在着差异性）。此外，笔者在文斗苗寨看到的姜氏宗谱、易氏家谱中也含有内容大致相似的族规。

【大梧村吴姓二冬祠堂规则碑】①

自来伦常固宜首重，宗祠尤贵分明，稽余二冬（注：“冬”乃仡佬族家族之谓）自鼻祖以来，生数十余代，烟户稍近七八百家，或世居本村有之，或分支别地亦有之，悉同归于一祠，实同归一脉所生者也。迄今年深日久，房族间有牛马襟裙，不守道德，不从天伦，擅作欺宗灭祖，专为藐族慢尊，或乱伦而同族为婚，或勾匪而戮害同宗，或田地而私卖外人，有此等人，不特为本祠所不容，抑亦为法律所不许也。曩（注：“曩”意为从前、以往）者曾因此等人物，扰乱本祠，诉至公庭，爰（注：“爰”意为于是）阖祠人等协拟本祠规制，沥（注：沥意为书写）附石碑，以敬（警）来者之效尤也，是为引。

一　开祠义（议）事，须要听族长公论，分别情由，年居卑幼，不得参语高声乱喊，有此等人即非谦让；

一　为人须葆（注：“葆”意为保持）其固有之良，不得任意妄为，而恣淫乱伦等情，有之，不啻禽兽；

① 《广西仡佬族毛南族社会历史调查》，民族出版社 2009 年版，第 164 - 165 页。

一　婚姻之事，凡同宗共祖之姊妹、婶嫂，不得以疏族而娶为妻媳，亦不得以远居异地而乱为匹配，有此原因，即是灭天理之人；

一　变卖房屋田地，须要先尽六房族内人等，无人承领后，即任由卖出外人，如有贪图串通受贿，族内未尽，遂卖出外人，有之，即是藐族之人；

一　为人宜守本分，不得违法例而为非作歹，或盗贼与窝藏匪类通匪、勾匪忤害族内等情，有之，即是首恶之人；

一　事理不平，应行具控，必先由族长等公论，倘若不清，任其经凭团总理论，以定其可否，若仍不清，即任其向前控诉，不得以口角是非或毫末之理，即听讼棍唆使，捏以大题，往往冤屈大受，有之，是藐法之徒；

一　从勤息之人，必要公是公非，不得徇情庇护受贿扶同，有之，我等众人佥（注："佥"，副词，意为都）呈攻讦，如有退缩不行直前者，即以徇情受贿论，一并指明，俱难逃罪。

以上议条，各宜恪守，倘有不遵，或听讼棍唆使，动辄移殃嫁害与抢控抵塞等情，必经众族人等先行举罚，后论是非，小则公罚，大则送官究治，庶一道同风，而千门和乐，共享升平之福，永称礼仪之乡，是所望也。

民国九年六月二十九日

最后，家族既是纠纷解决社会控制中保障成员利益的追责与担责主体，同时又是惩处族内越轨个体的重要实施主体。能够将家族成员紧密凝聚在一起的因素除血缘关系外，还因家族所特有的生产生活互助、抵御匪盗维护治安以及保障族人不受外人欺侮等社会整合功能，否则家族也就失去其存在的社会基础。是故对家族成员利益的侵害即是对全家族的侮辱，家族成员的追责自然成为家族的集体报复。西盟佤族习惯法规定：若家族成员的财产或人身利益遭受外人侵害，则全族人众有联合向侵害人及其同族追偿的义务；同时，若族人中有向外举债或因偷盗、杀伤、违犯婚姻禁规等情由侵犯外姓之利益，家族及其成员有代为赔偿之义务，债主和受害者可聚族至事主或其任一同姓家中抄家①、拉牛，

① 所谓"抄家"乃是佤族传统社会的一种私力救济方式，债主、受害人聚族到债务人、越轨者或是其同族家中翻箱倒柜，直接拿走粮食、牲畜和各种生产生活资料，有甚者扒屋拆房、乱砸一通。一般而言，被抄家者受到的损失高于其应支付的赔偿。

同姓损失事后由事主一概承担。[①] 凉山彝族习惯法也要求：家支成员为外人欺辱或伤害，本家支集体负责给予保护和支持；家支成员为其他家支劫持，本家支成员有义务集资将其赎回；家支成员为外人杀害，全家支会认为集体受到威胁而共同为其复仇；个体需要赔付命金时，家支成员共出份钱，而当家支成员被杀获得命金时，家支成员则共享。[②]

但是我们千万不能把家族对其成员的保护无限度地放大。家族的庇护是以成员无条件服从家法族规和维护家族荣誉为前提的，家族维护成员利益绝非意味着放纵其恣意妄为，一旦族中宵小之辈的恶行超越了家族所能承受的限度，他（她）的越轨和失范行为已然严重威胁到家族的内在秩序和社会声望，家族便会积极地对其个体成员的行为展开有效规制。凉山彝族习惯法规定：家支成员必须全力维护本家支利益，严格执行家支决议，家支成员若不对家支履行义务、侵害家支成员或损害家支整体利益，将会受到重惩。[③] 在传统西盟佤族自发社会控制中，家族对失范和越轨成员的规制体现在三个方面。一是家族训诫，对性质不重、情节较轻、涉及利益不大的族人失范行为，本人赔偿完后由族长批评管教、斥责打罚；二是家族监罚，对达成调解应付赔偿责任族人的直系尊亲、同宗共族均有督促其尽快履责之权，因为如若不能保证其及时兑现赔偿承诺，同族之人将时刻面临被对方及家族抄家的危险之虞；三是家族执刑，对惯偷惯赌、胆大妄为的越轨者或横行乡里、恶贯满盈之恶徒，同族不堪被外人追责连累之苦，经族中长辈屡次管教无效后，则由家族公议处死并通常由其直系近亲秘密处决，且死后不得入葬祖茔。[④] 广西仡佬族传统习惯法对失范与越轨者，轻则教训、重则罚款，若有同族淫奸干犯人伦或是偷盗同族人家产且数额较大或屡犯不止之恶行，则会受到革宗除籍并没收家产充公之严惩。侗族人将这种传统家族内部自发社会控制称为“自己管教自己的孩子”。[⑤]

---

① 刘振宇：《初民社会法的图景——佤族习惯法的法人类学诠释》，九州出版社 2014 年版，第 157 页。

② 陈金全、巴且日伙主编：《凉山彝族习惯法田野调查报告》，人民出版社 2008 年版，第 32 页。

③ 陈金全、巴且日伙主编：《凉山彝族习惯法田野调查报告》，人民出版社 2008 年版，第 32 - 33 页。

④ 刘振宇：《当代佤族村寨纠纷解决中的多元社会控制》，载谢晖、陈金钊主编：《民间法》（第十三卷），厦门大学出版社 2014 年版，第 284 页。

⑤ 邓敏文、吴浩：《没有国王的王国：侗款研究》，中国社会科学出版社 1995 年版，第 28 页。

下文笔者将以田野调查中收集到的发生在西盟佤族和凉山彝族传统社会的真实案例（案例3—6），以便直观地体会家族在纠纷解决社会控制中的“双面人”形象。一面扮演的是“善良家父”的角色，族人受到侵害或是需要赔偿，则举族聚众维权和集资分担（如案例3、案例5所示）；另一面则彰显出“凶神恶煞”的面目，当族人犯下不可饶恕的越轨行为时，家族会毫不留情地严惩不贷（如案例4、案例6所示）。彝族格言“想家支想得流泪，怕家支怕得发抖”生动说明了族群民众在封闭社群生活中对家族互惠和救助的高度依赖，但享受家族羽翼保护的同时也意味着个体行为范式必须无条件地服从家族的管控与约束。

【案例3】①：民主改革前，西盟大马散寨的岩囊与阿莫寨已婚女子叶乃私通。被本夫发现二人奸情后，本夫旋即纠合家族亲众赴大马散寨讨人并抄了岩囊的家。后在两寨头人的调解下，岩囊赔偿叶乃本夫牛12条，并杀猪1头招待本夫亲族人吃，同时请魔巴将牛头一劈为二，表示岩囊与叶乃永远断绝关系。

【案例4】②：解放前，西盟代格拉寨头人岩刀根有个弟弟唤作岩刀。岩刀体型彪悍、性格暴躁，偷抢奸淫、滋事寻衅、无恶不作、为害乡邻，经年间同族替他赔付了大量财物，颇为所累。其兄岩刀根屡次训责管教亦无效。最后阖族公议将其处死，无奈之下岩刀根亲自用火枪打死了岩刀。

【案例5】③：吉古古母在婚前与日别务打热恋，后因父母干预被迫嫁与莫色阿加，但二人夫妻关系不好，吉古古母婚后仍和日别务打暗通曲款。某日晚间，俩人私通时被谎称串亲戚而实际上藏于屋后的莫色阿加抓了个正着，俩人见事已败露便一同逃走。按照彝族传统习惯法私通有夫之妇为重罪，于是事发之后，莫色家支纠集29人闯入日别务打家抄家，杀猪1头分食之后，又强行拉走1匹马、1头牛和14对羊。对此日别家支也无话可说。

---

① 这则案例是在西盟佤族自治县勐卡镇马散村七组访谈岩郎（男，佤族）时收集到的，访谈、记录人为郭亮，翻译为西盟县档案局干部岩峰（男，佤族）。

② 这则案例是在西盟佤族自治县新厂乡代格拉村访谈岩摆（男，佤族，原代格拉寨头人后代）时收集到的，访谈、记录人为刘振宇、叶黑龙（女，佤族）。

③ 这则案例是在宁蒗彝族自治县新营盘乡毛家乡村访谈热柯老刘（男，彝族）时收集到的，访谈、记录人为张志强（男，彝族）、李剑（男，彝族）。

【案例6】[①]：四川凉山雷波县阿卓兹莫家支的阿卓拉地平日出手阔绰、开支颇巨，又闲养着不少无赖混混，经济陷入拮据时变动了歪心思。大概在1930年前后，阿卓拉地与手下合谋意图谋杀自己的侄女婿（属哈拉土司家支），以便让侄女再嫁然后获得不菲的“身价钱”。不想在枪杀侄女婿时被侄女撞见，只好将侄女一同杀死。但人算不如天算，他在行凶时被躲在暗处的哈拉家仆人认出。事发后，阿卓拉地向家支供述了自己的罪行，为避免两家矛盾进一步升级，家支为他准备了一支枪和一发子弹，限令其在7日内自裁。阿卓拉地好吃好喝7天后自杀抵命。

3. 氏族

氏族是具有共同祖先的初民为生存而以单系血缘关系结合起来的社群共同体，人类历史上先后经历了母系氏族公社、母系家族公社与父系家族公社三种形态。

氏族与家族相似，但绝不能混同于家族。两者区别主要有以下三点：第一，氏族比家族产生时代要久远得多，囿于落后社会生产水平所限，氏族社会下不存在以个体劳动为基础的核心家庭或主干家庭，而家族则是核心家庭或主干家庭的联合体。第二，氏族是规模远比家族为大的经济社会组织。第三，家族是松散的双系亲属群，而氏族则为固定的单系亲属群。出嫁女子如属父母群体之社群即为氏族，若转为丈夫群体之社群则属家族。[②] 一般而言，图腾崇拜、氏族外婚、单系计嗣和血亲复仇乃氏族组织的重要表征。实际上，民主改革前的西南山地民族大都步入核心家庭发展阶段，仅有少数地区遗存着氏族组织形态（并非原生形态），其中以云南永宁纳西族母系氏族和川藏交界金沙江畔藏族父系氏族为代表。

云南永宁纳西族社会尚存在母系氏族痕迹。当地纳西族社会组织分为三级：“尔”（氏族）、“斯日”（母系大家庭）和“依度”（母系家庭），其中“尔”是同一母系后裔组成的单系血缘群体，意为“一根骨头”。永宁纳西族自发社会控制内容如下：同一“尔”的纳西人拥有共同的图腾、墓地和宗教

---

① 这则案例是在凉山彝族自治州雷波县政府招待所访谈阿卓达耶·伍撒（男，彝族，原阿卓兹莫的后代）时收集到的，访谈、记录人为李剑（男，彝族）。

② ［美］Robert H. Lowie（罗维）：《初民社会》，吕叔湘译，商务印书馆1935年版，第131－133页。

仪式，土地共同所有，氏族成员集体劳作、共同消费，财产继承实行母系制原则（即母死子女继承、舅死甥子女继承，但父死子女不得继承）。氏族内部成员不得开婚，流行走婚形式的对偶制“阿注婚”。除土司治下“伙头”为世袭男性外，传统上女性家庭和社会地位较高，男女家长地位平等，负责安排生产、收支和教育等事宜。各“斯日”成员之间须互助互惠，举凡开荒、伐木、建房、迁居、抵抗灾害以及照顾鳏寡孤独废疾者，族人要尽力给予援助。若有跨氏族纠纷发生，同“斯日”成员商议共同应对，出现人命或伤害事件，与杀（伤）人者同“斯日”的成员有承担命金与血价之义务。①

位于川藏金沙江畔生活着一支以“戈巴”（或称“帕错”，意为“父系集团”）父系氏族遗存为社会组织形式的藏民。该地区约有“戈巴”60余个，8千人众。“戈巴”内的自发社会控制秩序有：每一“戈巴”均有自己的图腾，成员以男性计算，女子不计。土地、牧场等生产资料氏族共有，劳动所得平均分配，财产只由父系男性承继，无子不得招赘，死后财产归于氏族。“戈巴”内部不得通婚，女子无婚姻自主权。“戈巴”头领为男性，头领并无特权，大小事务通过戈巴会议民主协商。新中国成立前，各“戈巴”之间互不统属、相互混战不断，是故“戈巴”成员有为被害族人复仇之义务。②

（二）地缘组织

随着家族等血缘组织人口繁衍壮大达到居住空间的承载量时，血缘组织开始分裂、分化，部分族人分支不断向外迁徙，同时为实践外婚制原则，要么代系相隔较远的同一家族之间“剖姓”（或曰“破姓”）通婚，要么吸纳外族成员的加入，这样一来同一家族成员可能分散在几个不同聚落中，而一个聚落中又存在着多个家族族众，于是血缘组织就逐步向地缘组织过渡了。

从整体性质和发展趋向看，民主改革前的西南山地民族地缘组织已成为主导形式，主要表现为村寨和部落。但有两点需要强调：一是血缘组织向地缘组织的过渡不可能一蹴而就，在缓慢的发展演进过程中存在着兼具两种属性的“中间组织”形态；二是与传统汉族社会相似，西南山地民族地缘社会是在浓厚血缘家族基础上聚合而成的。例如：贵州月亮山瑶族九姓中的“蓝”姓等

---

① 林耀华主编：《民族学通论》，中央民族大学出版社1997年版，第229－231页。

② 仁真洛色：《白玉戈巴：康区父系社会活化石》，载《中国西藏》1999年第6期，第30－32页。

四姓是由外迁而来，不少外姓的迁入已使当地成为地缘社会，但村寨之中不同家族之人往往分片聚居，直至 20 世纪 80 年代以后各姓杂居才普遍起来。[①] 此外，苗族的鼓社、佤族的木鼓也体现着“两合组织”的属性，每个家族有一小鼓“以鼓认宗”，若干家族共居而成的聚落有一大鼓称之为“社”（苗族）或“寨子”（佤族），类似这样的社会组织无疑体现着民族社会组织地缘属性与血缘属性的纠缠。

1. 村寨

村寨是定居农业生计方式下民族社会地缘组织的重要形式。西南山地民族的村寨存在两种类型，一种类型为同一家族“剖姓”而成的血缘型村寨；另一种类型是本属不同姓氏结合而成的杂居村寨。村寨是一个民族社会集经济、政治、文化和社会活动多重功能为一身的共同体。村寨通常拥有较稳定的地域范围并以河流、树林等自然物为标界，为防范外敌侵犯，有的村寨还建有寨门、寨墙和防沟、护渠等防护设施。受自然条件和社会生产所限，西南山地民族不同村寨规模大小不一，小的村寨一二十户，大的村寨（如锦屏文斗苗寨、雷山西江苗寨等）可达百户乃至千户之众。村寨中一般有共有土地、公共墓地和公共活动空间（如苗族的芦笙场、斗牛坪、游方场等），并且寨民在长期稳定的共同生产劳作和共同娱乐节庆基础上形成应对社会问题的共同看法态度和共遵共行的自发社会控制秩序。

首先，西南山地民族村寨拥有自发社会控制的传统权威。按照马克斯·韦伯政治社会学的观点，这种权威属于依靠习惯、经验和传统进行治理的传统型权威，在农业社会和血缘关系浓厚的民族社会中间往往由老人和长者充任。有些民族村寨的传统权威是自然而然形成的，并没有通过什么特别的程序，如独龙族的卡桑、基诺族的长老[②]、毛南族的村老、壮族的寨老、羌族的老民、布依族的博板等；而有些民族村寨的传统权威则通过推举产生，甚至还出现了职能分工，如瑶族的瑶老、景颇族的山官等。民主改革前，西南山地民族村寨兼有地缘和血缘双重属性的特征在民族传统权威身上也有所体现。一方面，村寨权威的行使离不开家族族长的密切协作。如案件事涉某家族，一般而言村寨权

① 贵州省民族研究所：《月亮山地区民族调查》（内部资料），贵州省民族研究所，1983 年，第 23 页。

② 位于云南西双版纳基诺山上基诺族的长老制较为特别，一个村寨中有两个长老，即“卓巴”与“卓生”，由建寨最早的两姓中最年长者世袭，受傣族村社制的影响，“卓巴”又被称为寨父，“卓生”则被称为寨母。

威多会与家族族长协商共处，若公议某家族作恶多端之徒死刑，则村寨权威往往交由家族族长内部秘密处决。另一方面，各家族族长本身即是村寨权威的有力竞争者，一旦家族族长的德行威信为寨民所认可，便会自然或被推举为村寨权威。事实上绝大多数西南山地民族传统权威身兼双重身份，村寨权威的同时又是寨中某家族之族长，如上述案例 4 中的西盟佤族代格拉寨头人岩刀根。

其次，西南山地民族村寨设有自发社会控制的空间场域。民主改革前，西南山地民族村寨大都建有制定、宣讲、阐释、适用和执行乡规民约和民族习惯法的公共场地，如佤族的窝郎房、布朗族的寨心场、白族的本主庙、侗族的鼓楼、羌族的议话坪等。以羌族的议话坪为例，通常每一羌寨在村寨核心处选一能够容纳全寨成年男性的平地作为议话坪。“议话”活动大抵每年一次，每户派一成年男子参加，人人都有发言权并可畅所欲言，保留了羌民原始民主遗风与自治色彩。“议话”的主要议题包括选举寨首和乡约，议定公益活动的派丁出款事宜，商议村寨械斗和血亲复仇，立改废释规约以及公决公断各种民刑纠纷案件等重大事项。[①] 寨民规约和会议决定经羌民“议话”认可后便具有了强制约束力，要求全体寨民无条件地一体遵循，任何人不得违反。最后杀一只鸡，鸡血淋在纸旗上并插于地上，将死鸡悬于树下，以示违犯规约者有如此鸡之意。当然，除每寨俱有的“小议话坪”外，羌族还有跨寨联乡的“大议话坪”。

最后，西南山地民族村寨自发形成调整社会秩序的社会控制规范。以西盟佤族为例，佤民“我寨子”的群体意识十分强烈，在族群成员长期生产生活过程中形成了调控各种村寨秩序的自发社会控制规范（此外，还有调整各个领域个体行为范式的自发社会控制规范）。一是村寨公有土地和公用水源的使用规范。村寨公有土地寨民均可耕种，撂荒后他人亦可使用，迁入者经窝郎或头人许可后可以无偿耕种公有土地并在寨中空地之上建新房，但迁出者不能带走其所有之土地，迁出或绝嗣户的土地归村寨所有。每个村寨都有明确的边界，越界耕种被视为严重的村寨纠纷，违犯者将受到习惯法的严惩。外寨人欲耕种本寨土地，如系个人借种需经权威许可或地主同意，用后归还并送些许礼

---

① 李鸣：《碉楼与议话坪——羌族习惯法的田野调查》，中国法制出版社 2008 年版，第 243 页。

物致谢即可；若是村寨借耕，则需向出借村寨交纳数额不等的“靠罗”[①]。此外，佤族人用水源自山泉，通过人工建造竹水槽引入村寨，为避免各寨用水纷争自发形成了用水规范。即各寨共用山泉地任何村寨不得独占，若已有村寨搭好水槽，其他村寨不能予以损坏或是在水槽上方截水使用，而只能从已建好的水槽下方搭建新的水槽。[②] 二是村寨公益事业和公众集会必须参加。举凡修寨修路、建槽引水等公益劳动，所需费用平均分摊，每户均应派人参与，若不参加则罚物或罚款。寨门由临近人家负责看护，看护者每年可向全寨各户收取些谷子或盐巴以为酬劳。参加集体狩猎活动时务必谨守必须的禁忌和纪律。拉木鼓、镖水牛等全民宗教活动和寨民大会等公众集会，村民需要踊跃参加，无故缺席者将受舆论谴责和物质惩罚。壮、瑶、羌等民族亦有“集会不来罚粮油”的民间规范。三是村民之间应该互助相帮、扶弱救困。佤族人对捕获之猎物奉行“见者有份”的原则，即使没有参与狩猎者亦可分肉。同寨有人建房、产子或遇红白之事，全寨都要送礼相帮，有物出借、有人出力。青壮年劳力应主动为鳏寡孤独废疾者排忧解难，并为其提供力所能及的帮助，如耕田、砍柴、挑水等。即便时至今日，当有人家遭遇天灾人祸、濒临绝境之时，举寨之人也会帮其恢复生产、渡过难关（如案例7所示）。正是因为互助共帮机制的存在才使得生产落后的西南山地民族在恶劣的自然环境中得以存续繁衍。这也印证了埃文思－普理查德的论断，“这样一来，每个人便都可以确保不会挨饿了。今天处于困境之中的人获得另外一个人的援助，那个人可能在明天会处于类似的困境，需要别人提供帮助。”[③] 四是村寨有保护其个体成员之义务。佤族人对外发生的矛盾纠纷会被看成全寨之事并由村寨出面调处解决，若同寨之人为外寨人抢劫、伤害或是砍头则意味着对全寨的蔑视，举寨成员有为被害者复仇械斗的责任，若外寨人欠同寨人之债不还或是违犯“阿佤理”需赔偿，本寨人可聚众赴对方村寨任意一户家中拉牛、抄家，损失最终由肇事者负责偿还（如案例8所示）。

---

① “靠罗”即一定数量的粮食、牲畜、水酒等实物，有学者认为佤族的“靠罗”实质上就是实物地租的初生形态。

② 佤族用水规范的内容是在澜沧拉祜族自治县访谈李俊生（男，佤族，访谈时任县委统战部副部长）时收集到的，访谈、记录人为刘振宇。

③ ［英］埃文思－普理查德：《努尔人——对尼罗河畔一个人群的生活方式和政治制度的描述》，褚建芳、阎书昌、赵旭东译，华夏出版社2002年版，第102页。

【案例7】[①]：2010年2月13日农历除夕晚上，西盟佤族自治县新厂乡代格拉村岩板家（建筑结构为干栏式茅草房）因电线短路从而引发火灾，家产登时尽为乌有。事发次日，寨民每户砍毛竹一棵、茅草若干，一日之间帮岩板家重建茅屋一间。为缓解大火给岩板家人带来的巨大压力，寨民轮流每晚携带水酒、米肉到岩板家聚餐聊天、载歌载舞，前后历时一月左右。

【案例8】[②]：民主改革前，澜沧县雪林区南盼寨岩布委克（汉姓钟）因欠沧源县羊效寨人之债没有偿还。羊效寨人便到南盼寨拉走岩来（汉姓魏）一条牛，并砍一节牛尾巴挂在南盼寨门外的树杈上。南盼寨人开始并不知因何故被拉牛，便出寨追赶，当看到挂在树杈上的牛尾巴，知道是本寨人因欠债而被拉牛，于是不再追赶了。回寨后查明是因岩布委克欠外债所引发的，最后责令其赔偿岩来被拉牛的损失了事。

2. 部落

与村寨不同，部落是游牧或游耕生产方式下民族社会的一种社会组织形式，又可分为血缘部落和地缘部落。民主改革前，我国西南山地民族部落组织形式并不普遍且属地缘部落形态，典型代表是藏区藏族和阿佤山的佤族。

藏族部落源起于对牧场、牲畜等生产资料的无休止争斗中（“打冤家”）产生的群体意识和社会组织形式。藏族部落最基层组织是由若干具有血缘关系家庭组成的“日科尔”，各家庭之间互帮互助。每一“日科尔”有被称为“居本”（或“如本”）的头领，其社会控制职能主要体现在组织迁徙、放牧等生产和各种宗教活动以及调处族内夫妻不和、家庭财产继承等矛盾纠纷。几个“日科尔”结合而为一部落，部落有大有小，大者千余户，小者数十户。部落首领称为“红保”（或“代本”“措本”等），有些大部落首领还被中央政府所册封，世袭享有较自主的社会管理、纠纷解决、军事征战和对外交往等方面的权力。部落之上还有更高层次的由若干部落组成的部落联盟。藏族部落联盟类型多样，既有以百千户制为基础的军政一体社会结构，又有建立在农奴制之上的封建领主制社会结构。部落联盟由若干世袭或中央任命的总头人们组成的

---

① 这则案例是在西盟佤族自治县新厂乡代格拉村访谈祁明师（男，彝族，时为大学生村官）时收集到的，访谈、记录人为刘振宇。

② 罗之基：《佤族社会历史与文化》，中央民族大学出版社1995年版，第293页。

部落联盟会议为最高机构。而像藏北霍尔 39 族则形成了统一的领袖“霍尔王”，并有庞大的行政官员和侍从队伍，发展出更为完备复杂的社会控制机构。①

西盟佤族村寨之间基于历史渊源（如老寨与迁出后的各新寨）、亲缘通婚、睦邻友好和军事联盟等原因，又拓展延伸出部落这一社会组织（佤语音译“界及”或“大支”）。新中国成立前，阿佤山中心区形成了马散、岳宋、永广、中科、岩城、歹格拉、翁嘎科等数十个大小部落。② 西盟佤族部落之间缺乏密切的经济联系与高度的心理认同，没有产生类似藏族部落联盟会议那样的组织机构，内部各村寨具有很强的自主性，相互间不存在明确的隶属和权利义务关系，有共同利益时则相聚，关系破裂即转友为敌。因之，初生形态的西盟佤族部落并非严格意义上的社会共同体，具有明显的松散性和不确定性。加之先前佤族盛行“猎头祭谷”的习俗③，仇寨之间长期互砍人头，长期的械斗与仇杀更是加剧了西盟佤族部落内部的离心力。民主改革前，西盟佤族习惯法中有不少关涉村寨（部落）间猎头与仇杀的自发社会控制规范：砍对方人头或盗抢对方财物者，不但不认为有错，反而被视为英雄；对外集体猎头和械斗行动，成年男子无故不参加以及私自泄露猎头或械斗行动机密引起严重后果的，违犯者不仅会受到民众的严厉斥责，此外轻则抄家，重则逐出村寨或部落；若猎头或械斗行动中己方成员负伤，每位成员都有义务将其背回来，若已经死亡且情势危急，也应割下头颅带回，以免被对方割去祭谷；械斗与仇杀费用以及战败的赔偿由各户均摊，当然械斗和仇杀所得战利品首先应补偿己方有伤亡的人家，余下的则大家均分，战死者的家属会受到优待和照拂。西盟佤族村寨和部落之间的纠纷解决与秩序控制取决于双方的不同关系。若双方关系友好，则往往通过私力救济或权威和解等和平方式解决；若双方处于仇家或敌对状态，则相互之间世代械斗不止。但长期械斗致使双方身竭力疲之时，仇家之

① 陈庆英主编：《藏族部落制度研究》，中国藏学出版社 1995 年版，第 113 – 124、176 – 182 页。

② 田继周、罗之基：《西盟佤族社会形态》，云南人民出版社 1980 年版，第 83 页。

③ 一般认为，佤族传统的“猎头祭谷”习俗起源于旱谷祈丰仪式。囿于落后的社会生产、万物有灵和生命轮回信仰的影响，佤族传统观念中认为人与动物的灵魂在头上，并以人头（且毛发、胡须越浓密者越好）为至高之祭品，砍人头祭旱谷（佤族有“谷神”，即“司欧布”），人类的繁衍能力和旺盛精力就会转移到谷种中去，农业生产才会获得好收成。

间可以在共同友好的第三方斡旋下实现和解，并举行“洗手”盟誓①，之后双方旋即结束敌对状态。但斡旋期间，任何一方均不得背信弃义挑起冲突（如半路埋伏或搞突然袭击），否则违者一方将会遭受对方和中立方的共同制裁。

与西盟佤族松散型部落不同，受银矿经济、汉族移民和傣族土司的影响，特别是中央政府的封官进爵，使得20世纪前半叶阿佤山边缘区的沧源班洪地区已步入了组织严密型的部落王制社会组织形态。1934年，时任“班洪土都司”的胡玉山面对英国侵略者对佤山银矿的步步蚕食，联合班佬王等17个部落镖牛立誓，共同抗击英军并获得胜利，足见其有相当之势力。当地最高首领是自称“达崩”的世袭胡姓（汉姓）班洪王，班洪王手握大权，享有“阿佤理”的解释权和最终裁判权，有权处死违抗的下属与族众，当然重大事件也需召集部落会议协商处置。“达崩”之下设立四道“达伙”，由班洪王任命近亲属分管财务、军事、法律和祭祀等诸要务。“达伙”之下是受命并协助班洪王管理具体事务的非常设组织——“拨勐”和“拉勐”。班洪部落由17个大户（大寨）组成，由班洪王任命大伙头（佤语音译“达该洪勐”）负责大户内部的筹粮纳款、征兵调役以及其他领域的社会秩序控制。大户内部“达该洪勐”任命二伙头、小伙头和管事协助其管理村寨内部事务。此外，还成立了专门保护班洪王的“常卫队”，并有镇压族众反抗的简单刑具（如木制镣铐、脚枷等）和监狱。② 由此可见，类似部落王制这样的社会结构实属初民社会组织迈向国家组织结构的重要过渡形态。

（三）区域组织

民主改革前，介于村寨和地缘部落之间还存在着一种社会组织形式，基于互相通婚、经济联系或是联合防匪御盗等共同利益的现实需求，特定区域内民族同一支系乃至不同支系因相互依赖结合而形成的相对稳定的社会共同体，笔者在此权且称之为“区域组织”。

---

① 佤族传统的“洗手”盟誓的流程大致如下：仇家之间斡旋成功、达成协议后，在中立方头人主持下，失理一方向对方认错或双方失理则相互认错，双方窝郎、头人和魔巴相互敬酒，随后主持者倒水，双方权威共同洗手，以示今后互不猎头和械斗了，最后在原地栽石一块，表示今后相互友好绝无反悔，同时双方互赠象征友谊的牛肋骨和黄蜡。

② 刘振宇：《初民社会法的图景——佤族习惯法的法人类学诠释》，九州出版社2014年版，第68－69页。

1. 瑶族的石牌制

石牌组织乃广西瑶族社会的区域组织形式，尤以大瑶山为典型代表。石牌是以若干瑶族村寨结成的民族共同体，目的旨在保障生产、开婚聘娶、防范匪盗和纠纷解决等社会秩序控制。石牌组织依参加村寨数量的多寡，可分为小石牌、大石牌和总石牌；而按照调整对象范围又可分为家族石牌、胞族石牌、姻亲石牌、支系石牌与地域石牌等。① 石牌组织的主要功能是召集族众共同议定大家一体遵循的社会控制规范——石牌律。石牌组织一般由男性担任的石牌头人领导，石牌头人既非世袭也不基于推举，而是善于辞令、有胆有识、办事公正者在老头人的培养下，在为民众排忧解难、解决纠纷中逐渐树立威信自然形成的。当发生对外械斗时，石牌头人还要充任军事首领。若在寨际争端调处中，其能力得到各村寨的广泛认可，他便成为更高层次的石牌头人。瑶族民众有矛盾纠纷找小石牌头人申诉，其调解遵循“谁理多谁胜诉”的原则，双方争执不下再向大石牌直至总石牌头人申诉解决。一般而言，石牌头人无任期限制，只要族众信任可以终身担任，若办事不妥其威信自然消减。石牌头人从事纠纷调解和社会治理活动具有公益性质，没有固定报酬。

2. 苗族、布依族的议榔制

议榔（或曰“埋岩”）是黔东南苗族、布依族社会的区域组织形式。当地苗族、布依族一血缘家族称为“鼓”，若干家族组成的地缘村寨则为“社”，基于共同需要各寨联合成为“榔”，“议”有聚会、集中之意。议榔也有大小之别，规模较大的议榔有总榔头一人，副榔头若干，此外还有名为“老虎汉”“硬手”的军事头领和负责纠纷解决的“理老”，“理老”乃是榔规榔约的解释者与实施者。② 榔头一般从寨老和鼓头中选任，有一定的任期，而军事头领和“理老”多属自然形成且无任期限制。议榔既是黔东南苗族、布依族自发形成的区域组织形式，同时又是一种民族民主议事制度。议榔的活动形式主要是召开定期或不定期的议榔大会（又称“埋岩大会”），主要负责推选各执事头领、共同议定和执行榔规榔约以及商讨榔内重大事务与对外事宜。

---

① 莫金山：《瑶族石牌制》，广西民族出版社2000年版，第39－40页。

② 学界不少学者认为，传统苗族社会形成了一套较完整的“鼓社—议榔”社会组织和制度体系，其中议榔、理老和鼓社乃是支撑传统苗族社会存在和运行的三根支柱。就社会控制功能而言，议榔相当于立法机构、理老相当于司法机构、鼓社相当于执法机构。参见廷贵、酒素：《略论苗族古代社会结构的“三根支柱”——鼓社、议榔、理老》，载《贵州民族研究》1981年第4期，第42－47页。

3. 侗族的会款制

会款为黔东南侗族社会的区域组织形式，此外在湘、黔、桂等部分苗、水、布依等民族中亦有所体现。传统侗族社会可分为“补拉”（房族）、村寨和会款三层组织。补拉是侗族社会的血缘组织，具有规范、动员、教育、惩戒家族成员以及调整内部关系的社会控制功能。补拉之上是地缘村寨，村寨以鼓楼为中心，寨民通过鼓楼会议集体议决寨中大事。“款”（又称“峒”）是侗族人的超地缘组织。若干村寨结合而为小款，小款联合则为大款，大款通过合款（侗语中“款”为盟誓之意，合款初指集体盟誓，后来引申为共议款规）方式由几个甚至是几十个村寨形成内部联系较为严密的区域组织形式。早在宋代，侗族就已出现会款组织。宋人朱辅有言，“（峒人）彼此相结，歃血作盟，缓急相救，名曰门（盟）款”①；周去非也曾说，“款首誓词也，今人谓中心之事为款。蛮夷效顺，以其中心情实发其誓词，故曰款也。”② 由此可见，在侗族文化中“款”既可指一种区域社会组织，亦可指款约这一民族自发社会控制规范，同时还可指会款内各种社会控制活动。

侗族会款亦有小款、中款、大款之分，几个大款还可组成规模更大的“联款”。款有“款首”（又称“蒙”），“款首”之下还有“款脚”（如“宁老”“荆老”等）承担各项具体管理事务。侗族的会款具有民间自卫和民族自治的社会功能。一方面，各款有由青壮年组成的“款军”，平日务农、战时为丁，遇有兵匪侵扰则全民皆兵、联款自保；另一方面，民间自卫毕竟非常之时之所需，更重要的是侗款还具有自发社会控制功能，主要体现在推举和罢免款首以及“聚款”“讲款”“开款”等制定和实施社会控制规范等方面。“聚款”即召开合款大会，共同商议组织集体军事行动、改革民族风俗习惯或制定规制民众行为范式的款规款约。“讲款”是定时或不定时的合款，由款首诵读和讲解款规款约，以达到团结教育款众之目的。侗族重要的讲款一年中有两次，约在农历三月春种插青和九月稻黄秋收之时，侗人形象地称其为“三月约青”和“九月约黄”。“开款”则是指对严重违反款规之案件集合款众在款首的主持下由民众集体裁决处罚。③ 一般而言，每个侗款内建有名为款坪、款场或款坳的

① ［南宋］朱辅：《溪蛮丛笑》。

② ［南宋］周去非：《岭外代答·蛮俗门（卷10）》。

③ 邓敏文、吴浩：《没有国王的王国：侗款研究》，中国社会科学出版社1995年版，第28－37页。

公共议事场所，它是侗族聚众合款、议定款规和开款审理之地。据学者邓敏文和吴浩的统计，现遗存下来的侗族款坪尚有近四百处之多。

（四）社会权威

1. 社会权威的种类

任何社会组织的正常运转和社会秩序的稳定有序都离不开社会权威的贡献。按照马克斯·韦伯的观点，社会权威可划分为传统型权威（自然型权威）、克里斯玛型权威（超凡魅力型权威）和法理型权威。所谓传统型权威是建立在族众对古老传统和习俗神圣不可侵犯基础上的，并利用对族众带来的服务和福利来获得威信与声望，进而使族众服从自己管理的支配性力量。[①] 初民社会往往“确定了年长者的地位与权力，因为他们被认为对传统最为熟悉，所以最有资格掌握权威。在这样的组织形式里，社会秩序的维持主要来自传统惯例而非法令，年长者在发布命令或协调纠纷的实际过程中，只要搬出一句‘过去即如此’的格言就行了。”[②] 民主改革前，西南山地民族的社会权威大抵属于韦伯所说的传统型权威。当然根据权威来源的不同，传统型权威又可进一步划分为血缘型权威、能力型权威、神异型权威和力量型权威等。

（1）佤族的窝郎、头人、魔巴和博巴

窝郎，佤语音译“朗咏”。西盟佤族村寨都有一个大窝郎和数目不等的小窝郎，小窝郎乃一姓权威，而大窝郎则是村寨领袖。窝郎通过打鸡看卦（卦像好者担任）产生并世代承袭，属血缘型权威，一般由长子或幼子继承，女性不得担任，无子则从其近亲中选任。初时窝郎的权力很广，但时至解放前，其职权已萎缩至仅负责管理木鼓房等宗教事务，在很多佤寨窝郎的世俗权力已让位于头人（佤语音译“扩嘉恩”或“函永”等）。头人属能力型权威，是“管理寨子，为大家办事的人”，负责处理一切内外事务和社会纠纷的调处。头人亦有大小，小头人为家族权威，大头人是全寨首领，大小头人之间无隶属关系，也没有明确的职权分工，遇事大家共同商议。佤族头人是自然形成的权威，必须具备能说会讲、办事公正、作战勇敢、经济优越等条件，而且经济条件越来越成为主导因素。随着铁制农具的引入和鸦片贸易的繁盛，佤族富裕的

---

① ［德］马克斯·韦伯：《经济与社会》（上卷），林荣远译，商务印书馆1997年版，第241、251－252页。

② 刘汉一、陈谨祥主编：《管理学》，武汉大学出版社2009年版，第154页。

“珠米”阶层强势崛起，凭藉自身优厚的财力，珠米在政治生活中拥有越来越大的发言权，并且成为新头人强有力的竞争者。魔巴（佤语音译“教气艾”）是佤族的精神领袖和知识分子，属神异型权威。魔巴不仅应会主持宗教仪式、做鬼驱魔，而且要对佤族的历史传说、伦理道德、习俗禁忌了然于心，同时他还是社会控制规范“阿佤理”的解释者、传承者以及神判仪式的主持者，参与和协助头人解决疑难社会纠纷。佤族有尚武之传统，在狩猎、猎头和械斗中表现最勇猛者往往成为军事首领——博巴，博巴属力量型权威且是临时性的。

（2）彝族的苏易、德古、毕摩与扎柯

凉山彝族家支社会组织①没有明确统一的管理机构，但每一家支都有数量不等的社会权威。其中苏易和德古属能力型权威。家支成员只要能言善辩、作风正派、见多识广、阅历丰富，志愿服务家支事务管理即可成为家支内自然型权威——苏易和德古，主持并执行家支会议决议，熟悉彝族社会控制规范“节威”并依据其调整社会纠纷以及接受命金分配与安排命金筹措等事宜。苏易与德古有相似之处，如两者都是家支头人和代表，均依赖个人能力而成为社会权威。但二者也有明显差别，一是德古的专门化程度较高，只负责习惯法的制定、解释和适用，而苏易除调解家支内部矛盾纠纷外，还要负责组织生产、婚丧嫁娶、扶危济困和组织、动员、指挥冤家械斗等事宜；二是在纠纷解决和秩序调控领域，德古的能力和品质要求远高于苏易，除上述条件外还应具备知识渊博、口才超人、作风民主、公正无私、宽宏大度等。因此，苏易解决纠纷的威信仅限于家支内部，而德古则超出家支范围，若其影响力跨家支、跨区域而远近闻名，便成为享誉四方的“德古阿莫”。② 毕摩是彝族的神异型权威。在彝人看来，人类纠纷德古调解，神灵之事交于毕摩，举凡遇到火烧水淹、风雨冰雹等自然灾害，则请毕摩作法禳解。扎柯即彝族的军事首领，属力量型权威，由冤家械斗中冲锋陷阵、英勇善战者担任。

（3）壮族的寨老

传统壮族村寨盛行寨老（乡老）制度，所谓“寨有寨头，乡有乡老”③。

---

① 据学者吴恒对大凉山彝族家支数量的统计共有526个，其中黑彝家支168个，白彝家支358个，若就整个彝区而言，家支数量保守估计当有上千个之多。参见《四川贵州彝族社会历史调查》，云南人民出版社1987年版，第95页。

② 罗家修：《德古与苏依浅议》，载马尔子主编：《凉山民族研究》（2），民族出版社2012年版，第211页。需要说明的是，该文中的“苏依”即指苏易。

③ 《广西壮族社会历史调查》（第一册），广西民族出版社1984年版，第14页。

壮族寨老或乡老自然形成或由民众推举产生，任期可长可短，关键看其办事能力和水平。但无论何种方式产生，寨老和乡老都应满足以下条件：德高望重、作风正派、处事公正、工作能力较强、群众基础较好、愿意为族众服务等。此外，经寨老提名还可推选一到两个中年人为助手，协助寨老从事事务性管理工作，如筹备祭祀、召集会议等。

（4）景颇族的山官

云南德宏景颇族传统社会除受傣族土司统辖外，同时还自发形成了民族血缘型社会权威即山官（景颇语音译“贡萨统”）。① 山官制盛行的景颇族地区，山官是辖区内最高领袖，拥有较大权力和广泛职责，如组织春耕秋收等生产事宜，管理公有土地和百姓迁徙，作为习惯法的实施者调解各类纠纷，代表族众决定对外战和，战时充当军事首领，维护辖区百姓的人身与财产安全，对穷困百姓提供援助救济等。传统景颇族社会分为官种、百姓与奴隶三个等级，各等级间相互不得通婚且必须遵循“血不倒流”的所谓“丈人种”和“姑爷种”的独特婚姻形态（即“环形婚”）。② 山官必出自官种血统，实行严格的幼子继承世袭制（“乌玛制”）。山官享有各种特权，如向百姓收取“宁贯”和“拾瓦约”（即“官谷”），家中建房或有红白之事百姓须向山官服劳役（“拾瓦戛”，即“官工”）等。山官又分大、中、小三类，相互之间互不统属、各自为政。由于山官的盘剥不断地激起景颇族人民的反抗斗争，新中国成立前一些景颇族山官制已趋于解体，民众自发推翻了世袭等级特权的“贡萨制”，建立起具有平等民主色彩的“贡龙制”。在后者景颇族社会中虽仍有山官，但山官未必世袭，山官仅享有名义上的权力而实质上已名存实亡，百姓无须向其纳钱服役。“贡龙制”下政治领导和社会控制的权力转移到自然形成的能力型权威——“司郎”（汉译“寨头”）手中，司郎对百姓没有剥削特权，辖区内各村寨之间平等而无隶属关系，并废除了等级内婚和“环形婚”限制。

2. 社会权威的分工

上述西南山地民族有些社会权威种类单一且无甚分工，有些虽有专门化的倾向（如彝族的德古），但总体而言社会分工尚不明显，但在一些受周边社会发展程度较高民族之影响的山地民族，社会权威之间的分工和职责已很明确。

---

① 《景颇族社会历史调查》（第三册），云南人民出版社 1986 年版，第 36－37 页。

② 具体内容参见陈克进：《景颇族的婚姻形态》，载《社会科学战线》1981 年第 1 期，第 200－207 页。

例如：景颇族贡萨山官制下还有若干协助山官处理事务的社会权威。[①] “管”即山官代理人，大山官辖区太大，便将辖区分为若干块，每块（一般数个村寨）任命亲信代为管理；“寨头”从非官种的各姓长老中推选产生并由山官任命，委托其管理一村寨，凡寨中大小事务由其处理或召集各姓长老共议；“长老”乃各姓血缘型首领，协助山官、管和寨头管理村寨事务，代表家族利益协调沟通山官和百姓的关系；“恩道”是专为大山官催收公粮、传递消息的杂差；“董萨”和“戛堵”为景颇族神职人员，往往协助山官参与社会管理；“腊颇”是掌握农耕节令，专司农事的权威。又如：广东连南的八排瑶以“排”为基本组织单位，每排均有瑶老办事，但与其他地区的瑶老不同[②]，八排瑶的瑶老已有细致的社会分工。[③] “天长公”为一排之首，任期一年，以年长者充任且一生只能担任一次，负责处理排内各种纠纷和总揽一应事务，维护排内秩序，应对排际冲突；“头目公”任期不定，负责协助天长公调处纠纷、缉捕罪犯，与“先生公”（瑶族巫师）一并择定农时吉日并组织排众依期行事；“管事头”是对外械斗时的军事头领，由年富力强且有胆有识者担任，该职务是临时性的，随械斗结束而自然终止；“掌庙公”和“烧香公”专司祭祀，可终身任职，前者负责筹措粮米，主持全排性祭典，而后者掌管各家族烧香祭祖事宜；“放水公”自愿看护修缮排中沟渠、水坝以及供给人畜饮用水。再如：京族传统社会组织以“翁村”为核心，翁村负责筹办公益、处理村务、执行规约和解决纠纷。翁村之下还有“翁管”为山林管理和乡约执行者，“翁记”管理文书账目，“翁模”职掌祭祀。重大村务则由长老组成的“嘎古”会议集体议决，再交由翁村执行。

3. 社会权威的性质

处于前国家状态的大多数西南山地民族的社会权威具有公共服务性质，保持着原始平等色彩，自身不脱离生产劳动，没有特殊权力，办事或调解依靠本人威信和社会规范而非强制手段。权威们从事社会管理和纠纷解决既无经济报酬也无薪水俸禄，通常由当事人宴请一顿以作误工酬劳，年节或遇婚丧之事分肉之时多分一些以示爱敬。血缘型权威可以世袭，但更多的能力型权威、神异

---

① 《景颇族社会历史调查》（第三册），云南人民出版社 1986 年版，第 38 页。

② 瑶老是传统瑶族社会负责村寨内外事务的长者，不同地域瑶族的瑶老称谓、组织和运行机制有所不同，湘南桂北称“迴壮”，桂西南和滇东南为“丛会”，滇南则名曰“目老”。

③ 《连南瑶族自治县瑶族社会调查》，广东人民出版社 1987 年版，第 64 – 66 页。

型权威和力量型权威则是自然形成或为民众推选产生。某人年资、经验、知识、能力在共同生活中能孚重望，且认真负责、处事公道、热心公益、甘愿奉献，人们有事就去找他，自然就成为社会权威。若是社会权威失去优良品质，便会招致民众唾弃，以后无人上门去请，讲话也没有人听，其权威地位无形中也就失去或被民众罢免了。如若社会权威违反禁止性社会控制规范甚至是勾外扰内、中饱私囊、欺压良善、奴役民众，同样会受到严厉制裁直至处死。融水苗族理词中就讲，“若当头人不正直，若当寨老不正大，要头人与盗同罪，要寨老与贼同刑，各地应知晓，村村别忘记。”① 下面笔者通过两则案例（案例9、案例10）予以辅证。

【案例9】②：1955年8月，西盟佤族小马散寨的大头人岩瑞纠合了五人盗窃县粮库。后来事发被抓，寨民认为岩瑞的行为违反了阿佤理，丢了寨子的脸面，于是抄了岩瑞的家，扒房毁屋并杀猪分食。岩瑞的兄弟为了与其撇清关系，盖新房也不找其帮忙。岩瑞在小马散寨很是孤立，于是躲到果果寨住了一年。次年9月等岩瑞再次回到小马散寨时，寨民早已不认可他为头人了。

【案例10】③：大约在清朝中叶时，广西金秀、白沙瑶族共有18个石牌头人。这伙人长期为非作歹、无恶不作、欺男霸女、横行乡里，令当地瑶民深恶痛绝。于是，瑶民们在它卜老山秘密开会决定处死18头人。然后，一面谎称事端邀请18头人到村头田坪会石牌处理，一面在田坪四周埋伏好铳手。18头人不知是计，到齐之后，埋伏在四周的瑶民手持火铳等武器一涌而出，将作恶多端的18头人逐一捆绑，历数其罪行后即刻处死。只有一名唤苏公晓的石牌头人，当时年仅17岁，且做头人不久为恶不多，故而未杀。但要其对天赌誓永不再做头人，并在其屁股上涂上墨汁并印模立约，之后予以释放。

随着生产力水平不断提高带来的私有制和贫富分化逐步扩大以及族际关系的影响，民主改革之前，一些西南山地民族地区具有公仆性质的社会权威开始出现特权化和等级化倾向，在有些山地民族社会表现得还甚为突出，权威们利

---

① 徐晓光：《苗族习惯法的遗留、传承及其现代转型研究》，贵州人民出版社2005年版，第166页。

② 这则案例是在云南省普洱市西盟佤族自治县采访隋嘎时记录的。隋嘎，男，佤族，原西盟县县长，访谈、记录人为刘振宇。

③ 《广西瑶族社会历史调查》（第一册），广西民族出版社1984年版，第77页。

用手中的权力攫取着社会财富和巩固着自身地位。新中国成立前的僜人社会已经出现了区域性首领“嘎背亚梅”，先前其本是办事公正的纠纷调解者和中间人，后来渐渐异化出对族众敲诈勒索的面目。① 藏族等级制下社会权威的特权体现得更为明显。传统藏族部落社会由世袭“土官”（“洪布”）为总揽内外军政事务的领袖，洪布之下有“老民”（“格波”）协助土官组织作战和调处纠纷，每个小部落还有土官任命的世袭头领（“错米”）负责传达政令，代土官管理所辖领地。传统藏族社会盛行庄园制农奴制（“溪卡”），社会等级森严，土官洪布享有部落控制规范的最高制定权与裁断权。传统藏族部落社会中有不少维护权威特权的控制规范，部众除承担繁多沉重的各种劳役外，还需向头人缴纳名目繁多的税费，如牲畜税、羔皮税、青盐税和酥油税等；路遇头人要低头、手心向上以示崇敬，否则便是藐视头人；胆敢敷衍、拖延和反对头人命令和摊派者以及头人召集迟到或不到者，视其情节罚款乃至没收家产；私自逃亡者，没收其家产并降为没有人身自由的奴隶（“囊生”）；侮辱、打骂头人及其亲属者属大逆不道，可没身为奴、施以重刑直至处死。②

民主改革前，部分西南山地民族地区社会权威的特权化与等级化除民族社会的自发演进外，先进民族的族际影响亦是一重要因素。诚如张冠梓教授所言，“异族群的知识技能、组织结构、社会传统、文化能量等往往在一个族群的文化生成和演变中起着构拟和干预等多重作用。”③

元代之后，西双版纳傣族渐次建立起以村社型领主制为基础的土司制度。傣族最高领主为中央封授的“召片领”（意为“广大土地之主”）。傣族较早地形成了相对严密、完备的社会控制组织体系。就横向而言，召片领下设置分管军政、户籍、钱粮、司法等事务的高级官吏，并设有法庭、监狱和军队等维护统治的暴力机构；就纵向而言，自上而下分设“版纳”“勐”“陇”“播”“火西”等各级组织，最基层的村社称为“曼”。傣族土司对原始农村公社进行了巧妙地改造，宣称自己是辖区所有土地山川、飞禽走兽的所有人，但使用权则以“份地”形式由村社耕种，但民众耕种份地必须以劳役形式向土司和各级属吏提供各种负担。召片领将直辖的“土司田”分封各级官吏（如“孟”

① 中国社会科学院民族研究所：《僜人社会历史调查报告》（内部铅印本），1978 年。

② 高其才：《中国习惯法论》，中国法制出版社 2008 年版，第 236 – 238 页。

③ 张冠梓：《论法的成长——来自中国南方山地法律民族志的诠释》，社会科学文献出版社 2002 年版，第 352 页。

“翁”“傣勐”“滚很召”等）以巩固统治。如此一来，寨公田摇身一变沦为负担田，原始农村公社继而成为次生农村公社。同时，召片领还加封村社自然形成的社会权威为“叭”“鲊”“先”等官职，使其由先前服务民众的权威逐渐演化为替上级领主征粮派款的办事人。以解放前深受傣族土司制度影响的阿佤山边缘区佤族为例，这些佤族社会权威已出现较明确的社会分工。如受孟连傣族宣抚司控制的各佤寨，头人为民选产生并经土司批准的“布岗”担任，“布岗”之下又有管理小寨的“布格”、传达命令的“达朗”和调处纠纷的“布彭”和“布怀”；[①] 而受傣族土司影响的沧源岩帅佤族大头人为“布景”且权力世袭，“布景”之下分设“大伙头”“百长”“朗家”分管政务、宗教和各寨联络事宜，各寨由民众推举和布景任命的“小布景”总理，下设组织生产的“达干”、主持祭鬼的“达惹”和分管俗务的“达布龙”。[②] 头人们开始享有各种特权收益，他们加强了对寨内土地的控制，寨民耕种荒地须向其缴纳“靠罗”；头人在为土司完粮纳款时加码渔利外，还对族众进行着超经济剥削，如“出白工”“放工”“门户谷”“招待费”等；寨民婚事需头人点头，否则罚款，夫妻离婚头人见证也要支付酬劳；头人调解社会纠纷依争议数额、耗时长短和案件复杂程度向当事人收取若干半开，有的甚至高达三百半开之多。[③] 村寨中各种社会管理权力日益集中到少数头人手中，在议决内外事务中头人的发言权越来越重，有些头人还拥有了对族众的直接惩治权。清中叶以后，随着内地里甲制和保甲制在部分“熟苗”“熟瑶”和壮、侗、土家等西南山地民族地区的缓慢渗透，一些山地民族基层社会组织中的国家控制力量不断增强，传统山地民族社会权威也被逐步改造成代表国家意志的治理者。例如：新中国成立前广东连南瑶族设有政府委任的瑶长和瑶练（其中瑶长为世袭），他们对内处理各种事务，对外接受政府差遣，每年向政府领取俸禄。

4. 社会权威的职能

综上所述，虽然个别民族之间有所差异，但总体而言，西南山地民族传统社会权威的社会控制职能主要体现在以下五个方面。一是掌管公共财产，统筹社会生产和公益建设（如建寨、修路搭桥、挖井建渠、植树造林、兴办学堂

---

① 上述阿佤山边缘区佤族权威社会分工是在云南省普洱市孟连傣族拉祜族佤族自治县公信乡公良村采访岩牛老人（男，佤族）时记录的，访谈、记录人为刘振宇，翻译为岩理（男，佤族）。

② 临沧地区民族宗教事务局编：《临沧地区民族志》，云南民族出版社 2003 年版，第 30 页。

③ 《佤族社会历史调查》（第三册），云南人民出版社 1983 年版，第 44 页。

等）的经济社会职能。二是召集和主持召开权威会议或寨民大会的政治职能。三是组织集体祭神祀祖的宗教职能。四是防匪御盗、组织械斗和处理涉外事务的军事和社交职能。五是领导族众制定规约等社会控制规范，调解田土婚姻纠纷、裁断偷抢杀伤和触犯禁规案件以及主持神判仪式等维护社会公共秩序的职能。族中事务由家族权威调处，调处不了交于村寨权威调解，事涉跨村寨事务或纠纷则由相关村寨权威共同协商或是交由更高的区域组织权威解决。民主改革前，自发形成的社会权威在大多数西南山地民族地区社会控制中发挥着主导作用。

5. 民主议事制度

西南山地民族社会权威虽具有各种社会控制功能和处理内外事务的权限，但在多数情况下社会权威不能个人专断独行，而应通过集体民主协商的方式决定。美国学者路易斯·亨利·摩尔根在考察北美印第安人易洛魁部落时发现，“在这种制度下，人民是自由的，政治的精神是民主的。”①

西南山地民族传统社会亦是如此。凉山彝族遇到权威解决不了的事务就召开家支会议。一种称为“吉尔吉铁”，由若干家支头人或少数家支成员组成的小型会议，主要商讨的是一般性议题和家支内的财产、偷盗和伤害纠纷；另一种则是叫做“勿尼蒙格”的家支全体成员大会，讨论家支成员被害、处理家支间关系或组织复仇械斗等重大事务。会上每个家支成员均有发言权，头人和长者的意见较大，会议通过的决定必须执行。还有一种是数个家支共同参与的“诺合蒙格会议”，会后还要举行饮血酒、钻牛皮等盟誓活动。② 西盟佤族事涉某小寨或是全寨较大的事务，则由相关头人以及涉事寨民举行头人会议，其他寨民亦可自由参加。凡议事均需“泡酒”，大家边喝边议，众人发表完意见，由召集会议或是有威信的头人做总结性发言以为决议。大家同意则与会头人轮流饮水酒通过，喝过酒的事情就不能再变了，如有异议且争议较大，则再另行开会讨论。当遇到重大问题头人会议解决不了就需要召开寨民大会了。寨民大会多由老者和男性家长参加，先由头人言明会议议题，接着众人发表意见，最后由头人总结形成决议，寨民大会的决议寨民必须遵行。甘孜藏族部落不定期

① ［美］路易斯·亨利·摩尔根：《古代社会》（上册），杨东莼、马雍、马巨译，商务印书馆 1977 年版，第 248 – 249 页。

② 陈金全、巴且日伙主编：《凉山彝族习惯法田野调查报告》，人民出版社 2008 年版，第 150 – 151 页。

地举行老民会议，主要商讨惩治越轨族众、处理内部纠纷以及决定对外冤家械斗等事宜。此外，每年还要召开一两次全民参与的“门拉会议”（迪庆藏族则称“春云会议”），每次会议持续7～10日，门拉会议的主要议题是宣布社会控制规范、重大案件的处理结果和越轨者的姓名与惩治措施以及其他重大事务。[①] 此外，类似的民主议事制度还有怒族的老人会议、羌族的议话会议、苗族的议榔会议、侗族的合款大会等。

当然，民主改革前，随着部分西南山地民族地区社会权威的专门化、特权化和等级化，原先体现浓厚原始民主色彩的民主议事制度也悄然发生着变化。随着社会权威实力的膨胀，先前某种程度上具有最高权力机构性质的寨民大会（群众大会）转而沦落为头人会议的执行组织。有些地方寨民大会已很少举行了，如新中国成立前西盟中科部落30余年间竟未召开过一次寨民大会，部落内外大小事务皆决于少数权威（如岩抢、岩顶等）垄断的头人会议。而具有初阶国家形态的西南民族地区则更是如此。如傣族土司的最高议事机构“议事厅”（傣语音译“司廊”）、藏族领主的“噶厦会议”和“喇嘛会议”等，普通族众根本无权参与，更毋论民主发言权了。这些民族议事机构已然成为脱离生产劳动的少数权贵阶层维护自身特权利益和推行阶级统治的工具。

二、西南山地民族自发社会控制的控制规范

（一）少数民族习惯法

根据法律多元主义理论，习惯法也应是人类社会控制体系的有机构成。所谓习惯法，即是指国家制定法之外，人们通过长期生产生活过程中反复实践逐渐形成的，反映特定群体共同意志，被用以分配民众权利与义务以及调整人们之间矛盾冲突的并由某种社会组织和权威实施的，具有某种强制性的自发性和地方性社会控制规范。中国传统社会的习惯法种类繁多，根据高其才教授的研究大致包括基于血缘关系形成的宗族习惯法、基于地缘关系形成的村落习惯法、基于业缘关系形成的行会习惯法和行业习惯法、基于多种因素产生的秘密社会习惯法和社会团体习惯法（如党法党规、学校章程等），而基于族缘关系形成的少数民族习惯法则是中国习惯法体系中内容丰富、影响最大和不可或缺

① 《四川省甘孜州藏族社会历史调查》，四川省社会科学院出版社1985年版，第180页。

的组成部分，几乎关涉民族社会生活的各个领域。[①]

少数民族习惯法具体是指“独立于国家制定法之外，依据少数民族或民族地区的社会组织的权威而俗成（自然形成）或约定的，主要调整少数民族内部社会关系，具有强制性和习惯性的行为规范的总和。”[②] 在中央政府尚未在民族地区建立起有效行政建制和国家法律还没有对少数民族产生实质性影响之前，各民族自发形成的习惯法规范作为“地方性知识/经验”长期居于民族社会控制规范主导地位，在独特的民族社会结构和文化情境中发挥着评断是非善恶、协调社会关系、维护社会秩序和开展社会治理等重要功能。虽然时至今日，伴随“送法下乡”国家法律的普遍深入持续地推进，在广大民族地区少数民族习惯法社会控制规范的独占地位早已发生动摇、限制甚至被日益边缘化，但其在与国家法律相契合或与之不违反的情形下，特别是遇到国家法律没有关注到的民族社会领域和特殊事项时，少数民族习惯法仍然扮演着不可替代的重要角色。

关于少数民族习惯法的性质和属性问题，笔者认为它既有别于民间的习俗、道德等社会规范，又不同于国家法律规范，而属于介于两者之间的一种特殊规范形式。“习惯法”之外，学者们对其还有着其他诸如“民间法”“准法规范”（邹渊）、“类法规范”（张冠梓）和“小传统”（谢晖）等不同称谓。首先，相较于道德和习俗，少数民族习惯法具有它们不具备的规范性、权威性和强制性等特征，惩罚制裁是习惯法控制规范的必备要素。一般来说，习俗与道德往往只是生活的常规化和行为的模式化，很少表现为主体利益的冲突与调适，而民族习惯法则是围绕权利义务以及主体冲突关系的利益调整展开。[③] 当然，特定条件下民族道德与习俗也能转化为习惯法，当族群成员“开始普遍而持续地遵守某些被认为具有强制力的惯例和习惯时，习惯法便产生了。”[④] 其次，与国家制定法相对比，少数民族习惯法不是国家制定而是源自民族民间自发形成或约定，反映的是特定群体的共同意志而非统治阶级的整体意志，适用范围上的属人主义而不是国家法的属地主义，规范的强制性并非基于国家暴

---

① 高其才：《中国习惯法论》，中国法制出版社2008年版，第11－14页。

② 邹渊：《习惯法与少数民族习惯法》，载《贵州民族研究》1997年第4期，第88页。

③ 梁治平：《清代习惯法：社会与国家》，中国政法大学出版社1996年版，第165页。

④ ［美］E. 博登海默：《法理学——法哲学及其方法》，邓正来、姬敬武译，华夏出版社1987年版，第371页。

力为后盾而是来自民族权威和社会组织的执行以及封闭社会中来自舆论的强制。[①] 此外，少数民族习惯法在规范性、确定性、形式性和程序性等方面与国家法律也存在着较大的差别。

西南山地民族星罗棋布，不同少数民族的习惯法控制规范名称也各自不同。如佤族称“阿佤理”、景颇族称“督德拉”、毛南族称“隆款”或“梅柏”、凉山彝族称“节威”、迪庆藏族称“这朗”、侗族称“款约”、苗族称“理词”或“榔规”、瑶族称“石牌律”（瑶族支系众多，除“石牌律”外，习惯法还有“规条”“规约”“章程”“古法”“规矩”等各种称谓）。[②]

西南山地民族习惯法控制规范不仅名称五花八门，而且表现形式也是丰富多彩。习惯法控制规范虽然主要依靠口头传诵和行为模仿等方式实现传承，但表达方式上既可以是不成文的，如佤族的“阿佤理”、景颇族的“督德拉”等，也可以是成文的，如瑶族的“石牌律”、侗族的“款约”等。即便有些民族的习惯法控制规范存在成文形式，但也并不排斥其他不成文形式的表达。以凉山彝族为例，除记录于羊皮卷上具有规范性的“节威”[③] 之外，更多的习惯法控制规范则散见于彝文古籍和毕摩经、神话史诗、禁忌戒律、格言警句、俗语谚语、德古典故和先例判例等方面。田野调查资料显示，大多数西南山地民族习惯法控制规范都呈现与凉山彝族习惯法相类似的“混合式”表现形态。

（二）俗成型自发社会控制规范

如前所述，西南山地民族习惯法控制规范的产生发展主要包括两种形式，一种是自然俗成的，另一种则是族群成员自发约定的。马克思主义认为，“（社会）生产本身又有两种，一方面是生活资料即食物、衣服、住房以及为此所必需的工具的生产；另一方面是人类自身的生产，即种的蕃衍。”[④] 西南山地民族先民在千百年社会再生产和人类自身再生产过程中自然而然地总结创

① 邹渊等著：《贵州少数民族习惯法调查与研究》，中央民族大学出版社 2014 年版，第 7 – 8 页。

② 吴宗金：《民族法制的理论与实践》，中国民主法制出版社 1998 年版，第 466 页。

③ 陈金全和巴且日伙主编的《凉山彝族习惯法田野调查报告》（人民出版社，2008 年版）一书中将田调搜集到的彝族习惯法“节威”分门别类地予以汇编，多达 23 章 431 条，其中家支制度和等级关系方面的“节威”共 3 章 86 条、民事方面的“节威”共 9 章 167 条、刑事领域的“节威”计 4 章 148 条、涉及程序事项的“节威”有 7 章 30 条。

④ 中共中央马克思恩格斯列宁斯大林著作编译局编：《马克思恩格斯选集》（第四卷），人民出版社 1972 年版，第 2 页。

造、世代因袭形成了为族群成员共遵奉行的俗成型自发社会控制规范。例如：长期血缘通婚给族众体质和智力带来的巨大危害促使同姓不婚习惯法规范的诞生，同时，外婚制下的继承规则应当遵循维护家族财产不外流的原则；低下的生产力水平决定了族众共同劳动和消费，为保证集体生产的有序进行对无故不参加共同劳作和公益活动者予以严惩，而集体生计方式又决定了强制性互惠法权、血亲复仇等习惯法控制规范内容以及共同担责和集体追责习惯法运行机制；在前国家社会形态下，族群成员平等地参与社会管理、民主推选社会权威，重大事务交由头人会议和寨民大会议决；伴随着个体劳动和私有制的发展，不少诸如先占规则、欠债还钱、重惩偷盗等习惯法控制规范也不断涌现。俗成型自发社会控制规范是西南山地民族习惯法的早期形态，存在时间也最为久远，涉及民族社会生产生活各个方面。但囿于口传形式的局限使其存在着形式不成文、欠缺确定性、较大随意性和不便于宣教传承等缺陷，渐渐难以满足民族社会控制的现实需要。

（三）约成型自发社会控制规范

随着西南山地民族社会关系和社会结构的日益复杂化，为适应维护社会秩序和进行社会治理的需要，在民族权威的主持下族群成员共同议定调控某一特定领域或综合性社会事务并由相应权威和组织执行裁处的约成型自发社会控制规范，最后将民主通过的约成型习惯法控制规范用本民族文字（或借用其他民族文字，如汉字等）以成文形式表现出来。书面成文的约成型自发社会控制规范不仅便于传播且不易失真，规范明确的特性使族群成员更加容易了解何种行为可为、哪些行为必为或禁为，同时还能有效地抑制社会权威对控制规范的任意解释。由是可见，与俗成型自发社会控制规范相较，约成型自发社会控制规范实乃西南山地民族习惯法更高层次的表现形式。下文笔者将具体介绍几种典型的西南山地民族约成型习惯法控制规范。

1. 苗族的榔规

苗族约成型习惯法控制规范名称多样，有“榔规”“榔约”“团规”“款条”“里社规约”“理词”“理告”“理录”等。① 榔规由议榔会议（又称“埋岩会议”“栽岩会议”）制定。苗族的议榔会议有着较严格的制定程序。首先

① 石朝江：《苗族传统社会组织及功能》，载《中南民族学院学报》（哲学社会科学版）1993年第3期，第26页。

是准备程序。当苗族社会出现某一严重社会问题需要控制规范调控时，由寨头和理老、村老们反复磋商酝酿，最终达成一致意见，提出详细的规范议案，并推选出议榔会议的主持人以及举行会议的日期和地点（一般选在空旷场地），然后向相关村寨发出通知。其次是会议程序。会议之前，先在会场埋岩三块（一半埋入土中，一半露出地面），组成三角形图案，以示约定的榔规具有稳定之效力，不可轻易改变。会议开始后，由手持象征权威的梭镖和芭茅的主持人诵词祭祀，重申古规古理并宣布会前拟定好的新修订或补充的控制规范条款，随后与会族众自由讨论、交换意见。最后是通过程序。榔规议案经民众商讨修订后，再由主持会议的头人宣读一遍，重申人人务必遵守、违者必究。然后杀牲祭祀（一般"小榔"用鸡、"大榔"用牛），主持人依次点名，被点名的各寨头人依次上前领酒分肉作为所管辖村寨认可和遵守新的榔规控制规范的标志。

根据参加制定榔规会议的村寨多少不同，埋岩会议又可分为"小岩""中岩"和"大岩"，"小岩"一个或几个村寨议定，"中岩"十余个或几十个村寨联合议定，"大岩"则由上百个村寨共同议定。苗族榔规通过古歌形式的理词传承，具有很强的民族民间文学色彩，既有实体规范也含程序规则，涉及苗族社会诸多领域。① 根据现存"议榔词"（理词）来看，主要包括保护公私财产所有权，交易中提倡诚实信用、禁止坑蒙欺诈，禁止偷盗、打击匪患以维护社会治安，规范婚姻家庭继承和社会伦理道德秩序等内容。

2. 侗族的款约

款约（侗语音译"占巴"），也称"款词""款规""石头法"等。侗族款约指的是参与会款组织的村寨共订共奉的约成型自发社会控制规范。就表现形式而言，侗族款约经历了"岩石文本（无文字）→纸写文本→碑刻文本"三个发展阶段。现存最早的碑刻侗款是立于清康熙十一年（1672 年）的《贵州从江县高增款碑》。②

侗族款约的制定主要通过聚款活动完成，"聚款"具体又分为"立款"和"集款"两类。新款成立之初，款众民主推选款首，款首聚合款众订立规约，

---

① 苗族榔规（理歌、理词）的具体内容详见苗族文学史编写组编，唐春芳校订：《民间文学资料》（第 14 集，苗族苦歌、反歌、逃荒歌等合集），中国作家协会贵阳分会筹委会 1959 年印，中国民间文艺研究会贵州分会 1986 年翻印，第 108 – 217 页。

② 欧俊娇：《浅谈侗族"款词"及其语言形式美》，载《贵州民族研究》1989 年第 3 期，第 92 页。

即为“立款”。立款之后，隔上三五年便要聚合款众“集款”，款首在宣讲旧款的同时，对款约提出修改与损益。因之，侗族款约乃是一种不断发展、逐步增多、自我完善的民族约成型习惯法控制规范。无论立款亦或集款，其制定程序不外是“款首邀集寨老，款脚传报众人。大家相聚一坪，共同议定村规。杀牛盟誓合款，集众制定规章。”[①] 聚款之时，先由款首当众宣讲款约增删和修改的内容，款众若有意见可以提出讨论，直至大家对新款约一致赞同。款约通过后，在合款之地举行庄严的“栽岩”仪式，将一块平面石板1/3插入土中，其余露出部分刻上款约。与此同时，款众杀牲祭祀并举行喝血酒仪式，集体盟誓表示自愿遵守款约，否则人神共愤。

与苗族榔规相类似，侗族款约也主要表现为具有较高民族民间文学色彩的“款词”，通过口头传唱的方式世代薪火相传。侗族款约多是针对特定社会问题的管控，当然也有符合民族和地域特色的普遍性、综合性控制规范。“六阴六阳”[②] 是侗族款约的核心部分，俨然成为侗族款约中的“根本大法”。其中“六阴”为重罪，一为不许偷盗耕牛，二为不许偷金盗银，三为不许乱砍山林，四为不许抢劫杀人，五为不许勾生吃熟，六为不许挖坟偷葬；“六阳”为轻罪，一是不许破坏家庭，二是不许弄虚作假，三是不许偷放田水，四是不许小偷小摸，五是不许移动界石，六是不许勾鸡引鸽（注：“勾鸡引鸽”意指勾引妇女）。[③]

3. 瑶族的石牌律

瑶族石牌律（亦称“料话”“律法”“条规”等）主要存在于广西瑶族，它是全体石牌组织成员参加石牌会议，集体议定并共同遵守的维护社会秩序和保障社会稳定的约成型习惯法控制规范。石牌律是传统瑶族社会的最高控制规范，民间有“石牌大于天”之说。石牌律的命名规则大致有3种，以议定石牌的地点命名，如“金秀沿河十村石牌”等；以参加议定的村寨数量命名，如“三十六瑶七十二村大石牌”等；以参加议定的户数命名，如“千八百石

---

① 湖南少数民族古籍办公室编：《侗款》，岳麓书社，1988年版，第84页。

② “六阴六阳”在不同侗族地区有着不同的版本和表达，大致有湖南的通道本和城步本、贵州的从江本和黎平本、广西的融水本和三江本等。例如：广西柳州三江侗族自治县保存着一份在侗族史上影响较大的款约《六面阴六面阳六面威》，全文共18条756句。具体内容详见邓敏文、吴浩：《没有国王的王国：侗款研究》，中国社会科学出版社1995年版，第70－79页。

③ 杨进飞：《侗款制试探》，载《民族论坛》1987年第3期，第65页。

牌”等。现存瑶族石牌律有百余份之多,[①] 最早的是立于清乾隆五十一年（1786年）的《在保杨柳将军三村石牌》，距今最近清是立于1990年的《饮水思源护渠爱渠水利碑》。

石牌律有着自己民族民主的制定过程，即所谓“会石牌”，制定石牌律的会议被称为“石牌会议”。首先，石牌头人发现某些社会问题迫切需要规范进行调控时，依据本民族传统精神提出规范草案，并征求各寨权威的意见，之后占卜择期，通知各村各户“会石牌”的具体时间和地点。其次，召开石牌会议时，由社老中推选一位头人当众“料话”，先向与会者宣布会议的目的和任务，从盘古开天辟地说起，讲述祖先迁徙历程、石牌组织内的大事以及瑶民制定石牌律的缘由、原则和程序，随后向与会者逐条宣读事先拟定的“料令”（即石牌律草案），然后征询与会者的意见讨论并修改，接着全体与会者一致以欢呼或沉默的形式通过石牌律。最后，参会人员集体盟誓以示对石牌律的一体恪守。议定小的石牌律一般杀鸡，共同饮血酒盟誓；议定大的石牌律则众人镖牛分肉。石牌律通过之后，须在开会之地竖起一块石面扁平略呈长方形的石板，以示石牌律坚若磐石、永世遵行。初时瑶族因无文字，石牌之上并无文字，后来瑶民转借汉字将石牌律文镌刻石板上，但也有刻在木板上或者干脆书于纸上收藏或四处张贴广而告之的。

石牌律的结构一般包括序言、正文和结语三部分。[②] 序言亦称“说根由”，主要阐述制定石牌律的因由。正文乃石牌律的核心部分，即民族社会控制规范的具体条款。瑶族石牌律内容多少不定，少者仅有3条，多则不过31条。条文多用通俗易懂的民间语言写成，既有文学化的表述，如《金秀大瑶山全瑶石牌律法》中讲，“三条完了第四条：人人要讲究公德。谁若戏嫂嫖女，抢过山，拉过坳，犯三十三天，犯九十九地。一人说他不对，百人说他不是”[③]；亦有规范化的表达，如《桂田等十八村石牌》规定，“何人挖屋，重罚一百六十元。”结语则往往强调石牌律的威严性或是附有立约头人的名录。传统瑶族社会通过石牌律实现着自身秩序的稳定，涉及财产保护、婚姻家庭、民商秩序、人身安全、社会治安、联防匪乱和纠纷解决等民族社会生活方方面面。

---

① 广西瑶族石牌律的具体内容详见黄钰辑点：《瑶族石刻录》，云南民族出版社1993年版；莫金山：《瑶族石牌制》，广西民族出版社2000年版。其中前书搜集了74份石牌律，后书搜集了46份石牌律。

② 胡兴东：《中国少数民族法律史纲要》，中国社会科学出版社2015年版，第485－487页。

③ 黄钰辑点：《瑶族石刻录》，云南民族出版社1993年版，第260页。

总而言之，无论是苗族的榔规，还是侗族的款约，亦或是瑶族的石牌律在产生发展过程中均受到来自汉族文化和中原律令不同程度的影响，并由最初不具约束力的一般性公约逐步演化为带来强制性的准法规范，成为民族习惯法控制规范迈向国家制定法进程中独特的中间过渡形态，对我们研究非国家组织下西南山地民族自发社会控制的规范形式和秩序形成具有重要的样本意义。

三、西南山地民族自发社会控制的控制手段

与其他社会的社会控制一样，西南山地民族自发社会控制乃是一复杂的系统，除习惯法控制规范外还有诸如禁忌、舆论、习俗、道德、仪式、宗教等多种多样的社会控制手段。其中，习惯法、禁忌、舆论从性质和类型而言大体属于外在控制和硬控制，而习俗、道德、仪式则大致归于内在控制与软控制。习惯法、禁忌和舆论等社会控制手段运用外部强制力量应对各个领域内的越轨和失范行为，与此同时，习俗、道德和仪式等社会控制手段通过多渠道的内心引导渗透和影响着族众的思想意识，使人们的行为范式符合特定民族社会“集体意识”（涂尔干语）的预期。如此一来，西南山地民族在长期实践中形成了一套内外结合、标本兼治的能够有效维护民族社会治理和社会秩序稳定、有序和发展的多元自发社会控制系统。

（一）禁忌

禁忌（taboo）乃是西南山地民族自发社会控制的重要手段。禁忌具体是指族群民众不得接触特定民族文化情境中被视为神圣或不洁的事物，若有人胆敢违犯，将受到种种灾难与不幸。① 与民族习惯法控制规范不同，禁忌既有外在强制的一面，同时还具有内在精神强制的内容；不只是一次性的即时制裁，更可能是难以预估的长期性精神制裁，甚至是所谓的“来世报”；作为控制规范的习惯法易随社会变迁而改变乃至消逝，而禁忌作为观念意识在较长历史时期内将持续影响着族群民众。禁忌是人类自律（自我约束）与他律（群体约束）的最基本、也是最原始的形式，有学者甚至认为它是初民状态唯一的社会约束力，是人类社会中家庭、道德、习俗、宗教、政治、法律等所有带有规范性质的禁制的总源头。② 张冠梓认为，“禁忌作为一种最原始、最特殊的社

① 金泽：《宗教禁忌研究》，社会科学文献出版社 1996 年版，第 35 页。

② 任骋：《中国民间禁忌》，作家出版社 1990 年版，第 14 页。

会规范形式，实际上是‘人类最古老的无形法律’，最起码也是类似于法律的初级社会控制形态。”① 总而言之，禁忌作为西南山地民族自发社会控制中的一种重要调控力量，能够使特定民族社会控制规范及其背后的价值观念神圣化，并通过内外兼具的强制力量使族群成员的意愿服从集体目标，族群成员的行动服从群体准则。

西南山地民族在长期发展演进过程中形成了调整人与自然、人与人之间多如牛毛的各种禁忌规范，有的至今仍对族众发挥着有效的约束作用，全体族群成员均须遵从。例如，生产禁忌、婚姻禁忌、社交禁忌、图腾禁忌、人物禁忌、食物禁忌、器物禁忌、丧葬禁忌等。西南山地民族的禁忌来源不外三种途径，一是源于“万物有灵”的原始宗教信仰；二是源自生产实践中的经验教训总结；三是源自生活经验形成的伦常禁忌等。

囿于篇幅所限，每种类型禁忌仅举数例以证之。生产禁忌有：独龙族围捕大型猛兽或兽群通常采取集体协作方式，无论是否击中猎物，所有参与狩猎活动者均分猎物，分得猎物者回家之后再与未参加狩猎的亲邻“分食”（独龙族音译“发夺休”），捕得猎物不与他人分享在独龙族社会是触犯禁忌的。这种“见者有份”的生产分配原则也盛行于从事耕猎的部分佤、门巴、基诺、景颇等民族。此外，狩猎时忌踩同伴的脚后跟，枪弩不朝向人瞄准，捕获后需清理现场血迹和污物，要善待猎犬与牲畜等；壮族春耕时节停止各种娱乐活动，若遇忌日不下田、不出工；佤族则忌踩到地上的饭粒或将其扫入火塘。婚姻禁忌有：彝族的民族内婚、家支外婚、等级内婚以及通行于西南山地民族的同姓不婚禁忌。此外，在各山地民族恋爱、订婚、结婚、离婚等方面均存在着不少禁忌规范。社交禁忌有：佤族、德昂族春播、狩猎期间，忌外客造访；苗族、普米族家中若有病人，则在门前插草或树枝为门标，忌外人出入；佤族、景颇族忌外人任意进出家中“鬼门”（即后门）。图腾禁忌主要内容是禁杀、禁伤、禁触、禁食被本民族视为图腾的动植物，如纳西族禁猎老虎、黔东南苗族禁砍枫木等。人物禁忌主要针对社会权威和妇女（特别是孕妇）而言，如彝族男子的“天菩萨”禁止触摸；白族、傣族被指附有“撒魂鬼”“琵琶鬼”的女子将会被驱逐或处死。食物禁忌有：彝族禁食猴肉、猫肉；瑶族、佤族禁食狗肉；壮族禁食牛肉；藏族禁食鱼肉等。器物禁忌有：佤族禁止触摸木鼓、牛角

---

① 张冠梓：《禁忌：类同于法律属性的初级社会控制形态》，载《中央民族大学学报》（哲学社会科学版）2002 年第 4 期，第 58 页。

叉、镖牛桩等宗教器物和家中供奉祖先灵魂“阿依俄”的地方。丧葬禁忌有：佤、壮、苗、白等民族盛行土葬；彝族、纳西族盛行火葬；藏族盛行水葬和天葬[①]。此外，不同山地民族在葬地、葬仪、葬制等方面亦有着不同的禁忌规范。

由上所述，西南山地民族禁忌中虽有着很多非理性成分，但它却是当地民族先民长期生产生活的经验智慧，并以原始宗教形式进行的流露和表达。由于禁忌形成发展的自发性，“禁忌在很多场合是有益的。考虑到社会的状况、法律的缺少和民风的剽悍，它可以相当不错地代替一个政府的职能，并且使社会尽可能地接近有组织。”[②] 禁忌与民族习惯法控制规范之间存在着密切的联系，有学者甚至认为法律起源于禁忌。西南山地民族习惯法控制规范的内容和形式在自发演进过程中深受着禁忌广泛而持续的影响。初时禁忌对民族习惯法的影响还是个别、分散的，但随着民族社会的发展，不少通行、被公认且重要的禁忌直接为习惯法所吸收，成为兼具神意和世俗双重保障的体现更高权威性与约束力的社会控制规范。[③] 如民主改革前西盟佤族习惯法规定：任何人不得砍伐鬼林与水源林，否则会使村寨遭灾，违者严惩；若举行原始宗教祭祀活动时有人违犯禁忌，或是社会交往中乱讲话、讲错话以及有违禁忌等不当行为，使他人蒙受物质或精神上的损失，违犯者须赔偿，如造成严重后果的，受侵害一方可抄家、拉牛惩罚触犯禁忌者。[④]

（二）舆论

英国学者拉德克利夫－布朗曾敏锐地发现，在封闭族群社会中，“公众舆论实乃阻止反社会行为的一种有效方式”，这是由于“反社会行为唯一痛苦的后果是使他失去了别人的尊重”，[⑤] 而在险恶生存环境条件下被拒斥于族群之外是一件极其危险的事情。

---

① “天葬”是藏族传统丧葬形式之一，即人死之后将尸体放置指定地点任由秃鹫吞食。藏民奉信“灵魂不死”与“生死轮回”，尸体喂食秃鹫乃是最为尊重的舍身布施。

② ［英］J. G. 弗雷泽：《魔鬼的律师：为迷信辩护》，阎元祥、龚小夏译，东方出版社 1988 年版，第 20 页。

③ 王学辉：《从禁忌习惯到法起源运动》，法律出版社 1998 年版，第 64 页。

④ 《佤族社会历史调查》（第一册），云南人民出版社 1983 年版，第 47 页。

⑤ ［英］拉德克利夫－布朗：《安达曼岛人》，梁粤译，梁永佳校，广西师范大学出版社 2005 年版。

历史上西南山地民族地区极为闭塞，即便时至今日，不少偏远山地民族村寨仍属流动性不强的典型乡土熟人社会。在相对封闭的社会环境下，马林诺夫斯基所谓的“社会所固有的相互性和公开性”① 这一舆论机制能够发挥着有效的社会控制功能。一旦出现失范或越轨行为者，他（她）将遭受来自族群共同体中其他成员的流言蜚语、冷嘲热讽、白眼冷遇、批评教育、生产劳动中的不合作以及被拒绝参与各种集体活动。可见，舆论在西南山地民族封闭社会情境下具有很强的现实强制性与制裁力，足以给违犯者带来种种不便甚至使其陷入困境，更不要说将其驱逐出村寨。也正因如此，民主改革前，革（开）除寨籍成为通行于西南山地各民族的一项极为严厉的惩治措施。由是，在特殊封闭族群社会中，我们通常理解作为软控制的社会舆论反而成为一种硬控制手段，现实强制力使其能够有效地遏制个体成员的本能、冲动和欲望，从而较好地预防和规制社会失范现象和越轨行为。

舆论不仅能够反向规制族群成员的越轨与失范行为，而且还能正向引导族群成员循规蹈矩地服从习惯法控制规范行事。依照美国学者乔治·赫伯特·米德的观点，封闭社会中的族群成员在社会化过程中自发生成一种“扮演他人角色”的能力，即个体成员按照他人的看法、态度、评判和意见不断地调控与矫正自己的行为。查尔斯·霍顿·库利更将此种现象形象地描述为“镜中自我理论”。② 毋庸置疑，社会舆论就是西南山地民族自发社会控制中的“一面镜子”。生活在民族共同体中的人们自觉不自觉地成为别人行为的观察者、评判者和监督者，族群成员则根据绵延不绝的社会交往中他人的“舆论”这面“镜子”不断地认识、反省并调整着自身行为，久而久之便形成了符合社会群体意识的个体行为预期和遵从习惯法控制规范的行为范式。

（三）习俗

习俗，又称风俗、习惯或惯例。通俗地讲，习俗乃是特定民族和社会文化区域内为人们历代共同遵守的习性、礼节和传统风尚，具有民族性、地域性、传承性和变迁性等特征。习俗乃民族社会历史自发形成的，对特定族群成员具有很强的行为约束作用。恩格斯曾高度评价习俗在前国家社会状态下的自发社会控制功能，“（初民社会）没有军队、宪兵和警察，没有贵族、国王、总督、

① 转引自朱景文主编：《法社会学》，中国人民大学出版社 2013 年版，第 7 页。

② Charles Horton Cooley. Human Nature and the Social Order, Scribner, 1922.

地方官和法官，没有监狱，没有诉讼，而一切都是有条有理的。一切争端和纠纷，都由当事人的全体即氏族或部落来解决，或者由各个氏族相互解决；血族复仇仅仅当做一种极端的、很少应用的手段……一切问题，都由当事人自己解决，在大多数情况下，历来的习俗就把一切调整好了。”① 法人类学者 E. 西德尼·哈特兰在《原始法律》一书中也说道，“原始人远非卢梭想像中的那样，是自由自在而又无拘无束的生灵。相反，他的一切都处于其所在群体的习俗的禁锢之中……总之，他生活的方方面面都被束缚在历史悠久的古老传统的锁链上。”②

由于西南山地民族经济社会发展滞后且地处偏远、交通闭塞，历代王朝因袭“因俗而治”的策略实行羁縻统治，因之，自发形成的汗牛充栋的习俗历来都是西南山地民族重要的社会控制手段。即便是当代社会，与自上而下解决宏观问题的国家正式社会控制相较，特定民族社会文化场域内内生自发关注族群现实社会问题的非正式性的习俗仍有着较好的针对性、亲和力和渗透力，依然是民族社会控制的有益资源。应当警醒的是，我们绝不能把所有的习俗不加甄别地统统纳入民族社会控制之中，但也不容否认，习俗乃是西南山地民族习惯法控制规范的重要渊源。只要习俗具备了内容关涉权利义务关系、普遍适用的意图、社会权威执行和违反遭受制裁的“四要素”理论（鲍斯皮西尔）③，此时习俗就转化为习惯法控制规范了。

除此之外，西南山地民族习俗的社会控制功能更重要地体现为它是习惯法社会控制规范发挥功效的基础性和辅助性力量。英国当代著名社会学者安东尼·吉登斯在《社会的构成：结构化理论大纲》一书中很好地阐明了该问题，“人的生活需要一定的本体性安全感和信任感，而这种感受得以实现的基本机制是人们生活中习以为常的惯例。惯例形成于人们的实践中，并能通过实践的重复在人们意识中促发一种指导人们行为举止的‘实践意识’。这种意识不需要言说、不需要意识形态话语的宣扬，就能够对行动起制约作用。因为个人受着实践意识的潜移默化，所有他们大凡能够‘反思性地监管’自己的行为，久而久之使自己和他人达成一种默认的共识，使人在社会中定位及社会这棵大

① 中共中央马克思恩格斯列宁斯大林著作编译局编：《马克思恩格斯选集》（第四卷），人民出版社 1972 年版，第 92 – 93 页。

② 转引自［英］马林诺夫斯基：《原始社会的犯罪与习俗》，原江译，法律出版社 2007 年版，第 4 页。

③ Leopold Pospisil. Anthropology of Law：A Comparative Theory，Harper & Raw，1971.

树在个人心目中生根成为可能。”①

（四）道德

道德作为一种社会意识形态，是以社会通行的善恶是非观念作为标准，通过习惯、舆论等形式评价和调整特定社会族群成员相互关系的行为规范总称。与禁忌、习俗一样，自发形成的传统道德不仅是西南山地民族习惯法控制规范的基础性渊源，而且还有效地配合和协助习惯法控制规范的实施。道德所谴责的，习惯法规范往往禁止；习惯法规范所鼓励的，道德则予以提倡。道德与习惯法控制规范相得益彰，在西南山地民族社会控制中对族群民众的思想和行为发挥着指引、评价、教育、调节和平衡等多重功能，在规范族众言行举止、调整人际关系和维系社会秩序等方面发挥着积极作用。

道德作为西南山地民族自发社会控制手段的有机组成部分，社会控制效果主要彰显在以下三个方面。第一，家庭伦常方面。民主改革前，绝大多数西南山地民族已不同程度地步入了农耕社会，由是形成尊老敬老的文化范式。如火塘主座专属家中老人，吃饭饮酒长辈先开始，否则便是不孝不敬；父母忌日禁办喜事，否则会人财两空；子女不可与父母对歌，否则便是伤风败俗；不得在父母面前翘腿而坐、满口脏话；路遇老人应让道、问好，不能不理扭头就走，否则便是缺乏教养。此外，就父子关系而言，子女应孝顺父母，父母不得打骂、虐待子女；就兄弟关系而言，弟弟应恭敬兄长，哥哥应爱护兄弟；就男女关系而言，女人不得从男子身上或其使用的生产工具上跨过；就公媳关系而言，儿媳妇伺候公婆，给公公装烟、倒茶，公公不得随意出入儿媳妇房间等。第二，婚恋道德方面。西南山地民族大都提倡自由恋爱，佤族叫“串姑娘”、苗族叫“游方坪”、侗族叫“玩山”，但一般禁止未婚先孕，违者惩治。婚后夫妻之间应当互敬互爱、相互忠实对方。第三，社会公德方面。例如：做人要诚信不欺，毋得浪荡闲游；积极参加公益劳动，同族同寨之间互助互惠；捡到财物应当归还失主，归还时失主要答谢；不要用枪、刀、剪子等危险或锋利工具指向对方；不得在别人家大声喧闹、吐痰、移动火塘的三脚架或是擅拿主人之物，否则被视为无礼；孕妇生育时忌外客到访等。

---

① ［英］安东尼·吉登斯：《社会的构成：结构化理论大纲》，李康、李猛译，王铭铭校，生活·读书·新知三联书店 1998 年版，第 8 页。

（五）仪式

仪式也是西南山地民族自发社会控制的控制手段之一。西南山地民族仪式纷繁芜杂而且不同民族亦不尽相同，就个体仪式而言，有出生礼、成年礼、结婚礼等；就群体仪式而言，有节庆仪式、祭祖仪式、宗教仪式等。西南山地民族的各种仪式对族群成员不仅具有愉悦精神、慰藉心灵和满足信仰的功能，而且能够通过各种集体活动增强族群内部的向心力和凝聚力。当然更为重要的是，仪式作为一种重要的内在社会控制手段，还能够起到培养社会角色、型塑行为模式、传承民族法文化的社会功能。

各种仪式活动中人们聚集一处，为民族自发社会控制规范的宣讲、传播、继承提供了绝好的场所和舞台。族群民众在数不胜数的各种仪式中不断地、反复地、持续地接受有关民族历史、习惯法、寨规民约、家法族规、风俗习惯、伦理道德等社会规范的熏陶，久而久之，这些外在的行为规范便根深蒂固地内化到族群民众的潜意识中去，如此一来，“社群的习惯便已是他的习惯，社群的信仰便已是他的信仰，社群的戒律亦是他的戒律。”① 例如：羌族每年以村寨为单位举行祭祀山神的“祭山会”，以祈求山神保护风调雨顺、五谷丰登、人畜兴旺、地方太平。祭山仪式上吟诵民族史诗，反复教育后代要保护庄稼、团结友爱、共保村寨，并借山神之意重申或修订习惯法规范，要求寨民严格遵守。又如：西盟佤族每年一度的新米节，各家都要举行“祭谷魂”仪式，告诫后辈要爱惜粮食、勤俭节约；“做水鬼”仪式②上，长者们诵唱古歌，教育族众要封山育林、保护水源；“做老母猪鬼”仪式③上，各家窝郎为家族成员讲述族史家谱，教育族人相互之间要互帮互助、谨守家规。再如：金平瑶族一年举行四次“祭龙”仪式，这是一项祈求避免天灾人祸和各种疾病的传统祭祀活动，“祭龙”仪式由“龙头”主持，仪式上集众约定生产公约，宣布习惯

---

① ［美］露丝·本尼迪克特：《文化模式》，王炜等译，社会科学文献出版社 2009 年版，第 2 页。

② “做水鬼”是西盟佤族一年中的第一个全寨性宗教仪式活动，其来历是为了祭祀水神“阿容”，祈求风调雨顺。佤族人认为“生命源于水”，水是万物之源，不做水鬼就没有水吃，人和牲畜都会死亡。所以佤族不论迁徙到什么地方建村立寨，首先要搭建竹槽引水，而且搭建的竹槽每年都须更换，于是形成佤历每年一月三的做水鬼仪式。

③ “做老母猪鬼”是西盟佤族家族中较大的宗教仪式活动，意在祈求族中人丁兴旺。传说起初佤族先民不会哺育子女，孩童经常夭折，后来仿照老母猪的哺育方式后就好了，于是该仪式便流传了下来。

法并对越轨者进行惩处；“渡戒”仪式则是金平瑶族的成年礼，举行“渡戒”仪式后受戒者要接受“猫公”的监管教育，并须遵守各种行为约束，如禁吃狗肉、禁说脏话等。

西南山地民族族群民众在从生到死终其一生的各种仪式活动中，潜移默化地接受本民族传统知识和习俗规范的熏陶，不断地寻找符合自身年龄、性别和身份的社会角色，从思维观念到行为范式反复践行着本民族的自发社会控制规范，并尽其所能与其保持一致，进而有效地维护了民族社会秩序的稳定。

（六）宗教

在上一章中笔者曾详细阐述了宗教文化实乃西南山地民族自发社会控制重要的生成因素之一。不仅如此，宗教文化还是西南山地民族自发社会控制中一种重要的控制手段，尤其是与民族自发社会控制规范相伴生的原始宗教。

原始宗教在西南山地民族自发社会控制的生成、发展和运行中发挥着一定作用，主要体现在以下四个方面。第一，原始宗教的规则性、神圣性和内控性成为西南山地民族自发社会控制的背景渊源和精神纽带，能够有效地保证其在实施过程中族群成员的自觉遵守与实施效果。第二，西南山地民族自发社会控制中的很多习惯法规范直接根源于原始宗教。“万物有灵”的观念产生了禁砍神林、保护水源、有节制地向自然索取等人与自然和谐共处的规范内容。与此同时，原始宗教能够给予习惯法控制规范以超自然的认可，使之成为评判与调控人与自然和族群成员之间社会关系是非、对错的重要依据。第三，原始宗教还充实丰富了西南山地民族自发社会控制的内在结构。一是原始宗教影响西南山地民族自发社会控制主体，不少山地民族的原始宗教权威本身即是社会权威，在社会控制组织中占有一席之地。如佤族的魔巴、彝族的毕摩、景颇族的董萨、苗族的鬼师、瑶族的魔公等。二是原始宗教不仅是西南山地民族自发社会控制手段的有机组成部分，而且与其他诸如习俗、道德、节庆、仪式等控制手段保持着千丝万缕的联系。特别是禁忌，某种程度上可以说禁忌乃是民族民间行为规范的神意化表达。第四，原始宗教不仅关乎西南山地民族自发社会控制的生成和内容，还直接参与西南山地民族自发社会控制的运行，其中最为突出的是被称为“神明裁决”的神判裁断方式。

所谓“神判”，是指族群民众借助神灵的力量以各种超验的方式裁决复杂疑难案件的特殊裁判方式。从本质上讲，神判是一种巫术行为，是原始宗教的一种表现形式。[①] 神明裁决作为一种古老方式在中外司法史上司空见惯，如中国上古时期皋陶的“獬豸（独角神兽）神判”，无罪者则不触，有罪者则触之[②]；欧洲中世纪更是盛行有如火审、水审等谓之“上帝神判”的各种神判方式。西南山地民族缘何有此种非理性的神明裁决呢？一是并非所有案件都是事实清楚、证据充分的。一旦出现事实清浊难辨、证据严重不足的复杂疑难案件，若是“疑案从无”，无异于是在鼓励或放纵犯罪，胡乱猜疑又不能令人信服且徒增社会混乱，久拖不决亦会影响社会稳定。既然对于复杂疑难案件人力难为，则只好交于神明。事实上并非所有案件都适用神判，神判针对的是事实清浊难辨、证据严重不足的复杂疑难案件，神判乃是解决族群内部疑难纠纷最后的和至高的裁判手段。二是原始宗教恰好为神判的运用提供精神支撑和运行保障。信仰原始宗教的族群民众认为神灵无所不知且至公至明，能够明断人世间的是非善恶，他既不会使恶人逃脱法网，也不会令好人无故蒙冤。对于神判而言，“有一个压倒一切的重要假设，这就是巫术与宗教的力量高于人类，而且它们与人类有同样的感情和理智。”[③] 因之，无论何种神判方式往往都将当事人置于某种危险境地，再以其是否受到神灵眷顾安然无恙作为判断其是否有错（罪）的裁断标准。此外，西南山地民族中具有权威性并为民众所公认的宗教权威自然而然地成为神判仪式的主持人与裁断者。

民主改革之前，西南山地民族广泛存在着各种类型的神判方式。如彝族有捞油锅、端犁铧、打鸡赌咒、嚼白米、钻牛皮、摸石头、漂灯草等；佤族有捞沸锅、鸡蛋判、扎手指、磨手掌、打头、摔跤、看鸡头、螺蛳爬、站穴顶板等；景颇族有捞沸锅、喊天喊雷、煮米、闷水、沾蛋清、烧线香等；阿昌族有点蜡烛、捧石头等；苗族有捞油锅、上刀梯、踩斧头、喝血酒、盟誓、砍鸡吊狗、煮粽子等；瑶族有砍鸡砍狗、盟誓、进社、装袋等；壮族有捞沸锅、斗猫狗、过火练、抽签等。[④] 尽管神判长期盛行于西南山地民族地区，但不同山地民族的神判类型和具体实施过程各有不同，具有很强的民族性和地域性。不过

① 邓敏文：《神判论》，贵州人民出版社 1991 年版，第 70 页。

② 张文显主编：《法理学》，高等教育出版社、北京大学出版社 2011 年版，第 39 页。

③ ［美］霍贝尔：《原始人的法——法律的动态比较研究》，严存生等译，法律出版社 2006 年版，第 265 页。

④ 参见夏之乾：《神判》，上海三联书店，1990 年版；刘黎明：《中国民间习惯法则：契约·神裁·打赌》，四川人民出版社 2003 年版。

总体而言，一般的神判过程都应含有以下四项内容：一是参与主体，具体包括当事人及其家族成员、主持人、宗教权威和见证人；二是公认的神判用品；三是公认的神判程序；四是公认的神判咒语。①

以现代眼光审视，神判当然是不科学的，也是应当被限制取消的。但在原始宗教意识浓郁和司法技术不发达的传统西南山地民族社会中，神判曾经发挥过维护社会正常运转的社会控制功能。一是裁判功能。神判通过神意使复杂疑难案件得以化解，恢复被破坏的社会关系，安抚人心的同时稳定了社会秩序。二是辩白功能。当事人若认为权威裁断不公，可以要求启动神判程序，通过神意洗清自己的冤枉。三是惩治威慑功能。神判本身的危险性、神判仪式的严肃性以及事后制裁的严厉性使失败一方备受身体、精神和物质三重惩罚。与此同时，神判的公开性对在场的族群民众产生巨大震慑，敦促族众务必墨守成规的生活。四是引导规范功能。神判的运用借助神明引导族群民众树立正确的是非观念，进一步明确社会控制规范的评判标准。

四、西南山地民族自发社会控制的控制机制

民主改革前，西南山地民族自发社会控制的控制机制也是多种多样。笔者认为，基于控制主体和控制力作用方向的不同可以划分为自我控制、私力控制和自发组织控制（包括公力控制和神力控制）三类。自我控制类似于我们通常所说的守法行为，乃为一种自我指向型的积极事前控制，是社会控制机制中的最佳和理想状态。若族群成员不能进行有效的自我控制，失范和越轨行为就会发生，这就需要受侵害者发起他向型的消极事后控制，以期恢复被破坏的社会关系和社会秩序。他向型的事后控制如由受侵害方直接向侵害方发起，则为私力控制②，若是在第三方主持下调解、裁断或是神明裁决，则属于自发组织控制。

---

① 张冠梓：《论法的成长——来自中国南方山地法律民族志的诠释》，社会科学文献出版社2002年版，第487－488页。

② 所谓的“私力控制”亦即“私力救济”，它是指与公力救济相对应的，纠纷主体依靠自身实力，在法律和社会规范许可的范围内，以自助或自卫行为实现自己被侵害权利的一种救济方式。私力救济乃是人类最初社会纠纷的化解方式，即便进入现代社会仍有其存在的必要和价值，与公力救济互为补充以维护社会秩序的稳定。参见徐昕：《论私力救济》，中国政法大学出版社2005年版，第102页。

（一）自我控制

第一种控制机制类型为自我控制。任何社会控制的有效运转都离不开外在强制和内在自律的有机结合。不需要外在强制力的直接作用，族群成员能够自觉遵守习惯法控制规范和其他行为规范的指引而从事的皆为合规行为，或是虽有失范行为但族群成员能够不待对方寻求救济就主动的赔礼道歉或给予赔偿。族群成员进行有效自我控制的原因有很多。譬如：惧怕习惯法或禁忌的制裁，迫于熟人社会公共舆论的压力，维护个人信誉的考量，服从伦理道德和宗教戒律的要求，出于民族习俗和各种仪式中潜移默化形成的心理惯性等。

（二）私力控制

第二种控制机制类型为私力控制。出现矛盾纠纷，无须任何外部其他力量介入，受侵害方直接去找侵害方解决争议，这种控制机制即为私力控制（或曰“私力救济”）。根据解决纠纷手段的性质不同，私力控制又分为和平式的自行和解与暴力式的自助/自卫行为。若案情事实清楚、证据确凿，且情节较轻、性质不重，受损失方可径自找对方摆事实、讲道理，通过双方协商自愿达成自行和解（如案例 11 所示）。尽管时过境迁，自行和解的社会控制机制仍为西南山地民族所承袭。如沧源佤族自治县勐董镇帕良村民主通过的《村规民约》（1999 年 11 月修订）中明确规定：“邻里间发生纠纷，能够自行和解的自行和解”。[①]

【案例 11】[②]：1952 年某日，西盟县马散大寨的岩必力放置在自家田中的十斗谷子被一烧而尽。后有人声称当天晚上曾看见同寨的岩将、岩龙两人到过岩必力家地里。岩必力便认定谷子被烧一事定与岩将、岩龙有关，于是找到两人要求赔偿，否则便以抄家相威胁，岩将、岩龙只好承认当晚去岩必力家地里取簸箕使用时不慎失火烧了谷堆。最后，岩将、岩龙两人各自赔偿五斗谷子给岩必力。

私力控制并不总是一团和气的，自行和解外还有暴风骤雨式的自助行为。如果对方的侵权或违约造成自己重大的利益损失，案件的性质与情节严重，并

---

① 李兵主编：《佤族——沧源勐董镇帕良村》，云南大学出版社 2001 年版，第 92 页。

② 《佤族社会历史调查》（第一册），云南人民出版社 1983 年版，第 127 页。

且事实清楚、证据确凿，则可聚合亲族到侵害者家中抄家。若其没有什么财产，可以抄其同族人的家，损失最后由侵害者赔偿。除此之外，大多数西南山地民族对正在进行的越轨行为的惩治也多采取自助和自卫形式的私力控制，有利于维护自身合法权益外，还能够有效地震慑行为失范的宵小之徒（如案例12所示）。

【案例12】①：1987年夏某日晚上，西盟县勐卡镇莫美二组的岩友趁天黑摸到岩成家去偷鸡。岩友偷鸡过程中引发鸡群惊叫，当时岩成家聚会，亲友众多，于是大家闻声而出，一窝蜂地抓住岩友。除追回被盗的鸡和其他财物外，一众人还将岩友五花大绑地捆在村中篮球场的篮球架上指责、教训、责打了一番。岩友承认错误，并保证今后绝不再犯。

（三）自发组织控制

第三种类型控制机制为自发组织控制。西南山地民族的自发社会组织和传统权威可依据习惯法等社会控制规范对矛盾纠纷和社会秩序进行调控，并负责监督结果的履行。西南山地民族的自发组织控制机制形式多样，主要包括以家族调解、权威调解和裁断以及寨民公罚为代表的公力控制和以神判为代表的神力控制等。

如果矛盾纠纷不能自行和解，对方势力雄厚又不敢贸然私力救济，当事双方对争议互不相让且对事实各执一词，这时就需要社会权威调解和裁断了。同族内部的矛盾纠纷一般先由家族长调解，否则便是蔑视家族。一般来说，家族调解既能免使家丑外扬，同时又有利于快速解纷和修复双方关系。只有当家族权威无力摆平同族纠纷或是矛盾纠纷当事人本属两个以上家族时，矛盾纠纷才交由村寨及其以上社会组织权威调解和裁断。权威调解和裁断具言之，先由当事双方叙述事实、摆明证据，相互之间展开辩论；随后，在掌握案情的基础上，权威们向当事双方阐述古理古规，并根据民族社会控制规范阐明自己解决纠纷的初步意见；接着，当事双方再围绕权威们提出的解决意见进行辩论，权威们趁机说和斡旋以达成一致意见；最后，在权威们和参与众人的见证下，当事双方举行“和解酒”仪式，由有过错一方执酒向对方赔礼道歉。一旦饮了

① 这则案例是在西盟佤族自治县新厂乡代格拉村访谈岩成（男，佤族，时为新厂乡政府公务员）时收集到的，访谈、记录人为刘振宇、叶黑龙（女，佤族）。

和解酒，双方就应依照协议和裁决认真履行。若过错方反悔或是不予履行，则对方可以根据协议和裁决进行私力救济。社会权威的调解和裁断的程序大同小异，但两者并非没有区别。调解是在权威的斡旋下双方通过妥协化解纠纷，体现更多的是当事双方的协商意志，而裁断则更多彰显的是权威们的意见。如果说调解中权威们扮演的只是“和事佬”的角色，那么在裁断中他们则已是“审判者”的派头了。

此外，不容忽视的是在特殊情况下寨民公罚也可能成为一种自发组织控制的形式（如案例 13 所示）。倘若越轨者行为性质极其严重，触犯了所有寨民的整体利益。如违犯同姓相婚和乱伦禁忌铁律将会触犯鬼神降下各种自然灾害（旱灾、洪水、雷灾、瘟疫等），或是泄露村寨械斗部署等军事机密招致村寨安全受到重大威胁，那么他将面临着全体寨民的集体严惩，轻者抄家、重者驱逐或是处死。

【案例 13】①：1957 年春，西盟县永广寨大旱，头人认为旱情是因寨中发生乱伦行为触怒鬼神所致，于是暗中派人打探，果不其然发现了同为夏姓的岩香养子和岩闷妻子两人私通乱伦。随即，大窝郎岩对敲响了木鼓，召集全体寨民惩罚违犯乱伦禁忌者。木鼓一响，手持长刀的寨民蜂拥而出、边骂边砍，砍死寨中很多家畜。岩香的养子当即吓得落荒而逃。之后，岩香请魔巴做鬼祈求鬼神宽恕，并赔偿被砍死家畜人家所受的损失。

若是遇到事实清浊难辨、证据严重不足的复杂疑难案件人力无法解决，则只好借助于神判了。关于神判的概念、成因、类型、程序和功能上文已有阐述。应当承认神判在西南山地民族特定历史条件下曾经发挥过的社会控制功效。但时至今日，随着科学知识的普及和族群民众认识水平的提高，神判在现今西南山地民族社会控制中的作用已然极其有限，不过在处理历史遗留的特殊问题等社会调控中仍然具有特定价值（如案例 14 所示）。

【案例 14】②：云南省澜沧县安康乡糯波村和沧源县岩帅镇联合村毗邻。2006 年，两村因为 700 多亩土地的归属产生争议，两村均主张该土地应归属本村，双方各执一词、互不相让。因为涉及两县土地

---

① 罗之基：《佤族社会历史与文化》，中央民族大学出版社 1995 年版，第 298 页。

② 这则案例是在澜沧拉祜族自治县县政协访谈李永泽（男，佤族，访谈时任澜沧县县政协主席）时收集到的，访谈、记录人为刘振宇。

权属争议，处理起来相当棘手。由于当地历史上经历了多次的行政区划变迁，省政府对该土地的划界归属也不甚清楚，双方反复交涉长达半年之久也没有结果。最后，双方决定采取佤族传统的摔跤神判仪式解决这一纠纷。安康乡糯波村赢得了摔跤神判的胜利，700余亩土地划归糯波村。此后，两村再没有因这块土地的归属产生争执。

五、西南山地民族自发社会控制的控制方式

西南山地民族既有习惯法社会控制规范，同时还存在禁忌、舆论、习俗、道德、仪式等多重社会控制手段。西南山地民族自发社会控制系统内容固然丰富多样，但其发生作用的社会控制方式不外三途，即来自外部的规范强制、源自内在的心理约束以及潜移默化的行为型塑。① 三种控制方式在实践中各有侧重、相互配合，很好地实现了西南山地民族传统社会控制的功能作用。

（一）规范强制

第一种控制方式是规范强制。西南山地民族通行着具有历史文化渊源且有着现实必要性，由族群成员长期生产生活实践中俗成约定的，调整特定族群内部成员之间权利义务关系，在一定范围内由特定社会权威和组织实施的，具有强制约束力的习惯法社会控制规范。除习惯法外，西南山地民族能够起到外在强制作用的还包括禁忌和舆论。按照法国学者埃米尔·涂尔干的观点，传统西南山地民族经济社会落后，社会分工不发达，社会基础是人们之间基于相似性形成的“机械团结”。机械团结是集体意识高度盛行的同质性极高的社会类型，机械团结社会类型下如果对违反集体意志和拒绝参与集体劳动、公益活动的失范行为不加惩治，社会必将陷入失序的境地。因此，与机械团结社会类型相适应的法律惩治类型必然是压制性制裁。②

从西南山地民族的田野调查资料看，虽不乏协商式的恢复性制裁，但体现维护集体意识的压制性制裁确是五花八门，并通过对越轨和失范者的惩治实现着社会整合。西南山地民族传统自发社会控制的规范强制大致包括财产罚

---

① 赵槐：《少数民族地区传统社会控制系统探析》，载《三峡大学学报》（人文社会科学版）2010年第5期，第46－49页。

② ［法］埃米尔·涂尔干：《社会分工论》，渠东译，生活·读书·新知三联书店，2000年版。

（如罚款、抄家、没收财产等）、羞辱罚（如游村喊寨、洗面、扫寨等）、肉体罚（如各种体罚）、身份罚（如开除寨籍、族籍）和生命罚（如各种死刑①）等。举例为证，佤族传统的规范强制形式有罚款罚物、扫寨、责打、抄家、拉小孩、驱除出寨和处死等；苗族传统的规范强制形式有罚款、革除寨籍和处死等；侗族传统的规范强制形式有罚款、罚劳役、喊寨、洗面、棍打和处死等；瑶族传统的规范强制形式有罚款、抄家、捆打、游村喊寨、开除村籍及死刑等。这里需要强调的是，现在与国家法律法规相抵触的民族自发惩罚方式在实践中已被禁止实施。

（二）心理约束

第二种控制方式是心理约束。西南山地民族传统上大体属于封闭的熟人社会。落后的社会生产和狭小的生存空间使得族群成员个体力量显得微不足道，个体成员在生产活动、社会救助和纠纷解决过程中不得不依赖家族与村寨的集体庇护。这种社会文化情境对族群成员产生了极强的趋同压力，迫使人们服从集体意识。如此一来，民族自发形成的各种禁忌规范、伦理道德和公众舆论影响、渗透并逐渐灌输到族群民众的潜意识中去，并在长期的社会化过程中通过无形的心理强制使之内化为个体成员社会记忆和行为模式的自觉组成部分，从而成为能够进行社会控制的自发心理约束力量。

（三）行为型塑

第三种控制方式是行为型塑。西南山地民族族群成员穷其一生地参与各种仪式和习俗活动，而这些活动本身就是族群民众型塑个体社会人格和习得社会规范的社会化过程，并通过社会化将其内化为自己的精神信奉和型塑为个体的惯常行为。诚如美国学者露丝·本尼迪克特（又译露丝·本尼迪克）所论述的那样，“个体生活历史首先是适应由他的社区代代相传下来的生活模式和标准。从他出生之时起，他生于其中的风俗就在塑造着他的经验与行为。到他能说话时，他就成了自己文化的小小的创造物，而当他长大成人并能参与这种文化的活动时，其文化的习惯就是他的习惯，其文化的信仰就是他的信仰，其文

---

① 民主改革前，西南山地民族传统死刑执行方式多种多样，具体包括乱棍打死、沉水、刀砍、火烧、毒杀、吊死、勒死、活埋、枪决等。

化的不可能性亦就是他的不可能性。”①

在西南山地民族各种丰富多彩的仪式和习俗活动中，孩子们在长辈的言传身教下和追随模仿中逐渐形成与族群社会集体意识相一致的价值观念，规范意识很早就在其幼小心灵中扎根发芽；成人们反复确认着相互之间的社会关系和彼此的权利义务，深刻体会到家族和村寨的集体力量；社会权威则充分利用这一机会不断地巩固自身的社会地位；仪式和习俗活动中经久传诵的神话传说、古理古训、谚语格言和古歌唱词更是引导和激励着族众谙熟、认同并自觉遵守民族社会控制规范。

六、西南山地民族自发社会控制的控制类型

根据学者张晓辉和王启梁的研究总结归纳，西南山地民族自发社会控制可概括为自律型控制、和解型控制、赔偿型控制、惩罚型控制和治疗型控制五种控制类型。②

自律型控制指的是族群成员能够严格遵照习惯法等民族社会控制规范行事，使自己的个体行为与民族社会规范相符合，并与民族社会“集体意识”相一致，无需外在的强制约束而由族群成员主动、自发地完成的内心自律，是民族社会控制所追求的理想类型。

和解型控制指的是发生争端的当事人之间通过“面对面”对话、谈判或协商的方式达成相互之间均能自愿接受的解决争端协议的控制类型。和解型控制在西南山地民族自发控制中普遍存在。这是因为在封闭的熟人社会中，人们之间的矛盾纠纷多系鸡毛蒜皮之事，再者族群民众共同生产生活且处于互惠关系的复杂社会网络格局之中，互相之间“抬头不见低头见”，非常重视人际关系的和谐共处，纵使出现屑小纠纷，族群民众也多以和解方式解纷。一则，和解型控制方便快捷，能够及时修复被侵害的社会利益；二则，和解型控制保护被侵害方利益的同时，又不至于恶化双方之间的社会关系。和解型控制的突出特点体现在，一是解决争议的平和性，不直接依赖争执一方的强制力量；二是社会控制的目的是双重的，除维护被侵害者权益之外，保持当事人之间和谐关

---

① ［美］露丝·本尼迪克：《文化模式》，何锡章、黄欢译，梦觉、鲁奇校，华夏出版社1987年版，第2页。

② 张晓辉、王启梁：《少数民族地区农村的社会控制与法治建设》，载《思想战线》2005年第2期，第113页。

系不至破裂也是至关重要的。

赔偿型控制指的是基于对方的违约或侵权而致使自己蒙受损失，由受损失方提出，在社会权威和组织的调解或裁断下解决争端的控制类型。与和解型控制相较，赔偿型控制中已有体现权威色彩的外在公共力量的介入。社会控制的目的虽不排斥当事人之间社会关系的修复，但更为重要的是明晰双方责任，以挽回受害方所遭受的损失。

惩罚型控制指的是对较严重的越轨和失范行为的实施者施以财产、肉体、精神等方面的惩罚，甚至于将其开除村寨或是直接处死，以实现对严重违犯禁止性规范和破坏社会秩序的越轨或失范者实施报复的控制类型。惩罚型控制的发动既可以是明确的受害方及其家族成员的报复，还可以是社会权威和组织的裁判，亦可以是全体寨民的公意以及神明裁决的结果。与和解型控制和赔偿型控制有所不同，惩罚型控制依赖来自各方面的社会强制力（私力、公力、神力等），恢复双方关系不再是惩罚型控制的目的，惩罚型控制着眼于对社会越轨和失范者的报复，同时亦是对被越轨和失范行为所破坏的代表“公意”的集体意识的巩固与强化。

治疗型控制的控制对象较为特殊。治疗型控制指的是通过外在强制力干预或是心理和行为矫正使背离社会范式者的行为重新符合社会规范要求，重新获得正常社会关系和回归社会的再社会化过程。西南山地民族自发社会控制中的治疗型控制主要包括以下两类：一是对越轨或失范行为者进行教育、批评、训诫和管束；二是对不合常规、不可理喻的病态行为实施行为矫正，如强制戒除吸毒者的毒瘾等。总而言之，治疗型控制就是采取各种持续性的强制力量矫正有违常规个体成员的心理、行为和人格，最终使个体成员的意识和行为符合族群集体意识与社会范式的要求。

诚如美国学者唐纳德·布莱克所指出的，任何社会的社会控制类型既可能是纯粹的单一形态，也可能是由不同社会控制类型相互结合而形成的不纯粹的复合形态。[①] 西南山地民族自发社会控制亦复如是。如上述自律型控制、和解型控制、赔偿型控制、惩罚型控制和治疗型控制等纯粹、单一的社会控制类型外，在同一社会纠纷解决和社会治理实践中还普遍存在着由上述各种社会控制类型混合而成的不纯粹的复合形态。诸如，和解型控制与赔偿型控制的复

① Allan V. Horwitz. The Logic of Social Control，Plenum Press，1990，6.

合、和解型控制与惩罚型控制的复合、赔偿型控制与治疗型控制的复合、惩罚型控制与治疗型控制的复合以及和解型控制、赔偿型控制与惩罚型控制的复合等。

第五章　当前西南山地民族社会控制的现状与困境

前文笔者主要是围绕西南山地民族传统自发社会控制展开的分析与讨论，更多的是对历史和传统的记忆和描述，但任何对传统的关注绝非只是为了传统而传统，更为重要的是通过对传统的研究解决和回应当下的现实社会问题。民主改革之后的二十余年中，由于当时“左”的思想的严重干扰，西南山地民族传统自发社会控制受到国家力量的全方位打压而一时间销声匿迹。但改革开放之后，随着国家政策的松动，西南山地民族传统自发社会控制又逐渐开始重新“回潮”。但无论西南山地民族传统自发社会控制如何“回潮”，也绝不可能恢复到前国家状态下那种独占或垄断全部社会控制的地步。应当看到，自明代开始推行改土归流政策之后，国家正式社会控制就开始向西南山地民族地区不断地渗透与施加影响（当然这种渗透和影响既有国家的强力推动，亦有山地民族的自觉吸纳）。尽管这一进程十分缓慢，但不容否认的是，国家正式社会控制在西南山地民族维护社会秩序和开展社会治理过程中渐次发挥着越来越重要的功能。特别是新中国成立以来，随着史无前例严密的基层行政建制的稳固确立和大规模持续性的国家法律法规的“送法下乡”，西南山地民族自发社会控制早已被请下“神坛”，国家正式社会控制已然成为西南山地民族地区的主导型社会控制力量而发挥着极其重要的作用。

笔者通过田野调查发现，当前西南山地民族社会控制绝非是单一的，而是由主体各异、性质不同、规范有别、手段多样、机制复杂的国家正式社会控制、民族自发社会控制以及准正式社会控制共同组成的“多元”社会控制体系。但必须指出和强调的是，西南山地民族社会控制的多元性并不必然意味着其内部的井然有序以及给民族社会秩序带来的稳定和谐。从现实实践来看，当前西南山地民族多元社会控制之间并未形成有效衔接的协调机制，而不过只是“碎片化”的、未经整合的“分裂的整体”①罢了。特别是国家正式社会控制与民族自发社会控制之间很多时候呈现出的是“契合与冲突”“表达与实践”“共存与断裂”的混乱状态。而造成这一现状的原因则是由于民族自发社会控制的缺陷与断裂以及国家正式社会控制的不足和错位。毋庸置疑，面对日益深刻而剧烈的经济转型和社会变革引发的民族社会矛盾纠纷和越轨失范行为的大量涌现，当前西南山地民族“多元分裂”的社会控制现状必然会导致其在调控社会秩序和进行社会治理现实实践中遭遇到各种困境。因此，建构符合现实需求的西南山地民族社会控制体系已成为西南山地民族社会治理和秩序维护中迫切需要解决的基础性问题。

一、当前西南山地民族社会控制的组成结构

当前西南山地民族社会控制实乃是一个多元复杂的社会控制体系。首先，说它“多元”是因为这一社会控制体系是由国家正式社会控制、民族自发社会控制和介于二者之间的准正式社会控制共同组成。但需要澄清的是，由于民主改革和改革开放给西南山地民族带来的两次前所未有巨大的历史变迁，西南山地民族地区的经济形态、政治组织、社会结构和文化情境已经发生了根本性变化，必然会对西南山地民族自发社会控制带来广泛而深刻的影响，使得西南山地民族自发社会控制从形式到内容上动态持续地发生着消逝、改易或添附，当前西南山地民族自发社会控制属于经历全面破坏后的重新“回潮”。因之，当前西南山地民族自发社会控制虽脱胎于传统，两者之间具有高度继承性和历史延续性。但不容忽视的是，由于上述原因，两者之间也存在着一定的差异性，绝不能将当前西南山地民族自发社会控制简单地、静态地直接等同于其传统自发社会控制形态。这一点应当引起足够的注意。其次，说它“复杂”则是因为当代西南山地民族社会控制也是由控制主体、控制规范、控制手段、控制机制等各种要素构成的社会控制系统。下文笔者将依其要素逐一而分述之。

---

① 王启梁：《乡村社会中的多元社会控制：“分裂的整体”》，载《云南民族大学学报》（哲学社会科学版）2011年第1期，第32页。

（一）控制主体

由于自发社会控制仍是当前西南山地民族社会控制的组成部分。因此，第四章中笔者阐述的西南山地民族传统自发社会控制主体——血缘组织、地缘组织、区域组织以及社会权威自然而然也是当前西南山地民族自发社会控制主体的重要构成。

但需要说明的是，由于时过境迁，西南山地民族自发社会控制主体在现实社会控制实践中的作用也发生了显著变化。首先，经济社会形态的变迁和个体劳动的盛行，加之人口流动的增多，家族在民族社会控制和社会整合中的功能与先前相比已大为削弱。其次，随着民主改革的推行，自上而下的新型行政建制取代了西南山地民族地区传统的地缘组织，特别是像会款、议榔、石牌、部落这样的区域社会组织大都已然解体，从而阻却了这些自发形成的民族地缘组织、区域组织社会控制作用的发挥。这些社会组织的社会控制功能部分转由新型的村（居）民委员会等群众性自治组织来承担。最后，由于西南山地民族传统社会组织的瓦解，失去传统社会组织作为依托的民族传统权威虽仍然发挥着社会控制作用，但社会控制的领域有所缩减、效力有所降低、方式有所变化，更多时候是通过民间调解的方式化解民族社会出现的矛盾纠纷，而调解协议已失去民族传统自发社会组织支持下所具有的强制性和约束力。

除家族、传统权威等民族自发社会控制主体外，当前西南山地民族社会控制主体还包括国家基层司法行政组织、村（居）民委员会及其他基层群众自治组织两类。

1. 国家基层司法行政组织

时至今日，国家对西南山地民族的社会控制早已不是古代时期“因俗而治”放任自流的态度。随着民族地区基层司法行政组织的逐步建立与完善，国家正式社会控制的触角已经延伸到西南山地民族社会秩序维护和社会治理管控的最前沿。国家基层司法行政组织乃是当前西南山地民族正式社会控制的控制主体，具体而言包括派出所、司法所和人民法庭等，这些组织是我国基层司法行政运行机制的重要组成部分。

派出所是公安机关的基层组织机构。若是发生治安案件或是影响村寨社会秩序稳定的案件，村民可以到乡村派出所报案寻求公权救济。此外，基层派出所还肩负着发现和掌握犯罪嫌疑人，侦查、制止和预防各种违法犯罪行为，教育和改造犯罪分子，管理乡村户口以及向村民开展普法宣传教育等任务。司法所是司法行政机关的基层组织机构。司法所主要负责参与调解疑难复杂的民族民间纠纷，指导基层人民调解工作，对刑满释放人员的安置帮教和罪行较轻犯罪分子的社区矫正，参与基层社会治安综合治理和社会维稳以及组织基层法治宣传教育等工作。人民法庭是基层法院的组成部分或派出机构，拥有对民事案件以及刑事自诉案件的审判权与执行权。西南山地民族地区的人民法庭既有定点设置的派出法庭，也有采取不固定流动形式的巡回法庭。

通过基层司法行政组织社会矛盾纠纷仍然不能平息，或是案件的社会危害性和性质、情节以及其所面临的社会治理问题超出了基层司法行政组织社会控制的权限范围，西南山地民族族群民众还可以寻求更高层次的国家正式社会控制主体予以解决。如各级公安机关、人民检察院、人民法院、司法局和信访办等。

2. 村（居）民委员会及其他基层群众自治组织

国家正式社会控制和民族自发社会控制主体之外，当前西南山地民族社会控制中还存在着一类准正式社会控制主体。准正式社会控制主体（亦可称为“准自发社会控制主体”）本是村（居）民通过民主选举自组织产生的自我管理、自我教育、自我服务的基层群众性自治组织，如村民委员会、居民委员会等。但在现实运行过程中，这类自组织形成的社会控制主体还要受到上级国家机关的指导和监督。与此同时，自治组织的人员组成、选举方式、会议制度和民主运行（民主选举、民主决策、民主管理和民主监督等）均应遵行国家法律规范的调控，如《村民委员会组织法》《城市居民委员会组织法》等，从而使村（居）民委员会这类准正式社会控制主体具有了兼具自发性和正式性的双重属性。

应当看到，准正式社会控制主体在当前西南山地民族社会控制中亦发挥着重要作用。村（居）民委员会而外，西南山地民族准正式社会控制主体还包括村（社区）党委、村（居）民大会、村（居）民小组、妇女代表大会以及人民调解委员会等。其中村（居）民委员会和人民调解委员会在准正式社会控制主体中占据主导地位。村（居）民委员会的社会控制职责主要是维护民族地区基层社会治安，调解民族民间社会纠纷，统筹管辖范围内的公益事业和公共治理事务以及民族群众民主管理社会事务等。人民调解委员会则是依据《人民调解法》（2011 年 1 月 1 日起实施）成立的自发性群众自治组织。其主要的社会控制任务是及时排查发现民族社会纠纷并迅速通过疏导或调解的方式予以化解，防止民族社会矛盾的激化，预防和减少基层犯罪行为，积极开展法治宣传教育，以维护民族基层社会的安定有序。

（二）控制规范

当前西南山地民族社会控制规范除以习惯法为代表的自发社会控制规范（如前所述，现实中运行的民族自发社会控制规范确是民族传统自发社会控制规范的历史遗存、活态表现和变迁改易，但不能简单地、不加区别地将两者等而视之、混为一谈）外，还包括国家正式社会控制下的法律法规和国家政策，以及伴随准正式社会控制而产生的村规民约等自治规范。

1. 法律法规

新中国成立以来，随着西南山地民族地区各级政权组织的普遍建立和完善，国家不遗余力地对官方法律法规的广泛、深入而持续地推行，既有平和式法律法规的普法宣传教育，又有社会控制实践中法律法规的排他性强制适用，还有介于二者之间的运用法律法规开展的移风易俗和革除陈规陋俗运动。通过长期的"送法下乡"，国家法律法规早已成为西南山地民族维护社会秩序和进行社会治理的主导性控制规范，并且城市、城镇地区与农村地区相较，城市、城镇地区法律法规的实施和适用表现得更为突显。

法律法规是指国家各级有权立法机关，依据特定立法职权，严格遵循立法程序，运用相关的立法技术，制定、认可、修改、废止、解释的具有法律效力的特定社会规范的表现形式。① 就西南山地民族地区而言，在现实实践中发挥社会控制作用的法律法规有以下四类：第一类是适用于中华人民共和国领土范围内的中央立法，如宪法、法律、行政法规、部门规章和军事法规等；第二类是最高立法、行政和司法机关对法律法规具体概念和条文含义所作出的说明，一般而言包括立法解释、行政解释与司法解释；第三类是设区的市以上的地方人民代表大会及其常务委员会、地方人民政府制定的执行上位立法的实施细则和属于地方性事务的地方性立法，主要包括地方性法规和地方政府规章两种形式；第四类是根据《宪法》和《民族区域自治法》赋予的民族自治立法权，由民族自治地方人民代表大会制定的体现民族和地域特色的自治条例、单行条

---

① 张文显主编：《法理学》，高等教育出版社、北京大学出版社2011年版，第189页。

例、变通规定、补充执行与停止执行等。

2. 国家政策

国家政策是指执政党和国家为完成一定时期内的任务，依据宪法和法律而制定的路线、方针和活动准则。国家政策涉及国家治理的大政方针和方方面面，其中不少内容关涉西南山地民族社会控制。主要包括以下两类：第一类是通行于全国带有普遍宏观指导意义的国家政策，诸如，构建和谐社会、加强法治建设、转变政府职能、健全基层民主、保护生态环境、完善社会保障等；第二类则是能够体现特殊性的各种民族政策，例如，民族平等团结政策、民族区域自治政策、培养和任用少数民族干部政策、民族经济发展政策、民族教科文卫体发展政策、促进和发展民族语言文字政策、尊重民族宗教信仰自由政策以及尊重民族风俗习惯政策等。①

需要指出的是，法律法规和国家政策固然已成为西南山地民族主导性社会控制规范，但应当清醒地认识到，法律法规和国家政策远未成为西南山地民族社会控制的唯一或垄断性控制规范。苏力教授曾指出，“国家法律有国家强制力的支持，似乎容易得以有效贯彻；其实，真正能得到有效贯彻执行的法律，恰恰是那些与通行的习惯惯例相一致或相近的规定。”② 也即是说，与西南山地民族自发社会控制相一致的法律法规和国家政策往往在实践中能够得到很好地遵守。另外，国家下大力气宣传和变革的社会关系领域（例如，经济社会变革、政治组织建构、婚姻家庭继承、义务教育等领域）或是紧密关涉普通民众切身利益的各种事务（譬如，土地承包经营、农村税费改革、计划生育政策、农村社会保障、基层人民调解等事务），法律法规和国家政策亦能够得到较为顺利的实施。但若是法律法规和国家政策超出或是远离西南山地民族普通民众的日常生活与经验认识，则往往由于不熟悉、不理解而在实行过程中可能被普通民众主动拒斥或规避绕行。比如：机械、复杂而又冰冷、陌生的程式化国家司法诉讼模式迥异于灵活、简便又为族群民众所熟悉的民族传统自发纠纷解决机制，加之交通不便、费用高昂，因此难以成为偏远地区民族群众解决纠纷时主动考虑的首要选择。又如：在故意伤害甚或是故意杀人案件中，为了获得民族传统习惯法中规定的“命金”“血价”，案发之后当事双方很可能刻意绕过刑事法律“私了”处理。即使经过公权救济，司法机关依照《刑法》对加害

① 金炳镐：《民族理论与民族政策概论》，中央民族大学出版社2006年版。

② 苏力：《变法，法治建设及其本土资源》，载《中外法学》1995年第5期，第3页。

人科以刑罚，由于刑法“重报复而轻赔偿”的设计理念无法满足受害人及其家族的物质赔偿要求，某些西南山地民族（如藏族、彝族等）仍可能会发生基于同一案件同一事由国家司法定罪量刑外，民间继续索要“命金”“血价”的“二次处罚”之怪象。

3. 村规民约

村规民约是在不违反法律法规和国家政策的前提下，由村民大会或村民代表会议通过民主协商程序集体制定的调整村寨范围内生产生活、公共秩序、治安管理和社会公德等领域内的社会关系，并由村民委员会和大多数村民强制执行的，旨在规范约束村民行为、化解内部矛盾纠纷和维护村寨社会秩序的一种自治规范。①

当前西南山地民族社会控制中存在着不少自治规范，除村规民约之外，还有与之相类似的居民公约、乡规民约等。西南山地民族的村规民约内容多少不定，条文少则数条，多则可达数十条；村规民约类型不一，既有专门规范某一特定事项的村规民约，如下文抄录的《广西来宾市金秀瑶族自治县金秀镇长二村民委卫生公约》②，更有关于综合性事项的村规民约，如下文抄录的《贵州省黔东南苗族侗族自治州台江县排羊乡展里村村规民约》。综合性村规民约涉及的内容宽泛，涵盖经济、文化、社会、环境保护、纠纷解决等基层社会控制领域的各个方面。如《展里村村规民约》（2008 年）全文共 5 个部分、27 个条文，具体涉及社会治安、消防安全、村风民俗、四邻关系和婚姻家庭等众多内容。西南山地民族村规民约一方面给予民族群众合规行为以正向指引；同时，另一方面也规定了对民族群众失范行为的反向规制以及惩治措施。

【广西来宾市金秀瑶族自治县金秀镇长二村民委卫生公约】③

（2007 年 3 月 24 日）

为了搞好我村卫生清洁工程，推进创建平安和谐的农村新面貌，提高我村精神文明建设，经村党员、村民代表大会讨论通过，制定本条约，希全体村民共同遵守。

1. 倡导、关爱清洁，人人有责。建立由村小组组织领导，党员、

---

① 孙韡：《黔东南苗族村寨村规民约研究》，西南交通大学出版社 2014 年版，第 31 页。

② 该村规民约具体内容详见莫金山编著：《金秀瑶族村规民约》，民族出版社 2012 年版，第 162 页。长二村全村 3 个自然屯，共 238 户 910 人，是一个瑶族村寨。

③ 转引自高其才：《中国习惯法论》，中国法制出版社 2008 年版，第 496－497 页。

团员、村民代表共同抓此项工作，营造一个全民讲卫生清洁的风气。

2. 以各自门前为各户卫生责任区，要求各户放垃圾桶，清扫后的生活垃圾倒入垃圾桶，由专人负责运到指定地点，各户的建筑垃圾必须自行清理到垃圾池。

3. 各户必须严管自己的家畜，不准流放。如发现马、牛在巷上拉屎的，责令饲养主自行清理，提倡不要养狗。

4. 各户必须把自家门前的柴火杂物堆放好，力求整洁美观，不挡巷道。

5. 每户每月缴纳 2 元清理垃圾费（也可由各屯自行规定）。

6. 坚持每天一小扫、十天一大扫的工作制度进行清洁卫生，保证村屯长期卫生整洁。

长二村民委

村规民约执约队员名单：

队　长：陶永生

副队长：陶永荣、莫一波

成　员：陶伟通、陶　明、陶永洪、陶干荣、莫运才、莫仕忠

【贵州省黔东南苗族侗族自治州台江县排羊乡展里村村规民约】①

为了推进我村民主法制建设，维护社会稳定，树立良好的民风、村风，创造安居乐业的环境，促进经济发展，建设文明卫生新农村，经全体村民讨论通过，制定本村规民约。

一、社会治安

1. 每个村民都要学法、知法、守法，自觉维护法律尊严，积极同一切违法犯罪行为做斗争。

2. 村民之间应团结友爱，和睦相处，不打架斗殴，不酗酒滋事，严禁侮辱、诽谤他人，严禁造谣惑众，拨弄是非。

3. 自觉维护社会秩序和公共安全，不扰乱公共秩序，不阻碍公务人员执行公务。

4. 严禁偷盗、敲诈、哄抢国家、集体、个人财物，严禁赌博，

---

① 该村规民约具体内容详见孙韡：《黔东南苗族村寨村规民约研究》，西南交通大学出版社 2014 年版，第 271 - 273 页。展里村全村辖 4 个村民小组 4 个自然寨，共 118 户 499 人，苗族人口占全村总人口的 99%。

严禁替罪犯藏匿赃物。

5. 严禁非法生产、运输、储存和买卖爆炸品；经销烟火、爆竹等易燃易爆物品须经公安机关等有关部门批准。不得私藏枪支弹药，拾得枪支弹药、爆炸物品，要及时上缴公安机关。

6. 爱护公共财物，不得损坏水利、道路交通、供电、通讯、生产等公共设施。

7. 严禁非法限制他人人身自由或非法侵犯他人住宅，不准隐匿、毁弃、私拆他人邮件。

8. 严禁私自砍伐国家、集体或他人的林木，严禁损害他人庄稼、瓜果及其他农作物，加强牲畜看管，严禁放浪猪、牛、羊。

对违反上述社会治安条款者，触及法律法规的，报送司法机关处理，尚未触犯刑律和治安处罚条例的，由村委会批评教育，责令改正。

二、消防安全

1. 加强野外用火安全，严防山火发生。

2. 家庭用火做到人离火灭，严禁将易燃易爆物品带至户内、寨内，定期检查、排除各种火灾隐患。

3. 加强村寨防火设施建设，定期检查消防池、消防水管和消防栓，保证消防用水安全。

4. 对村内、户内电线要定期检查，损坏的要请电工及时修理、更新，严禁乱拉乱接电线。

5. 加强村民尤其是少年儿童安全用火用电知识宣传教育，提高全体村民消防安全知识水平和意识。

三、村风民俗

1. 提倡社会主义精神文明，移风易俗，反对封建迷信及其他不文明行为，树立良好的民风、村风。

2. 红白喜事由红白喜事理事会管理，喜事喜办，丧事从俭，破除陈规旧俗，反对铺张浪费、反对大操大办。

3. 不请神弄鬼或装神弄鬼，不搞封建迷信活动，不听、看、传淫秽书刊音像，不参加邪教组织。

4. 建立正常的人际关系，不搞宗派活动，反对家族主义。

5. 积极开展文明卫生村建设，搞好公共卫生，加强村容村貌整治，严禁随地乱倒乱堆垃圾、秽物，修房盖屋余下的垃圾碎片应及时清理，材草、粪土应定点堆放。

6. 建房应服从村庄建设规划，经村委会和上级有关部门批准，统一安排，不得擅自动工，不得违反规划或损害四邻利益。

违反上述规范的给予批评教育，出具检讨书，情节严重的交有关上级部门处理。

四、四邻关系

1. 邻里之间要互尊、互爱、互助，和睦相处，建立良好的邻里关系。

2. 在生产、生活、社会交往过程中，应遵循平等、自愿、互惠互利的原则，发扬社会主义新风尚。

3. 邻里纠纷，应本着团结友爱的原则平等协商解决，协商不成的可申请村调委会调解，也可依法向人民法院起诉，树立依法维权意识，不得以牙还牙，以暴制暴。

五、婚姻家庭

1. 遵循婚姻自由、男女平等、一夫一妻、尊老爱幼的原则，建立团结和睦的家庭关系。

2. 婚姻大事由本人做主，反对包办干涉，男女青年结婚必须符合法定婚姻年龄要求，提倡晚婚晚育。

3. 自觉遵守计划生育法律、法规、政策，实行计划生育，提倡晚婚晚育，严禁无计划生育或超生。

4. 夫妻地位平等，共同承担家务劳动，共同管理家庭财产，反对家庭暴力。

5. 父母应尽抚养、教育未成年子女的义务，禁止歧视、虐待、遗弃女婴，破除生男才能传宗接代的陋习，子女应尽赡养老人的义务，不得歧视、虐待老人。

展里村村委会

二〇〇八年元月一日

从性质上看，西南山地民族村规民约属于特殊的准正式/准自发社会控制规范，兼具自发性和正式性两种属性，本质上属于“软法”。之所以称其为“准自发社会控制规范”，是由于就产生而言，村规民约本是民族群众集体民主形成的自治规范；就内容而言，村规民约不少规范内容源出于山地民族传统自发性的寨规民约和习惯法规范。与此同时，村规民约又是一种“准正式社会控制规范”，村规民约虽属自治规范，但这种自治不是无限制的，从法理上讲，村规民约的内容和处罚措施应当符合合法性，凡与强行性法律法规相冲突、相抵触的规范一律无效。因此，村规民约的自治归根结底是在国家正式社会控制规范框架下的自治。村规民约虽不得违反法律法规，但可以填补法律法规的空白，以更好地应对民族社会出现的地方性现实社会治理问题。

不仅如此，以村规民约为代表的西南山地民族准正式社会控制规范还有着较好的实施效果。一方面，民族群众既是村规民约的制定主体，同时又是村规民约的实施主体，此外还是村规民约的控制对象，多重身份的重合和叠加拉近了民族群众与村规民约之间的距离，使村规民约更加容易为民族群众所接受、认同和服从。另一方面，村规民约能够很好地调谐正式社会控制规范和民族自发社会控制规范之间的紧张对立，将二者社会控制优势融汇于一身。一是法律法规和国家政策借助村规民约这一为民族群众所喜闻乐见的形式走进西南山地民族民众日常的社会生活；二是部分民族自发社会控制规范因被村规民约所吸收而得到官方的认可或默许，在某种程度上获得了发挥调控社会纠纷、维护社会秩序等社会控制功能的合法性支撑。

（三）控制手段

本书第四章探讨的禁忌、舆论、习俗、道德、仪式、宗教等仍是当前西南山地民族社会控制手段的组成部分。不过法随时变、律因世易，西南山地民族传统自发社会控制手段已然发生了显著的变化。首先，随着西南山地民族地区经济社会形态的重大变迁，与传统相较，禁忌、舆论、习俗、道德、仪式、宗教等社会控制手段的外在形式和控制内容都产生了很大改变。其次，现代教育和科学知识的普及不断消减着禁忌和宗教等社会控制手段作用的发挥。最后，快速的人口流动与城镇化进程致使传统社会控制手段的功能效果大不如前，大规模群体性的民族仪式活动逐渐减少，舆论、习俗、道德和仪式对民族群众的内控力和影响力也有所衰减。

除民族传统自发社会控制手段外，当前西南山地民族社会控制手段还有着其他的多种表现形式，而这些社会控制手段中既有硬控制和软控制，也有积极控制和消极控制，还有内在控制和外在控制等多种类型。

国家正式社会控制下的社会控制手段主要包括三种形式。第一种形式是肯定、鼓励民族群众的自觉守法行为，并对富有成效的奉法守纪行为进行物质和精神奖励，这种形式属于软控制、积极控制和外在控制。第二种形式则是对破坏社会关系和扰乱社会秩序的越轨或失范行为者给予否定性评价，并依照法律法规对其进行强制性的民事、行政乃至刑事制裁，此种形式属于硬控制、消极控制和外在控制。第三种形式乃是通过对民族群众展开法治宣传教育，进而发挥教育、引导、评价和预测民族群众个体行为的社会控制功能，该种形式属于软控制、积极控制和内在控制。不过囿于地理位置闭塞偏远和经济社会文化差异以及民族地区基层普法宣传教育的形式单一、创新性不足等多重主客观因素的制约，普法宣传教育的实际效果以及其对西南山地民族群众发挥的影响力依然有限，仍有待进一步地充分挖掘与不断提升。

除此之外，准正式社会控制下的社会控制手段与上述国家正式社会控制手段相似，不过与之相比，准正式社会控制手段的规范性较差、适用性较窄、强制性较弱，而且在社会控制过程中应坚持"依法自治"的原则，不得有违国家的法律法规和政策。

（四）控制机制

当前西南山地民族社会控制机制除传统的自我控制、私力控制和自发组织控制（亦可称为"民间组织控制"）外，还存在着正式组织控制和自治组织控制两种形式。

就控制主体和控制对象而言，正式组织控制可分为行政控制与司法控制两类。行政控制是人民政府及有关机构依据法律法规和各级规范性法律文件，通过公共治理手段对西南山地民族地区的社会治安整治、社会综合维稳、司法行政调解、违法案件侦查、犯罪人员改造和法律宣传教育等领域展开的社会治理。司法控制则是指西南山地民族地区司法组织机构依据国家宪法法律通过调解、仲裁和审判等具体司法活动解决社会矛盾纠纷和惩治违法犯罪，以维护社会秩序和谐稳定的社会控制机制。就控制主体层级而言，正式组织控制又可划分为基层司法行政控制机制和上级司法行政控制机制两种。

自治组织控制则是指西南山地民族村（居）民委员会、村（社区）党委和人民调解委员会等基层群众性自治组织依据法律法规、国家政策和村规民约，根据上级组织布置的任务，统筹安排管理基层社会公益、社会保障和社会治安等社会治理事务，开展普法宣传教育，积极调处化解田土山林、买卖借贷、婚姻继承等民族民间民事纠纷和轻微刑事案件，采取多种措施排查和预防，并配合上级部门管控民族社会越轨与失范行为。

除控制主体、控制规范、控制手段、控制机制以外，一般而言，社会控制系统还包括控制方式和控制类型两个内容。不过与传统自发社会控制相较，当前西南山地民族社会控制的控制方式与控制类型除各自内部要素所占比例、作用程度和功能分量的差别外，要素内容本身并未发生改变。当代西南山地民族社会控制的控制方式仍是规范强制、心理约束和行为型塑三种途径，而控制类型还是自律型控制、和解型控制、赔偿型控制、惩罚型控制和治疗型控制五种。

综上所述，当前西南山地民族社会控制呈现出一种“多元混合”的状态，为了能使这种“多元混合”社会控制状态得到直观明晰地表达，笔者特制表格于下。需要指出的是，该表仅是概略示意，无法将各种社会控制要素内容逐一呈现，相关内容详见书中阐述。此外，各种社会控制构成只是按其主要表现形态列出，而现实实践中社会控制运行要复杂得多。如民族群众自我控制、民族民间组织控制既可能依据传统习惯法控制规范，也可能是基于法律法规和国家政策；而人民调解委员会、村（居）民委员会在纠纷解决或社会治理过程中依靠法律法规和国家政策，但村规民约和民族自发社会控制规范在不违反法律法规的前提下亦有着重要作用。

当前西南山地民族“多元”社会控制内在结构示意表

控制主体	控制性质	控制规范	控制手段	控制机制	控制类型
个体	自发社会控制	习惯法	禁忌、舆论、习俗、道德、仪式等	自我控制	自律型控制
个体、家族	自发社会控制	习惯法	禁忌、舆论、习俗、道德、仪式等	自行和解、私力救济	和解型控制、赔偿型控制、惩罚型控制
家族、传统权威、村民	自发社会控制	习惯法	禁忌、舆论、习俗、道德、仪式等	民间调解、公意处罚	赔偿型控制、惩罚型控制、治疗型控制

续表

控制主体	控制性质	控制规范	控制手段	控制机制	控制类型
基层群众自治组织	准正式社会控制	村规民约、法律法规、国家政策	人民调解、普法宣教	自治组织控制	赔偿型控制
基层人民政府及其相关部门	正式社会控制	法律法规、国家政策、规范性文件	公共治理、行政调解、普法宗教	行政控制	赔偿型控制、惩罚型控制、治疗型控制
基层司法组织机构	正式社会控制	法律法规	法院调解、司法诉讼	司法控制	赔偿型控制、惩罚型控制

二、当前西南山地民族社会控制的现状分析

（一）西南山地民族社会控制的运行现状

按照法律多元主义的观点，社会控制从来就不是国家和政府的垄断物，任何社会的社会控制都不可能仅仅依靠纯粹、单一的正式社会控制就能够完成。[①] 以西南山地民族为例，国家正式社会控制、民族自发社会控制以及准正式社会控制共同构成民族社会秩序维护和社会治理缺一不可的重要构成。但囿于种种原因，民族自发社会控制与国家正式社会控制在现实实践中处于一种不和谐、不稳定的状态。一方面，多元社会控制已然成为西南山地民族地区的社会现实存在。正式社会控制可以裁决案件，自发社会控制亦可调处民间纠纷，只不过后者更多反映的是民族的是非对错观念，而裁判文书则体现出官方的行为范式要求；我们既能看到书面记载的国家法律法规和政策，也能听闻到口头传承的民族习惯法规范和其他控制手段；严肃的司法实践和社会治理背后，亦不乏辛劳奔走于当事人之间的民族传统权威。但另一方面，万千不要被这样美好和谐的描述和表象所迷惑。虽然西南山地民族秩序维护和社会治理现实中存在国家正式社会控制和民族自发社会控制等“多元共存”的社会控制资源，但两者之间并没有整合成为有机协调的统一整体，而不过是处于简单拼接的“碎片化”状态。

① ［日］千叶正士：《法律多元——从日本法律文化迈向一般理论》，强世功、王宇洁、范愉、董炯、彭冰、赵晓力译，中国政法大学出版社 1997 年版。

下文笔者试图用三幅图景大致展现西南山地民族地区国家正式社会控制和民族自发社会控制在现实运行中“分裂”和“混乱”的运行现状。

1. “契合”与“冲突”

如若对西南山地民族社会控制内在构成做一番认真细致地考察便不难发现，国家正式社会控制与民族自发社会控制实际上处于复杂的矛盾关系之中，两者之间既有契合一致的一面，同时又有着冲突对立之处。

首先，西南山地民族自发社会控制与国家正式社会控制之间存在着共同性。通过比较西南山地民族自发社会控制和国家正式社会控制，可以发现，西南山地民族自发社会控制所支持和赞许的，通常也多为国家正式社会控制所认可并加以保护；而国家正式社会控制明确禁止的，也通常为西南山地民族自发社会控制所反对。两者在价值追求、社会功能、内容规范、精神理念等方面具有一定的契合性。第一，二者在价值追求方面均是不同社会文化情境下的人们面对共同社会控制问题的理性选择和经验总结，都体现着人们对于平等、正义、真善、秩序等普适价值的强烈追求。西南山地民族自发社会控制在民主议事、民商交易、损害赔偿以及民族关系方面贯彻平等和对等原则；提倡在社会控制规范面前一律平等，社会权威在调处解纷时应当秉公裁决，而不应服从私欲；强调对民族社会“集体意识”和规范秩序的遵循，要求民族群众行为时不得侵害他人权益并且不得扰乱社会公共秩序。西南山地民族自发社会控制的这些价值原则与国家正式社会控制可谓是异曲同工。第二，二者在社会功能方面均能起到调控社会关系和稳定社会秩序的作用。国家正式社会控制具有评价、预测、指引、教育和强制等社会规范功能。而西南山地民族自发社会控制中一般性行为、鼓励性行为、义务性行为、应谴责行为以及禁止性行为的划分也成为广大民族群众实现自我控制、辨别是非以及行为评判和选择时的准则依据。第三，二者在行为规范内容方面也具有诸多的共通之处。譬如：西南山地民族自发社会控制规范认为杀人、故意伤害、抢劫、盗窃、强奸、赌博等行为实乃不法行为，须得进行严厉打击和惩治。此外，西南山地民族自发社会控制重视保护农牧业生产、组织集体公益劳动和反对浪费粮食等不适当行为；在民商事方面，倡导诚实信用、反对商业欺诈和不劳而获；在婚姻家庭方面，提倡婚姻自由、禁止近亲结婚、允许寡妇改嫁、保护孤儿利益等，这些民族自发社会控制规范与国家某些法律法规何其相似乃尔。第四，西南山地民族自发社会控制中有不少规范体现着和谐精神和“以人为本”的理念。西南山地民族自发社会控制倡导修身养性、行善积德的个人伦理，孝顺父母、夫敬妇爱的家庭伦理和平等宽容、诚信友爱的社会伦理。此外，互助互惠、帮扶老幼、扶危济困、团结友爱等民族自发社会控制规范实际上起着社会救助与社会保障的功能，有助于缩小贫富差距、缓和社会矛盾。这些彰显和谐精神和人本理念的民族自发社会控制与国家提倡的“社会主义核心价值观”有着诸多的暗合之处，成为当今西南山地民族构建和谐社会进程中宝贵的“地方性知识”。

其次，西南山地民族自发社会控制与国家正式社会控制之间存在着冲突性。两者之间既有“心心相印”的契合，亦有“同床异梦”的冲突。由于西南山地民族自发社会控制据以生长的社会文化场域与国家正式社会控制存在差异，二者在生成基础、作用机理和实施保障等方面迥然各异，作为两种不同性质的社会控制规范共存于一体便会不可避免地引发矛盾冲突。一是婚姻继承领域。一则，西南山地民族传统婚龄偏小，远低于国家法定婚龄，因此早婚现象较为普遍。二则，个别山地民族（如彝族等）传统的民族内婚制有违国家婚姻法律，一定程度上限制了民族通婚圈。三则，有些山地民族存在父母干涉子女婚姻的情形，不少民族至今仍沿袭着买卖婚姻的传统，如佤族的“买姑娘钱”等。四则，婚姻怠于履行法定程序。在不少偏远地区民族群众的观念中，只要符合民族传统习俗仪式的婚姻就算是“合法婚姻”，领不领结婚证倒无所谓，这些不合法的事实婚姻状态为以后可能发生的婚姻纠纷维权带来了很多麻烦。五则，继承实践中往往出现符合民族传统规范但却违反《民法典》“继承编”的剥夺出嫁女儿继承权、非婚生子女继承权以及同一亲等继承人继承权不平等等现象。二是刑事制裁领域。在未建立起有效的国家机构建制之前，西南山地民族拥有自发形成的民族惩罚系统，包括对行为越轨和失范者施以各种形式、处罚残酷的财产刑、肉体刑、身份刑乃至于死刑。而当正式的国家司法体系建立完善之后，刑罚处罚权自是应由国家统一行使，民族民间不得擅自行使，否则即是违法犯罪行为。三是秩序调控领域。一则，械斗、“打冤家”、血亲复仇等西南山地民族传统解决族际关系的调控手段，由于对民族关系和社会稳定带来巨大破坏而被国家法律法规所严厉禁止。二则，自卫行为和自助行为等实现债权或其他利益的私力救济虽为国家法律所认可，但抄家、拉牛、拉小孩等报复性和惩罚性民族私力控制形式却不为国家正式社会控制所支持。三则，民族民间调解在西南山地民族纠纷解决与秩序调控中确是能够发挥良好的社会控制效果，但是由于欠缺必要的范围限定和程序机制，民族民间调解极有可能产生滥用调解、随意调解以及调解不公等诸多问题。四是义务教育领域。在具有较浓厚宗教感情的民族中间，民族教众往往认为宗教教育重于或先于国民教育。据调查数据显示，直至 20 世纪 90 年代云南西双版纳勐海县适龄儿童的入学率只有 50% ~60%，其主要原因就是为了接受佛寺教育而放弃义务教育。直至 2006 年，勐海县全县尚有南传小乘佛教佛寺 279 座，佛爷 570 位，傣族、布朗族佛教徒 14 万人，占全县总人口的一半，其中适龄儿童在校和尚生（即在校的僧侣学生）共计 1996 人。① 西南山地民族如此，西北民族亦然。以宁夏为例，不少穆斯林教众将适龄儿童送往清真寺学习经堂教育而非是去学校接受国民教育。截至 2007 年，宁夏全区 3500 余座清真寺共计招收满拉（即伊斯兰教清真寺经堂学校学生之称谓）6900 余人。由此可见，佛寺教育、经堂教育严重干扰了国民教育的实施，不仅有违《义务教育法》的强行性规范，而且缺失文化和法制教育，也容易使未成年人走上违法犯罪的道路而不自知。

2. “表达”与“实践”②

与西南山地民族自发社会控制相较，国家正式社会控制是法学家们基于法学理论构建的具有规范性、普遍性和稳定性的制度化体系。国家正式社会控制“以立法为中心的单纯理性建构认识，其背后所隐含的实际上是一套游离于人们的实际生活之外的，并且是由法学家所构想出来的法律规则，这套规则虽然很逻辑也很迷人，但其实际的效率并不一定比固有的民间法有用。”③ 宏观构建的统一的国家正式社会控制并不能够很好地应对西南山地民族实践中社会秩序维护和社会治理调控等领域内的种种特殊问题，学理化的法律术语难以为普通民族群众所理解，程式化的司法程序也难以为普通民族群众所接受。不同于国家正式社会控制，作为自发内生“地方性知识”的西南山地民族自发社会控制，由于具有深深根植于民族社会生活之中的社会合理性，关注于特定群体和地域内的微观调控，能够贴近民族群众的日常生活并及时回应民族社会的秩序控制需求。因而，早已内化为民族群众思维意识和社会行为的自发社会控

---

① 熊胜祥、傅志上、孙云霞：《浅谈南传佛教与民族地区义务教育——以勐海县和尚生现象为例》，载《中国宗教》2009 年第 12 期，第 53 页。

② 此处的“表达”和“实践”语出［美］黄宗智：《清代的法律、社会与文化：民法的表达与实践》，上海书店出版社 2007 年版。按照法社会学的语汇，“表达”相当于“纸面上的法”（law in paper），而“实践”则对应为“行动中的法”（law in action）。

③ 田成有：《乡土社会中的国家法与民间法》，载《开放时代》2001 年第 9 期，第 32 页。

制，在西南山地民族社会控制中拥有着较强的生命力。

从课题组的访谈和相关田野调查资料来看，不少西南山地民族偏远地区大量的越界耕种、口舌之争、田土细故、婚姻纠纷、交通事故、小偷小摸、相互斗殴乃至于跨境矛盾等民间纠纷，很多是通过民族传统权威依据习惯法规范自行调处的，很少能够进入司法诉讼程序。西盟佤族自治县每年受理民事案件七八十宗，刑事案件只有一二十件。① 同样，在四川凉山彝族自治州的昭觉、美姑等县人民法院 20 世纪 90 年代末每年受理的刑民事案件尚不足 300 件，而 90% 以上的社会矛盾纠纷都是通过彝族民间德古调解方式化解的。② 凉山州布拖县人民法院 1998—2001 年四年间年均受理各类案件仅 100 余宗，而有记录可查的民间德古调解社会纠纷数量四年中分别为 1511 件、1900 件、899 件和 1100 件，德古民间调解解决纠纷的数量是同期人民法院的 10 倍以上，如果算上未被记录的民间德古调解数量，二者之间的差距还会进一步拉大。③ 一般的德古每年调解纠纷数件，名气大的每年可达十余件到数十件不等，著名的德古一生调解的纠纷超过千余件。典型的如凉山州越西县申果乡有一位双目失明、德高望重的海乃德古（生于 1936 年），从 25 岁开始参与调解，一生调解民间纠纷近千件之多。④

由此不难看出，西南山地民族传统习惯法控制规范未必就应为国家法律法规当然地取代，民族自发社会控制也未必就应为国家正式社会控制所轻易否定。而恰恰相反，在当前西南山地民族地区“多元混合”的社会控制实践当中，表征“现代”的国家正式社会控制在某种程度上扮演着“表达”的角色，而代表“传统”的民族自发社会控制却因其所具有的社会合理性反而在某种程度上处于“实践”的地位。

3. “共存”与“断裂”

当前西南山地民族自发社会控制和国家正式社会控制的“多元共存”并不必然带来社会治理的稳固与社会秩序的和谐，相反，二者在现实实践中有时却呈现出一种独特的“断裂”状态。民族自发社会控制与国家正式社会控制的“断裂”状态不仅难以给西南山地民族带来社会秩序的和谐，反而可能引

---

① 相关数据是在西盟佤族自治县人民法院访谈李军（汉族，访谈时任西盟县人民法院民事审判庭庭长）时收集到的，访谈、记录人为刘振宇。

② 相关数据是本课题组成员李剑在其家乡四川凉山彝族地区调查收集到的。

③ 陈金全主编：《西南少数民族习惯法研究》，法律出版社 2008 年版，第 24 – 25 页。

④ 胡兴东：《中国少数民族法律史纲要》，中国社会科学出版社 2015 年版，第 350 页。

起社会调控中的无序。

一则，国家正式社会控制常常在实践中表现出“双面性格”。有时候不论社会纠纷性质如何，只要民族民间能够自发地“摆平”纠纷，国家机关往往置身事外。西南山地民族偏远农村地区即便发生性质较严重、情节较激烈的社会冲突，囿于多种原因有些情况下民族群众也只是请来传统权威化解。如下文案例 15 中所反映的强奸案件本属国家正式社会控制的管辖领域，但在纠纷解决过程中却很少看到国家机关的身影，唯一的最后出场还是对不合法协议“睁一只眼闭一只眼”地予以默认。但更多时候，国家正式社会控制并非总是“两耳不闻窗外事”地充当看客，而是积极主动地介入民族社会秩序调控中去。不过有时国家正式社会控制由于对自身定位不清，很可能在实践中产生一些负面效应。要么“强行推进”，遭到民族群众的抵触而实施效果欠佳，比如一味地依靠高额罚款强制推行计划生育政策；要么“一事多罚”，重新审理民族民间调处摆平的社会纠纷，致使当事人受到来自民间和官方的“双重处罚”。二则，国家正式社会控制对西南山地民族自发社会控制的“暧昧”态度，导致民族自发社会控制的自身地位存疑和适用领域不明，因而在社会控制实践当中，民族民间权威也便只好且行且看地“摸着石头过河”。三则，对普通民族群众而言，西南山地民族自发社会控制与国家正式社会控制的“断裂共存”状态反而为他们提供了更多“选择”的可能。但他们很可能既不迷信民族自发社会控制，也并非信仰国家正式社会控制，而是为获取利益最大化“狡黠”地利用两种社会控制冲突和断裂所产生的规范漏洞。

【案例 15】①：贵州某少数民族偏远农村，一年轻小伙强奸了同村的一女青年。之后，男子因害怕其行为受到刑事制裁，便主动对女方家进行赔偿，意图和解了事。开始女方家并不同意“私了”，于是，男方家又找来家族权威和村民委员会出面调解。村民委员会由于有“基层治安维稳承包”的压力，希望能够大事化小、小事化了，而男方家族在村子里有着较大的势力。因此，在村民委员会和男方家族势力的强力干预下，加之女方家担心此事闹得沸沸扬扬有损女孩声誉，于是同意“私了”。最后，达成如下和解协议：小伙娶女孩为妻子，男方彩礼之外赔偿女方家 10 万元，此后女方家不得再行追究小伙的

① 尹长海：《法社会学课件》（内部资料），2015 年。

刑事责任。后来，派出所知道了此事，但因为当事双方已经达成并履行了和解协议，派出所对该案也便不再干涉。

总而言之，这种“断裂共存”的状态并非西南山地民族实现社会关系和谐和社会秩序稳定的良药，反而会成为民族社会调控中的严重阻碍，而且长此以往会导致民族群众法治信仰的畸形与行为范式的扭曲。

（二）西南山地民族社会控制运行现状的原因探析

那么缘何当前西南山地民族社会控制会呈现出“多元共存”但同时又“冲突断裂”的碎片化混合的状态呢？笔者认为，大致可以归纳为以下三点原因。

1. 国家正式社会控制的不足与错位

政治、经济和司法等公权组织的建立和法律法规、国家政策的实施深刻地改变了西南山地民族社会发展进程。经过长期不懈地努力，“自上而下”的国家正式社会控制渐次革除了西南山地民族传统自发社会控制中诸如械斗、“打冤家”、血族复仇、等级制、蓄奴、死刑、肉刑以及多妻、买妻、转房等野蛮和落后的成分，成功调处了大量各种类型的社会纠纷，实现了民族内外关系的平等与和解。客观而论，国家正式社会控制在西南山地民族纠纷调控和秩序维护方面发挥着不可估量的巨大功效。

但同时也应看到，国家正式社会控制在西南山地民族秩序调控实践中也暴露出了某些不足。第一，国家正式社会控制供给有限，特别是西南山地民族偏远地区基层司法行政组织存在严重不足，法律设施陈旧滞后、司法行政人员稀缺且综合素质不高，人财物等基本条件与东部地区存在着很大落差。第二，国家正式社会控制是精英阶层挟成熟理论自上而下建构起来的意义系统，但任何社会控制功能的发挥不仅在于制定出“不易之常经”，而更在于“制宜以善用”。[①] 面对不同的社会问题和风俗人情，统一化、抽象化的国家正式社会控制不仅难以完全照章实行，还有可能存在着不少漏洞。国家正式社会控制不可能细致到管理民族群众社会生活的细枝末节，很多问题只能够依靠民族自发社会控制以及村规民约等准正式社会控制自行解决。第三，民族群众对于“高高在上”的司法行政机关是陌生的，很多人消费不起在他们看来“奢侈”的

① 周晓涛：《西北少数民族法制建设中习惯法因素的整合》，载《兰州大学学报》（社会科学版）2010 年第 3 期，第 124 页。

司法资源，而且国家正式社会控制在他们看来也并不完美，成本高昂且效率低下，程式化的庭审程序又不为普通民族民众所熟悉且往往导致“一朝上公堂，永结万世仇”，当事人赢得官司却输了人情。过高的经济支出、时间消耗和社会成本是地处偏远的民族群众所难以负担的，加之对官方裁判公正性的担忧，多重因素的合力致使民族群众可能对国家正式社会控制“敬而远之”。国家正式社会控制的不足与错位使其难以有效回应西南山地民族社会控制的全部现实需求，而囿于种种限制，这些不利障碍也很难在短期内得到完善。如果在国家正式社会控制能力不足和功能错位的情势下，对民族自发社会控制视而不见或者一味打压，势必会引发费孝通先生所说的法治秩序的好处未得而传统乡土礼治秩序已遭破坏的弊病却已先发生。① 这一点值得引起我们深思与警醒。

2. 民族自发社会控制的缺陷和问题

西南山地民族自发社会控制源自民族群众长期生产生活中规范行为和消除失范的反复实践，它早已适应地方性民族文化与社会结构，在发展演进中融入民族群众的观念意识和社会心理，并已内化成民族群众的价值选择与自觉行动。相较于国家正式社会控制，具有高度自发内生性的西南民族自发社会控制着眼于微观社会秩序的规范和调控，关注于特殊族群和地域的纠纷解决与秩序维护，体现为乡土熟人社会下的社会治理，在民族群众中有着很高的亲和力和认同度，能够有效补充国家正式社会控制没有涉及或无从调处的社会关系调控领域，克服其程序僵化、忽视社会效应等缺陷，在当前西南山地民族社会控制实践中发挥着重要作用。

但同样，西南山地民族自发社会控制的表现也绝非尽善尽美。第一，西南山地民族自发社会控制具有脆弱性，一旦其所依赖的政治经济结构与社会文化系统发生变动，则其便难以保持自身的完整性。伴随着土地改革、民主改革、人民公社、“破四旧”和“文化大革命”等一系列暴风骤雨般的历次运动和极“左”实践，西南山地民族传统社会控制饱受摧残与重创，虽然改革开放以后民族自发社会控制有所恢复，但仅仅是“碎片化”和“断裂式”的回潮。第二，西南山地民族自发社会控制也存在着其自身与生俱来难以克服的固有缺陷。西南山地民族自发社会控制规范欠缺概念的精确性、逻辑的严谨性和结构的周密性，程序上简单随意，形式上诸法合体，不少规范内容、纠纷调控和惩

---

① 费孝通：《乡土中国 生育制度》，北京大学出版社 1998 年版，第 58 页。

治手段与现代社会格格不入，亟须国家正式社会控制来消减、限制和改造西南山地民族自发社会控制中的消极成分，并积极引导民族自发社会控制实现现代转型。第三，西南山地民族自发社会控制作为传统“地方性知识”，难以为剧烈变革时代涌现的民族地区新型社会关系提供行为范式。加之，巨大社会变迁引发的经济形态和社会组织的变化，民族传统权威的社会控制地位与效果也大不如前。因此，民族自发社会控制在当前西南山地民族秩序维护和社会治理中亦显得有些力不从心。

3. 两者之间缺乏沟通机制与整合协同

面对当前西南山地民族社会控制“多元共存”但又“冲突断裂”的现实，可能的解决办法有三种途径。第一种途径即是用国家正式社会控制取缔民族自发社会控制。这条道路我们曾经尝试过，民主改革之后直至改革开放之前，在极端激进主义思想的影响下，开始了以“一元化”国家正式社会控制涤荡民族自发社会控制的盲目实践。结果却事与愿违，用十分惨痛的教训证明了孟德斯鸠的深刻洞见，“应该用法律去改革法律所建立了的东西，用习惯去改变习惯所确定了的东西；如果用法律去改变应该用习惯去改变的东西的话，那是极糟的策略。”① 改革开放之后，西南山地民族自发社会控制的重新“回潮”与准正式社会控制的内在生成无疑是对这种途径的现实批判。第二种途径则是用民族自发社会控制替代国家正式社会控制。今天的西南山地民族地区国家正式社会控制已然取得主导地位，无论是史无前例的经济社会形态与社会组织结构变迁给民族自发社会控制带来的不可逆转的破碎，还是民族自发社会控制自身的固有缺陷以及传统规范难以适应日新月异社会情势变化的客观现实，都决定了大谈特谈运用民族自发社会控制替代国家正式社会控制无异于“痴人说梦”。

既然国家正式社会控制和民族自发社会控制均不足以独自力量完成对西南山地民族地区秩序维护和社会治理的有效调控，那就唯有实现二者社会控制资源整合协同这一条必然途径了。当前西南山地民族社会控制之所以呈现“多元断裂”的状态，究其原因不外有二：一是由于国家正式社会控制与民族自发社会控制之间存在的差异与对立，使二者的“多元共存”处于不稳定的状态；二是囿于两者之间缺乏基本的沟通渠道和协调机制，致使现实实践中实现

---

① ［法］孟德斯鸠：《论法的精神》（上册），张雁深译，商务印书馆 1961 年版，第 310 页。

二者整合协同没有既定的规则或惯例可供遵循或参考。因此，在当代西南山地民族地区社会控制实践中，亟须解决的一个重要问题即是实现多元社会控制资源和力量的整合协同。特别是在国家正式社会控制占据主导地位的情势下，在坚持和巩固其主导地位的同时也要看到自身的不足和局限，积极发挥民族自发社会控制和准正式社会控制的有益补充作用。西南山地民族地区秩序维护和社会治理的变革绝不是一种社会控制形态消灭另一种社会控制形态的过程，而是各种社会控制通过不断博弈最终达成共谋的过程。在这一过程中不应忽视来自民族民间的多元社会控制资源和力量，否则，“如果对那些促进非正式合作的社会条件缺乏眼力”，那么造就的有可能只是“一个法律更多但秩序更少的世界。”①

三、当前西南山地民族社会控制面临的困境

按照系统理论的观点，只有构成社会系统的各个部分实现协调配合与功能互补，才能保证社会系统的良性发展和有效运转，进而发挥出“1 + 1 > 2”的整体效能。那么就当前西南山地民族社会控制而言，国家正式社会控制与民族自发社会控制之间的相互关系如何？它们在具体秩序调控和社会治理中又会展开怎样的互动与配合呢？而这种状况又会使西南山地民族社会控制面临怎样的境况？

我们先来讨论国家正式社会控制和西南山地民族自发社会控制之间的相互关系问题。前文笔者从社会控制价值功能、调控领域和规范内容等方面分析了二者之间存在的契合与冲突。接下来，再从社会控制的内在构成要素这一角度探讨两者之间的相互关系。第一，国家正式社会控制与西南山地民族自发社会控制之间存在着很多的一致性。两种不同性质社会控制的实施均离不开特定的社会组织和权威力量，都是依据特定的控制规范约束和调整社会成员的个体行为或集体行动，都是通过预防、遏制和制裁失范或越轨行为而实现社会秩序的恢复和稳定，二者的控制目标宗旨和功能作用基本相一致，外在行为强制与内在心理约束都是社会控制中不可或缺的重要方式。第二，与此同时，国家正式社会控制和西南山地民族自发社会控制之间也存在着诸多的差异性。一是从控制主体看，国家正式社会控制是由马克斯·韦伯所谓的科层式社会组织和法理

---

① ［美］罗伯特·C. 埃里克森：《无需法律的秩序——邻人如何解决纠纷》，苏力译，中国政法大学出版社 2003 年版，第 354 页。

型权威行使，而民族自发社会控制的运行则依靠血缘组织（如家族）、地缘组织（如村寨）和民间传统权威来维系。二是从控制规范看，以法律法规、国家政策为表现形式的国家正式社会控制形式完备、内容规范，适用遵循严格的程式程序，而与之相较，口头传承的民族自发社会控制则显得规范性差、内容简单，实施具有不稳定性和随意性。三是从控制手段看，国家正式社会控制着重于主体的外在行为强制，重点在于对越轨和失范行为的惩治，而民族自发社会控制则更关注于行为人的内在心理约束，对民族个体成员社会人格的型塑才是控制重点。四是从控制机制看，民族自发社会控制以不拘形式和程序的自行和解与民间调解为主体形式，且并不限制私力控制和公意处罚，而国家正式社会控制则以理性和非暴力为原则极力拒斥非科学的神判与非和平的私力救济，并以程式化的行政调解及司法诉讼为主导机制。五是从控制方式看，国家正式社会控制依赖于国家强制力（如法庭、监狱、刑具等）的保障实施，而民族自发社会控制的实现则更多依靠的是权威威信、内心自律和社会舆论等软性倾向的控制方式。六是从控制重心看，国家正式社会控制重视对民族成员个体权利的保护，运用公力惩罚以实现法律意志，而民族自发社会控制则更关注于实现个体权益与村寨秩序的平衡，注重修复当事双方已经破裂的社会关系。

西南山地民族自发社会控制与国家正式社会控制之间存在着冲突与对立，但绝不意味在秩序调控中两种社会控制类型总是“井水不犯河水”似的各行其是，实际上西南山地民族多元社会控制完全有可能在同一秩序调控过程中相互配合、交互作用，只不过这种配合是在一种临时的、混乱的无序状态下非常态发生的。笔者在此以一具体案例（案例16）详细地进行阐述。

【案例16】[①]：事情发生在1989年。云南省思茅市（即今普洱市）澜沧县有一对佤族青年男女互相倾慕、自由恋爱。但是女方的父母不同意，而意欲将女儿许配给愿意多出财礼的另外一家，而且双方父母已订立口头婚约，对方也送给了女方家部分彩礼。这对相恋的佤族青年男女见势不妙，赶忙跑到县民政局办理了结婚登记手续，领取了结婚证，并双双私奔。与女方家已订立婚约的另一家人知道女方逃婚后，便聚合同族亲友到女方家去“抄家”，共计拉走了4条牛和2头猪，并不时搅扰逼婚。对于此一纠纷，传统民间权威、村民委员

① 这则案例是在澜沧拉祜族自治县人民法院访谈赵庭长（男，汉族，访谈时任澜沧县人民法院民事审判庭庭长）时记录的，访谈、记录人为刘振宇。

会、乡司法所累次调解均无法解决。后来该纠纷诉至澜沧县人民法院，法院受理该案以后也是倍感棘手，经过慎重考虑之后便邀请佤族民间权威、村委会、司法所干部一起参与法院调解。经过反复细致的调解工作和思想动员，最后协商一致达成如下调解协议：法院认定女方家长与另一方家长约定的口头婚约无效，承认了男女青年登记结婚的法律效力，订立婚约的男方家族去女方家的“抄家”行为被认定为民事侵权，所哄抢财物除扣除付出的实际彩礼数额之外应予退赔，“抄家”过程中损坏的财物则照价予以赔偿。

从上述案例中可以看到多元社会控制资源在西南山地民族秩序调控中的配合协作。第一，社会控制主体的多元。一对佤族青年男女相互爱慕，女方父母却为能多得彩礼而将女儿另行许配，这对青年男女自可以去民族传统权威那里去主张权益。但由于佤族“阿佤理”习惯法控制规范规定了女方父母一旦收受男方家的彩礼便不可主动悔婚，因此，他们料定了民族传统权威们绝不会支持他们的婚事。于是两人双双私奔，情急之下便去寻求公权保护，抢先到县民政局办理了结婚登记，试图“将生米煮成熟饭”。但似乎这一纸结婚证并不能真正保障他们的权益，因为付了部分彩礼的另一男方家对此并不买账，而是依照传统“阿佤理”对女方家抄家并不时逼婚。纠纷发生以后，民族传统权威自然是站在传统控制规范“阿佤理”的立场谴责男女青年的失范行为，但这一结论显然不是男女青年所追求的结果。于是，该纠纷又被进一步提交至村民委员会和乡司法所。乡村两级干部既不能违反《婚姻法》的规定而一味地顺从“民意”，同时也无力劝说村民放弃“阿佤理”传统规范而遵从国家法律，结果纠纷仍是无法解决。百般无奈之下，佤族男女青年便只好提起司法诉讼，再次寻求公权救济。由此可见，对于同一行为的评判和态度，在不同社会控制规范那里有可能并不一致甚至是截然相反的。与此同时，也彰显出民族地区的纠纷主体绝不会固定地依赖于一种特定的社会控制形态，他们可能并非从内心深处真正地信奉法律法规，当然也不会像“教徒”般虔诚地固守习惯法传统。恰恰相反，他们会随时根据维护自身利益的现实需求而主动地在不同社会控制形态之间频繁地做出“取舍”与“选择”。第二，社会控制力量的协作。本案在调处过程中先后涉及到佤族权威民间调解、村民委员会人民调解、乡司法所行政调解以及县人民法院司法调解等多元秩序调控机制。尤其是县人民法院受理该案之后，有鉴于纠纷主体较多、案情比较复杂、涉及佤族“阿佤理”传统控制规范，因此为了能够使得裁处结果为各方接受以便于更好地执行，县人民法院主动邀请了以上各种社会控制力量共同参与法院调解，可以说是“创造”了基层民族地区独特的纠纷解决“混合”调控实践。第三，社会控制规范的调谐。从该案最后的调解结果来看，男女青年领取结婚证的法律效力得到了确认，国家正式社会控制规范优先于佤族“阿佤理”而被适用，但国家正式社会控制规范在婚姻法领域意志得以伸展的同时，却在其他领域中退下阵来。由于“抄家”这一私力救济方式为佤族“阿佤理”传统社会控制规范所认可，为避免进一步扩大矛盾纠纷，县人民法院对交付部分彩礼的男方家族对女方家的抄家行为并未以《刑法》抢劫罪或是《治安管理处罚条例》的有关规定进行惩处，而仅仅认定为民事侵权行为，要求予以返还和赔偿了事，从而在国家法律法规和“阿佤理”民族传统社会控制规范之间寻求一种调谐，在尊重国家立法权威和维护社会稳定之间寻找一个平衡点。①

就结果而论，上述案例中多元社会控制配合与协作的实际效果应该说还是蛮不错的，但若是将这种配合协作视为当前西南山地民族社会控制常态的话，那就大错而特错喽！若不是这对佤族男女青年为了维护自身权益而不断地变更着纠纷调控方式，如不是县人民法院为了能更好地定纷止争而“创造”性地主动聚合多元社会控制主体参与法院调解，则很难想象这么多社会控制资源能够实现很好的相互配合。因此，上述案例中多元社会控制资源在秩序调控和社会治理中的配合协作只是偶然和临时的。实际上，当前西南山地民族社会控制实践中多元社会控制资源之间并没有现成的配合协作的渠道和路径，更不要说是建立常态化的长效运行机制了。何种情形之下需要多元社会控制调控？哪些主体可以参与？不同社会控制之间的各自地位和相互关系如何？如何实现多元社会控制资源的有效衔接与整合协同？这些问题在现实实践中并不存在着既有惯例与既成模式。下文笔者转引王启梁教授在云南省红河州金平苗族瑶族傣族自治县十里村乡平安寨（全体寨民均为瑶族）收集到的一则案例（案例 17），从中可以窥见未经整合的西南山地民族多元社会控制所带来的秩序调控的功能弱化及其混乱状态。

---

① 刘振宇：《当代佤族村寨纠纷解决中的多元社会控制》，载谢晖、陈金钊主编：《民间法》（第十三卷），厦门大学出版社 2014 年版，第 291 – 292 页。

【案例 17】[①]：事情发生在 2000 年 4 月。云南省金平县平安寨以某村民为首伙同一帮同伙在寨内实施盗窃，结果他们偷盗时为寨民发现而被众人抓获。由于为首者乃寨中惯偷，经年所偷财物无数，这次他的行为彻底激起了众怒。是日当晚深夜，数十位寨民将其五花大绑拖至村小学操场上，寨民一通拳脚相加并用石头猛砸，致其当场毙命。而对于其他盗窃同伙，村干部召开寨民大会集体公审，并邀请派出所、村公所相关人员参会。全体寨民一致要求对这些宵小之徒处以每人 1000 元的罚款，用以宴请全体寨民一顿并赔礼道歉、具结悔过。经受罚者的请求，后将罚款降为每人 800 元。派出所、村公所对寨民大会的决定没有异议。之后，派出所又对为首惯偷被打死一事展开了调查，但最终也没有查清谁是组织者，而且案发时月黑风高，也不能确定致其毙命的石头究竟为何人所砸，最后该案也便不了了之了。但是可以肯定的是，所有村干部均未参与当晚行动的任何一个环节，而且事发之时所有村干部都不在场。

案例 17 中寨民聚众打死了为首的累犯惯偷，并非是由于他们完全不懂法律，或是一味拒斥国家正式社会控制，而是根据以往经验类似案情诉诸公权救济，无非也就是拘留几日、罚款几百元了事，在寨民看来，这种微不足道的惩罚无法满足他们严厉打击日益猖獗偷盗行为的心理预期，相反还可能招致恶人的事后报复，于是选择了一种在他们看来能够有效实现秩序调控（既从肉体上消灭越轨者，又能够起到威慑其他寨民的作用）但却是有违国法的极端自发控制方式。但要说这种自发控制完全属于暴民行动也不尽然，寨民的打击对象极为明确，即严重破坏村寨秩序的为首惯偷，而对其他从犯并未不分青红皂白地一律处死。当然，寨民对于自己砸死为首惯偷的行为实属违法也是心知肚明的，然而他们“规避”法律的技巧也很是巧妙，众人集体公处才有理由“法不责众、众意难违”，选择深更半夜动手才可以“天黑看不清谁砸得”为借口来搪塞。寨民如此，乡村干部面对瑶族传统习惯法与国家法律的现实冲突则表现得更为圆滑与娴熟，事发当晚所有村干部十分“巧合”的都不在场。因为他们知道只要涉足此事，就无法律理由让为首惯偷死于非命，于是巧妙地在事发当夜集体消失，而且为自证“清白”，对其他从犯的处理也通过寨民大

① 王启梁：《传统法文化的断裂与现代法治的缺失——少数民族农村法治秩序建构路径选择的社区个案研究》，载《思想战线》2001 年第 5 期，第 91 页。

会的方式集体议决而非自行裁处，并且邀请村公所、派出所的干部参加，以极力抹去可能引发的法律上的嫌疑。而对于寨民大会依据瑶族习惯法规范处以各从犯每人800元罚款的处罚，虽有违行政法规之处，但寨民既然一致同意，派出所、村公所也便“多一事不如少一事”地予以默认。

综上所述，民族自发社会控制与国家正式社会控制之间存在的广泛差异，使二者处于“契合与冲突”“表达与实践”“共存与断裂”的不稳定状态。当前西南山地民族多元社会控制在秩序调控和社会治理过程中虽在临时或个别情况下有着配合协作的一面（如案例16所示），但总体而言实际上处于一种简单拼接或是貌合神离之状态，更多情形下表现为民族自发社会控制与国家正式社会控制对秩序调控和社会治理的规避推诿或相互争夺。如同上述案例17反映的那样，民族自发社会控制、国家正式社会控制乃至准正式社会控制之间的冲突与分裂给当前西南山地民族社会控制带来了不小的困境。不仅不能使民族社会关系和社会秩序得到有效调控，反而有可能成为基层社会治理的障碍因素，秩序调控和社会治理中各种社会控制相互推诿会陷入无人问津的失序状态，而多种社会控制的互相争夺，特别是其他社会控制不适时或无序化地介入，反而会导致问题的复杂与激化。诚如王启梁教授所论述的，当前西南山地民族地区虽然存在着由主体各异、性质不同、规范有别、手段多样、机制复杂的社会控制所构成的多元社会控制格局，但多元社会控制并没有必然带来社会秩序的稳定与社会关系的和谐，这是因为西南山地民族的所谓“多元共存”的社会控制充其量只不过是未经整合的“分裂的整体”① 罢了。

---

① 王启梁：《乡村社会中的多元社会控制：“分裂的整体”》，载《云南民族大学学报》（哲学社会科学版）2011年第1期，第32页。

第六章　西南山地民族多元社会控制的实践模式

通过上一章的介绍，我们了解到当前西南山地民族地区存在类型多样、性质各异的复杂社会控制格局，具体包括民族自发社会控制、国家正式社会控制和准正式社会控制。但西南山地民族这种多元存在的社会控制形态并非只是现实性、即时性状态，而更是历时性、持续性现象。从历史发展来看，西南山地民族自发社会控制的确有过较长时期的相对独立、鲜受外部影响的自组织发展演进阶段，但随着明代以降（特别是清雍正之后）“改土归流”政策的逐步铺开，官方行政建制和国家正式社会控制力量渐次进入，由是如何处理民族自发社会控制和国家正式社会控制便成为一个无法回避的重要问题。在西南山地民族长期秩序调控和社会治理运行实践中，既有国家正式社会控制对民族自发社会控制的渗透、干预和限制，也有民族自发社会控制对国家正式社会控制的借鉴、吸纳与涵化，两者之间存在着不同程度和模式的相互影响与互动相干。

笔者认为，若依据国家政府对民族自发社会控制所采取的态度和策略角度进行分类归纳，迄今为止，西南山地民族“多元”社会控制关系调处运行实践中曾经出现过强力压制型、自为创新型、契合一致性、互动协调型、引导治理型和管控治理型等几种模式类型（此处所列举的这六类实践模式并不存在时间上的先后顺序与承继关系，而且在同一历史时期还有可能是同时并存的）。综上所述，本章笔者拟通过选取历史上和现实中的典型个案对上述六种西南山地民族多元社会控制实践模式逐一展开细致地剖析，同时总结各种实践模式的优势、缺陷及其经验教训，试图得出一些有利于当代西南山地民族多元社会控制整合协同的有益启示。

一、强力压制型模式

具体到本书而论，强力压制型模式是指在包括西南山地民族在内的民族地区秩序调控和社会治理过程中，一味地站在“国家本位主义”和“法律一元主义”立场上，通过挤压、限制乃至取缔等方式，试图以国家正式社会控制完全取代民族自发社会控制的一种处理民族社会多元社会控制关系的极端实践。

在处理国家正式社会控制与民族自发社会控制关系上采取强力压制型模式虽在现代表现得更为突出，但它绝非仅是步入现代之后才有的现象，实际上它出现得时间更为久长。囿于西南山地民族地理偏远，中原王朝鞭长莫及，是故长期以来不得已只得采取“不改其旧，顺俗施化”的羁縻治理策略。但历代王朝均未放弃“以夏变夷”“悉从汉制”之企图，明清之际“改土归流”政策的实施，为强力压制型模式的推行提供了可能和条件。特别是清中叶“改土归流”大规模推行之后，中央政府开始在西南民族地区强行推进国家统一法制和地方行政建制，以求达致“一切规制，悉视内地”之宗旨。少数民族习惯法控制规范被视为“狉獉草昧之风”，而鞭打体罚的肉刑和种类繁多的死刑更属“大干法纪之恶习”，要求一律禁绝革除而代之以统一的国家律令和官方控制。所谓“（民族酋豪）不得滥用民词，一概不准滥行擅受，如有违，斥革究办。其婚姻、田土、命盗正案，均归地方官办理。永为定例。”① 与此同时，王朝政府还将内地的里甲制（或团甲制）强制推行于西南民族地区，依托里甲/团甲此一基层组织大力推行国法律令和儒家文化，并要求民众互相监督实施。明清之际，以国家正式社会控制为主导的强力压制型“改土归流”政策在西南民族地区实践中的确取得了一定的成效，部分地区初步的行政建制得以设立，多数少数民族权威名义上需获得政府认可或任命，一些地区国家典章律令和官方司法赢得了主导社会控制地位，而更多地区的民族习惯法控制规范则不得不进行适应性调整并不同程度地吸收、涵化了国家律令与汉族法文化的某些观念和元素。

但总体而言，上述强力压制型模式在西南民族平地或平坝地区实施效果较

---

① ［清］《理番厅志·屯制（卷4）》。

好，但在大多数山地民族地区的推进却遇到了相当的阻力（当然也需要承认，国家正式社会控制在山地民族边缘地区的推行效果要优于腹心地带）。以苗区为例，即便是在清初湖广“熟苗”地区，康熙时设置了大批流官推行国家律令，但由于民族传统势力的抗拒，国家正式社会控制也不得不做出让步，退而求其次，“有大狱讼，皆决于流官”[①]，只要求“犯命盗重罪者，土官拿解，道厅审明拟罪”，而“苗犯轻罪者，听土司发落。”[②] 清廷于雍正年间通过军事征伐，历时九年初步实现了对黔东南苗侗地区的“改土归流”，之后朝廷欲以国家律令对该地区实行“一元化控制”。除废止苗侗民族传统“杀伤人赔牛”的习惯法控制规范，明确重大刑事案件一律统由地方官府依《大清律例》审理外，还告示晓谕各民族村寨“凡一切斗殴、婚姻、田地事件，俱令亲赴府控告，不得擅行仇杀。倘有故违者，责有所得。”然而，清廷虽有将黔东南苗侗地区刑民纠纷一体纳入国家正式社会控制的愿景，但遭致当地民族群众的普遍抵制，朝廷亦不得不以“苗民风俗与内地百姓迥别”为由，宣称“嗣后苗众一切自相争讼之事，俱照苗例完结，不必绳以官法。”[③] “熟苗”地区尚且如此，则“生苗”地区更复如是。及至道光十六年（1836年），贵州巡抚酌筹议定的《苗疆善后章程》中仍试图原则性地统一司法权，规定黔境之内所有苗疆地区“劫盗斗殴案件及争执户婚田土等事一律由官府审理”，但立法者也心知肚明官方控制力所不逮，于是在章程中又做出相反的“变通”规范——凡设土司的苗民由土司约制，未设土司的苗民由头人管束。[④]

综上所述，终明清之世，中央王朝始终试图以强力压制型“改土归流”政策在西南山地民族地区实现以国家正式社会控制替代民族自发社会控制的“理想”。但由于民族传统的根深蒂固和官方控制力量的势单力薄，国家正式社会控制终究未能“独步天下”，而是与民族自发社会控制形成一种“共生并存”的多元混合状态。民国时期战乱频仍，中央政府无瑕顾忌民族地区治理事务，西南山地民族社会控制秩序大体上与有清一代并无二致。

1949—1951年，随着西南地区的全境解放，西南山地民族社会控制面临着前所未有的社会巨变。新中国成立初期到民主改革之前的短暂时光，国家正

---

① ［清·道光］《黔南职方纪略（卷7）》。
② ［清］《清实录·圣祖实录（卷218）》。
③ ［清］《清实录·高宗实录（卷22）》。
④ ［清］杨芳撰：《道光十六年镇算兵勇滋事查办情形并苗疆善后章程》。

式社会控制与民族自发社会控制曾经有过一段合作共谋的“蜜月期”和“黄金期”，在新中国成立初期西南山地民族地区秩序调控和社会治理中发挥了积极作用。但是好景不长，由于受到极“左”政治思潮的严重干扰，新中国开始了对民族传统自发社会控制采取“疾风扫落叶”般全面压制、涤荡地盲目实践。这一历史进程笔者在本书第三章的“西南山地民族自发社会控制的变迁演进”一节中已经做了详细介绍，在此便不再展开赘述。自民主改革开始至1978年改革开放的20余年间，西南山地民族传统自发社会控制经历了数千年未有之大变局，在国家强力打压、取缔之下遭到了前所未有的整体性破坏。土地改革和合作化运动彻底改变了西南山地民族先前的经济生产形态，民主改革与人民公社化运动全面瓦解了西南山地民族既有的社会组织结构，“四清”“破四旧”和“文化大革命”运动则人为撕裂了西南山地民族的传统文化支撑，经济、政治、文化等社会基础的根本性变迁毁坏了西南山地民族传统自发社会控制赖以生存的社会条件和文化土壤。当时国家对西南山地民族传统自发社会控制的压制是不遗余力的，“釜底抽薪”之外更有“重拳出击”。民族传统权威被划为批斗对象而被剥夺秩序调控和社会治理的权力，民族习惯法控制规范被贴上“落后”“迷信”等标签而遭致猛烈地批判和禁绝，大量少数民族传统禁忌、习俗、道德、仪式等社会控制手段也在高压政治态势下销声匿迹。而当时秉承官方意志的农民协会、民兵组织、调解委员会、公社大队、革命委员会等兼具多种职能的社会组织以及党和国家政策、少量的法律法规一度成为西南山地民族地区垄断性社会控制力量。

在20世纪50年代中期至70年代末特殊时代背景下，西南山地民族地区相当程度上建构起了国家正式社会控制一元化治理的强力压制型模式。笔者认为，对于这种强力压制型模式我们也应采取辩证唯物主义的立场“一分为二”地看待。

首先，应当承认强力压制型模式对取缔民族传统自发社会控制中的糟粕成分和消极元素以及推动西南山地民族社会进步所做出的积极贡献。我国少数民族地区的民主改革是解放发展生产力和改造生产关系同时并举的过程。在大力发展经济文化事业的基础上，区别不同民族和地域的不同情况，分别采取国家强力、群众运动、和平协商等方式逐步消灭了奴隶制、封建农奴制和封建地主制等剥削制度，废除了不平等的经济法权关系，取缔了等级制度下的民族传统权威超经济剥削及其政治特权，完成了各山地民族向社会主义社会的成功过渡。与此同时，通过法律法规、国家政策的强制力量和科教普及、法制宣传、移风易俗等活动的广泛开展，自上而下地渐次革除了西南山地民族传统自发社会控制中的腐朽与落后成分。例如：带有明显等级特权和经济剥削内容的生产分配、民商领域的习惯法规范；禁止多妻制、转房制等男女不平等的婚姻制度；不允许蓄奴、买妻、拉小孩抵债、以人身和劳务抵债等严重侵犯人身权利的行为发生；废除各种残酷的肉刑和死刑等民族民间私刑；严禁组织械斗、“打冤家”和血亲复仇等聚众暴力争端解决方式；限制民族民间调解涉足刑事案件以及各种神判方式的适用；坚决贯彻“政教分离”原则，坚持宗教不得干预行政、司法、教育事务的原则等。

其次，西南山地民族传统自发社会控制固然有其不合理的成分，但其并非一无是处，如果不加甄别地一概予以抛弃绝非是辩证唯物主义的科学态度。因之，应当正视运用国家强力全盘否定民族传统自发社会控制的强力压制型模式所产生的消极影响。一是民族自发社会控制本质上属于少数民族传统法文化的范畴，运用简单粗暴、极端激进的国家强力强行取缔自然会招致民族群众的困惑、不满和抵制，进而催生和激化一系列本可避免的民族社会问题，有时候反而不利于民族社会秩序的稳定与和谐。实际上，上述强力压制型模式大行其道之时，恰好也正是新中国成立以来我国民族关系最紧张、民族问题最突出的时期，诚然导致这一结果的原因有很多，强力压制型模式虽非主要原因但亦可谓是难辞其咎。二是当国家法律法规和实施保障体系尚付阙如之时，匆忙之间彻底否定西南山地民族传统自发社会控制，必然导致原有社会控制形态“礼崩乐坏”，但新的社会控制秩序却还只是“跃然纸上”。需知破坏一个旧秩序相对容易，而要建构一种新秩序却诚为困难且非旦夕之功，加之民族自发社会控制作为法文化传统早已厚植于广大西南山地民族群众的文化血脉之中，捣毁表面的法文化器物、符号和现象容易，若欲从思想内心深处连根拔起则绝非易事。正因如此，伴随改革开放政策的实施，国家权力触角从基层社会最前沿纷纷退出，政社合一的人民公社让位于个体家庭联产承包，包括西南山地民族在内的基层社会秩序调控和社会治理出现了很多“组织真空”和“规范空白”困局，于是西南山地民族自发社会控制开始重新“回潮”。三是由于少数民族社会改革和历次大规模群众运动造成了西南山地民族自发社会控制的“结构性断裂”，改革开放之后的重新回潮也仅为“碎片化”恢复。当然好处在于涤荡了民族自发社会控制中的消极成分，但弊端也是极为明显的，为我们充分、有效地利用民族自发社会控制资源带来了不小的困难。

改革开放以来，西南山地民族自发社会控制的重新“回潮”客观上宣告了试图在民族地区建构单一、纯粹的国家正式社会控制一元化治理模式的失败。笔者认为，面对自发、正式和准正式多种社会控制形式同生共存的格局，当代西南山地民族社会控制体系不应继续走强力压制型模式的老路，可以借鉴“大禹治水”的成功经验，“围堵”的方法行不通就改用“疏导”的方式，在实践中积极谋求多元社会控制之间的沟通理解和整合协同。之所以如此，理由主要有以下三条。

第一，理论依据。首先，“国家本位主义”和“法律一元主义”理念下一元化强力压制型模式在民族地区社会治理和法治建设实践中是有害的。周星教授就曾一针见血地指出，“建设统一的国家法制果真能够或必须以完全消灭民族民间的各类习惯、规矩等传统的法文化为代价吗？长期以来，国家法制建设在全国范围内不断推进的过程，似已基本摧毁或打碎了传统的那些‘旧’的规矩、惯例和习惯法，但若仔细观察，其实不难发现，这尚是一个远未完成，且时时面临抵制、冲突、妥协、结合与默契等等的错综复杂的过程。”① 其次，根据文化相对主义和法律多元理论，任何人类社会都不会只具有单一的社会控制系统。理论上讲它有多少发挥作用的从属集团，便就有多少种社会控制系统，也即是说，不同从属集团中的社会控制系统至少在某些方面是存在差异的。② 因此，当代西南山地民族社会控制体系的构建也不应是其中某一种社会控制力量的“为我独尊”，而应是多重社会控制资源的多元整合。最后，依据自发秩序原理和社会秩序理论，人类社会的最初秩序和根本秩序乃是自生自发秩序，但自生自发秩序由于其自身盲目性、模糊性、随意性与发展缓慢等缺陷需要具有预设性、明确性、程式化和变革迅速的建构理性秩序进行必要引导，真正运行良好的人类社会秩序应是自生自发秩序与建构理性秩序互动形成的“混合秩序”。③ 因之，当前西南山地民族社会秩序调控和社会治理既不能全托付于民族自发社会控制，也不能仅依赖于国家正式社会控制，而应当建构以国

---

① 周星：《习惯法与少数民族社会》，载赵嘉文、马戎主编：《民族发展与社会变迁》，民族出版社2001年版，第545页。

② ［美］H. W. 埃尔曼：《比较法律文化》，贺卫方、高鸿钧译，清华大学出版社2002年版，第84页。

③ ［英］弗里德利希·冯·哈耶克：《自由秩序原理》，邓正来译，生活·读书·新知三联书店，1997年版。

家正式社会控制为主导，同时辅之以民族自发社会控制和准正式社会控制的多元整合的社会控制模式。

第二，历史依据。按照法律史学界通说认为，古代中国社会控制中存在着国家法和民间法的“二元化”结构，但二者之间的关系并非“井水不犯河水”，而是处于密切的互动合作状态，有学者将之归纳为“混合法”模式①（黄宗智称之为“第三领域”②）。官府有刑事案件和重大纠纷的审判管辖权，而对普通民间矛盾纠纷与轻微刑事案件则默认民间自发社会控制调控，而当民间无力解决或当事人不满解决结果的仍可诉至公堂。官员在审理案件时往往将个案置于天理、国法和人情的综合考量之中，律典载有明文则依法判决，若无明文规定则可比照适用成例和断例，在不违反国家法的前提下亦可参详民间法和道德伦常。说到底，所谓“混合法”实质上就是在社会秩序调控中实现国家法和民间法的密切配合。这种“混合法”在改土归流政策实施后被广泛引入西南山地民族社会控制实践当中（如下文介绍的“文斗苗族契约秩序”）。孟德斯鸠曾经给予这种“混合法”高度评价，他说：“中国的立法者是比较明智的；他们不是从人类将来可能享受的和平状态去考虑人类，而是从适宜于履行生活义务的行动去考虑人类，所以他们使他们的宗教、哲学和法律全部合乎实际。”③ 众所周知，现代社会秩序是从传统社会秩序中发展而来的，因之现代社会控制不可能不受传统社会控制的影响，借鉴古代“混合法”模式的成功经验，当代西南山地民族社会控制应当实现传统民族自发社会控制与现代国家正式社会控制的有机整合。

第三，现实依据。做为强力压制型模式理论支持的“国家本位主义”和“法律一元主义”至今在民族地区仍颇有市场。就法的制定而言，注重法律移植与官方建构而忽视民间“活法”资源和“地方性知识”。首先，我国现行立法并未对少数民族习惯法控制规范的法源地位作出明确规范。④ 其次，与其他

---

① 武树臣等著：《中国传统法律文化》，北京大学出版社 1994 年版，第 744 – 747 页。

② ［美］黄宗智：《清代的法律、社会与文化：民法的表达与实践》，上海书店出版社 2007 年版。

③ ［法］孟德斯鸠：《论法的精神》（上册），张雁深译，商务印书馆 1961 年版，第 232 页。

④ 我国立法中明确赋予“习惯法”法源地位的法律只有一部，即《香港特别行政区基本法》。该法第八条规定：“香港原有法律，即普通法、衡平法、条例、附属立法和习惯法，除同本法相抵触或经香港特别行政区的立法机关作出修改者外，予以保留。”

地方性立法相较，我国地方民族立法不仅数量偏少①、内容雷同，而且在彰显民族和地域特色以及吸收实践中行之有效的优良民族习惯法规范方面也显得差强人意。就法的实施来说，未能妥善处理好国家正式社会控制与民族自发社会控制的关系。不少民族地区法律工作者无视民族自发社会控制的积极作用，有的则仍然坚持以国家强力予以消灭之。例如：四川省凉山彝族自治州的一些法官认为，德古调解乃是一种牟取私人利益、破坏社会秩序稳定和扰乱国家法制秩序的个人调解形式，虽然调解了不少纠纷但却争夺了法院的案源，故而危害很大，应予以打击并取缔。② 此外，虽有不少法律法规赋予"习惯"以法源地位，但很少有民族地区法律机构去主动收集、甄别、筛选、整理和证成民族习惯法控制规范，因此就更遑论民族习惯法在执法和司法过程中的具体运用了。然而实际上，西南山地民族自发社会控制与国家正式社会控制虽然不乏冲突之处，但在功能、目标和内容等方面亦具有相当的契合性。尤其是两者之间存在着充分的功能互补，国家正式社会控制规范明确、程序严格的优势恰能够克服民族自发社会控制规则简陋、运行随意之缺陷，而民族自发社会控制便捷低廉、接近地气和注重社会关系修复等优点又能弥补国家正式社会控制成本高昂、僵化刻板与忽视社会效应等不足。此外，国家正式社会控制能以强制力量消解和改造民族自发社会控制自身存在的消极因素，而关注微观秩序调控的民族自发社会控制则又能有效补充国家正式社会控制宏观秩序调控之缺遗。正因如此，在当代西南山地民族社会控制秩序建构进程中，应当摒弃片面强调国家力量的强力压制型一元化治理逻辑，而应在多元治理逻辑下整合协同既有多重社会控制资源，进而形成民族社会秩序调控和社会治理的整体合力。

二、自为创新型模式：合寨壮族村民自治

自为创新型模式是指在没有国家政府和其他外在强制力量干预的情形下，少数民族群众内生自发、自觉自为地应对民族地区各种社会治理问题的社会控制实践模式。它在有效实现民族社会秩序调控的同时，还能够为国家正式社会控制提供某些成功经验与启示借鉴，乃是民族自发社会控制中最为精华和优良

① 据学者统计，截至2007年底，我国现有155个民族自治地方共颁行自治条例135件、单行条例487件，其中五大自治区至今未出台一部自治区自治条例，变通立法仅有72件，其中变通中央法律法规的有45件，变通地方性法规的有27件。参见李鸣：《新中国民族法制史论》，九州出版社2010年版，第196－201页。

② 陈金全主编：《西南少数民族习惯法研究》，法律出版社2008年版，第43页。

的成分。就西南山地民族自发社会控制而言，自为创新型模式的典型代表莫过于合寨壮族村民自治。

改革开放以来，中国广大农民拥有两项伟大的“发明创造”，一项是经济生产领域内的“包产到户”（安徽凤阳小岗村），另一项则是政治社会领域内的“村民自治”，其中“村民自治”最早诞生于民族地区。实际上在中国共产党坚强领导下，中国亿万少数民族群众的历史性创造还不仅限于此。1936 年 10 月，陕甘宁省豫海县回民自治政府宣告成立，开创了后来民族区域自治制度这一新中国基本政治制度的先河。44 年之后，广西河池地区宜山县三岔公社合寨大队（今广西河池市宜州区屏南乡合寨村）壮族民众又开启了新中国另一项基本政治制度——基层群众自治制度之先声。

1980 年的广西宜山县合寨大队共有 12 个自然村（屯）、41 个生产队，合寨历来为少数民族聚居区，当时人口 4000 余人，其中壮族人口占 95.3%，耕地面积 3000 多亩，人均耕地不足 1 亩，由于合寨位于桂西北大石山区，自然环境恶劣，人民生活贫困，且地处三县交界之所，社会治安状况一向不好。① 1979 年合寨实现分田到户后，农业生产获得了提高，但随之而来的是矛盾纠纷的增多和社会治安的恶化。包产到户以后，个体家庭生产取代了集体生产，人民公社迅速弱化和趋于解体，社队干部的权威受到质疑，地处“三不管”地带的合寨村更是陷入了社会公共事务无人管理之窘境。合寨人将当时的社会治安和秩序调控称之为“六多一少”：即赌博多、盗窃多、砍伐树林多、唱痞山歌多、放浪荡牛马多、搞封建迷信活动多，管事的人少。② 据合寨村村委会韦焕能主任介绍，那时的合寨大队赌博成风，赌博又滋生了盗窃，起初是盗牛偷马，人们只得将牛马牵入屋头同住，后来发展到盗伐集体林木，社会风气也渐渐坏了起来，有的随地屙屎撒尿，有的对着妇女唱痞山歌，有的在别家庄稼地里放养牛马，还有的将村中女性拐卖外地，村寨之间为了争水争地甚至发生械斗大打出手。总而言之，包产到户的实施使合寨村民生活得以改善，但社会秩序却陷入混乱，人们形象地把这种生活描述为“吃得饱，睡不好”。为了有效地遏制“组织真空”和“规范失灵”情势下合寨公社社会治安的恶化，当

---

① 郭亮：《桂西北村寨治理与法秩序变迁——以合寨村为个案》，西南政法大学 2011 届法律史专业博士学位论文。

② 王布衣：《震惊世界的广西农民——广西农民的创举与中国村民自治》，广西人民出版社 2008 年版，第 33 页。

时合寨的果地和果作两个自然村率先成立村民委员会，制定村规民约，寻求破解基层民族社会治理这一难题。

首先采取行动的是果地村，该村共有160多户、800多人，村民多以蒙姓为主，民族成分均为壮族。1978年后，上述“六多一少”的社会治理问题在果地村表现得甚为突出。1979年底的某天晚上，老支书蒙宝亮召集部分党员、生产队长、队干等10余人共同商议，大家一致认为应当吸收借鉴壮族传统社会控制推举寨老、制定规约以及联团自保的经验，提议推选治安带头人，并成立村民委员会负责组织村民搞好社会治安和各项公益事业。1980年1月8日，果地村召开全村户主会议，推举蒙光新、蒙成顺为治安带头人。二人当选后，积极讨论拟定村规民约并联络邻村搞治安联防，成效显著。1月20日，果地村又召开了共510人参加的全体村民会议。会议上蒙光新首先宣布果地村民委员会成立。随后，蒙成顺宣读事先草拟的果地村村规民约。该村规民约共计14条，主要内容包括：外地人来本村需住宿的，户主须向治安带头人报告；若有山林水田纠纷解决不了的，报由治安带头人解决；对乱砍滥伐林木者进行批评教育和处罚，本村人不能到村外乱砍滥伐；组织村民整修码头、铺路架桥等公益事宜；集资购买低压线路设备，解决照明问题等。[①] 该村规民约经与会村民集体讨论、举手表决通过，并由各户代表按上手印。不过令人惋惜的是，这份村规民约未能保存下来。最后，村民会议通过无记名投票方式选举蒙光新、蒙成顺、蒙国顺、蒙国伦、蒙正贤五人为果地村第一届村民委员会成员。

1980年2月5日，与果地村毗邻的果作村（果作村民多以韦姓为主，民族成分亦均为壮族）在该村村头的一颗老樟树下召开全村户主会议，全村125户中有85户代表参加，与会村民代表一致同意成立果作村村民委员会，并通过无记名投票方式选举韦焕能、韦友全、韦定陆、覃立轩、韦鹏舞五人为果作村首届村民委员会成员。村民委员会成立了，但村干部拿什么作为依据开展社会管理呢？国有国法，村有村规。1980年7月14日，果作村召开全体村民大会，经村民代表讨论通过了由韦鹏舞负责起草的《村规民约》和《封山公约》，85位村民代表在上面逐一签字盖章或按上手印。果作村的“两约”至今完好无损地保存了下来，成为官方公认的见证新中国最早的村民自治的历史文

① 徐勇：《中国农村村民自治》，生活·读书·新知三联书店，2018年版，第209页。

献。现将“两约”完整地附录于下。①

【果作村村规民约】

一、必须提高思想觉悟，认真体会安定团结的重要意义。

二、严禁赌博，不准在私宅、村里开设赌场，违者罚款 10 元。

三、为了保苗夺丰收，严禁放猪，违者罚款 5 角，并给予赔偿损失处理。

四、维护正常的娱乐活动，不准在村内、村附近对唱野山歌，违者罚款每人 10 元。

五、不准在路边、田边、井边挖鸭虫，受损失的罚工修补。

六、不准盗窃，违者按件加倍赔偿并罚款 5 元，情节严重者，呈报上级处理。

七、捡拾东西，拿回交给村委，归还原主。

八、不准在泉边、河边大便，不准在上游洗衣、洗头梳发，晾晒蚊帐、床单等污染东西。

九、讲卫生光荣，不讲卫生可耻，自觉做到码头经常冲洗，保护清洁。

【果作村封山公约】

一、严禁毁林开荒，违者每平方尺罚款 5 角。

二、不准在封山内砍柴、挖树根、割皮草、打石头，违者每百斤罚款 10 元。

三、村里的风景树不准折枝乱砍，违者罚款 15 元。

四、不准盗窃林木，违者每百斤罚款 15 元。

五、实行护林有功者奖、毁林者罚的办法，对维护林木有功者奖 5% 的资金。

六、不准在育林区放牛羊群，违者每头罚款 1 元，外村罚 2 元。

果作村委会

1980 年 7 月 14 日

果地村和果作村开了先河之后，合寨以及周边地区其他村屯纷纷效仿，及至 1982 年底，宜山县 12 个公社的 2288 个自然村中已有 598 个建立了村民委员

① 这两份《村规民约》和《封山公约》是在广西河池市宜州区屏南乡合寨村田野调查访谈韦焕能（男，壮族，访谈时任合寨村村民委员会主任）时提供的，访谈、记录人为刘振宇、郭亮。

会。① 村民委员会的成立和村规民约的实施很快在基层农村社会控制中收到了实效。合寨社会治安恶化的状况得到了根本性扭转，过去的“六多一少”变成了“六少一多”：即聚众赌博少了，盗窃现象少了，盗砍滥伐集体林木少了，唱风流痞山歌少了，乱放浪荡牲畜少了，搞封建迷信活动少了，成立了村民委员会和治安联防队，管事的人多了。② 不仅如此，村民委员会还兴办了很多公益事业，通过集资筹款和组织群众筑路搭桥、修建码头、兴修水利、植树造林、通电照明、安电视转播器、通自来水等，而且在村民自治运行过程中不断地完善各项制度建设，如决策制度、会议制度、财务制度、公开制度、监督制度、档案制度等。

就这样，新中国成立以来有正式记录为凭据的首个村民委员会及其制定的村规民约在广西一个偏远的壮族小村屯悄然诞生了，合寨被誉为“中国村民自治第一村”。合寨壮族农民的伟大创举解决了土地承包之后旧有管理体制无法解决的基层社会治理问题，而其中所蕴涵的自我管理、自我教育、自我服务的精神原则和彰显出的民主选举、民主决策、民主管理、民主监督的性质内容也引起了中央的高度关注和充分肯定，要求各地试点试验，并在总结经验的基础上适时推动相关立法。1982 年 12 月 4 日，新制定的《中华人民共和国宪法》第一百一十一条赋予了村民委员会基层群众性自治组织性质，明确了其处理公共事务和公益事业、调解民间纠纷和协助维护社会治安的任务。此后，国家不断推进村民自治的法治化建设进程，1987 年 11 月第六届全国人大常委会第二十三次会议审议通过《村民委员会组织法（试行）》，该法试行 10 余年之后，于 1998 年 11 月第九届全国人大常委会第五次会议修订通过并正式施行，2010 年 10 月第十一届全国人大常委会第十七次会议上又进行了重新修订。诚然，当前我国村民自治实践中仍然存在着不少需要自我完善与改善实施环境的问题，但不容否认其在基层农村秩序调控和社会治理过程中所焕发出的勃勃生机，以村民自治为代表的基层群众自治制度早已成为我国一项基本政治制度。

由此可见，西南山地民族自发社会控制绝非乏善可陈甚或是“洪水猛兽”，其在长期的社会秩序维护中积淀了不少原创智慧和成功经验，只要我们

---

① 徐勇：《中国农村村民自治》，生活·读书·新知三联书店，2018 年版，第 213 – 214 页。

② 王布衣：《震惊世界的广西农民——广西农民的创举与中国村民自治》，广西人民出版社 2008 年版，第 73 页。

持续深入民族社会耐心地从事调查研究工作，认真发掘、总结提炼，一定能够发现更多的可资国家正式社会控制借鉴、吸收和利用的本土社会控制资源。

三、契合一致型模式

契合一致型模式是指在某些民族社会秩序调控和社会治理领域，民族自发社会控制与国家正式社会控制在目标、功能、内容等方面高度一致，两者在运行实施过程中能够很好地进行合作配合的实践模式。一方面，法律法规和国家政策为民族自发社会控制提供强力保障；另一方面，民族自发社会控制又能够弥补国家正式社会控制内容宏观原则和片面依赖外在强制之不足，二者之间相辅相成、互相配合，实为民族地区多元社会控制运行实践理想的良好状态。下面笔者以丽江纳西族生态环境保护和占里侗族人口生育控制为例对这种契合一致型模式展开具体阐述。

（一）丽江纳西族生态环境保护

丽江位于云贵高原玉龙雪山下一块海拔 2400 米的台地上，居民以纳西族为主。纳西族历史上经历过多次迁徙与生态灾难，加之高原生态环境的脆弱性和自然资源的珍稀性，因之很早就形成了尊重和保护自然的民族文化观念。由于先民认知水平和方式的局限，纳西族对人与自然关系的辩证认识是通过原始宗教形式体现出来的。纳西族信奉东巴教，东巴教认为自然万物都有其精灵谓之“署”，人类为了生存向自然索取即意味着欠了“署”神之债，若是无节制地破坏自然则更会触怒“署”神降灾于人间，这时就需要通过举行祭“署”仪式来安抚“署”神以求其宽恕。东巴教对人与自然关系的阐释虽非科学，但纳西族人敬“署”、祭“署”以及对“署”神自然崇拜的背后彰显出的则是“人与自然是兄弟”的哲学理念，希冀实现人与自然的和平共处。[①] 实际上，绝大多数西南山地民族传统自发社会控制中都有依托“万物有灵”的原始宗教观念调谐人与自然和谐共生的内容。

丽江纳西族数千年来在与自然界相处的过程中自发形成了世代相传的以东巴经、神话传说、格言谚语和碑文等为载体丰富多彩的生态环境保护习惯法社会控制内容。

---

① 偶芳:《“人与自然是兄弟”——对云南丽江纳西族环境保护习惯法的文化解读》，西南政法大学 2004 届法律史专业硕士学位论文。

第一，保护水源的习惯法社会控制内容。东巴经中记载了很多保护水源的禁忌规范。诸如：毋得向水中丢弃垃圾、污物和家禽死尸；毋得在河水中洗涤妇女衣裤、婴儿尿布等不洁之物；毋得在水源旁边大小便；毋得在水源地宰杀牲畜以免污血秽水污染水源等。[①] 此外，丽江还有很多保护水源的碑文和民间规约。正是由于这些历代延续的习惯法控制规范，才有今日丽江河水的清澈见底、洁净清冽。不仅如此，纳西族人还对取水时间和方式做出了独具匠心的规范。丽江大研古镇居民辈辈传承清晨挑饮水、上午洗菜、下午浣衣的习惯，并且充分利用当地独特的地理条件修建了"三眼井"，分别为饮水井、洗菜井和洗衣井，"三眼井"之间互不侵犯、各司其职。

第二，保护山林的习惯法社会控制内容。丽江纳西族人有着强烈的神山神树崇拜观念，村村寨寨都有神山，每年还要举行盛大的转山仪式以祈求"山署"的庇佑。高山有"山署"，林木亦有"树署"，绝不可任意砍伐，否则必将遭致"山署""树署"的惩罚。东巴经反复告诫族人，"不到白色的高原上采摘山花和野花；到了雪山上，不随便去攀折长斑纹的古老的树木；走到九座大山上，不随便砍伐大树，砍削白色的木板瓦；到了大山箐里，不随便去砍绿色的竹子；到了森林里，不去毁坏大片小片的森林，不去砍伐大大小小的树木。"[②] 清代以降，丽江纳西族人开始更多地制定民间规约来保护高山林木。现存最早完整的保护山林的民间规约当属立于道光二十八年（1848 年）的《象山封山护林植树碑》。我们在田野调查中发现，丽江束河古镇至今仍然沿用始于清代并几经损益的护林民间规约。主要内容包括：每三年村民可以砍栗树枝堆起 5 尺宽、3 尺高的柴火使用（现改为每年可以砍 15 背柴），但平时只允许砍枯树枝用度；设立专门的护林员负责巡山，若发现有人盗伐林木，护林员有权没收其伐木工具（如斧头、刀锯等）；若有违犯上述规定者不得参与周期性的集体林木收益分红。[③] 这些习惯法控制规范的效果是显而易见的，直至新中国成立初期，丽江地区的森林覆盖率一度高达 53.7% 。

第三，保护野生动物的习惯法社会控制内容。东巴教认为人和飞禽走兽均起源于"蛋卵"，每种有生命的动物都有其"署"神掌管，随意杀害会招致

---

① 兰元富、陈小曼：《丽江纳西族的习惯法与环境保护》，载《贵州民族学院学报》（哲学社会科学版）2008 年第 2 期，第 24 页。

② 《东巴经·大祭风·开坛经》。

③ 有关束河古镇村规民约的主要内容是在云南省丽江市玉龙纳西族自治县束河古镇访谈杨沛诚老人（男，纳西族）时由其口述提供的，访谈、记录人为陈小曼。

"署"神的报复。东巴经《祭署·仪式概说》和《高勒趣招魂》分别讲述了两则由于人类肆意捕杀动物致使"署"神降灾，后来人类向"署"神请罪而获得谅解的神话传说。在敬畏"署"神的原始宗教观念之下，纳西族人很少无节制地捕猎动物，尤其是神山、黑龙潭附近的鱼虫鸟兽，而且每至立夏动物繁殖的时节，丽江纳西族各村寨都会封山禁猎，特别是不得伤害母畜和幼兽，以保证动物的繁衍生息。此外，老虎、大象、狮子、牦牛和青蛙还是纳西族人所信奉的图腾崇拜，这些动物在纳西族地区受到的保护就更加全面了。

民主改革之前，丽江纳西族每个村寨都有"长老会"或"老民会"等民族权威组织，一般十人左右，每三年改选一次，主要负责制定和执行规约、调解纠纷、社会治理等，而没有任何报酬。就生态环境保护而言，"长老会"和"老民会"的职权有：指派管山员、护林员看护山林；批准村民因盖新房、做新床砍伐所需树木；视其情节轻重依据习惯法控制规范处罚污染水源、开山劈石、乱砍滥伐和乱捕滥杀等违禁者。据说很多德高望重的老民和长老往往执法如山，即便亲属子弟违反了生态环境保护习惯法规范，也一体同科、绝无宽待。

民主改革之后，由于国家采取强力压制的态度，纳西族传统自发社会控制曾一度销声匿迹。但自从 20 世纪 90 年代以来，随着丽江旅游业的蓬勃发展，在促进当地经济发展的同时也带来了一系列的生态环境污染问题。诸如：游客激增带来的生活垃圾、污水和洗涤剂、汽油等化学制品对水源的污染；旅游景区开发、野生菌类和药材商品化以及木材市场的活跃，加速了山林植被的破坏；森林、湿地、湖泊等野生动物栖息地的缩减以及毛皮、饮食产业的需求，大量野生动物遭到捕杀。当然，生态环境保护绝非丽江纳西族特有的社会问题，而是中国现代化进程中所需应对的全局性问题。对此，国家先后颁布了《环境法》《水污染防治法》《森林法》《野生动物保护法》等多部法律予以规制，应当说这些法律在丽江生态环境保护方面发挥了重要作用。但这里有一个问题，上述国家法律规范主要关注的是全国范围内整体性、宏观性、一般性和普遍性的生态环境保护问题，对于丽江纳西族具体生态环境保护来说难以做到面面俱到。此时，人们想起了民族传统自发社会控制资源，在不违反国家法律法规原则精神的前提下，适应社会发展新形势和新问题，制定满足当地生态环境保护实际需要的村规民约。下文笔者节录了制定于 1999 年 5 月 25 日云南省丽江市宁蒗县永宁乡泸沽湖××村村规民约中有关水源、山林和野生动物保护的六条内容，其中一些内容源自纳西族传统习惯法规范，同时也未与国家法律法规相冲突，但这些内容比国家法律法规规定得更为具体细致，更加具有针对性和可操作性。

【云南丽江宁蒗县永宁乡××村村规民约】①（节录）

第八条　划船人员和游客禁止向泸沽湖内乱扔垃圾和废弃物；严禁在沿湖一带洗车，违者处以罚款10至50元。

第九条　门前实行三包。每天早上接待户必须打扫和清理门前的垃圾和湖面的漂浮物，并集中堆放，在规定的时间、地点内清运与处理；公共场所由划船组负责，违者处以罚款10元至50元。

第十条　为保护泸沽湖的水质和自然植被不受污染和破坏，在我村地界内（从司那至红岩子），我村一律实行特级保护。在此范围内严禁乱倒垃圾，严禁向湖中直接排放污水，严禁炸鱼、打野鸭，捕杀野生动物，并协助有关部门搞好护林防火工作，严禁乱砍滥伐，违者处以罚款50元至500元。

第十一条　在我村水源区（鼓节得罗至依歪罗）禁止砍伐任何树木，打草积肥，开采石头、取土等，违者处以罚款100元至500元。

第十二条　除本村民自用外，在大鱼坝泥石流区取沙采石每立方收取6元的土地损补费。

第十五条　凡在我村从事经营旅社、饭食的外来商户，每月收取环境资源管理费70元，咖啡屋、茶馆50元，美容美发厅、歌舞厅70元，小卖部40元，烧烤店40元。

综上所述，当今丽江纳西族生态环境保护正式、自发和准正式社会控制齐备，既有国家法律法规，又有民族习惯法规范，还有村规民约。虽然不同社会控制规范之间存在差异，如民族习惯法规范依托原始宗教信仰，而法律法规则建筑于科学生态环境观基础之上。但总体而言，三者在内容、宗旨和作用等方面存在着高度的契合一致，从而形成了民族地区生态环境保护的社会控制合力。与此同时，就社会控制手段和机制而言，纳西族人“万物有灵”观念基础上敬“署”、祭“署”宗教仪式所带来的心理压力成为民族群众自觉自律保

① 偶芳：《“人与自然是兄弟”——对云南丽江纳西族环境保护习惯法的文化解读》，西南政法大学2004届法律史专业硕士学位论文，第24页。

护生态环境的文化心理认同，而对于越轨者和失范者来说，既有源于法律法规、民族习惯法和村规民约的外在强制，还有来自熟人社会的舆论惩罚，以及道德、禁忌和习俗等控制手段的长期内在行为型塑与再社会化，进而形成民族地区生态环境保护和谐统一的实施保障体系。党的十八大以来，以习近平同志为核心的党中央站在战略和全局的高度，大力推进生态文明建设战略实施，要求加快生态文明体制改革、建设美丽中国。丽江纳西族生态环境保护中与党和国家生态文明建设战略发展导向相契合一致的内容可以成为民族地区生态文明机制建设中重要的有益资源。

（二）占里侗族人口生育控制

人类社会为了实现其存续发展必须进行社会再生产和人类自身再生产，但任何社会都存在着生态环境、经济水平与人口再生产之间的矛盾和紧张。客观来说，民族社会既有的生态环境和经济水平从根本上限定了其人口承载量，但不容忽视的是，很多时候民族社会的人口再生产又是盲目的、无计划的，无节制的人口生育必然会引发一连串严重的社会问题。

新中国成立后，由于社会安定、经济发展、医疗卫生条件改善和政府鼓励生育政策，我国人口数量迅猛增长，短短 30 年间就翻了一番，突破了 10 亿大关。过快的人口再生产给经济、社会、资源和环境带来了严重压力。为此，党和国家高度重视人口生育控制问题，从 1966 年开始实行计划生育，中央和地方设立计生委员会，改革开放后，计划生育又被确定为一项基本国策，计划生育工作得到全面地严格执行，并于 2001 年 12 月制定《人口与计划生育法》。实践表明，新中国的计划生育政策是卓富成效的，成功地使我国至少少生了 3 亿多人口。

但人口生育控制绝非仅是现代社会所面临的问题，西南山地民族又是如何应对此问题的呢？有没有成功的实践经验可资借鉴？在田野调查中，我们发现位于贵州省黔东南州从江县高增乡占里村迟至清代起在实践中逐步摸索、自发形成了一整套行之有效的人口控制机制。虽然其机制内容和具体实施与国家计划生育政策有所不同，但二者在目的宗旨、精神原则、功能作用等层面却是契合一致的，来自偏远侗族山村人口生育领域的民族自发社会控制与计划生育这一国家正式社会控制异曲同工地演奏出了人口适度控制与可持续发展的和谐乐章。

占里村是一个相对封闭、风景秀丽的侗族村寨。其先祖本居于广西苍梧，南宋时因战乱、生计等原因离乡背井，几经流离颠沛定居从江。定居之后，由于人口增长过快，人地矛盾加剧，生活贫困潦倒，老幼无人养育，盗抢械斗频仍……诸多严重的社会问题迫使族人理性反思人口与生产之间的辩证关系，主动对人口生育实施适度控制。时至清代中叶，由当时占里两位远见卓识的寨老吴囊因和吴巴宾发起，并经全寨公议、盟誓制定了控制人口生育的寨规民约：占里寨户数不得超过160户，人口不得超过700人，一对夫妻至多能够生育两个孩子，若有违犯，轻者罚杀牲畜宴请全体寨民，重者则交由家族重惩或直接革除寨籍。[①] 民众还将寨规编成喜闻乐见的民歌传唱。如《劝世歌》中唱到："家养崽多家贫困，树结果多树翻根。养得女多无银戴，养得崽多无田耕。女争金银男争地，兄弟姐妹闹不停。盗贼来自贫穷起，多生儿女穷祸根。"[②] 除此之外，占里人还为未婚青年举行集体生育许愿仪式，强化一代代侗民树立和践行人口控制的自觉意识与行动。仪式由寨老主持，青年男女齐聚寨中鼓楼之下，跟着寨老反复吟诵古歌古理，"祖公的地盘好比一张桌子，人多了会垮掉；一棵树上只能歇一窝雀，多了一窝就挨饿；山林树木是主，人是客；七百占里是一条船，多添人丁必打翻……"。寨规、民歌、仪式等多重社会控制手段交相辉映，占里侗民自发自觉的"计划生育"取得了良好成效。1952年占里有156户、729人，时至2003年全村156户、762人，[③] 半个世纪中人口自然增长率几近为零，而且人口质量较高，人均寿命70周岁以上，少有生理缺陷之人。这里的侗族民众创造了人口生育控制的"占里奇迹"。

占里侗族人口生育控制之所以能够取得如此成效，关键在于其有一套完备的配套实施体系。[④] 第一，先进的婚姻理念。与其他西南山地民族不同，占里侗族崇尚晚婚晚育，妇女平均生育年龄超过23周岁。此外，强调生育子女的夫妻禁止离婚，这样的婚姻制度有利于维系家庭稳定和人口控制。第二，神秘的节育技术。据说占里侗族有一种名为"换花草"的神奇药方，全寨只有"药师"一人掌握。"换花草"不仅能够让孕妇成功避孕，而且还能确保孕妇

① 有关占里人口生育控制寨规民约的内容是在贵州省黔东南州从江县高增乡占里村访谈吴四龙（男，侗族，原为占里寨寨老）时由其口述记录的，访谈、记录人为潘志成。

② 刘文光：《中国计划生育第一村》，载《文史天地》2004年第3期，第59页。

③ 有关占里村户数、人口等数据资料是在贵州省黔东南州从江县高增乡访谈孟顺明（男，访谈时任高增乡乡长）时由其提供的，访谈、记录人为潘志成。

④ 潘志成：《西南民族传统法文化的历史与现状考察》，民族出版社2010年版，第91－93页。

生儿生女。正是因为“换花草”的存在，占里 154 户人家中生育一男一女者高达 149 户，在实现控制人口数量的同时成功维系着男女生育比例的平衡。第三，合理的继承和赡养制度。在占里，无论男女均享有一定的继承权，当然谁继承了祖产谁便负责父母的生养死葬。这样的继承和赡养实践有效地遏制了“养儿防老”“重男轻女”的观念，有利于人口生育控制的实现。

人口学者们通常将人口控制分为自然力量控制、战争和贫困控制、政策强制控制和带有生育意愿的自觉控制四种由低至高的控制层次。① 笔者窃以为，占里侗族的人口生育控制某种程度上已经达致最高层次的自觉控制。与计划生育在其他西南山地民族地区推进过程中曾经遇到的强大阻力不同，与计划生育不谋而合、契合一致的民族自发人口生育控制保障了计划生育政策在占里的落实。

不仅如此，占里侗族人口生育控制还能为国家计划生育政策的实施提供若干经验和启示。一是人口生育控制绝非仅是计生部门“单打独斗”的一家之事，从本质上讲，它应该是一个综合系统的社会控制过程。之所以占里侗族能顺利地实现人口生育控制目标，盖由于它实是一个囊括婚姻制度、节育技术、继承制度、养老保障和民间互助互惠在内的系统化人口控制实施机制。二是人口生育控制目标的实现，不仅要依靠国家行政机关的强制性外在控制，更有赖于普通民众自觉的内心信奉。单纯依靠行政强力在民族地区推行计划生育很可能会适得其反，占里侗族人口生育控制实践中既有寨规民约的强制力保障，又有生育许愿仪式的行为型塑，还有古歌古理和社会舆论的行为指引与道德教化，内外兼备的社会控制有效地促进了占里侗族人口生育控制的良好效果。三是我国计划生育备受争议的核心问题有三个，即“矫枉过正”的独生子女政策以及由之引发的人口老龄化和性别比例失衡问题。反观占里侗族人口生育控制，从一开始就思虑得更为长远且合理，每对夫妻可生育两个孩子，并且是一男一女，故而在实现人口控制目标的同时并未引发更多的不良社会反应。当然，为了应对人口老龄化和性别比例失衡问题，现在国家也相应地调整了人口政策，相继放开了二孩生育政策（2016 年 1 月）和三孩生育政策（2021 年 5 月）。

四、互动协调型模式：文斗苗族契约秩序

互动协调型模式是指民族自发社会控制在其自身发展演进过程中，由于受

---

① 潘志成：《从江县占里侗寨当代婚育习惯法考察》，载《湘潭大学学报》（哲学社会科学版）2008 年第 2 期，第 73－74 页。

国家政治强力或外部强势民族的影响，主动吸收和涵化或是被动接受国家正式社会控制的某些元素，并且在民族社会秩序调控和社会治理实践中，民族自发社会控制与国家正式社会控制处于相互支持、互为依托的实践模式，两者之间谁也离不开谁。与契合一致型模式一样，互动协调型模式亦为民族地区多元社会控制运行实践的一种良好状态。不过与契合一致型模式相较，互动协调型模式之下民族自发社会控制与国家正式社会控制之间的关系更为复杂、协作更为密切、互动也更为频繁。笔者认为，西南山地民族中清代黔东南锦屏文斗苗族契约秩序当是此种互动协调型实践模式的典型代表。

时至明末清初，黔东南苗疆地区尚属与世隔绝的化外之所，“因俗而治”的羁縻政策下当地的秩序调控皆由苗族传统自发社会控制维系。但随着国家驭边策略的转变和当地经济生产的变化，黔东南苗族社会发生了重大变迁。首先，清雍正、乾隆年间，清廷在对黔东南苗疆地区进行军事征剿的同时接受了云贵总督鄂尔泰的建议，于1736年开始在当地推行改土归流政策，设厅置府、任命官吏，不断完备行政建制的同时逐步推行国家律令以建构朝廷所需的统治秩序。其次，清廷之所以加紧对苗疆的经略，一个重要原因是黔东南清水江流域的气候、土壤极为适应优质人工杉木林的快速成活，所谓“树三五年即成林，二十年便供斧柯”①，实属种植杉木的理想之地，而且该地区水系发达，木材通过“清水江→沅江→长江→京杭大运河”畅通的水路运输可直抵京师。由于杉木乃是当时朝廷大型土木工程（如故宫、皇陵等）的重要建筑材料，于是以派征“皇木”为契机，包括锦屏在内的黔东南清水江流域苗族地区被卷入了繁盛数百年之久的林业经济浪潮，鼎盛时期木材年交易额高达300余万两白银之巨，锦屏因之得名“木头城”。

清代以锦屏为中心的黔东南清水江流域林业经济的繁盛造成了当地苗族社会的巨大变迁。家境殷实的苗民纷纷买地种杉，所谓“挖土开荒，栽杉种树，为我地方历来有之本业，出产之大宗”；种杉需要大量人力，地主便租佃、雇佣栽手，并许之以木植股份（一般为将来杉木收益的40%～50%②）；林业经济周期长、收益慢，若期间家中有事急需银钱用度，地主可绝卖或典卖山场及

---

① ［清·乾隆］《贵州通志·风土志》。

② 就收集到的文斗租佃契约分析，地主、栽手收益分成一般为3∶2，即所谓“其有股数作五股均分，地主占叁股，栽手占贰股”；但也有一些对半分成的情形，即所谓“其山场股数地主、栽手均分”。

所有股数、田产、房屋，栽手亦可转卖其所享有之股数收益；比及杉木长成，则须通过沿江村寨的中介、牙商与木商达成交易，各寨中介、牙商为争夺木材市场累次叠发“争江案”；木材贸易带来的丰硕收益吸引着不少匪盗流寇不时的烧杀滋扰、劫掠一空。由此可见，清代商品化的林业经济为当地苗民带来物质财富的同时，也带来了新型民商经济关系、大量社会矛盾纠纷和社会治安问题，而这些远非以田土细故、婚姻家庭和邻里关系为主要调控内容的民族传统自发社会控制所足以应对，那么如何才能实现新的林业经济下苗族地区的秩序调控和社会治理呢？林业经济的发展招致了外地流民蜂拥涌入和各地木商的纷至沓来，加之清水江流域毗邻汉地，内地契约法文化随之被引入当地民族社会控制实践，为苗族群众自觉吸收和涵化并与传统自发社会控制相结合，形成了独特的规范民族社会林业经济的契约秩序。笔者曾多次追随恩师陈金全教授赴贵州省黔东南苗族侗族自治州锦屏县河口乡文斗寨田野调查，收集到上迄清初下至民国苗族契约和诉讼文书凡5000余份，现已整理成《贵州文斗寨苗族契约法律文书汇编》（共三册）出版，现择几例契约合同分析之。

【姜荣周卖杉木山场契】①

立断卖杉木山场约人文堵（斗）下寨下房姜荣周，为因家下缺少银用，无处出得，自己凭中将到名下杉木山场，地名坐落穷金栽，其山界至：上凭油山，下凭路，右凭坟墓，左凭冲，四至分明，凭中出卖与上房姜映祥名下承买为业。当日三面议定价银十两正（整），其银亲手领回应用。日后其山杉任凭买主修理管业，卖主弟兄房族外人不得异言争论。如有异言争论，俱在卖主向前理落，不与买主何干。今恐无凭，立此断卖［字］存照。

凭中　姜映有、宗义

代笔　姜士昌

乾隆五十九年正月十二日　姜荣周　立卖

道光十九年砍尽，佃与下房姜光清、光壁佃栽。

① 此处三份文斗苗族契约合同均出自陈金全、梁聪主编：《贵州文斗寨苗族契约法律文书汇编——姜启贵等家藏契约文书》，人民出版社2015年版，第23、277、118页。这几份契约是在当地田野调查时发现的，契约提供人姜启贵（男，苗族），整理、记录人为刘振宇。

【龙茂怀、龙光星佃山契】

立佃种栽杉种粟①字人龙茂怀、龙光星二人，今佃到文斗下寨姜钟英老爷山［场］一块，地名九翁者，即是刚培道山一块，界限：上凭大路，下凭四坎，左凭冲，右凭领（岭），抵载渭山为界。其有股数作五股均分，地主占叁股，栽手占贰股。限定伍年成林，若不成林，地主另招别人，我二人无分。恐后无凭，立此佃帖字为据。

外批：长大后分合同倘有出卖，先问主家。

凭中　姜钟秀

代笔　姜相弼

道光廿一年润（闰）三月初一日　立

【姜宾周等分山合同】

立合同字人下房姜宾周、朝瑾兄弟、魁云、宗义、朝珅，上房姜绍略、绍牙。因先年得买白浩山头张老晚脚名下占一两正（整），不觉张姓一业卖二主，二比争论。张姓一两山头自愿均分，上房姜绍略、绍牙二人占伍钱，下房宾周、朝瑾、朝珅、宗义、魁云五人共占伍钱。平分以后，不得混乱，日后栽木长大发卖，各照贰股均分。恐后无凭，立此合约为据。

立分合同是实【半书】

绍略存一纸，宾周存一纸。

宗义　笔

嘉庆贰拾叁年柒月吉日　立

将以文斗寨为代表的黔东南清水江流域的苗族契约与明清汉地契约相对比，不难发现两者之间存在着诸多相似之处，汉族契约法文化对当地苗族契约秩序从形式体例到内容制度均产生了深刻影响，某种程度上可以说，文斗苗寨几乎全盘吸收接纳了源出汉地的契约法文化。

第一，从书写形式上看，文斗苗寨契约皆由汉字写就，并与汉地契约一致，由右至左纵向书写。第二，从契约类型上看，文斗苗寨契约包括买卖契约、租佃契约、借贷契约、分山合同、讨字等，除林业关系之外，契约还被广

① “栽杉种粟”反映的是一种“林粮间作”的林业经济模式，由于杉木生长周期约 20 年左右，栽手立契时享有的收益分成仅为期待权益，为保障生活来源，则在杉木林间间种粟米。据学者考察，黔东南清水江流域是我国较早实行“林粮间作”模式的地区之一。

泛运用于分家析产（如分关合同）、纠纷处理（如清白合同、悔错字、甘伏字、戒约字等）、社会治理（如寨规民约）和联团自保（如团规团款），① 这些亦与汉地契约相差无几。第三，从契约体裁上看，与汉地契约相同，既有存于一方的各类单契和契字，又有双方共存、带有“半书”字样的合同文书。第四，从契约内容上看，同汉地契约一样，都有固定的契约格式和用语。虽然不同契约类型有所差异，但契约基本体例一般均由立契当事人、立契缘由、标的物具体情形（如山场之四至）、成交价格、双方权利义务（如瑕疵担保、违约责任、主佃分成、权益分配等）、补充条款（如内注、外批）、契约当事人的签名画押以及立契时间等。第五，从契约制度上看，广泛存在于汉地契约中的先买权、瑕疵担保、违约责任和中人制度在文斗苗寨契约中均有体现。这里笔者以上述契约实例予以说明：《姜荣周卖杉木山场契》中姜荣周将山场卖与房族姜映祥，并约定“卖主弟兄房族外人不得异言争论”，体现的是林场买卖领域中的亲族先买权；《龙茂怀、龙光星佃山契》中外批“长大后分合同倘有出卖，先问主家”，实际上约定的是林场租佃关系中的地主先买权；《姜荣周卖杉木山场契》中约定“如有异言争论，俱在卖主向前理落，不与买主何干”，言指的即是林场买卖关系中卖主应尽的瑕疵担保责任，卖主要保证所卖标的没有权属争议，否则须承担违约责任；此外，违约责任体现在《龙茂怀、龙光星佃山契》中栽手需确保“伍年成林”，若不成林，地主另招别人，栽手无分；文斗苗寨契约中还普遍存在中人制度（如契约中的“凭中”），中人在契约实践中亦发挥着牵线搭桥的中介作用、署名见证的公证作用、契约履行的保证作用以及事后争执的解纷作用等社会控制功能。

文斗苗寨不仅在囊括林业经济在内的各种社会关系调整中主动吸收和涵化汉地契约法文化，而且在民族社会秩序调控和社会治理过程中形成了民族自发社会控制与国家正式社会控制之间的良性互动。以纠纷解决为例，先前黔东南苗族社会纠纷解决主要依赖于传统的“理老唱诵”，而改土归流后随着流官体制的逐步完善，传统的“理老唱诵”则让位于“请中讲理↔禀官提究”民间和官方互动解纷的新模式。

清初改土归流以前，黔东南苗族社会发生矛盾纠纷主要通过民族自发形成的“理老唱诵”的方式调处。理老由谙熟理词、处事公正、经验丰富和能言

① 梁聪：《清代清水江下游村寨社会的契约规范与秩序——以文斗苗寨契约文书为中心的研究》，人民出版社 2008 年版，第 45－105 页。

善辩者担任。调处时先由双方当事人或其委托辩护的理老唱述事实和理由，并在居中调解的理老主持下展开辩理，最后理老根据具体案情吟诵古歌古理或即兴编作理词，进而做出裁决。如若双方不服，还可将纠纷交至威信更高的理老处调处。徐晓光在《黔湘桂边区山地民族习惯法的民间文学表达》一书中收集了大量黔东南苗族调处林业、土地、民商和婚姻家庭等领域民间纠纷的理词。下面仅以离婚理词举例（见下文所举“劈筒歌”），如夫妻双方感情不和，可邀请理老聚众以对歌形式陈述理由，理老若调解无效，于是便唱诵理词，并当面劈开竹筒，男女双方各持一半，婚姻关系随即解除。若民间纠纷经“理老唱诵”仍未获得解决，由于缺少公权救济渠道，则只好通过神明裁决（如捞油锅、喝血酒、盟誓等）乃至械斗仇杀的方式解决，械斗仇杀日久，又欲请理老化解。诚如明人所记载：“（苗人）性狠不驯，有所争，不知讼理，惟宰牲聚众，推年长为众所服者谓之‘乡公’以讲和。不服，即相仇杀。久之欲解，复宰牲，聚而论之，侏㑚终日，负者词穷，则罚财畜以与胜者，饮酒血为誓。”①

【苗族离婚理词·劈筒歌】②

“地上的人扯皮，要天上人解交，你们两个年轻人，我们劝也劝不好。你们在天上本不是一对，来到世上也难配成双。黄牛要上坡，水牛要下河，隔夜的糯米饭，捏不成一坨。男不穿女鞋，女鞋男不拖。你俩从今后，还是各走各路。男走男富贵，女走女快活。日后路相见，女称男叫哥，男喊女叫妹，相遇笑呵呵。”

自改土归流之后，黔东南苗族地区国家行政司法建制纷纷设立，并逐步推行团甲制度，纠纷解决的权力随之由民间权威理老转移到官方任命的团首、寨老以及各级官府手中，“请中讲理↔禀官提究”从而成为黔东南苗族地区新的纠纷解决模式。若有民间纠纷发生，首先以“请中讲理”的方式解决，当事人两造置备好酒宴，邀请寨老、理老、族长等赴宴讲理，双方当事人分别陈述案情、展示证据、提出请求、展开辩理，寨老、理老、族长在认真听取双方意见并进行充分协商的基础上，居中公正地做出裁决。若当事人不服，亦可提交至权威更高的寨老、团首处调解。如团首调处后仍然不服，当事人还可“禀官

① ［明］沈庠删正，赵瓒编集，张祥光点校：《贵州图经新志》，贵州人民出版社 2015 年版，第 122 页。

② 徐晓光：《黔湘桂边区山地民族习惯法的民间文学表达》，广西师范大学出版社 2016 年版，第 132－133 页。

究治”。但若是已经认可裁决并喝了“和解酒”而拒不执行的，则团首、寨老可将其“送官重究”。流传下来的清代文斗寨团规团款对这一纠纷解决模式有着明确地规范。

一议：我团中每因婚户、田土、银钱、细故，动辄兴词告状，以致荡产倾家。言念及此，深为扼腕！自议之后，毋论大小事件，两边事主诣本地公所，各设便宴一席、一起一落，请扰首人齐集，各将争论事件实情一一说明，不得展辩喧哗，强词夺理。众首人兼得其情，当面据理劝解，以免牵缠拖累、播弄刁唆之弊。如两造各坚执一词，势难了息，即投营上团首。再将一切情节详细告诉众等查问明确，体察情形，妥为议决。倘有负固不服，逞刁扰公，立即联名禀官重究。但我团首不得徇情左袒，偏执臆见，以昭公道而服人心。①

此外，从清代文斗苗族具体纠纷解决实践观之亦是如此。如下引《范长庚等错悔字据》中所描述，范长庚、范登榜叔侄一山二卖，结果被买主发现，于是“请中讲理”予以调处。纠纷解决后，在寨老和原告的见证下范氏叔侄立下具有保证书性质的“错悔字”，声明今后“倘有再犯，任凭原主执字赴公众究”，即所谓“禀官提究”。类似文书在收集到的文斗苗寨契约和诉讼文书中还有很多，如《姜士昌清白字》《姜正高戒约字》等。

【范长庚等错悔字据】②

立错悔字人张化寨范长庚同侄登榜，为因补良莠之山木植，早年先父已出卖与文斗寨姜载渭老爷名下为业，今复妄卖与下文斗寨姜映江砍伐。不意或被买主查拿，请中理论，自知情亏理虚，自愿登门哀求容情施恩不咎，自愿悔过自新。日后不敢仍蹈前辙，倘有再犯，任凭原主执字赴公众究，自甘领罪。恐口难凭，立此错悔字为据。

凭中　向文星　姜凌云　姜映江

代笔　李先科

……九月初五日　范登榜　押立

① 陈金全、郭亮主编：《贵州文斗寨苗族契约法律文书汇编——易遵发、姜启成等家藏诉讼文书》，人民出版社 2017 年版，第 175 页。该团规团款呈文是在当地田野调查时发现的，呈文提供人易遵发（男，苗族，访谈时任文斗村村民委员会主任），整理、记录人为刘振宇。

② 陈金全、郭亮主编：《贵州文斗寨苗族契约法律文书汇编——易遵发、姜启成等家藏诉讼文书》，人民出版社 2017 年版，第 234－235 页。这份错悔字据是在当地田野调查时发现的，契约提供人易遵发（男，苗族，访谈时任文斗村村民委员会主任），整理、记录人为刘振宇。

“禀官提究”的存在，表明时至清代黔东南苗族地区纠纷解决已然不能游离于国家正式社会控制之外。但“请中讲理”和“禀官提究”之间绝非楚河汉界、互不交集，相反，二者实际上处于密切的互动状态。发生民间纠纷之后，一般而言先需“请中讲理”，当族长、寨老、团首调解不了或是当事人不服时才可“禀官提究”。但即便官府受理，很多时候也离不开民间力量的协同，特别是类似林权纠纷案件，官府的裁决与执行往往需要借助民族民间权威协助勘验山界、调查取证和督促落实等。当然，“请中讲理↔禀官提究”绝非仅是单向的过程，若官府发现民间发生重大刑民案件，不待“请中讲理”即可“禀官提究”，以国家强力排斥民族自发社会控制的适用。此外，“请中讲理↔禀官提究”亦不只是一次性互动，实践中可能处于反复的互动中。例如：收集到的文斗苗寨诉讼文书中记载了一宗发生在清朝光绪年间的案例，姜宗德一伙强占他人杉木，原告不服于是“请中讲理”，哪知中人跟姜宗德一伙狼狈为奸，原告无奈之下赴县衙“禀官提究”，县官则以为此事诚属田土细故，于是便批示原告“既央中讲赔，仍原中理计”，原告只得再次重新“请中讲理”，但其权益依然得不到维护，由是声称“蚁遵批后，向原中理计，恶等仗盗不耳”，再次赴府“禀官提究”。①

其实，清代黔东南苗族地区民族自发社会控制与国家正式社会控制之间的互动协作不仅限于纠纷解决领域，而是有着更为广泛的适用空间。如在社会治理中发现偷盗粮谷牲畜、聚众赌博、诈骗良民、贩卖妇女等严重危及社会秩序的恶行或是在社会治安和联团自保中发现不备军械、不事团练、侵吞公款以及守备松弛、藏匿匪盗、匪情至而袖手旁观等情由，既可依寨规民约、团规团款处理，亦可禀官提究、依律治罪。在此，笔者将文斗团绅共同制定并呈文黎平府经胡姓知府核准施行的团规团款附录于下，以便我们更好地理解民族地区社会治安和社会治理领域中这种民间与官方之间的紧密互动，而且苗民自发约定的团规团款需经官府批准后施行，这本身就是民族社会控制规范层面民间与官方互动的直观体现。

---

① 刘振宇：《清代黔东南苗族社会变迁与民间纠纷解决——以文斗寨解纷文书为研究对象》，载《江苏警官学院学报》2011年第3期，第107页。

【文斗团绅为重整团规事呈黎平府文并附十条款禁】① （节录）

存案禀并十条，呈与黎平府胡大人

……

一议：地段宜分设守责成，方有攸为。近来邻境，盗劫蜂起，风鹤时闻。大抵由于保甲之不严，亦半由地段之淆杂，彼推我诿，以致宵小有托足之区。自议之后，各于要隘设卡看守。如有三五成群，身带兵器，形迹可疑等，势难拘留，一面尾踪侦探，一面飞报地方，齐团缉拿。查确实报者偿钱一千三百文；匿盗不报者，罚钱五千文。如有值日不守，守不终日及派老弱幼小备具人数塞责……惩，以儆效尤。如违，禀官提究。

一议：军械各宜备办，临时方使取携。若不先事预防，一旦有儆（警），如驱羸羊以攻猛虎，其不遭吞噬者几希矣！自议之后，各砦（"砦"同"寨"，本义为守卫用的栅栏、营垒）团首急宜随时开道，各家各办、以期合手。况坚甲利兵乃保身杀贼之具，为目下必不可少之物。又宜于农隙之余，正好讲武，挑选少壮子弟，讲求抬炮火铳风雨情差之法，短刀长杆跳跃搏击之方，紧要关卡战守奇正之略。技艺既熟，胆识既高，不特为今日保守地方之资，即为异日储待国家之用。倘敢视为常谈，抗儆不办者，公同议罚。如违，禀官重究。

一议：我团中或白日拦路劫抢，黑夜斩关抄掠，失事地方立即鸣锣，执戈向前，救援杀贼，老弱随后发喊，以壮声威。一面飞报邻砦团首，各带壮丁体察情形，或遏其头，或折其尾，或横击其腰，四面兜剿。该盗虽有插翅之术，毋能携赃飞越矣！但今日之盗，凶险异常，势必拒捕。有能革（格）杀一盗，生擒一贼者，每名赏钱六千文；如捕盗受伤，视其轻重，量给药费；或因伤毙命，公给埋葬钱三十千文。有幸灾乐祸、袖手旁观者，即系与盗贼同情，公同从重议罚。如违，禀官重究。

一议：办理地方公益件件，非钱不行。各砦既无存款，若不未雨

---

① 陈金全、郭亮主编：《贵州文斗寨苗族契约法律文书汇编——易遵发、姜启成等家藏诉讼文书》，人民出版社2017年版，第173－175页。该团规团款呈文是在当地田野调查时发现的，呈文提供人易遵发（男，苗族，访谈时任文斗村村民委员会主任），整理、记录人为刘振宇。需要说明的是，上文纠纷解决中所引文斗寨团规团款亦出于此文书，故于此处便不再赘引。

绸缪，必致临渴掘井。自议之后，宜为就地筹款，以公济公，载在簿处，交与公正绅耆收存。如有应行提用之处，必须实抵实消，庶免经手侵蚀、营私分肥之弊。如违，禀官提究，治以私吞公款之罪。

一议：田中禾谷、山上杂粮以及牛马猪羊，各种各收，各养各得。近有行险侥幸之徒视其人家良善易欺，起心偷窃，此种极恶，实为民蠹。今日既惯为窃贼小人，异日必肆行纠劫大盗。自议之后，如有胆敢故犯者，或经失主捉拿，或经他人指明，团首再为查明，赃真证确，公同酌量分别罚处。倘该贼恃势逞凶反……准其当时革（格）杀报团，饬令该盗族人领尸安埋。如违……官治以同恶共济之罪。

一议：近来有不法之徒，药迷人家妇女，拐往他方贩卖；窝依聚赌掷骰，愚弄富家儿郎；勾通他乡滥棍，讹诈本地良民。此等穷凶极恶，不但为遗羞门户之贼子，实为败坏风化之渠魁，为论及殊堪痛恨。自议之后，如有胆大妄为者，一经发觉犯奸拐者，即将男妇照依旧规处治，并将私通线索之人重罚，驱逐境外，家产一概充公。犯赌薄（博）者，窝户除将抽收地皮、钱文充公外，公同从重议罚。犯赌之人，分别议罚。犯串搕者，除追赃还失主外，加倍议罚示惩。如违，禀官严究。

……

黎平府

笔者认为，以清代文斗苗寨契约秩序为代表的西南山地民族社会控制互动协调型模式在实践中表现出了很好的优势。一方面，依靠民族民间权威前置性化解了大量社会矛盾纠纷，在弥补官方力量不足的同时，国家律令典章也借助传统权威和寨规民约、团规团款逐步渗入民族社会控制之中；另一方面，国家律法和官方司法的存在从根本上改变了民族社会控制自发、盲目演进，某种程度上为民族自发社会控制的自为自觉发展和适用指引了方向、限定了空间，而且更高层面公权调控的出现减少了先前民族民间调解不成便私相械斗仇杀的极端社会控制方式。总而言之，民族自发社会控制和国家正式社会控制在林业经济、纠纷解决、社会治安、社会治理等领域的良性互动，乡俗和官方力量的一体动员，有力地维护了清代黔东南苗族地区在剧烈社会变迁的情势下民族社会的秩序稳定。

五、引导治理型模式

引导治理型模式是指某些类型和领域的民族自发社会控制在民族社会秩序调控和社会治理中能够起到较好的功能作用，但其本身在运行过程中同时伴生着一些消极因素和不良效应，需要国家正式社会控制对其进行必要的引导，使之能够与国家正式社会控制有机整合，发挥民族自发社会控制的正向功效，通过引导消解其负面影响的民族地区社会控制实践模式。就西南山地民族社会控制实践而言，引导治理型模式的典型个案突出体现在凉山彝族德古调解与宁蒗彝族“虎日禁毒”。

（一）凉山彝族德古调解

解放前，四川凉山彝族社会由于缺乏强有力的公权组织，而其内部又呈现家支林立、互不统驭的格局，所谓“黑彝的脑壳一般大”，因之社会矛盾纠纷频仍。为了应对此问题，凉山彝族民众在长期自发社会控制实践中形成了专门从事纠纷解决和秩序调控的专业人员——德古。凉山彝族社会广泛流传的“德古睡觉不理事，纠纷就会闹翻天”“儿孙争理依父母，人类争理靠德古”“汉区的官府，彝区的德古”等民间谚语正是德古社会职能恰如其分地表述。

为什么把纠纷解决者称之为“德古”呢？按照彝语的解释，一种意见认为，“德”指“稳重”，“古”乃“圆圈”，“德古”意为“一个稳定的圆圈”①；另一种意见则认为，“德”乃“瘠”“瘦”“病态”之意，“古”则含有“治理”的意义，“德古”意指病态社会的治理者②。总而言之，德古是指凉山彝族社会中自然形成、为民众所公认的熟知彝族习惯法“节威”以及各种先例判词、格言谚语（彝语音译“尔比尔吉”）、古规古理、历史典故和神话传说，并能够综合运用多种解纷手段和技术实现民族社会秩序调控的“专业法律人”。

德古在凉山彝族社会控制中发挥着重要作用，他们既是矛盾纠纷的调解者，习惯法规范的解释者、适用者、执行者和传承者，同时更是习惯法规范的

---

① 巴且日伙：《凉山彝族聚居区法律生活分析》，载《凉山民族研究》（内部刊物）2000年刊，第66页。

② 马尔子：《浅谈凉山彝族德古》，载《凉山民族研究》（内部刊物）1992年刊，第99页。

制定者。德古在调处案件中创制的先例和原则经过“德古蒙格”会议一致同意便成为新的习惯法规范。如“偷猫赔九两金子”“偷公羊赔十一只，偷母羊赔十二只”等习惯法规范均是数百年前德古先辈们在调解凉山彝区流传至今的经典案例“偷猫案”和“偷羊案”中所创制的先例。①

德古的权威是自然形成而非世袭的，诚所谓“老人懂事是德古，其子无才去牵马”，只要能够成功化解纠纷，为民族群众所信服，便被公认为德古，人们有纠纷自然去找他解决，而且请得人越多、影响范围越大，德古的地位和声望也就越高。如果身为德古却处事不公或是能力不足，人们有了纠纷也不去找他，他的德古身份便会自然消逝，正所谓“德古受贿赂，办事失威信”。德古不仅不能世袭，而且还可以跨越等级限制，奉行唯才是举之原则，只要拥有解决纠纷的能力和水平，无论是黑彝、白彝还是娃子（即奴隶），即便是残疾人、妇女亦可成为德古，从而使德古这一群体汇集了凉山彝族社会最优秀的人才。当然，若想成为一名受人尊崇的德古绝非易事，既要有前辈德古的言传身教，又要有经年累月调解现场的耳濡目染、观摩体悟，更要有长期艰辛曲折的实践磨炼，而且对于德古而言不仅要拥有高超的职业技能，还要具备高尚的道德情操。作为一名合格的德古，应同时具备以下几项基本条件：一是要熟悉各种彝族习惯法、先例、格言和典故等传统社会控制规范；二是要具备良好的表达、论理能力以及掌控全局、当机立断的裁决能力；三是要有责任心、公德心、正义感、淡泊名利等良好的道德素养；四是要有丰富的人生阅历和经验等。②

凉山彝族德古解决纠纷的主要形式即是调解。社会矛盾纠纷产生后，一般应当事人邀请德古才介入纠纷，当然也有紧急情况下德古主动介入的情形。一般而言，德古调解存在三种形式：对于较小的纠纷，通常情况下德古与当事双方采用“面对面”的调解；但对于较大的纠纷，德古调解则较多采取“背靠背”的方式；若是调解人命案或是械斗案等重案，则往往需要由多位德古组成的议事会负责调处。第三类德古调解通常在空旷的野外举行，双方家支成十上百的隔河滩对峙或分聚两座山头，之所以如此是为防止双方意见不和时可能发生冲突。调解由居于两方中间德高望重的大德古主持，先派出两位德古分别到不同当事方那里听取主张并进行说理，然后两位德古返回互相告知对方的主张，并召开议事会分析双方主张的差距、商量调解的口径和研究调解的策略，

---

① 李剑：《凉山彝族纠纷解决方式研究》，民族出版社 2011 年版，第 130 – 133 页。

② 胡兴东：《中国少数民族法律史纲要》，中国社会科学出版社 2015 年版，第 350 – 352 页。

接着再次派出先前两位德古分赴当事方那里继续说理、听取意见并验看证据，然后返回汇总信息，召开议事会商讨双方都能接受的方案，如此反复数次乃至十数次，最终达成双方都能认可的调解协议。在这一过程中德古的角色和职能是不同的，调处重大纠纷的大德古称为“谋目”，奔走两造之间传递信息的德古称为“谋嘎”，愿意为理亏一方担保的德古称为“谋当”，协助德古负责处理辅助事务者称为“丘西”，而裁断一般纠纷的德古则称做“谋凯”。[①] 为了促成调解，德古们需要采取多种纠纷解决技术和手段，诸如沟通、劝解、说服、谈判、推理、舆论、强制乃至动员家支内外各种社会力量。受彝族原始宗教观念的影响，纠纷调解成功以后，为确保调解协议的执行，常常还要在德古的主持下举行“喝和解酒”“打鸡赌咒”或“钻牛皮”等特定仪式。

德古调解不仅在传统凉山彝族社会内部家支分立，外部欠缺强有力国家行政司法调控的情势下有效地维护了基本社会秩序稳定，而且时至今日仍然在凉山彝区纠纷解决中发挥着积极作用。笔者在前文中已经做过介绍，据田野调查资料显示，凉山州布拖、美姑、昭觉、越西等彝族核心聚居区每年法院受理刑民案件不过二三百件，而为民间德古调解的纠纷数量保守估计则十数倍于此。据有学者统计，当地90%以上的民间纠纷都是通过德古调解（凉山彝人称之为“坎下法院”）解决的。[②] 为了更好地阐明这一观点，笔者在此列举几位田野调查中收集到的有代表性的德古调解民间纠纷的简况。

【四川省凉山州代表性民间德古简介】[③]

海来马尼德古，1932年出生，昭觉县庆恒乡比子以里村人。祖上四五代均有德古，15岁开始旁听德古调解，由于聪明干练20岁起便参与调解并独立发表意见。海来马尼德古年均调处纠纷40～50件，50年间成功化解纠纷上千件。调解地点遍及昭觉县、峨边县、马边县、美姑县和金阳县等地。

史一衣博德古，1935年出生，昭觉县特布洛乡拉牛村人，历任

---

① 李剑：《论彝族民间的法律人——“德古”》，西南政法大学2006届法律史专业硕士学位论文，第13－14页。

② 蔡福莲：《论凉山彝族传统习惯法的功能》，载《凉山民族研究》（内部刊物）2001年刊，第205－206页。

③ 陈金全、巴且日伙主编：《凉山彝族习惯法田野调查报告》，人民出版社2008年版，第230－231、243、258、271、287－288页。本课题组成员李剑参与了全程田野调查和资料收集、整理工作。

特布洛乡副乡长、乡长，呷住乡党委书记，竹核区司法助理员等职务。工作期间曾参与少量民间调解，1992 年退休后开展德古调解，年均调处纠纷 10 余件。调解地点遍及昭觉县、越西县、金阳县、美姑县和峨边县等地。

恩扎阿侯惹德古，1938 年出生，黑彝，现住美姑县觉洛乡苏千村。从祖父至本人三代均为德古，15 岁时开始旁听德古调解，24 岁时已能独立调解纠纷，曾赴马边县、雷波县调解案件。据其陈述，1987 年之前，他每年调处纠纷 10 余件，但近些年来随着社会变化，找他调解纠纷的少了，每年 3 ~ 5 件。

的日格破德古，1943 年出生，美姑县巴普镇三合村人。其祖父曾为德古，的日格破 25 岁起旁听德古调解，41 岁才正式独立调处纠纷，年均调解纠纷 40 件左右，调解地点遍及美姑县、越西县、马边县、峨边县、雷波县和昭觉县等地。的日格破德古乃美姑县调处民间纠纷最多的德古之一，1994 年被美姑县人民法院聘任为人民陪审员和村民调解委员会成员。

阿古约阿木德古，1959 年出生，白彝，布拖县特木里镇依呷村人，曾任依呷村党支部书记。阿古约阿木德古 12 岁开始旁听德古调解，独立调解后年均调处纠纷 30 件左右，主要在布拖、昭觉和普格三县调解。

但需要注意的是，凉山彝族德古调解绝非尽善尽美，在实践中存在着一些消极不利因素，需要国家正式社会控制予以必要地引导。例如：德古调解所依据的彝族传统习惯法规范可能与法律法规、国家政策有冲突，德古调解调处了本应由国家行政、司法机关管辖的纠纷，德古调解中存在着强制调解和以不适当方式进行调解的可能。尤为重要的是，德古调解过程中充分考虑纠纷背景、违犯者惯常表现、当事人关系和社会文化等多重社会因素的影响，这样固然有利于更好地实现案结事了和从根本上消弭纠纷，但有时也可能适得其反，如家支势力的过度干预往往可能使德古调解偏离规范的轨道，出现显失公正的现象。下面试举两则案例（案例 18、案例 19）以证之。

【案例 18】①：1932 年，美姑县巴普乡曲诺（白彝）曲比石纪杀死诺合（黑彝）主子吴奇佩石。事后虽然德古介入纠纷调解，但调

① 张冠梓：《论法的成长——来自中国南方山地法律民族志的诠释》，社会科学文献出版社 2002 年版，第 87 页。

解过程中吴奇家支联合阿卓、布兹等几大黑彝家支形成强大势力向曲比家支施压，提出除曲比石纪偿命之外，曲比家支还需向吴奇家支赔偿3700两银子。依照彝族传统习惯法规范，诺合命价为曲诺命价的3倍，而当时曲诺命价约为200两银子，吴奇家支的请求则是曲诺命价的18.5倍，远超习惯法规范的规定。虽然德古居中调处劝解，但吴奇家支拒不松口，无奈之下曲比家支只得接受此种无理要求。

【案例19】①：1985年，越西县五托乡五里村的阿额莫阿欲与其夫离婚，丈夫不允，于是阿额莫阿自杀，从而引发彝族"死给案"。案发之后，参与调解的德古认为该案中丈夫没有过错，按照习惯法规范应定性为性质较轻的"白案"，但死者阿额家支不同意，坚持认为该案属于性质较重的"黑案"。由于双方存在争议，德古前后调解十次均未成功。最后，德古将案件性质定为"花案"，鉴于阿额家支势大，对方家支也只好予以认可。

为了有效解决上述德古调解过程中暴露出的若干负面影响，凉山州各县基层法律实务部门逐步探索出一些积极引导德古调解的创新经验，在实践中取得了很好的社会效果。如布拖、美姑等县开展了"携手德古 共创和谐"活动，聘请德高望重、声誉度高的德古作为人民陪审员和人民调解员，同时要求他们接受相关法律法规培训，在德古调解的调解依据、受案范围、解纷方式（禁止各类神判、械斗、"打冤家"等）和道德操守等方面做出了明确细致的规定［笔者特将《美姑县人民陪审员》（德古）培训提纲附录于下］，布拖县人民法院还与德古们签订了《特邀人民陪审员管理规定和目标责任书》等文件，从而使德古调解在国家正式社会控制引导下和框架内更好地发挥其在凉山彝区秩序调控中的积极正向功能与辅助配合作用。

【四川省凉山州美姑县人民陪审员（德古）培训提纲】②

一、人民陪审员（德古）在今后履行法律赋予的陪审业务和协助法院办理各种纠纷的过程中，一定要以法律为依据，秉公办事，不

① 海乃拉莫、曲木约质、刘尧汉：《凉山彝族习惯法案例集成》，云南人民出版社1998年版，第356页。

② 转引自严文强：《凉山彝族习惯法的历史流变——以案例分析为中心的研究》，西南政法大学2008届法律史专业博士学位论文，第165页。这份培训提纲是在四川省凉山州美姑县人民法院调研时收集到的，提供人海来克日（男，彝族，访谈时任县法院巡回法庭庭长），收集、记录人为严文强、李剑（男，彝族）。

能以权、以钱、以情办案办事，不能超越法律规定的范围办事。

二、不准办理公安机关、检察机关和人民法院正在办理的各种案件。

（一）公安机关正办理的治安行政案件；

（二）正在办理的各种刑事案件；

（三）正在通缉在逃犯的案件；

（四）正在办理的森林案件；

（五）人民检察院正在审查起诉的各种案件；

（六）人民法院待办的各种刑事案件。

三、不准以习惯的嘴巴啃咬谷子、米判断案件是非来解决各种纠纷。

四、不准以打鸡、读、念咒的方法来解决各种纠纷。

五、不准以野蛮采用抱铧口、端烫石、水中取鸡蛋等手段来辨别是非，解决纠纷。

六、不准办理以命抵命的方式来解决纠纷和不准办理政法机关已处理或者行政机关已处理的各种案件。

七、不准办理国有土地纠纷。

（二）宁蒗彝族“虎日禁毒”

毒品问题无疑是当代社会治理中的世界性棘手难题之一。之所以如此说，概由不外以下两点，一来毒品问题容易引起一连串的社会并发症，诸如共用针管吸毒导致的 HIV 艾滋病毒感染以及为筹集毒资而滋生的盗窃、抢劫、贩毒和卖淫等大量破坏社会秩序的违法犯罪行为；二者由于吸毒者对毒品的生理成瘾性，想要戒掉毒瘾诚是难于登天，即便国家设立的强制戒毒所其成功率也仅为个位数，很少能够超过 10%，而且一旦离开戒毒所复吸率极高。

我国西南山地民族地区特别是云南省，由于毗邻“金三角”这个世界上最大的毒品生产地和集散地，毒品问题表现的更为突出。以云南省丽江市宁蒗彝族自治县为例，2002 年全县 20 万人口中吸毒者就多达 1500 多人。长期以来，我国禁毒工作几乎全部依赖于国家正式社会控制，但这种“一元化”的禁毒模式未必能够发挥出最大的社会控制效果。仍以宁蒗县为例，当地戒毒所一直以来为实现禁毒目标兢兢业业地做着不懈努力，但囿于财力所限，截至

2002 年全县唯一的戒毒所饱和接纳能力只有 120 人，显然无法适应 1500 多名吸毒人员的戒毒需求，而 92% 的吸毒人员流散于社会中实是严重的社会治安隐患。不仅如此，戒毒期满之后吸毒人员又回归社会，脱离了强制监管极易复吸，实践中复吸率竟高达 99% 。[①] 有鉴于此，在嘉日姆几[②]的号召、发起和组织下在其家乡宁蒗县跑马坪乡金古家支（具体包括阿姆、嘉日、吉伙三个家族）开展了声势浩大的“虎日”民间禁毒成功实践，创造了世界上首屈一指的戒毒成功率（高达 84. 4% ），亦成为西南山地民族自发社会控制“治疗型控制”的成功典范。

宁蒗跑马坪乡的民间禁毒一共举行过两次。第一次是在 1999 年 11 月 31 日，嘉日姆几动员本家族内 20 多名德古举行了嘉日家族禁毒盟誓仪式。首先，由大德古嘉日万格宣布启动禁毒仪式；其次，嘉日姆几向族人宣传毒品的巨大危害；再次，毕摩念经祈求祖先庇佑禁毒成功；又次，吸毒者喝了“决心酒”并杀牛祭祖向祖先发誓戒毒；最后，吸毒者被安置在集体戒毒所戒毒。[③] 两年后，当时参加禁毒仪式的 22 名嘉日家族的吸毒者中有 14 人戒毒成功，成功率达 63. 6% 。从 2001 年下半年开始，宁蒗县出现毒情加重和反弹趋势，金古家支亦受到波及，全家支吸毒人数上升至 32 人。于是，在嘉日姆几的倡议下，2002 年 5 月 22 日（彝族“虎日”）金古家支又举行了全家支范围内 500 户族人参加规模更大的“虎日禁毒”。之所以选择“虎日”，是因为在彝族文化中“虎日”是代表发动战争的日子，在“虎日”宣布禁毒意味着彝人向关系着家支存亡与发展的毒品宣战。“虎日禁毒”当天，金古家支举行了盛大的“祭祖”“饮血酒”“盟刻”和“转头”仪式，人们杀掉牛、猪、鸡并取出血和胆，制成血酒族人共饮，毕摩念咒并在巨石上刻上“ + ”字符号，发下诅咒“家支不会将吸毒者当人看待，除非他戒毒成功重新找回金古族人的尊严。”举行完各种仪式后，吸毒者与家支签下保证书后被送进家支戒毒所，吸毒者的

---

① 庄孔韶：《“虎日”的人类学发现与实践——兼论〈虎日〉影视人类学片的应用新方向》，载《广西民族研究》2005 年第 2 期，第 57 页。

② 嘉日姆几，男，彝族，汉名杨洪林，中央民族大学人类学博士，现为云南师范大学法学与社会学学院教授。

③ 刘希：《民间法：一种少数民族地区犯罪控制的乡土力量——以云南宁蒗跑马坪乡彝族社区民间禁毒个案为样本》，载何明主编：《西南边疆民族研究》（第 6 辑），云南大学出版社 2009 年版，第 147 页。

近亲属被指定对其进行监督。[①] 除此之外，金古家支还成立了“民间禁毒协会”，组织联防队伍，开支费用由家支负担，同时制定了相应的禁毒规范，如举报有人贩毒给本家支成员者奖励500元，对贩毒者采取抄家、烧屋等严惩。“虎日禁毒”的成效是显著的，32名吸毒者最后有27人戒毒，戒毒成功率高达84.4%，且27人中复吸律为0%，“虎日禁毒”后金古家支再无一名新增吸毒者。

那么，这里就产生了一个问题。缘何宁蒗彝族“虎日禁毒”这一民族自发社会控制能够如此卓富成效呢？其实，通过比较政府主导、自上而下强制戒毒所暂时性社会隔离的国家正式禁毒模式，不难发现“虎日禁毒”的优势在于它有效动员了彝族家支组织、信仰仪式、习惯法规范、亲情教化和伦理道德等族群社会和文化的集体力量，建构起立体化、整体性、全过程的民族社区禁毒体系。第一，通过举行传统民族信仰仪式，一方面，吸毒者向神灵和祖先发誓赌咒以增强戒毒的心理强制；另一方面，族人云集之际正是开展宣传毒品危害和国家禁毒政策的绝好时机，借助传统仪式有利于提升禁毒宣传的效果。第二，吸毒者与家支签署戒毒保证书，并由吸毒者近亲属监督其完成戒毒。一是家支内部制定了严厉的戒毒规范，若不能实现戒毒或戒毒期间逃走，则扭送公安机关处理或开除族籍而且还要累及家人，从而构筑起足够强大的禁毒威慑。二是将戒毒行为由个人之事变成家族之事，加重吸毒者戒毒的责任感。正像跑马坪乡老乡长之子嘉日阿伙说的：“全家支的人都在看着我，如果我不能戒毒，父亲将没脸活下去”[②]。三是戒毒是对吸毒者身心巨大的煎熬和考验，与冰冷程式化的国家戒毒所不同，宁蒗彝族禁毒实践中充分体现着来自家庭和家支的生活保障、探视鼓励、心理慰藉与情感交流，为戒毒者创造舒缓的心理环境和良好的社会环境。后来戒毒成功的嘉日阿伙动容地讲：“金古族人真心为我好，只要我愿意戒掉毒瘾，会有十几个人拉着手站在我身边，给我鼓励。”第三，与国家正式社会控制将禁毒和戒毒工作分割开来不同，宁蒗彝族建立的是将控制毒源、打击贩毒、隔离戒毒和事后跟踪融为一体全过程的禁毒体系，能够有效地防范戒毒者复吸和预防族人染上毒瘾。第四，与国家禁毒人财物力

---

① 庄孔韶、杨洪林、富晓星：《小凉山彝族“虎日”民间戒毒行动和人类学的应用实践》，载《广西民族学院学报》（哲学社会科学版）2005年第2期，第42、46页。

② 本小节中嘉日阿伙的谈话转引自刘希：《民间法：一种少数民族地区犯罪控制的乡土力量——以云南宁蒗跑马坪乡彝族社区民间禁毒个案为样本》，载何明主编：《西南边疆民族研究》（第6辑），云南大学出版社2009年版，第152页。

相对有限，戒毒机构和人员捉襟见肘不同，宁蒗彝族禁毒实践中广泛动员社会力量，有钱出钱、有力出力，进而发起民族社区禁毒戒毒工作的“人民战争”。正是由于上述优势，与国家禁毒目标相一致的“虎日禁毒”得到了宁蒗县委、县政府的高度认可，并要求在县域内其他彝族聚居社区乡村推广这一成功经验。

综上所述，包括西南山地民族在内的当代我国民族地区犯罪控制和社区矫正绝非仅靠国家正式社会控制就能全部胜任的，合理吸收和利用民族自发社会控制力量是一条切合实际的选择。如同宁蒗彝族“虎日禁毒”个案所展现的那样，在今后民族地区禁毒戒毒工作中应努力实现国家力量和民族社会组织的整合以及正式制度与非正式制度的协同。

但是在承认宁蒗彝族“虎日禁毒”成功实践的同时，也要注意其中可能隐藏着的消极因素。例如：彝族家支并不是天然就为禁毒而生的，它本质上是中性的，关键要看社会主体如何去运用它。嘉日姆几创造性地利用彝族家支力量展开了民间禁毒运动，但事实上有的彝族群众则利用家支这一联系紧密稳定的亲族关系网络秘密从事走私、运输、贩卖、传销和吸食毒品等违法犯罪的勾当。此外，宁蒗彝族民间禁毒规范中有开除吸毒者族籍以及对贩毒者抄家、烧屋等规定，民众痛恨毒品犯罪者的心情可以理解，但规定本身与法律法规存在抵牾之处。而这种民族民间禁毒规范与国家法律法规之间的冲突在下面这份《户撒阿昌族乡曼东下寨禁毒寨规》中则表现得淋漓尽致。动辄三五千元的罚款，处罚权力从何而来？子女吸毒而父母不报罚款三千元基于何法何规？更不要说诱骗外寨人吸毒开除寨籍和打死诱骗本寨人吸毒者不负法律责任则更是明目张胆地违反国家强行法。因之，只有国家正式社会控制对民族民间自发禁毒行动采取必要的引导，才能更好地发挥其正向社会控制功能，同时防止其消极因素的溢出甚至走向社会控制运行的反面。

【云南省德宏州陇川县户撒阿昌族乡曼东下寨禁毒寨规】①

第一条　凡是吸食毒品者罚款 3000 元。

第二条　外寨人员诱骗本寨人吸毒被亲属或有关人员打死的不负任何责任。

第三条　本寨人诱骗外寨人吸毒者罚款 3000 元，并开除寨籍。

---

① 杨志明等著：《边疆社会非正式控制研究——一种基于民族伦理控制的扩展分析》，中国社会科学出版社 2016 年版，第 196 – 197 页。

第四条　凡是子女吸毒者，父母必须上报村寨或相应公安机关，由本寨各家各户和亲属出资（一般每户300元）送交乡办的戒毒所；凡是知情不报者，罚父母3000元，本人2000元。

第五条　凡经过戒毒后能悔过自新的，寨里人要给予帮助，不能鄙视。凡屡教不改，两次以上进戒毒所的，必须送交上级司法机关处理，并逐出寨子。

第六条　凡是贩卖毒品，牟取暴利者，要罚款5000元，并且送公安机关依法处理。

六、管控治理型模式

管控治理型模式是指民族社会长期实践中在某些领域自发形成了独特的社会控制规范和秩序，但其与现代国家法律法规和政策的精神原则、具体规范存在明显抵牾，若是直接予以简单的强力压制，一些民族群众一时难以接受，同时还有可能引发更大的社会冲突以及某些负面反应，因此，基于照顾民族和地域特殊性的考量允许在个别特殊情形下将其作为民族社会纠纷调处参考因素的实践模式。需要强调的是，在现代国家社会背景下，社会秩序调控中考量此类民族传统自发社会控制因素应当是极其有限度的，而且必须在国家正式社会控制的严格管控下进行，坚决不允许违反法律法规和国家政策。笔者认为，西南山地民族社会控制中针对彝族“死给案”和藏族“赔命价”应当采取这种管控治理型模式。

（一）彝族“死给案”

在传统彝族社会中存在着一种被称之为“死给”（彝语音译“斯吉比”）的他因自杀复仇引发的社会矛盾纠纷。所谓“死给案”是指两人因为矛盾、口角或肢体冲突，双方在争执过程中，一方（通常为弱势一方）感觉受到了侮辱、羞愧和难堪，认为自己的尊严和面子受到伤害，一时气愤难平之下以死相争，即死给对方。[①] 而一旦发生死给事件，势必引发死者家支或家族向对方家族或家支提出赔偿，如果纠纷不能得到妥善解决，则很有可能演化为严重的家支械斗。“死给案”盛行于民主改革前的传统彝族社会，民主改革之后，随

---

① 周星：《死给、死给案与凉山社会》，载马戎、周星编著：《田野工作与文化自觉》（下），群言出版社1998年版，第702页。

着彝区经济社会的巨大变迁，“赔命价”已然鲜见于城市和城镇地区，但在偏远彝族乡土村落尚有遗存（如案例20所示）。

【案例20】①：凉山州美姑县阿侯拉木的姑姑先年携女儿和6锭银子再嫁与苏嘎作达。后来阿侯拉木娶了姑姑之女，根据彝族传统习惯，阿侯拉木的姑姑嫁女时应将这6锭银子作为嫁妆，但苏嘎作达早将6锭银子花销一空而无钱给付。1987年9月，阿侯拉木再次向苏嘎作达索要这6锭银子，苏嘎作达不但不给反而将阿侯拉木的两个大拇指捆住羞辱并对其吊打。阿侯拉木惨遭毒打，向别人诉说自己的不幸遭遇，并留下话“我要吊死给苏嘎作达”，于是半夜潜入苏嘎作达家吊死在他家大梁上。

事发之后，阿侯家支停尸三日，表示苏嘎家不给说法就拒绝安葬。后在德古劝说下阿侯家安葬了尸体，但对于命案德古先后调解了八次均未成功。其间该纠纷还经过了美姑县、凉山州两级人民法院调解，但两级法院均未对命案做出明确处理。最后，两家请来德高望重的的日尺哈德古进行了两次调解。第二次调解时阿侯家支来了80余人，苏嘎家支出动170多人，大有调解不成便大打出手的架势。经过三天三夜的调解，最终达成调解协议，作为嫁妆的6锭银子归还阿侯家，苏嘎家另向阿侯家赔偿死给命金77锭银子（当时1锭银子折合人民币30元）。结案时两家打鸡诅咒表示该案永不反悔。

从凉山彝区收集到的案例来看，引发彝族“死给案”的诱因很多，其中多为鸡毛蒜皮的小事，如夫妻不和、姻亲纠纷（如案例20）、邻里纠纷、债务纠纷、挨打受辱、言语侮辱等。由于传统彝族社会死给案件较为普遍，从而导致彝族习惯法控制规范对“死给案”的处理有着复杂细致的规则体系。②“死给案”按照当事人之间的关系可分为夫妻之间、亲族之间、家支内部成员之间和非家支内部成员之间四种死给类型，其中以家支内部成员之间的死给案最多。每种死给类型又可依据具体案情情节划分为黑案、花案和白案三类。一般而言，动手打架以致对方自杀且对方无过错，属于性质严重的黑案；如果只是

① 陈金全、巴且日伙主编：《凉山彝族习惯法田野调查报告》，人民出版社2008年版，第285－287页。

② 有关传统彝族社会“死给案”的具体习惯法控制规范和命金赔偿细目表等详细内容，请参见陈金全、巴且日伙主编：《凉山彝族习惯法田野调查报告》，人民出版社2008年版，第77－80、94－100页。

双方争吵致使对方自杀，则属性质一般的花案；若没有争吵对方即自杀，应属性质较轻的白案，如已婚妇女不满婚姻现状却又无法解脱或自己理亏在先因受不了别人的言语刺激而自杀。此外，死给命金的赔偿数额与多种因素有关，如当事人之间的关系、死者等级身份和性别、死给的形式和地点等。当事人之间关系距离越近，死给命金赔偿得就越高；死者身份也关乎着命金数额，遵循黑彝命金高于白彝和男子命金高于女人的原则；死给的形式具体分为上吊、服毒、跳崖、投河、剖腹五种，命金数额从上吊至剖腹呈现逐次递增；死给的地点有被死给者家中、房前屋后以及野外三种，而死给地点离被死给者越近，命金赔偿也越多。

显而易见，站在国家法律规范的角度审视，大多数“死给案”很难称其为涉法纠纷（但以强奸等犯罪行为引发的“死给案”除外），而且彝区传统“死给案”的处理规范也与国家法律精神原则和具体规定相冲突。那么，传统彝族社会缘何会自发形成如此独特的“死给”社会控制秩序和法文化样式呢？

按照法社会学的观点，对类似“死给案”这样特有的民族自发社会控制只有置于彝区特殊的文化场域和社会结构中才能得到合理解释。首先，彝族社会独特的宗教和伦理观念成为孕育“死给”现象的温床。彝人深信“灵魂不灭”的观念，“灵魂不灭”极大地影响了彝人对生命价值的衡量与生死问题的思考，形成了崇拜英雄主义的社会风尚，彝族男子尚武轻生、彝家女子极重面子。有学者在研究彝族伦理观念时指出，“羞耻”和“尊严”构成了彝族伦理文化体系的核心内容。而当强烈的羞耻观念和激昂的英雄主义纠缠在一起时，彝人在面对生死时显得义无反顾，如果自己的尊严受到侮辱，而凭借一己之力又无法挽回，往往不惜以自杀行为来雪耻或报复。实际上，死给常常成为弱势一方的“武器”，不同意婚事或不满意婚姻以及家庭矛盾引起的夫妻不和，“极重尊严”的妇女们便祭起“死给”这一利器，彰显自己尊严的同时使对方陷入极其不利的风险之中。其次，通过自杀行为捍卫尊严和名节其实并非彝人所独有，它亦为中国古代“杀身成仁”的儒家精神所提倡，但为什么只有彝族的“死给案”能够引发一系列的社会纠纷和命金赔偿呢？社会文化因素而外，更源于家支这一彝族独有的社会组织结构。在缺乏统一健全公权组织的传统彝族社会，家支及其分支家族俨然成为维护个体成员生存和安全的重要维系力量，诚如彝谚所说“猴靠树林活，人赖家支存”。家支内有人因被他人侮辱而自杀，会被认为是整个家支受到了挑衅，个人之间的矛盾随即演化为家支之间的冲突，而家支之间互不统属同时又不存在更高的社会组织控制制约，冲突的结果必然是家支之间长期的械斗混争。为避免家支复仇造成的历史悲剧不断上演，彝族先民创造了以被死给者赔偿命金给死给者家支进而平息和化解“死给案”的民族自发社会控制形式。总而言之，彝族“死给案”诚是其家支社会结构、“灵魂不灭”的宗教观、英雄主义的价值观、极重尊严的伦理观和重死轻生的生死观等多重主客观因素复杂互动作用之结果。[①]

（二）藏族“赔命价”

与彝族“死给案”一样特殊的民族自发社会控制还有藏族的“赔命价”。所谓“赔命价”是指发生凶杀案件后，被害人亲属和家族向加害人索要或是加害人主动给付一定数额的金钱或财物（主要是牲畜），以和解方式平息纠纷的民族自发社会控制形式。广义的“赔命价”还包括“赔血价”，即发生伤害案件后，亦以加害人以金钱或财物赔偿“血价”了结纠纷。但需要特别指出的是，千万不要误以为“赔命价”制度适用于一切重大刑事案件，按照藏族传统习惯法控制规范，如果发生谋反、投毒、杀死多人、严重抢劫和乱伦等重大刑事案件，对违犯者处以死刑，“赔命价”仅适用于一般的杀人和伤害案件。一般而言，“赔命价”的具体内容包括调头费、丧葬费、抚恤金、服法和洗手费、审酬（类似诉讼费）、煞尾费（举行特定仪式，以示两家尽释前嫌）、善末费（即宗教丧葬仪式费用，用以超度亡灵）等。[②]

“赔命价”在不少西南山地民族中曾有体现，早在秦国时《属邦律》就记载西南夷“杀人者得以钱赎刑”[③]。及至解放前，藏、彝、傣、苗等西南民族地区仍然盛行“赔命价”制度。虽然新中国成立后，国家一度明令废止“赔命价”制度，但“赔命价”在藏、彝等少数民族偏远村落和牧区仍有遗存（如案例21、案例22所示）。

【案例21】[④]：1965年4月22日，隆巴与同公社社员豆格等6人（均为藏族）去邻乡给生产队购粮，途中因为一条皮绳的归属，隆巴

---

① 王启梁：《作为生存之道的非正式社会控制》，载《山东大学学报》（哲学社会科学版）2010年第5期，第78页。

② 陈金全主编：《西南少数民族习惯法研究》，法律出版社2008年版，第299页。

③ ［南朝·宋］范晔撰：《后汉书·南蛮西南夷列传（卷86）》。

④ 张济民主编：《渊源流近——藏族部落习惯法法规及案例辑录》，青海人民出版社2002年版，第182－183页。

与豆格两次发生争执。5 月 1 日，两人再次发生冲突，隆巴情急之中抽出腰刀往豆格身上戳了两刀。次日，豆格因伤口感染医治无效死亡。县人民法院受理该案后，于 1966 年 5 月 8 日以过失致人死亡罪判处隆巴有期徒刑 7 年。但豆格家却认为判决不公，既不曾让隆巴抵命，又没有让隆巴家赔偿命金，自己家的豆格白死了。隆巴 7 年之后刑满释放回来，豆格之弟项秀伺机报仇。1974 年 1 月 12 日，项秀见隆巴一人在放牧，随即扑向隆巴，用拾起的石头投向隆巴，隆巴头部被击中倒地，项秀抽出腰刀戳进隆巴左耳根，隆巴负重伤，3 个月后医治无效死亡。1975 年 12 月 7 日，县人民法院又以故意伤害罪判处项秀有期徒刑 12 年。1987 年项秀刑满释放后，隆巴家也准备报复项秀，项秀只得暂时搬迁外村。后来，民间权威介入调解，两家互赔命金并相互抵消，嗣后不得再行复仇。之后，项秀回到村里，两家冰释前嫌。

【案例 22】①：2009 年 1 月 13 日，某藏民从其姐口中得知其妻与他人保持不正当男女关系，大为光火。同月 15 日，其购买藏刀一把准备“教训”一下第三者。同日 18 时许，他带妻子购物后谎称去邻县办事，次日才回，让妻子先行回家。自己到网吧待到次日凌晨 3 点，然后回到自家经营的招待所，在自己屋内未见妻子后，拿起客房钥匙逐房查找，终于在 202 房发现妻子和情夫。情夫见状夺路而逃，他随后持刀追赶。追赶过程中，情夫两次摔倒，左、右肩膀处各被戳了一刀。他再欲继续报复时，被服务员和住客拦住。情夫虽然逃脱，但因剧烈运动失血过多以致休克死亡。案发之后，行凶者主动投案自首。法院在审理的过程中，加害人和受害人两家部落亲族也积极展开民间调解，并于 2009 年 5 月 14 日达成调解协议，由加害方支付受害方抚养费 9 万元。县人民法院同意了这一按照藏族“赔命价”调处的调解协议，同时以故意伤害罪（致人死亡）判处加害人有期徒刑 9 年。

那么，藏区为何会自发产生“赔命价”这样的民族社会控制形式呢？概而言之，原因不外有以下三点。一是政治原因。民主改革前，广大藏区星罗棋

① 淡乐蓉：《藏族“赔命价”习惯法研究》，中国政法大学出版社 2014 年版，第 169 – 170 页。

布分布着大大小小相互对立的部落，由于缺乏超越部落之上的统一性政治权力，出现命案后没有常态化公权力量裁决，于是各部落之间相互混战械斗，为了避免更大的流血冲突和无休止的往来复仇，藏族先民在实践中创造了“赔命价”这一既能够化解人命纠纷，又可以抑制部落冲突，进而实现社会秩序稳定的民族自发社会控制机制。二是宗教原因。藏传佛教的诸多宗教观念为“赔命价”的推行奠定了思想基础。藏传佛教“生死轮回”的观念认为，人死而其灵魂不灭，因而剥夺加害人的生命没有实质意义，还不如让其支付命金并为死者超度，以使死者早日转生。“六道轮回”① 和“因果报应”观念认为，行凶杀人者因其生前恶行决定其死后必定堕入“地狱”。既然如此，何苦再对其施以极刑，反不如留其性命，令其悔过从善为众生做些善事，以求早日脱离苦海，这样亦不失为一种“惩罚”。另外，支付命金而免其死罪也符合佛教“慈悲为怀”的观念。三是经济原因。在以游牧为主的落后生产方式下，人力是宝贵的生产力资源。家中青壮劳力为他人所杀，仅让加害人抵命，在欠缺官方社会保障的时代背景下，死者家庭可能陷入窘境甚至无以为继，死者已然逝去，赔偿命金便成为生者的心理慰藉和物质保障。因此，以跨文化的视角考察，藏族“赔命价”有其特定历史条件下的社会合理性，某种意义上体现出对死者生命的重视、对家属生活的保障以及对社会秩序的关注。“赔命价”不仅具有对加害人物质和精神双重惩罚的功能，亦具有对受害人及其家庭精神抚慰和物质保障的功能，还具有缓和双方家族和部落矛盾以及防止继续诱发流血冲突的功能。

除此之外，还有一项重要的社会原因不容忽视，即藏区偏远地区的司法组织和官方救济力量不足。其一，藏区地广人稀、牧民分散居住，寻求公权救助往往需要远赴数十公里甚或数百公里之外。其二，藏地公安和司法机关人员的业务水平、执法素质和服务意识有待加强。其三，诉诸司法解决需付出很高的金钱、时间和社会成本，但相比之下可能所得却较少，甚至有藏民觉得按照法律判决的丧葬费连举行民族传统葬仪的开支都不够。② 因而相较之下，地处偏远地区的藏民有了社会矛盾纠纷可能倾向于找民族权威依照习惯法规范调处。

---

① “六道轮回”起源于婆罗门教，后为佛教教义所吸收，意指佛会根据芸芸众生生前为善作恶诸行而决定其死后的“业报”。“业报”具体是指人死后的六个去处，即天人道、人道、畜生道、阿修罗道、饿鬼道和地狱道。

② 穆赤·云登嘉措：《藏区习惯法“回潮”问题研究》，载《法律科学》2011 年第 3 期，第 165 页。

据藏族学者淡乐蓉的调研，当代藏区 80% 以上的纠纷调处是通过民族自发社会控制实现的，纯粹通过司法机关按照法律判决的案件尚不足 10%。[①] 民族民间权威参与民间矛盾纠纷的调处有其一定的功效，但值得警惕的是，改革开放以来，藏区“赔命价”有重新抬头之势，民间调解涉足人命、重伤害刑事案件。据不完全统计，仅 1995 年起五年间，青海黄南藏族自治州就发生“赔命价”和“赔血价”案件高达 41 起，涉及金额 200 余万元。[②]

（三）对“死给案”和“赔命价”的管控治理

由前所述，“赔命价”和“死给案”都有其自发生成的社会和文化原因，但毋庸置疑的是，它们与现行国家法律存在着明显的规范冲突与文化阻隔。这种规范冲突和文化阻隔体现在三个方面。一是“赔命价”“死给案”等民族自发社会控制与法律法规所代表的国家正式社会控制之间的冲突和阻隔；二是“赔命价”体现的“以赔代刑”的民族法文化与国家法“杀人偿命”观念的冲突和阻隔；三是“死给案”属于严重社会纠纷的民族法意识与国家法不认为其是违法犯罪行为的冲突和阻隔。

面对“赔命价”“死给案”和国家法律之间的规范冲突与文化阻隔，实践中应当如何对待和处理呢？民族法学理论和实务界主要存在以下三种观点。

第一种观点是“保留论”。保留论者认为，“赔命价”和“死给案”既然是民族历史社会文化的产物，体现了民族独有的特色，就应当予以继承，让其继续发挥在民族社会控制中的作用。

第二种观点是“革除论”。革除论者认为，既然“赔命价”和“死给案”与国家法律格格不入、互不相容，不如大笔一挥、宣判其“死刑”。但若只顾一律禁除“赔命价”和“死给案”，很可能引发亲属复仇或家支械斗［如“隆巴案”（即案例 21）中项秀为其兄豆格复仇以及“阿侯拉木案”（即案例 20）中司法机关不置可否的态度险些酿成两个家支间的冲突］，或是在国家高压之下转入“地下”，限制得越严可能隐蔽得越深，反而使其游离于国家管控之外，给民族社会秩序稳定留下了隐患。此外，革除“赔命价”还需考虑其可

---

① 淡乐蓉：《藏族“赔命价”习惯法研究》，中国政法大学出版社 2014 年版，第 263 页。

② 党周、逯寒青：《青南藏区封建部落意识沉渣泛起——我省牧区“赔命价”陋习现象透视》，载张济民主编：《诸说求真——藏族部落习惯法专论》，青海人民出版社 2002 年版，第 341 页。

能引发的“二次处罚”问题，即国家虽然对犯有命案的犯罪分子依照《刑法》定罪量刑，但事后藏区民间还会以传统习惯法规范要求对方赔偿命金或血价。实践中就有个别藏民公然宣称“你判你的刑，我赔我的命价”“刑可以不判，但命价却不能少”等与国家法律背道而驰的论调。

第三种观点是“改革论”。改革论者认为，既要看到“赔命价”和“死给案”与国家法律相对立的一面，也要承认其历史作用及其深厚的社会根源，既要维护国家法制的统一性，也要兼顾民族地区的特殊性。一是一些学者研究认为以保全人命、教育改造为宗旨的“赔命价”体现了“以人为本”的人文精神，比“杀人者死”的报复主义刑罚观更为进步，在彰显人权保障理念的同时，又与废除死刑的国际刑罚发展潮流相一致。此外，“赔命价”背后的精神原则与当下“恢复性司法”和“刑事和解”等现代刑法理念有一定的暗合之处。[①] 二是“赔命价”的精神原则与我国刑民法律中的某些规定存在一致之处，可以将“赔命价”转化和改造，在刑事附带民事制度范围内予以认可。《刑事诉讼法》第一百零一条规定：“被害人由于被告人的犯罪行为而遭受物质损失的，在刑事诉讼过程中，有权提起附带民事诉讼。”《民法通则》第一百一十九条规定：“侵害公民身体造成伤害的，应当赔偿医疗费、因误工减少的收入、残废者生活补助费等费用；造成死亡的，并应当支付丧葬费、死者生前扶养的人必要的生活费等费用。”[②]《最高人民法院关于审理人身损害赔偿案件适用法律若干问题的解释》（法释〔2003〕17 号）第一条规定：“因生命、身体、健康遭受侵害，赔偿权利人起诉请求赔偿义务人赔偿物质损害和精神损害的，人民法院应予受理。”加之，《民事诉讼法》、《人民调解法》和《最高人民法院关于确定民事侵权精神损害赔偿责任若干问题的解释》等法律法规和司法解释中的相关规定，为“赔命价”与国家法律两者之间的沟通协调提供了前提和可能。实际上，在藏区“赔命价”和司法实务部门的沟通协调早已处于“实践”之中。据有学者调研发现，不少藏区司法机关会将受害方对加害方的充分谅解视为酌定从轻情节，而把民间权威调解或双方“私了”的

---

① 王林敏：《论藏区社会控制与赔命价习惯法的治理》，载《湖南警察学院学报》2015 年第 4 期，第 13 页。

② 2020 年 5 月 28 日《民法典》公布后，该法典第一千一百七十九条规定：“侵害他人造成人身损害的，应当赔偿医疗费、护理费、交通费、营养费、住院伙食补助费等为治疗和康复支出的合理费用，以及因误工减少的收入。造成残疾的，还应当赔偿辅助器具费和残疾赔偿金；造成死亡的，还应当赔偿丧葬费和死亡赔偿金。”

“赔命价”数额视为附带民事诉讼，并在综合考量的基础上从轻或减轻加害人的刑事制裁。[①] 青海果洛藏族自治州就明文规定，“因故意杀人或故意伤害致人死亡的，被告人支付被害人家属丧葬费和抚恤费……丧葬费由公安机关负责处理。抚恤费等由审判机关根据案件性质、情节和被告人的支付能力，依照刑事附带民事诉讼的程序进行调解或判决。”[②] 如此一来，通过司法政策某种程度上将“赔命价”纳入了国家正式社会控制领域。

笔者认为，“保留论”的观念无疑片面夸大了民族自发社会控制的功能，而无视“赔命价”和“死给案”与国家法律抵牾冲突的现实。因之，“保留论”理论上是有害的，实践中也是不可取的。如果说“保留论”属于不加甄别地美化一切民族自发社会控制的“右”的极端，“革除论”则走向忽视民族社会现实和反应的另一个极端。单纯“革除论”的结果不仅是欲速而不达，还往往导致经公处理的命案、血案可能面临“一罪多罚”（即“二次处罚”）问题，而未经公处理的命案、血案则赔钱了事，同一罪名处罚畸轻畸重，反而有损国家法律在民族群众中的威信。“改革论”表面上看走的是“执两用中”的持中稳重路线，但“赔命价”“死给案”和国家法律部门之间的协调沟通似乎更多的是学者想象中的理想愿景，而在民族地区社会控制实践中有时并非按照理论设想去运行。这里特别强调的是，笔者反对实践中藏区有些司法机关对事涉藏民之间的人命案、伤害案仅负责刑事部分的处理，而将附带民事部分推向民间，对民间依照“赔命价”调整达成的命金、血价简单审查就予以认可或默认。就像上述“某藏民刺伤致死情夫案”（即案例22）中，法院只是被动地认可民间依照“赔命价”达成调处的调解协议而不进行实质性引导和干预实属不妥。

在笔者看来，应当坚持管控治理型模式的立场，将西南山地民族遗存的“赔命价”和“死给案”纳入国家正式社会控制的管控轨道，具体而言即是八个字——“控导结合，打击非法”，在民族地区纠纷解决和秩序调控中实现法律效果和社会效果的有机统一。

首先，应当依法严格管控藏、彝等民族地区的“赔命价”和“死给案”。笔者调研发现，在相对发达的民族城镇地区，“赔命价”“死给案”已经极少

---

① 淡乐蓉：《藏族“赔命价”习惯法研究》，中国政法大学出版社2014年版，第213页。

② 秦民：《关于民族地区贯彻刑事法律、政策，解决赔命价问题的思考》，载张济民主编：《诸说求真——藏族部落习惯法专论》，青海人民出版社2002年版，第197页。

被运用，适用频次较高的往往是在偏远民族地区。因之，实践中管控“赔命价”和“死给案”的关注点不在城镇，而在广大民族地区乡村、山区和牧区。

其次，按照“能动司法”① 的理念建立诉讼指导机制和有限度的命案及伤害案件和解制度。一是民族地区的公安和检察官要发挥主观能动性，积极发现辖区内的命案和伤害案件，并主动介入其中。一方面，采取各种措施有效防止民间复仇和部落、家支械斗等情形；另一方面，则是限制民族民间私自以“赔命价”传统社会控制调解命案和伤害案件，而将该类案件的解决引导到国家司法诉讼制度内予以解决。二是命案和伤害案件中双方当事人在司法诉讼过程中并未提出命价、血价或是和解请求的，司法机关不得越俎代庖地主动提出适用，否则应当追究其法律责任。三是在命案和伤害案件司法诉讼过程中当事人提出和解请求，法官必须主动干预并加强对和解范围、依据、过程和结果的正确引导。和解的范围不是定罪的和解而只能是量刑的和解；和解依据不是民族“赔命价”传统习惯法规则，而是国家既有的刑事附带民事诉讼法律框架，绝不允许借口民族习惯漫天要价以及不同等级、身份和性别“同命不同价”等封建糟粕规范内容的死灰复燃；和解过程和结果必须始终坚持合法、合理、合情和必要的原则。

再次，严厉打击“赔命价”和“死给案”的非法运用。在当代藏区和彝族社会控制实践中，绝不允许借索要“命价”之名抄家抢夺、聚众哄抢，否则依法予以退赔；禁止以“命价”“血价”名义打砸抢烧、敲诈勒索甚至双方大打出手、械斗复仇，如有违犯，应依法追究参与者的刑事责任、行政责任和民事责任。

最后，应当加强对民族民间权威的法律知识培训。明确“赔命价”和“死给案”不属于民间调解范畴，并且依据“政教分离”原则，不允许活佛、喇嘛、僧侣等宗教人士干预涉及命金、血价等纠纷的调处。

除此之外，对于“死给案”而言，仅允许因对方强奸等违法犯罪行为引发的死给行为可以刑事附带民事诉讼方式和解；对于对方虽有过错但却非犯罪行为引起的死给行为，原则上不能适用“命价”调解，除非对方自愿主动承担且至多允许人道主义补偿；而对于己方无理或其本是债务人、盗窃者因羞愧

① 龙宗智：《关于“大调解”和“能动司法”的思考》，载《政法论坛》2010 年第 4 期，第 98－105 页。所谓“能动司法”具体是指法院立足审判职能，发挥主观能动性以回应经济社会发展的现实需要，主要强调的是法院和法官如何积极履行职责，主动顺势而为、有所作为。

或为改变自己不利地位而发生的死给行为，一律不属于涉法纠纷，同时也不准以“命价”私了。对于民族群众不理解的务必反复、细致、耐心、认真地做好法律解释工作，防止不良社会反应的出现。除上述权宜之计外，消弭“赔命价”“死给案”与国家法律之间紧张关系的根本途径还在于加强偏远民族地区执法和司法组织机构设施、法律人员队伍建设以及提升基层司法服务水平，加强宪法法律宣传教育，使民族群众深刻认识到“赔命价”和“死给案”的社会弊害性，同时广泛开展移风易俗和科普教育活动，以消解“赔命价”和“死给案”存在的社会文化基础。当然，这些措施的见效需要西南山地民族地区法律工作者长期矢志不渝的艰辛努力。

综上所述，通过研究西南山地民族多元社会控制的具体实践模式，我们能够得到以下四点启示。第一，西南山地民族地区并非铁板一块，相反其社会经济文化存在较大的差异性。相对而言，城市和城镇民族群众的法律意识较强，便于寻求公权救济，民族自发社会控制力较弱；而在广大偏远乡村地区民族群众的法律意识较弱，不便寻求公权救济，民族自发社会控制力较强。因之，当代西南山地民族多元社会控制整合协同的重心不在城市和城镇，而在广大民族地区乡村基层。第二，西南山地民族自发社会控制绝非完美无缺、尽善尽美的“绝代佳人”。它既有积极合理有价值的部分（如合寨壮族村民自治、丽江纳西族生态环境保护、占里侗族人口生育控制、宁蒗彝族“虎日禁毒”等），也有消极落后应限制的部分（如彝族“死给案”、藏族“赔命价”等），还有鱼龙混杂、利弊杂糅的部分（如凉山彝族德古调解等）。因此，在利用西南山地民族自发社会控制资源的过程中应当坚持“取其精华、弃其糟粕”的原则，必须认真筛选、仔细甄别，绝不可“胡子眉毛一把抓”。第三，西南山地民族社会控制中发挥民族自发社会控制的正向功能和有益作用，不是要用民族自发社会控制取代国家正式社会控制或者要与之平起平做，而是要努力做好辅助和配合作用，进而发挥多元社会控制在秩序调控和社会治理中的整体功效。第四，西南山地民族多元社会控制实践中存在着自为创新型、契合一致型、互动协调型、引导治理型和管控治理型等几种实践模式，每种实践模式都各有利弊及其特定的适用空间。这一方面既说明重视民族地区社会控制基层实践经验智慧的重要性，同时也告诉我们，由于民族自发社会控制本身存在着千差万别和参差不齐，加之不同民族社会地域和文化的差异性，因此在处理民族自发社会控制与国家正式社会控制关系以及建构西南山地民族多元社会控制等问题上不存在“一刀切”的统一模式，而应当针对具体的民族自发社会控制和国家正式社会控制的性质、内容、优势和功能等因素，并结合民族社会的实际情形“具体问题具体分析”，进而建构符合民族社会现实需要的多元社会控制实践模式。

第七章　当代西南山地民族多元社会控制整合协同的构想

在本书第五章中笔者阐述了当前西南山地民族社会控制是由国家正式社会控制、民族自发社会控制和准正式社会控制共同构成的多元社会控制体系，但它们之间只是“碎片化的混合”，充其量不过是未经整合的“分裂的整体”。因此，实现西南山地民族“断裂共存”的多元社会控制在现实秩序维护和社会治理过程中的整合协同实乃一个亟待解决的重要问题。在上一章的内容中，我们结合具体个案探讨了强力压制型、自为创新型、契合一致型、互动协调型、引导治理型和管控治理型等西南山地民族多元社会控制的实践模式，应当说这些具体的实践做法为科学、理性地处理民族自发社会控制与国家正式社会控制提供了弥足珍贵的成功经验和失败教训。但囿于这些实践模式针对的是不同地域、不同民族解决不同社会问题的社会控制“地方性经验”，且不同社会控制模式均存在不同程度的优势与缺陷。因之，它们确可为调谐二者关系提供某些智识支持和经验做法，但其中任何一种模式都很难单独地、排他地从整体和宏观上成为正确处理当代西南山地民族社会控制内部多元控制资源相互关系的既成模式。有鉴于此，笔者拟在认真梳理民族自发社会控制与国家正式社会控制关系研究述评和反思的基础上，系统阐述处理二者关系的学说依据、理论基础与现实条件，积极促进各种社会控制资源之间的理解和沟通，进而提出建构当代西南山地民族多元社会控制整合协同的可行出路和具体路径。

一、民族自发社会控制与国家正式社会控制关系研究的述评与反思

（一）民族自发社会控制与国家正式社会控制关系研究的现状

党的十八大以来，随着建设“法治中国”伟大战略的提出和构建中国特色社会主义法治体系渐成共识，标志着中国法治和中国法学逐步走向成熟。近些年来，中国法学界的批判能力、反思精神与自主意识不断增强，注重传承中华优秀传统法文化和发掘本土地方性法治资源，已然成为当今中国法学界的历史使命和共同追求。包括西南山地民族在内的少数民族优秀传统自发社会控制作为十分重要的本土法治资源而逐渐受到学者们的青睐，研究群体渐次增多、研究成果不断涌现（内容详见本书第一章“国内研究述评”部分）。

就西南山地民族自发社会控制研究而言，初步形成了民族自发社会控制理论研究、个别民族自发社会控制研究、各种民族自发社会控制手段研究、不同民族社会领域自发社会控制研究、民族自发社会控制与国家正式社会控制关系研究以及民族自发社会控制现代化转型等研究领域。笔者认为，民族自发社会控制与国家正式社会控制关系研究实乃少数民族自发社会控制研究的中心与关键。因为它不仅关乎民族自发社会控制的构成、内容、功能和法文化等基础研究的学理导向，而且是民族自发社会控制现代化转型等应用研究的逻辑起点。然而，正是这样一个具有理论价值和现实意义的论题，却长期呈现出研究进路各辟其途、学术观点自说自话的“怪现状”。[①] 因之，梳理和分析民族自发社会控制与国家正式社会控制关系研究的现状与困境，反思二者应有的相互关系以及未来的可能出路，实是当代少数民族自发社会控制研究中亟须解决的重要课题。

通过对现有民族自发社会控制和国家正式社会控制关系研究的学术著作和论文进行梳理剖析与概括提炼，笔者发现，民族法学者们围绕法人类学、法律史学、规范法学以及法社会学四种学术进路，在民族自发社会控制与国家正式社会控制关系问题上形成了诸如“并存论”“共生论”“否然论”“断裂论”

---

① 这里需要指出的是，囿于“社会控制”尚未成为民族法学界从事少数民族法文化研究中使用的主流概念，因此在具体研究中，更多学者使用的是“少数民族习惯法/民间法”和“国家制定法”关系研究这类术语。由于“少数民族习惯法/民间法”“国家制定法”分属“少数民族自发社会控制”和“国家正式社会控制”中的核心子概念，因而，笔者将“少数民族习惯法/民间法”和“国家制定法”关系研究的学术观点也一体视为“少数民族自发社会控制”和“国家正式社会控制”关系研究的学术成果。

“融合论”“整合论”等各说各理、相去甚远的不同学术观点。[①]

1. 法人类学研究进路与“并存论”

有民族法学者以20世纪50年代少数民族社会历史调查资料为依托，辅之以必要的田野调查，基于法人类学研究进路和法律民族志研究方法去收集和整理少数民族传统自发社会控制这一“他者”的法文化图景。其中不少学者运用现代法律概念和法学术语对获得的田野调查材料进行“比附”“加工”，从而“编织”起一套与国家法律法规为主体的正式社会控制似曾相识的民族传统习惯法社会控制规范。民族传统习惯法社会控制规范内容广泛，涉及少数民族社会生活的方方面面，主要包括社会组织和传统权威习惯法、生产与分配习惯法、所有权习惯法、债权习惯法、商事习惯法、婚姻家庭继承习惯法、丧葬习惯法、社会交往习惯法、禁忌习惯法、刑事习惯法以及纠纷解决习惯法等诸多领域。

类似的研究成果有高龙的《拉祜族苦聪人的社会控制——以镇沅县苦聪人为例》[②]、张斌的《诗性智慧、民族记忆与共同体秩序：作为社会控制工程的苗族贾理》[③]、陈德顺的《中国西南民族地区的家族势力与家族政治》[④]、曹端波的《侗族传统婚姻选择与社会控制》[⑤]、刘希的《论我国少数民族地区犯罪社会控制中的习惯法——以法律人类学为视角》[⑥]、赵天宝的《论德昂族孝

---

① 需要特别说明的是，本节述评中阐述的民族自发社会控制与国家正式社会控制关系研究的诸多观点，既有来自学者们在研究成果中的直接表述，亦有笔者对学者研究成果的总结概括。此外，学者们对民族自发社会控制与国家正式社会控制的关系探讨并非只是基于单一研究进路，更可能的情况是多重研究进路下的综合研究。与此同时，学者们在研究民族自发社会控制与国家正式社会控制关系时所秉承的理念和思路也不尽是一贯的，而可能处于变动之中。一方面，这体现了民族自发社会控制与国家正式社会控制关系问题本身的复杂性；另一方面，也能够反映出民族法学者们在研究过程中的自我批判以及该学术研究在“长时段”历程中所折射出的历史变迁。

② 高龙：《拉祜族苦聪人的社会控制——以镇沅县苦聪人为例》，载《攀枝花学院学报》2014年第5期，第57-60、87页。

③ 张斌：《诗性智慧、民族记忆与共同体秩序：作为社会控制工程的苗族贾理》，载《甘肃政法学院学报》2016年第6期，第32-41页。

④ 陈德顺：《中国西南民族地区的家族势力与家族政治》，载《云南民族学院学报》（哲学社会科学版）2003年第2期，第46-49页。

⑤ 曹端波：《侗族传统婚姻选择与社会控制》，载《贵州大学学报》（社会科学版）2008年第2期，第60-65页。

⑥ 刘希：《论我国少数民族地区犯罪社会控制中的习惯法——以法律人类学为视角》，载《时代法学》2008年第4期，第105-111页。

文化的社会控制功能——基于法人类学的分析》[①] 等。其中既有某一民族传统自发社会控制的铺陈叙述，亦有特定领域民族传统自发社会控制的内容钩沉。

总体而言，基于法人类学研究进路“拟构”起来的民族传统自发社会控制体系犹如可与国家正式社会控制同存并处的“自封闭体系”。民族传统自发社会控制是由民族群众长期生产生活实践中自发形成演进，且独立或不依赖于国家正式社会控制而存在的，为民族群众共同遵行并具有浓厚自治色彩，能够有效调控民族社会秩序的带有某种强制约束力的内控性社会控制范式。在这种法人类学研究进路之下，民族传统自发社会控制俨然成为有别于国家正式社会控制并能与国家正式社会控制“并存”的自在内生的独立的法文化样式。

2. 法律史学研究进路与“共生论”

中国虽很早就建立起中央集权的政治统治模式，但统一的国家法律很难在疆域范围内完全地一体适用。国家正式社会控制通行于都市城镇自是不足为奇，但囿于“家国同构”的社会结构和传统儒家思想的影响，加之交通不便、立法简约、吏员短缺、技术落后等诸多原因，若欲使其在乡村民间流行起来却并非易事。国家政府往往将性质较重、危害较大、出入人罪的刑事领域的审判尽可能地揽入囊中，而对家长里短、田土细故、婚姻继承之类鸡毛蒜皮的民间纠纷则显得力不从心，多数时候听任民间权威依据村规民约、家法族规、道德伦常和风俗习惯等非正式社会控制调处，进而形成中国古代独特的“国家法—民间法”二元化法制的共生格局。[②]

国家正式社会控制在中原腹地的实施尚且如此，其对地理偏远、社会落后、风俗迥异的周边少数民族地区的管控则更显鞭长莫及，因之只好长期奉行“因俗而治”“以夷制夷”的羁縻统治策略，进而形成“国家法—少数民族习惯法”的二元共存形态。但是需要强调的是，这种“共存”绝非“井水不犯河水”似的对立隔绝，恰恰相反，随着明代以后“改土归流”政策的逐步推行，国家正式社会控制与民族自发社会控制的交集互动日益增长。一是它们二者之间存在着此消彼长的相互制约关系。就西南山地民族自发社会控制的发展演进历程而言，凡国家正式社会控制怀宽容态度时，民族自发社会控制往往呈现良好的发展态势；反之，若国家正式社会控制持压制态度时，民族自发社会

① 赵天宝：《论德昂族孝文化的社会控制功能——基于法人类学的分析》，载《湖北民族学院学报》（哲学社会科学版）2018 年第 4 期，第 75 – 80 页。

② 梁治平：《清代习惯法：社会与国家》，中国政法大学出版社 1996 年版。

控制便处于缓慢发展或停滞状态。二是元明清之际随着国家正式社会控制在西南山地民族地区的持续渗透，民族自发社会控制对此并非消极地一味拒斥或是被动接受，而是积极主动地予以调适，[①] 将有益于民族社会秩序调控的部分国家正式社会控制加以吸收并内化为自身有机组成成分，此即为本书第二章论述过的“涵化型社会控制”。三是国家正式社会控制虽不排斥民族自发社会控制的存在与功能发挥，但绝非对所有民族社会纠纷均采取放任自流的态度。民族自发社会控制如能调控和平息民族民间纠纷自是很好，但如若其化解不了，或是性质属于重大刑民案件或跨民族、跨地域的社会纠纷则就须“禀官究治”了。

综上所述，基于法律史学研究进路，民族自发社会控制与国家正式社会控制实是处于密切交集和博弈互动的“共生”状态。类似的研究成果有黎瑛的《民国时期广西民族地区社会控制（1927 ~ 1949）》[②]，郗玉松的《国家权力的渗透与民族地区社会秩序的重构——“改土归流”后湖广土家族地区的士绅培育与社会控制研究》[③]，吴才茂、李斌的《清代黔东南地区的乡村社会控制——以新见官文书为中心》[④]，胡兴东的《历史上西南少数民族地区族际纠纷解决机制研究》[⑤] 等。

3. 规范法学研究进路与“否然论”

新中国成立后，国家正式社会控制以前所未有的强硬姿态进入少数民族地区，先前民族自发社会控制与国家正式社会控制那种“和平相处”的“并存”或是“共生”格局已然不复存在。面对两种异质社会控制形态的剧烈碰撞，由于长期深受秉承欧陆规范法学理念的苏联法学的影响，我们曾一度试图以“国家中心主义”和“法律一元主义”塑造单一的少数民族地区社会控制秩序。规范法学视域下的“法”仅指由国家制定或认可并依靠国家强制力保证

① 胡兴东：《元明清时期南方民族基层社会控制制度的变迁》，载《中南民族大学学报》（人文社会科学版）2005 年第 5 期，第 35 页。

② 黎瑛：《民国时期广西民族地区社会控制（1927 ~ 1949）》，社会科学文献出版社 2015 年版。

③ 郗玉松：《国家权力的渗透与民族地区社会秩序的重构——“改土归流”后湖广土家族地区的士绅培育与社会控制研究》，载《长江师范学院学报》2014 年第 6 期，第 9 – 14、145 页。

④ 吴才茂、李斌：《清代黔东南地区的乡村社会控制——以新见官文书为中心》，载《中国社会经济史研究》2017 年第 1 期，第 38 – 51 页。

⑤ 胡兴东：《历史上西南少数民族地区族际纠纷解决机制研究》，载《云南社会科学》2010 年第 4 期，第 112 – 115 页。

实施的，以权利和义务为核心内容的行为规范的总称。除此之外的社会规范均不应纳入法的范畴，而包括少数民族习惯法在内的民间法不过只是“国家认可和由国家强制力保证实施的习惯”① 而已。在规范法学进路之下，除了极少数为国家所认可的少数民族风俗习惯和节庆仪式外，大量的长期形成且行之有效的民族传统自发社会控制被全盘否认、一笔勾销，国家正式社会控制被奉为民族地区纯粹、唯一的秩序维护力量，而民族自发社会控制则被“放逐”于秩序调控之外。特别是在 20 世纪 50 年代中期到 70 年代末那段众所周知激进的极“左”实践中，传统民族权威被纷纷扣上“反动分子”“阶级敌人”的帽子而遭受错误地批斗，剥夺了他们参与纠纷调解和秩序调控的资格，而诸如阿佤理、节威、榔规、款约、石牌律等民族习惯法自发社会控制规范则被贴上“封建”“迷信”“保守”“落后”等标签而被直接取缔。

4. 法社会学研究进路与“建构论”

对于规范法学所主张的“否然论”，列宁早就有着深刻地警醒，“假使我们以为写上几百个法令就可以改变农村的全部生活，那我们就会是十足的傻瓜”②；毛泽东也曾指出：“企图用行政命令的方法，用强制的方法解决思想问题，是非问题，不但没有效力，而且是有害的。”③ 果不其然，单纯依赖国家正式社会控制在西南山地民族地区的实施效果并不理想，在一定程度上反而陷入了现代法治秩序未能真正确立而民族传统自发社会控制秩序却已遭破坏的尴尬境地。1978 年以来，随着法律多元理论在我国的兴盛和民族传统自发社会控制的重新“回潮”，反对将正式社会控制视为民族地区社会治理的唯一形式，积极发掘秩序调控的“地方性经验”，致力于各种社会控制形式之间的沟通、理解与协作的法社会学研究进路已成为民族自发社会控制和国家正式社会控制关系研究的主导范式。当然，由于研究理论基础、侧重和思路的差异，法社会学研究进路下关于民族地区多元社会控制相互关系的学术观点也并非千篇一律。概言之，大体形成了“断裂论”“融合论”和“整合论”等不同学说。

第一种是消极的“断裂论”。受现代主义和国家主义思潮的影响，个别民族法学者认为，近年来民族自发社会控制虽有所“回潮”，但其所依托的经济

---

① 中国大百科全书法学编辑委员会编：《中国大百科全书·法学》，中国大百科全书出版社 1984 年版，第 87 页。

② 中共中央马克思恩格斯列宁斯大林著作编译局编：《列宁选集》（第三卷），人民出版社 1972 年版，第 801 页。

③ 中共中央文献研究室编：《毛泽东文集》（第七卷），人民出版社 1999 年版，第 209 页。

基础、社会结构和文化情境已发生了根本性质变，在现代化浪潮中民族自发社会控制饱受重创并持续受到冲击，已然丧失了内容的完整性和运行的独立性，如今不过只是碎片化地“断裂”存在。在这些研究者看来，当前民族自发社会控制已经发生了不可逆的变化与“沉沦”。由于生计方式的变迁不少有关渔猎、牧业、山林等生产经营的传统习惯法控制规范日渐消逝，社会结构的重置致使社会组织和传统权威习惯法控制规范渐渐尘封，官方司法机构的垄断严格限制着刑事习惯法控制规范的适用空间，社会生活的变化也使民商事习惯法与婚姻家庭继承习惯法控制规范效力降低，科学知识的普及潜移默化地影响着禁忌、习俗等习惯法控制规范，不仅民族自发社会控制内容上呈现衰减，约束和制裁效力也有所弱化。总而言之，市场经济浪潮与社会结构转型导致了民族自发社会控制内容的断裂，民间权威消解与官方机构建立引发了民族自发社会控制实施的断裂，现代文化冲击与价值观念变迁诱发了民族自发社会控制信仰的断裂，国家法的普及和民族文化传承场的式微促使了民族自发社会控制传承的断裂。① 因之，在民族地区全面现代化的时代背景下，民族自发社会控制无法回应民族社会现实需求并为当代民族地区法治建设提供有益质料和贡献力量。

第二种是理想的“融合论”。与上述超然的“并存论”和“共生论”、激进的“否然论”以及消沉的“断裂论”等观点不同，基于法社会学研究进路的“融合论”超越了“二元对立”的思维模式②，积极谋求民族自发社会控制与国家正式社会控制二者的互动合作直至实现共融。“融合论”虽然承认民族自发社会控制与国家正式社会控制之间存在差异，但更加关注二者在价值理念、规范内容、目的任务和功能作用等方面的契合，并且坚信只要能够调适好民族自发社会控制与国家正式社会控制之间的差异，就定然能够实现二者的共融。

那么应当如何进行调适，以实现二者的融合呢？第一，加强民族地区法律法规的宣传普及和国家法治设施、人才队伍建设，持续推进“送法下乡”进程，另外，法律法规和国家政策也应符合民族地区的现实需要，贴近少数民族生活实际，获得民族群众的理解与认同，以促进国家正式社会控制在民族地区

① 李晓斌、龚卿、胡兴东：《云南人口较少民族传统精神文化社会控制功能弱化相关因素分析》，载《中央民族大学学报》（哲学社会科学版）2006 年第 3 期，第 75－80 页。

② 李剑、严文强：《“真实”与“建构”的二元对立——论国家法与彝族习惯法的断裂与合作》，载《民族学刊》2012 年第 4 期，第 45－49 页。

的贯彻实施。第二，在筛选和甄别的基础上认可、吸纳符合国家法律的民族自发社会控制规范，从而使民族自发社会控制规范得以“走进”和“融入”国家正式社会控制系统。在坚持宪法法律和国家法制统一的前提下，民族地方应当充分行使自治立法权和变通权。同时，少数民族基层自治组织能够较好地利用村规民约这一准正式社会控制载体，废除和限制与现代法治原则相抵触的民族习惯法，吸收和转化与法律法规精神相一致的或是在实践中被反复检验妥当可行的民族习惯法，在法律法规未规定或有漏洞的情形下允许使用不违反强行法的民族习惯法控制规范。① 第三，应对少数民族社会控制规范作出符合时代发展和法治精神的重新诠释，通过“移情”和“改造”从内部消解民族自发社会控制与国家正式社会控制之间的紧张冲突。由是观之，“融合论”主张在民族地区秩序维护和社会治理中，充分地将与法律法规和国家政策相契合和一致的民族自发社会控制的合理成分吸纳、融入国家正式社会控制系统中，以渐进方式实现二者在民族社会控制领域内的互动与对接，并最终达致“合二为一”的共融状态。

“融合论”在民族自发社会控制与国家正式社会控制关系研究中颇有市场。类似的成果有陈晓枫、赵志虎的《社会转型期少数民族习惯法与国家制定法的互补融合研究》②，冉琳闻的《论法治建设中民族地区的社会控制——国家法律控制与民族习惯法的冲突与互补》③，刘宏宇的《少数民族习惯法与国家法的融合及现代转型》④ 等。

第三种是持中的“整合论”。与上述“融合论”主张的“契合→调适→融合”的进路不同，“整合论”则采取的是“冲突→沟通→整合”的路径。“整合论”虽然也认同民族自发社会控制与国家正式社会控制之间存在着共通和互补，但两者在产生基础、表现形式、适用范围、作用机理和实施保障等方面存在着根本性区别。面对两种异质的社会控制形态，“融合论”试图仅通过控

① 王惠敏、张耀武：《浅议民族习惯法与国家法的融合路径》，载《公民与法》（法学版）2016 年第 6 期，第 18－20、24 页。

② 陈晓枫、赵志虎：《社会转型期少数民族习惯法与国家制定法的互补融合研究》，载《贵州民族研究》2018 年第 12 期，第 22－25 页。

③ 冉琳闻：《论法治建设中民族地区的社会控制——国家法律控制与民族习惯法的冲突与互补》，载《当代法学论坛》（第 3 辑），中国方正出版社 2007 年版，第 141－142 页。

④ 刘宏宇：《少数民族习惯法与国家法的融合及现代转型》，载《贵州民族研究》2015 年第 10 期，第 31－34 页。

制规范的对接将民族自发社会控制融入国家正式社会控制系统不过只是一厢情愿的"理想"，实际上为数众多的民族自发社会控制规范难以为国家法律法规所吸纳。

持"整合论"观点的研究者们则认为，"融合论"仅就控制规范调适层面探讨民族自发社会控制与国家正式社会控制二者关系极大地限制了研究空间，因而主张超越规范对接，在更为广阔的运行和实施领域研究民族自发社会控制与国家正式社会控制的沟通，进而试图实现两者在民族地区秩序调控和社会治理中的协同一致。除在规范对接层面对民族自发控制规范与国家法律法规进行调适外，有学者认为应当充分发挥民族民间调解这一"地方性经验"，通过人民调解委员会聘任民族传统权威（如德古、寨老等）、民事委托调解与协助调解以及吸纳民族传统权威参与行政调解、刑事附带民事调解，使民族民间调解获得来自民间和官方的"双重合法化"认可。① 亦有学者认为，当前少数民族民间调解机制存在严重不足，应当积极拓宽其适用范围，并从调解主体、调解依据、调解程序、调解方式和调解效力等方面提升民族民间调解的规范化水平，进而实现民族民间调解和人民调解、行政调解以及司法调解的有效衔接和联同协动，在民族地区建构起分工负责、互相配合的多元化纠纷解决机制。② 还有学者认为，应当明确少数民族习惯法控制规范的法源地位，可以收集整理并适时公布运用少数民族习惯法裁断的典型个案，通过建立案例指导制度指导民族地区的司法工作。

应当说，"整合论"极大地丰富和扩充了研究空间，业已成为民族自发社会控制与国家正式社会控制关系研究新的学术增长点。典型的研究成果有高晋康、何真的《习惯与法制的冲突及整合：以西部地区的调查分析为进路》③，戴小明、谭万霞的《论民族习惯法与国家法的冲突及整合》④，王明雯的《凉

---

① 郑天锋：《试论我国民族地区社会纠纷解决机制的完善》，载《西北民族大学学报》（哲学社会科学版）2014 年第 2 期，第 147 – 150 页。

② 李剑、杨玲：《民族地区多元化纠纷解决机制的构建——以当代彝区的法律实践为例》，载《法学杂志》2011 年第 8 期，第 127 – 130 页。

③ 高晋康、何真：《习惯与法制的冲突及整合：以西部地区的调查分析为进路》，法律出版社 2010 年版。

④ 戴小明、谭万霞：《论民族习惯法与国家法的冲突及整合》，载《广西民族大学学报》（哲学社会科学版）2006 年第 6 期，第 12 – 18 页。

山彝族习惯法与国家法整合的必要性及途径探讨》① 以及周晓涛的《西北少数民族法制建设中习惯法因素的整合》② 等。

（二）民族自发社会控制与国家正式社会控制关系研究的问题

就民族自发社会控制与国家正式社会控制关系研究而言，当今民族法学界尚未取得一致性的学术认同。诚然造成此种情形有着诸多原因，但最为根本的是学术理念和研究进路存在偏差。当然，哲学社会科学研究应当提倡百花齐放、百家争鸣，但我们争论的最终目的应是能够在求同存异的基础上获得趋同性的认知和广泛接受的行动方案。相较而言，学界对民族自发社会控制与国家正式社会控制关系研究进路与所持学说上的各执一端，离上述理想境界可谓是相距远甚。不仅如此，上文所述不同研究进路下关于民族自发社会控制与国家正式社会控制关系研究的不少学术观点都存在其自身难以克服的各种症结、困境、缺陷和不足，进而制约了民族自发社会控制与国家正式社会控制关系研究的持续拓展、深入与创新。

1. “并存论”与“共生论”的症结

客观地说，我们应当承认法人类学与法律史学对民族自发社会控制和国家正式社会控制关系研究的重要作用。法人类学的任务是获得对民族自发社会控制清晰和透彻地认知，这是研究民族自发社会控制和国家正式社会控制关系不可或缺的前提条件。而法律史学的任务是探寻民族自发社会控制的产生、发展以及演进规律，说明民族自发社会控制的历史延续性并为其与国家正式社会控制的关系研究提供丰富的历史经验和教训。与此同时，我们也应当警醒，民族自发社会控制并非仅是历史与传统，它也会随着民族社会的变迁和变革而发生着传承、成长和变化。传统意义上的法人类学与法律史学的研究重心侧重于国家正式社会控制介入之前的民族自发社会控制的原初形态，而非是受到国家正式社会控制冲击后的现实遗存和活态表现。囿于缺失具体的历史时空限定，“超脱式”研究进路下的民族自发社会控制实是“死的”和抽象化的秩序调控，而非是“活的”与运行中的秩序调控。上述“并存论”和“共生论”大

① 王明雯：《凉山彝族习惯法与国家法整合的必要性及途径探讨》，载《西南民族大学学报》（人文社科版）2008 年第 10 期，第 228 – 231 页。

② 周晓涛：《西北少数民族法制建设中习惯法因素的整合》，载《兰州大学学报》（社会科学版）2010 年第 3 期，第 120 – 126 页。

都是此种进路下的研究结论。不过令人值得欣慰的是，已经有学者关注到此问题并进行了相关研究。诸如，高其才的《变迁中的当代中国习惯法》①、周世中等的《西南少数民族民间法的变迁与现实作用——以黔桂谣族、侗族、苗族民间此为例》、张晓辉的《现代仡佬族的民间法与民间纠纷解决方式——以贵州省大方县普底乡红丰村为例》②、刘琳的《侗族侗款的遗存、传承与时代性发展——以广西三江侗族自治县侗族侗款为例》③ 等。

笔者认为，应当提倡和肯定现代化背景下特定时空情境中的法律民族志研究，它为民族自发社会控制和国家正式社会控制关系研究提供了真实而鲜活的第一手资料。但就总体而言，法人类学与法律史学乃是一种“向后看”的学理研究，与解决民族自发社会控制和国家正式社会控制关系问题迫切需要的“向前看”存在着方向相反的张力。笔者认为，囿于分析框架和关注重心等研究范式的自身限制，对民族自发社会控制和国家正式社会控制关系研究来说，对比于擅长学理化、记录整理和知识生产型的法人类学、法律史学研究进路，注重现实性、解决问题与应用实践型的法社会学研究进路则更显得心应手。

2. “否然论”的困境

费孝通先生早就指出，“乡土社会秩序的维持，有很多方面和现代社会秩序的维持是不相同的。”④ 就民族地区而言，无视其乡土社会基础而一味地拒斥甚至是取缔民族自发社会控制，仅靠纯粹的国家正式社会控制实现民族地区的秩序调控实属“法治乌托邦”的梦想。规范法学欠缺对国家正式社会控制的深彻反思，对民族自发社会控制与国家正式社会控制关系研究存在着不少缺陷。第一，精英阶层挟西方法治理论建构的国家正式社会控制与少数民族的社会生活、文化背景和思维逻辑之间存在着一定的“排异”，民族群众并不熟悉专业抽象的法律规范，法文化的巨大差异导致国家正式社会控制的实施效果有时不免事倍功半。第二，国家正式社会控制自身存在的程序繁琐、期限冗长和成本高昂等固有缺陷对民族群众而言则意味着费时耗钱，而且还可能存在即使胜诉却因为僵硬呆板、直接对立的司法程序而使当事双方撕破脸皮，出现

---

① 高其才主编：《变迁中的当代中国习惯法》，中国政法大学出版社 2017 年版。

② 张晓辉：《现代仡佬族的民间法与民间纠纷解决方式——以贵州省大方县普底乡红丰村为例》，载《贵州民族学院学报》（哲学社会科学版）2007 年第 3 期，第 6－11 页。

③ 刘琳：《侗族侗款的遗存、传承与时代性发展——以广西三江侗族自治县侗族侗款为例》，广西师范大学 2007 届法学理论专业硕士学位论文。

④ 费孝通：《乡土中国 生育制度》，北京大学出版社 1998 年版，第 49 页。

“赢了官司却输了人情”的弊病。第三，具有高度规范性、统一性与普遍性的国家正式社会控制主要关注的是宏观秩序调控，在内容上显然无法覆盖少数民族社会生活的方方面面。因之，每当遇到特殊民族地方性社会控制问题时则往往陷入“规范真空”状态。

3. “断裂论”的缺陷

与“否然论”的观点根本不同，“断裂论”则从运用国家正式社会控制全面替代民族自发社会控制的激进极端180°大转弯地走向消沉无为的另一极端。在“断裂论”看来，民族自发社会控制已然“碎片化”的今日，国家正式社会控制与民族自发社会控制之间的关系实质是“一个没有结论的命题”。客观上讲，“断裂论”提醒我们要意识到民族自发社会控制本身所具有的复杂性，同时应对民族自发社会控制“痼疾”保持足够的警醒。“断裂论”对现代化冲击下民族自发社会控制内部的矛盾和扭曲的阐述，让我们看到了民族自发社会控制自身的良莠不齐甚至是“面目狰狞”，民族自发社会控制并非完美无瑕的“绝代佳人”，不应过分夸大民族自发社会控制的功能效用。但是“断裂论”以此为理由将民族自发社会控制“一棍子打死”，却成为恩格斯所说的“将洗澡水和孩子一起倒掉”的荒唐谬误了。实际上，民族自发社会控制源于民族特定生活现实，聚焦基层社会微观秩序，在长期实践中已然内化为民族群众的自觉意识和行为范式。正因为其所具有的适应地方语境、低廉便宜、执行力强和注重案结事了等诸多优势而为广大普通民族群众乐于接受，因而在民族地区秩序调控中拥有较强的生命力。在此，笔者借用高其才教授的论断，民族自发社会控制不仅仅是个历史范畴，它也属于现在和未来，民族自发社会控制在今天并没有死亡，它仍然是一种“活法”文化，对民族地区现实生活有着深刻影响与不容忽视的作用。①

4. “融合论”的不足

激进的“否然论”和消沉的“断裂论”提供不了智识上的支持，“融合论”与“整合论”便成为民族自发社会控制和国家正式社会控制关系研究的主流观点。应当说，近年来民族法学界关于该问题研究所取得业绩成果大都拜二者所赐。虽然均是基于法社会学进路的研究，但相较而言，“融合论”存在着以下两点不足。第一，“融合论”理想地希冀通过变通国家法律法规和吸纳

① 高其才：《论中国少数民族习惯法文化》，载《中国法学》1996年第1期，第72页。

少数民族习惯法双管齐下的调适，将民族自发社会控制和国家正式社会控制之间的复杂关系简单约化为“少数民族社会的理想社会控制状态 = 少数民族习惯法的优秀部分 + 现代法文化的优点”。① 笔者认为，“融合论”这种“拟构”的折中主义观点不仅脱离民族社会现实，而且使相关研究长期地陷入立法领域规范对接之“窠臼”，却忽视了动态运行领域探讨民族自发社会控制与国家正式社会控制的沟通协调。“整合论”的观点则克服了“融合论”的这一弊病。第二，“融合论”虽摆脱了“法律一元主义”的禁锢，却仍然具有强烈的国家本位主义色彩。就融合目的来说，试图把少数民族自发社会控制规范纳入国家法律法规的“融合论”难以掩饰国家正式社会控制对民族自发社会控制的同化，“归化”“归导”等术语的频繁使用流露出国家正式社会控制同化少数民族自发社会控制规范的企图。就融合途径来说，国家主导下理性建构的制度设计彰显出国家正式社会控制“自我中心”的心态。诚然，笔者十分赞同现代化背景下民族地区秩序维护和社会治理中国家正式社会控制的主导地位。但与此同时，我们不应忽视民族自发社会控制的内生性变革因素和基层组织、民族群众自发实践中的原创经验智慧，抑或是由于疏于考虑民族地方情境和文化传统无法满足民族或地域的特殊性需求而获得民族群众的认同。与“融合论”相较，“整合论”的国家本位主义色彩则淡化得多。因此，在处理民族自发社会控制与国家正式社会控制关系时主要考量的应是民族社会的现实需求。诚如苏力教授所言，当二者之间发生冲突时，不应一味公式化地强调用国家正式社会控制同化、融合民族自发社会控制，而应当努力地寻求两者之间的相互妥协与合作。②

二、当代西南山地民族多元社会控制整合协同的前提基础

（一）民族自发社会控制与国家正式社会控制的功能互补

按照系统论和控制论的有关原理，只有组成社会系统的各个要素具备结构一致与功能互补的特点，这样的社会系统才有可能是运行协调和高效的。在本书第五章的论述中，笔者详细地阐明了民族自发社会控制与国家正式社会控制之间存在不少的契合和一致，以及在民族地区秩序维护中各自存在的优势与缺陷。不言而喻，双方的一致契合为两者的同存共处提供了合理前提，而双方的

---

① 云翼：《法律的一种人类学解释》，载《研究生法学》2003 年第 4 期。

② 苏力：《法治及其本土资源》，中国政法大学出版社 1996 年版，第 61 页。

缺陷优势又为二者的整合协同提出了现实需求。错综复杂的民族自发社会控制与国家正式社会控制之间自是存在着矛盾、冲突和断裂，但同时也具有相当的共通与互补。由于前文已经分析了二者之间契合一致的共同性，接下来在此笔者着重探讨一下民族自发社会控制与国家正式社会控制之间所具有的互补性，而这种功能互补又恰恰成为实现两者整合协同本身所具有的内在规定性。

民族自发社会控制与国家正式社会控制的功能互补对比表

项目 / 类型	知识系统	控制规范	控制重心	控制方式	控制时间	控制成本	执行保障	控制效果
民族自发社会控制	传统	习惯法/民间法	重微观调控 重物质赔偿 重村寨秩序 重修复社会关系	随意性调解（合意） 自助自卫	迅速解决	低廉便宜	家族强制 私力救济 公意惩处 社会舆论	易执行 少翻案
国家正式社会控制	现代	法律法规 国家政策	重宏观调控 重公力报复 重个人权利 重实现法律意志	程序化诉讼（裁断）	相对缓慢	相对高昂	国家强制	执行难 翻案多

从上表中不难看到，具有规范性、普遍性和强制性的国家正式社会控制规范（法律法规、国家政策等）属于本质性和深层规范，规定的比较原则、抽象，因此国家正式社会控制主要关注于宏观社会层面的秩序调控和社会治理，绝无可能覆盖少数民族社会生活的所有内容。而经过长期俗成约定、自发演进的少数民族习惯法社会控制规范则属表层性和浅层规范，它的调控与治理重心则在特定地域和族群的微观秩序。因之，民族自发社会控制不仅可以弥补国家正式社会控制中未曾涉足或难以调控的社会关系，并且在两者重叠的社会领域，少数民族习惯法社会控制规范也往往比国家正式社会控制规范规定的更加具体和明确，可以己之“长”补国家正式社会控制之“短”。

民族自发社会控制依据民族群众所熟悉的语言、知识与行为规范，适用简单便宜的民族民间纠纷解决方式，案结事了的同时注重恢复当事人之间的社会关系①，并依靠特定的社会关系网络确保调处结果的执行，有利于克服国家正

① 我国少数民族以及域外其他土著民族自发社会控制过程中纠纷解决的同时关注当事人社会关系的恢复，这对现代司法有着很好的启示与镜鉴作用，“恢复性司法”已成为中外诉讼法学界研究的一个热点议题。参见胡嘉金：《恢复性司法——以和谐社会为语境》，吉林大学出版社 2009 年版。

式社会控制在民族地区秩序调控中法律规范操作性差、程序机械僵化以及司法判决忽视社会效应等问题。正所谓，“在一个社会控制的大系统中，各类规范的功能是经常相互交叉渗透、共同协同作用的，它们分别从不同的角度表明人们向社会提出强制程度不同的要求，因此过分倚重于国家法律的控制手段，轻视习惯法的作用，社会控制机制就会失衡，不利于圆满解决问题。民族习惯法的存在丰富或弥补了国家制定法控制机制的不足，成为一种有效的补救手段和协同方式。”① 与此同时，民族自发社会控制也存在着诸如规则简单、程序随意以及可能滥用私力报偿等自身难以克服的“痼疾”。而在民族地区秩序调控和社会治理实践中体现官方意志和表征时代方向的国家正式社会控制能够运用各种力量对少数民族习惯法规范的消极因素进行限制或消弭，积极引导民族自发社会控制做出合乎现代社会变革的内在革新与外力改造，使之更好地满足民族地区社会变迁下的秩序调控需求。

由是观之，民族自发社会控制和国家正式社会控制之间的功能互补与内容契合为当代西南山地民族多元社会控制整合协同提供了内在依据和坚实基础。

（二）当代西南山地民族地区客观条件的现实制约

对广大西南山地民族特别是偏远民族农村地区而言，自然条件恶劣、交通信息闭塞、观念意识保守、经济发展滞后等客观条件极大制约了国家正式社会控制功效的正常发挥，同时也决定了民族自发社会控制参与民族地区秩序调控和社会治理的现实必要性。首先，受西南山地民族现实社会条件和民族传统文化之影响，民族自发社会控制在普通民众观念中依旧根深蒂固，法文化的差异致使民族群众对“高高在上”的国家正式社会控制有时敬而远之，加之对司法公正的担忧，民族群众对国家正式社会控制显得有些信心不足。其次，西南山地民族乡村基层地区尚存在经费短缺、设施陈旧、编制不足、人员素质不高等困境，法治资源配置和执法司法条件亟待改善。国家正式社会控制的缺位和作用有限迫切要求实践中民族自发社会控制的补充与辅助，往往在定纷止争的同时又能够节约国家法治资源。最后，便捷高效的民族自发社会控制无须支付成本高昂的诉讼费用，而其又为广大民族群众喜闻乐见和内心信奉，有助于提高调控结果的执行力与民众行为合规的自觉性。入情入理、灵活便捷的民族自

① 田成有：《论民族习惯、习惯法和法律的关系》，载《云南法学》1995 年第 3 期，第 12 页。

发社会控制在平息民族社会矛盾纠纷的同时，又不致当事人撕破脸皮，进而实现解纷效果和社会稳定的兼顾。由是从法经济学的视角审视，民族自发社会控制不啻为西南山地民族地区秩序调控和社会治理中普通民族群众降低经济、时间和社会成本的优先选择。

基于以上所述，由于当前西南山地民族地区客观条件的现实制约，如果能够实现民族自发社会控制与国家正式社会控制有效地整合协同，一方面，有助于民族自发社会控制在一定范围和领域内弥补或辅助国家正式社会控制的不足，成为西南山地民族地区的有益秩序调控力量和国家正式社会控制运行过程中的有力支持与协同手段；另一方面，有助于西南山地民族多元社会控制资源的分工合作、紧密配合，民族自发社会控制主要解决民族地区微观秩序和特殊问题的调控，从而使本就有限的国家正式社会控制能够集中精力展开民族地区宏观秩序与重大问题的治理，这种高低搭配“差序利用”① 的调控治理模式有利于西南山地民族多元社会控制实现内部优化和提高整体效能。

（三）西南山地民族多元社会控制整合协同的理论依据

根据本章第一节的论述，不同研究进路下民族法学界对民族自发社会控制和国家正式社会控制之间的关系各执一词，形成了“并存论”“共生论”“否然论”“断裂论”“融合论”等大相径庭的学术观点，但囿于以上各种主张在理论和实践中均存在着不同程度的问题，是故均无力承担民族自发社会控制与国家正式社会控制关系研究的未来。那么出路在哪里呢？笔者认为，基于法社会学研究进路的“整合论”和“协同论”应成为民族自发社会控制与国家正式社会控制关系研究获得突破的可行出路，同时也自然成为当前西南山地民族多元社会控制整合协同的理论依据。

由于“整合论”在前文中已做出阐述，在此笔者着重介绍一下“协同论”。所谓“协同论”，亦被称为“协同学”（synergetics）或“协和说”，是德国著名学者赫尔曼·哈肯（Hermann Haken）于 20 世纪 70 年代初提出的。“协同论”认为在自然界与人类社会的各种系统之中普遍存在着“有序”或“无序”状态，在特定条件下，“有序”和“无序”状态之间会发生相互转化。如果系统中的各个要素之间不能够很好地协调配合，则系统整体必然呈现

① 郭星华主编：《法社会学教程》，中国人民大学出版社 2015 年版，第 322 - 323 页。

“无序”状态，以致阻碍系统功能的正常发挥甚至最终导致系统的瓦解；而与之相反，如果系统中的各个要素之间实现充分的整合协同，那么系统中的多个要素功能集聚便会产生各要素均不具备的崭新功能或是超越各要素功能简单相加的功能总和。① “协同论”是现代控制论和系统论研究的新进展，被认为是整合系统内两个或两个以上要素，协同一致完成某一目标的过程，为我们处理复杂社会问题提供了新的思路。当前西南山地民族地区存在着民族自发社会控制与国家正式社会控制“契合和冲突”“表达和实践”“共存和断裂”的多元分裂共存的“无序”状态。因此，将“协同论”和“整合论”引入相关领域研究，实现两者关系在民族社会秩序调控中由“无序”迈向“有序”的转化，对于民族自发社会控制与国家正式社会控制关系的理论探讨和当代西南山地民族多元社会控制整合协同的应用研究而言都有着重要意义和突出优势。

首先是更新研究理念。第一，以人为中心的理念。民族自发社会控制与国家正式社会控制关系研究的根本宗旨不仅是为了如何使民族群众服从正式控制规范，而更应是研究如何能够使正式控制规范适应民族群众的生活。因而，在西南山地民族多元社会控制整合协同中务必尊重民族群众作为“主体”的利益诉求和表达以及来自民族民间社会力量的主动参与。第二，自发内生秩序理念。按照自组织相关原理，民族自发社会控制实质上是一种“人之行动且非意图或设计的结果”，属于一种自创生的内生秩序。尽管受到现代化浪潮的猛烈冲击，民族自发社会控制也能够相当程度上进行自行调适，新的规范不断地更新添附，不合时宜的内容则自我扬弃。恰如埃利希所说：“法律发展的重心不在立法、法学，也不在司法裁决，而在社会本身。”② 当代西南山地民族的秩序调控和社会治理绝非仅是“送法下乡”单向度的过程，应当发挥民族自发社会控制的功能效用，关注西南山地民族地区法律秩序的自我塑成而非只是单纯的外力改造。第三，建构理性和进化理性的沟通理念。③ 一般而论，国家法律法规体系注重人的“社会属性”，是从建构理性层面来论证社会控制合理

① ［德］赫尔曼·哈肯：《协同学：大自然构成的奥秘》，凌复华译，上海译文出版社2005年版。

② ［奥］尤根·埃利希：《法律社会学基本原理》，叶名怡、袁震译，中国社会科学出版社2009年版，前言。

③ 张进铭、高雪萍：《自发秩序与建构秩序的相容性——以哈耶克法治理论为视角》，载《江西社会科学》2010年第8期，第59－63页。

性的，而民族习惯法控制规范则是以“社会自治”为导向，注重人的“自然属性”，更加倾向于社会控制过程中的进化理性。必须承认，基于建构理性“规划”的国家正式社会控制是现代社会秩序的主导性力量，但它不是万能的，对西南山地民族地区而言，仅有国家正式社会控制是不够的。而属于进化理性的民族自发社会控制诚是有益的，但若民族地区纯粹只依赖于长期缓慢演进的民族自发社会控制秩序，则民族地区法治发展很有可能陷入停滞不前、普遍低效甚至是“机会主义”的泥淖。① 因此，在当今西南山地民族社会控制实践中应当重视建构理性和进化理性的合理沟通。一方面，国家正式社会控制在某些情况下要“有所不为”，给予民族自发社会控制足够的自主发展权利与自由生存空间；另一方面，国家正式社会控制进入民族地区时要充分顾及少数民族的社会情境和文化传统，以便使其能够更好地在民族地区生根、开花、结果；再一方面，建构理性和进化理性的沟通理念下的“整合协同”强调的是民族自发社会控制与国家正式社会控制的“相互作用”，这种“相互作用”不同于旨在消灭两者差异的“融合论”，而是主张稳妥调谐二者差异基础上求同存异、沟通协作，进而实现民族地区社会调控的整体效能。

其次是转换研究重心。其一，国家正式社会控制应改变“唯我独尊”的心态，以平和态度尊重民族自发社会控制。国家正式社会控制应当肯定和认可西南山地民族群众在社会控制领域长期行之有效的原创智慧和自发创造，积极发现并总结提炼民族地区基层法制部门在社会调控中的实践理性与成功经验有可能的话将其上升为法律政策或司法惯例。其二，应为国家正式社会控制和民族自发社会控制的整合协同提供更加宽阔的对话空间和互动渠道。② 与“否然论”和“融合论”不同，“协同论”和“整合论”研究进路下不是要以一方取代另一方，而是通过国家正式社会控制与民族自发社会控制的“相干”与“协作”，通过相互影响进而形成拉动效应，以期实现相互促进和共同发展。仍需要强调的是，笔者所谓的“协同”和“整合”不是谋求民族自发社会控制与国家正式社会控制“平起平坐”。法治中国背景下民族地区多元社会控制资源的“协同”与“整合”，必须承认和尊重国家正式社会控制的主导性力

① 朱富强：《扩展秩序是如何生生不息的？——兼评自发秩序的内在缺陷》，载《江苏社会科学》2002 年第 5 期，第 22 – 23 页。

② 季卫东著，易平译：《调解制度的法律发展机制——从中国法制化的矛盾入手》，载《比较法研究》1999 年第 Z1 期，第 371 页。

量，充分利用民族自发社会控制资源是要发挥其积极的补充和辅助功能。发挥民族自发社会控制的“协同”作用绝不是要削弱或解构民族地区法治建设，而是为了更好地增强和构建民族地区法治进程。其三，除社会控制规范整合协同外，还应大力拓宽西南山地民族自发社会控制与国家正式社会控制的整合协同路径。一是控制主体的整合协同。通过各种法律法规和民族政策的知识培训、业务指导和普法宣传教育，使民族民间权威和民族地区基层法律工作者能够兼具两种控制规范的知识范式，最终达致民族传统权威自发社会控制不突破现行法律之框架，而官方法律机构实施法律法规的过程中在必要时候可以借鉴、参照和援用民族习惯法控制规范。二是控制手段的整合协同。在确保国家法律和政策社会控制主导权的同时，激活并充分释放西南山地民族禁忌、舆论、习俗、道德、仪式等自发控制手段的合理成分，努力促成硬控制与软控制、外在控制与内在控制、积极控制与消极控制的兼收并蓄和有机协作。三是控制机制的整合协同。西南山地民族应乘着“能动司法”与“大调解”的改革春风和认真学习基层社会治理的浙江省诸暨市“枫桥经验”①，拓展民族民间调解更大的适用空间，实现民族民间调解与其他正式和非正式解纷机制的衔接协同，不断丰富和完善西南山地民族真正有效的多元化纠纷解决机制。总而言之，“协同论”和“整合论”下的民族自发社会控制与国家正式社会控制应在控制主体、控制规范、控制手段和控制机制错综复杂的控制要素中间搭建起一张能动开放的多元控制网络，而这种多元控制网络既非横平竖直的“线”，也非直叙平铺的“面”，而呈现出立体化的“球状结构”，多元控制网络中的各个环节既相互独立，同时又构成互相配合的协作关系。

又次是拓宽研究领域。其一，不局限于法律局面，而应从自然、经济、政治、文化、社会等诸多层面探讨现实实践中阻却包括西南山地民族在内的民族自发社会控制与国家正式社会控制整合协同的各种制约因素以及如何消解的问题。其二，社会控制规范对接而外，还应从更为广阔的社会控制运行和实施领域讨论包括西南山地民族在内的民族自发社会控制与国家正式社会控制的有效整合协同。例如：对未纳入国家正式社会控制系统中的民族习惯法控制规范，各级法律实务部门应采取何种渠道和方式展开搜集、证成、确认及其适用条

① 参见汪世荣、褚宸舸：《“枫桥经验”：基层社会治理体系和能力现代化实证研究》，法律出版社2018年版。

件、范围和效力等与民族习惯法控制规范司法化有关的一系列问题。① 其三，民族地区秩序调控应由偏重异态行为规制扩展至常态行为引导。② 对任何民族社会而言，只要其能保持相对稳定，则越轨和失范行为终属少数之异态现象，那么大多数情况下的常态行为又应当如何调控呢？具体到西南山地民族而言，笔者认为，我们不仅要研究国家正式社会控制与民族自发社会控制对越轨和失范行为的强制作用以及秩序调控中二者的差异和调适，同时还要重视民族自发社会控制和国家正式社会控制对常态行为的指引、评价、教育作用以及行为型塑中二者的冲突与整合。

最后是改进研究方法。"协同论"和"整合论"下研究的不是民族自发社会控制与国家正式社会控制是否应当整合协同的问题，而是如何能够实现两者有效整合协同的问题。这一研究趣旨要求民族自发社会控制与国家正式社会控制关系研究方法从思辨向实证、从应然向实然、从宏观向微观、从静态向动态、从理论向对策的适度转向。此外，有鉴于当前民族自发社会控制与国家正式社会控制关系研究中理论基础不同、概念使用混乱、缺乏相互交流等方法论方面存在的问题。笔者认为，应当以法社会学研究进路下的"协同论"和"整合论"为基础，建构起包括核心概念、研究主题、研究领域、理论构架、价值标准和研究方法等诸多要素在内的较为一致的研究范式，形成较为稳定的学术共同体，③ 以期实现民族自发社会控制与国家正式社会控制关系研究的跨越，为当代西南山地民族多元社会控制的整合协同提供理论依据和智识支持。

三、当代西南山地民族多元社会控制整合协同的初步设想

（一）西南山地民族多元社会控制整合协同的宏观构想

法社会学理论认为，任何社会为实现其存在、稳定和发展都不同程度地具备要求社会成员服从控制规范和维护社会秩序的社会控制。诚然，不同社会发展阶段、规模和水平的社会控制复杂程度亦不相同。但就现代社会而言，社会

① 厉尽国：《当代中国习惯法研究遭遇的瓶颈问题及其突破》，载谢晖、陈金钊主编：《民间法》（第十三卷），厦门大学出版社 2014 年版，第 351 页。

② 巫洪才：《中国少数民族习惯法 10 年研究之述评与反思》，载《黑龙江民族丛刊》2013 年第 3 期，第 102 页。

③ 巫洪才：《中国少数民族习惯法 10 年研究之述评与反思》，载《黑龙江民族丛刊》2013 年第 3 期，第 103 页。

控制模式已经有了根本性的变革，系统控制的时代已然来临，现代社会的社会控制不是单一的、纯粹的、封闭的，而应是多元的、综合的、对话的和全方位的。正因如此，党的十八大报告中明确提出了要加快形成“党委领导、政府负责、社会协同、公众参与、法治保障的社会管理体制。”①

现代社会的社会控制绝非只是由法律法规的制定数量来衡量，更要看社会控制的实施效果及其为普通民众的认可与接受程度。法律法规和官方司法固然是现代社会重要的社会控制形式，但其并非完美无缺，亦存在着宏观管控、成本过高、调控程式化和不利于当事人人际关系恢复等问题。而国家正式社会控制之外，民间社会还广泛存在着着眼微观行动、简易便捷、形式灵活、多元解纷和注重人际关系和谐的非正式社会控制。就当今西南山地民族地区而言，社会控制的最终目的乃是实现民族社会生活的有序化，而非全部民族社会生活的法制化。由民族地区社会矛盾冲突的复杂性、社会控制的目的导向以及各种社会控制的优缺点和功能互补等因素共同决定了西南山地民族在逐步加强和改善国家正式社会控制的同时，不应轻视乃至忽视民族自发社会控制的功能效用。总而言之，为实现西南山地民族社会秩序与社会治理的有效调控，应当充分整合国家正式社会控制、民族自发社会控制和准正式社会控制等既有社会控制资源，逐步推动民族地区社会控制由正式控制向非正式控制、自上而下控制向自下而上控制、垂直控制向水平控制、自为控制向自在控制的适度调整，② 进而建构起多种社会控制资源以相互依存为基础、以整合协同为特征，多元统一、纵横协调的民族地区全方位、网状化的社会控制结构。

那么，如何在西南山地民族地区建成整合协同、协调统一的多元社会控制体系呢？笔者认为，就宏观层面审视应从以下四个方面着手。

一是推动“硬法”和“软法”刚柔并济和功能互补的社会控制模式。既充分发挥法律法规和国家政策等“硬法”的作用，也要积极释放民族习惯法控制规范这种“软法”的功效。与此同时，加快民族地区社会控制领域的相关立法工作，明确民族传统权威和民间社会组织参与民族社会调控的权利、义务以及相关程序，发挥家教族规、村规民约、优良习惯法控制规范在维护社会稳定和促进社会发展等方面的积极作用。

---

① 徐汉明：《全面推进社会管理法治化》，载《人民日报》2012 年 12 月 19 日，第 7 版。

② 陶建钟：《治理转型下的社会控制及其制度调适》，载《中共浙江省委党校学报》2015 年第 4 期，第 69 页。

二是打造多元社会控制的合作共治，不断提升民族地区社会控制的社会化水平。一方面，加强对民族传统权威和民间社会组织的引导和培育，激发其参与秩序调控和社会治理的自主意识与责任意识；另一方面，通过制度设计、畅通渠道与协调融贯，明确国家和社会在民族地区社会控制中的职能分工和权责界限，从而使民族传统权威和民间社会组织在社会控制过程中发挥作用的同时能够实现依法自治与规范自律。充分调动民族传统权威和民间社会组织参与社会控制的积极性、主动性，变国家主导的线性控制为国家和社会整合协同的网状控制模式，实现西南山地民族由单一社会控制主体向多元社会控制主体的转型。

三是转变社会控制手段和方式，建构共建、共治、共享的民族社会控制格局。应当推动西南山地民族地区社会控制方式由主要依靠法律、行政手段向法律、行政手段和社会自治、社会互助等多元社会控制手段互促互补转变。在民族社会秩序调控和社会治理过程中合理协调好法律、政策与禁忌、舆论、习俗、道德、仪式之间的关系，在破解民族社会控制难题的同时不断增强民族社会的活力。

四是创新社会控制体制机制，逐步提高民族地区社会控制的科学化水平。为确保西南山地民族社会生机盎然的同时又能够秩序井然，社会控制应实现由管理型向治理型的转变，组织动员多元民族社会控制力量共同参与社会秩序维护和社会治理调控，形成多元民族社会控制资源的合作、共治与善治，进而提升民族地区社会治理体系与治理能力的现代化。[①]

在这里必须澄清的是，本书所谓的“当代西南山地民族多元社会控制整合协同”并非要让民族自发社会控制与国家正式社会控制同轻共重、并驾齐驱，而是在坚持国家正式社会控制主导的前提下，应当正视和尊重民族自发社会控制在秩序调控和社会治理中的辅助、补充与协同作用，并采取有效措施整合两者之间存在的“断裂”和“冲突”状态，进而使西南山地民族多元社会控制成为真正有效的有机统一整体。

（二）西南山地民族多元社会控制整合协同的具体路径

笔者认为，我们不应囿于“融合论”的观点，仅从法律法规和民族习惯

---

① 参考徐汉明、邵登辉：《打造共建共治共享的社会治理格局》，载《人民日报》2018 年 6 月 21 日，第 7 版。

法规范对接的层面探讨民族地区多元社会控制的相互关系，而应站在“整合论”和“协同论”的立场转变研究理念与拓宽研究视野，在结合西南山地民族实际情况和总结基层实践经验的基础上，从更广阔的控制规范、控制主体、控制手段和控制机制等方面，充分发掘民族地区自发社会控制资源，积极促进多种社会控制力量之间的理解和沟通，持续创新整合协同国家正式社会控制、民族自发社会控制与准正式社会控制三种控制形态的路径探索，尝试建构西南山地民族复合型、自主型和现代型的新型社会控制体系，助力提升西南山地民族社会控制的系统化、科学化与社会化水平。

1. 多元社会控制规范的整合协同

欲实现西南山地民族多元社会控制规范的整合协同，首先须在理念认知层面进行一场深刻的思想革命。应当彻底摒弃“国家本位主义”和“法律一元主义”的保守观念，根本上改变基于“二元对立”看待国家正式社会控制和民族自发社会控制的思维模式，不要再自以为是地给民族自发社会控制贴上“落后”“非理性”的标签或是将国家正式社会控制置于“包打天下”的位置，而应当树立文化相对主义和法律多元理论，在当今西南山地民族地区社会控制过程中重新认识、深入挖掘和充分利用好民族自发社会控制这一本土“地方性资源”。

转变观念仅是实现西南山地民族多元社会控制规范整合协同的思想基础，要达致此目标，其前提条件还要能够全面地掌握和熟悉民族地区现行有效的各种社会控制规范的具体内容。其中法律法规、国家政策以及村规民约等正式或准正式社会控制规范相对而言容易查找且其制定时依法依规进行过审查，而民族自发形成的习惯法控制规范囿于强烈的民族和地域差异性、形式杂糅散乱且大多以口传形式传承，加之新中国成立后因剧烈社会变迁引发的习惯法本身的巨大变化（废弃、遗存或改易等），其收集整理工作极为困难。为确保整合协同的民族习惯法控制规范的全面性和优良性，应当认真细致、深入持续地做好如下两项基础性工作。

第一，必须扎实地做好西南山地民族习惯法控制规范的田野调查、搜集、筛选、甄别和整理工作。因为“倘不深入民众的大层中，于他们的风俗习惯，加以研究，解剖，分别好坏，立存废的标准，而于存于废，都慎选施行的方法，则无论怎样的改革，都将为习惯的岩石所压碎，或者只在表面上浮游一些时。现在已不是在书斋中，捧书本高谈宗教，法律，文艺，美术……等等的时候了，即使要谈论这些，也必须先知道习惯和风俗，而且有正视这些的黑暗面的勇猛和毅力。因为倘不看清，就无从改革。”①

第二，民族习惯法控制规范绝非都是“治世良方”，其本身存在着良莠不齐甚至是消极反动，因之应当秉承“取其精华，弃其糟粕”科学的唯物辩证法对收集、整理后至今仍发挥作用的西南山地民族习惯法控制规范区分不同情形予以“扬弃”。一是对与法治原则和国家政策相一致和契合的民族习惯法控制规范，应当通过各种途径将其吸纳入国家立法中去。诸如，生态环境保护、经济生产、民商贸易、婚姻家庭继承和社会交往等领域内与国家法律及政策相符合的民族习惯法控制规范中的合理成分和有益资源。二是对法律法规和国家政策存在空白和遗漏的领域，在不违反强行法的前提下可以发挥民族习惯法控制规范拾遗补缺的功效，以弥补国家正式控制规范刚性的不足。例如：民族民间社会自治有效弥补了民族地区基层乡村国家正式控制力量的不足；少数民族长期形成的互助互惠和生产协作机制有助于在民族地区国家社会保障相对薄弱的情势下扶危济困和发展公益事业；民族习惯法控制规范中对聘礼问题的详细规范在婚姻法律没有涉及的情况下，在实践中往往成为处理类似案件的间接法源。② 实际上我国法律承认包括少数民族习惯法在内的“习惯”作为补充法律法规缺漏的法源地位和司法合法性，为习惯法控制规范的适用预留了弹性空间。如《民法总则》第十条规定：“处理民事纠纷，应当依照法律；法律没有规定的，可以适用习惯，但是不得违背公序良俗”③；《物权法》第八十五条亦规定：“法律、法规对处理相邻关系有规定的，依照其规定；法律、法规没有规定的，可以按照当地习惯。”④ 三是对功能与价值中性且在现实实践中行之有效的民族习惯法控制规范，虽可能与法律规定有所差别，但在特定条件和领

① 鲁迅：《鲁迅选集》（第三卷），人民文学出版社 1983 年版，第 37 页。

② 我国婚姻法反对买卖婚姻，因此并未规范所谓“彩礼”问题，但无论是在汉族亦或是少数民族地区婚姻实践中却广泛盛行着源起西周“六礼”的彩礼习俗。现实生活中一旦涉及彩礼返还纠纷，法律法规对此只能爱莫能助，但西南山地民族习惯法控制规范中对该问题却有着较为细致地规范。虽然不同民族、不同地域关于彩礼返还的规定存在着不小的差异，但其基本精神和内容是一致的：如果订婚之后不愿结婚，若非因男方悔婚所致，女方应当返还男方所出彩礼；如果结婚后不久女方主动提出离婚或是双方自愿离婚但因结婚时送彩礼而造成生活困难的，男方可以要求部分返还其所出彩礼；如果结婚时间较长，除非离婚时女方有重大过错（如通奸等），男方所出彩礼一般不必返还。由此可见，在坚持法治原则的基础上援用民族习惯法控制规范解决彩礼问题，在西南山地民族婚姻秩序调控和维护实践中的确能够收到良好效果。

③ 2020 年 5 月 28 日《民法典》公布后，该条文为《民法典》第十条全文吸收。

④ 2020 年 5 月 28 日《民法典》公布后，该条文为《民法典》第二百八十九条全文吸收。

域内允许其继续发挥积极作用。譬如，民族传统权威的调解和裁断以及民族地区社会治安和社区矫正（如“虎日禁毒”）等方面的习惯法控制规范。四是对与法律法规和国家政策相冲突和抵牾的民族习惯法控制规范，则应予以摒弃或限制。这里又应区分两种情况：其一，对与现代社会发展和法治精神绝不相容的消极落后的民族习惯法控制规范（如残酷的死刑、肉刑、开除寨籍、游街喊寨等惩罚，械斗，“打冤家”，血亲复仇，买妻，转房以及带有等级压迫、封建迷信性质的规范内容），可以国家强制力量直接取缔；其二，对与国家法律法规确有冲突，但其根源于特殊的民族社会结构和文化情境或是强行取缔会遭致更为严重的社会问题，这时就不应简单采取“一刀切”的强力禁除方式，而应针对不同民族、地域和个案的情形“具体问题具体分析”，此外在运用官方力量约束和限制的同时，更为重要的是通过普法宣传教育和移风易俗运动使民族群众逐步自觉放弃不合法的习惯法控制规范。

英国学者罗杰·科特威尔曾经指出：“立法必须在原有的民德中寻找立足点……立法为了自强必须与民德相一致。”[①] 笔者认为，西南山地民族地区在法的创制领域应当积极谋求多元社会控制规范的整合协同，搭建好法律法规、国家政策和民族习惯法控制规范之间的沟通平台。

首先，民族自治地方的人民代表大会应当充分行使《民族区域自治法》赋予的自治立法权，在自治条例、单行条例和变通立法制定过程中“自上而下”地认可和吸收行之有效的民族习惯法控制规范，实现优良民族习惯法控制规范的法制化。但从现实实践来看，西南山地民族地方民族自治立法权行使得差强人意，不仅权力行使有限，更为重要的是缺乏创新性。民族自治立法呈现领域较窄、数量不多、条文简易、内容雷同，多是援引《民族区域自治法》条文或各民族地方自治立法相互抄袭，并且模糊性和倡导性规范较多，操作性和执行性不强。[②] 长期以来，我国民族自治立法主要关注于怎样推进法律法规在民族地方的贯彻实施，而对体现民族与地域特色的优良民族习惯法控制规范的吸收和转化则着力不足。

其次，对不适宜纳入国家立法的优良民族习惯法控制规范，可以通过村规

---

① ［英］罗杰·科特威尔：《法律社会学导论》，潘大松、刘丽君、林燕萍、刘海善译，华夏出版社1989年版，第22页。

② 刘振宇：《当前我国地方民族立法体系评析》，载《湖北民族学院学报》（哲学社会科学版）2011年第3期，第108页。

民约、居民公约等准正式社会控制形式“自下而上”地纳入民族地方基层自治治理体系。如此一来，一则，可使法律法规和国家政策经过民族群众的自主选择更好地融入社会生活；二则，写进村规民约、居民公约的民族习惯法控制规范因得到上级政府的认可而获得合法性支撑。由是观之，村规民约和居民公约等基层自治规范本是沟通国家法律法规和民族习惯法控制规范的良好平台，当然不排除做得很好的典型范例（如广西宜州合寨村规民约等），但就西南山地民族地区田调情况看，不少村规民约和居民公约存在着互相抄袭、不合程序或流于形式等问题。比如笔者调研过的云南省西盟佤族自治县新厂乡代格拉村，据当地村干部说2009年该村曾制定了村规民约，但笔者提出阅览时，村干部在档案柜中翻找多时未果，于是推说“可能是提交到乡里，乡里没有反馈回来。”笔者又访谈了该村村民，均称没有听说过村规民约这回事。

再次，现代社会背景下，西南山地民族习惯法控制规范不应成为一个封闭系统，而应是一个开放体系。应当大力支持和鼓励民族传统权威根据时代变迁与社会发展在参详法律法规和国家政策的基础上重新阐释遗存适用的民族习惯法控制规范，以便从内部渐次消解其与国家正式社会控制规范之间的差异。

最后，由于“国家法作为一种外来文化，本身缺乏扎根的土壤，如果再不选用正确介入的方式方法，是很难取得当地民众的支持和认可。”① 因此，应结合西南山地民族的实际情况和族群民众的现实需求对法律法规和国家政策作出适当变通和改造，从而使国家正式控制规范更加贴近少数民族社会生活实际。与此同时，必须改变先前那种千篇一律的法律宣传教育形式，积极探索多元化“送法下乡”的崭新渠道。例如：注重发挥民族传统权威和民间社会组织在普法宣传教育中的特殊影响力；利用民歌等民族群众喜闻乐见、通俗易懂的艺术形式宣扬国法；在国家承认的佛寺教育和经堂教育中添设法制教育环节等。

2. 多元社会控制主体的整合协同

毋庸置疑，任何社会控制规范都是在社会控制主体参与下得以运转实施的，否则社会控制规范永远只是“纸面上的法”而无法转化为“行动中的

---

① 周晓涛：《西北少数民族法制建设中习惯法因素的整合》，载《兰州大学学报》（社会科学版）2010年第3期，第122页。

法”。因之，从某种意义上说，实现西南山地民族多元社会控制整合协同的真正动力不在于社会控制规范而在于社会控制主体，不是社会控制规范的制定层面而是社会控制规范的运行层面。为达致国家正式社会控制与民族自发社会控制良性互动这一目标，就社会控制主体而言亟须解决以下两个问题。

首先是人的问题，即由谁来实现西南山地民族多元社会控制资源的良性互动与整合协同。梁治平早就敏锐地意识到，“习惯法与国家法这两种不同的知识传统之间缺少一种内在和有机的联结。……表现于社会方面，是缺少一个从事于这种探究和说明工作的群体。”① 结合西南山地民族实际情况，笔者认为可以采取以下四项举措。第一，创新引人、选人、用人体制机制以及各项福利、奖励、晋升等优惠政策，增强人财物力投入，逐步改善执法、司法条件，打造一支“下得去、留得住、用得上”的民族地区法律工作队伍。毛泽东鲜明地指出，“政治路线确定之后，干部就是决定的因素。”② 而西南山地民族特别是偏远乡村地区待遇差、条件苦，既有人员因退休、调动、辞职等原因持续流失，但其本身又难以吸引、招徕人才，致使法律工作人员断层问题非常突出。第二，西南山地民族地区执法和司法人员缺乏实施过程中主动沟通法律法规和习惯法控制规范的意识和能力。他们对于民族传统权威运用习惯法控制规范化解社会纠纷，只要不同国家法律政策根本冲突或是当事人诉诸公权救济，倒是能够消极地予以默认，但在履行职权过程中面对无法可依、政策不足时却很少能够主动地运用适当的习惯法控制规范去拾遗补缺。因此，在收集、整理和证成各地优良且切实有效的民族习惯法控制规范的基础上，通过组织学习和内部培训使民族地区国家工作人员对其能够有所了解与掌握，并在实施过程中合理、正确、灵活地予以适用。第三，应该下大力气培养少数民族法律工作者。本民族法律工作者从事执法与司法活动，一则，能够在法律实施中合理参照和援引民族习惯法控制规范，从而自觉地实践两者的良性互动；二则，在涉及本民族秩序调控时有助于拉近与当事人的距离，增进亲和感与信赖度。第四，尤为重要的是应当尊重和认可少数民族传统权威在秩序维护和社会治理中的应有地位。就当代西南山地民族多元社会控制整合协同而言，民族传统权威扮演着“桥梁”和“媒介”的重要角色。一来，民族传统权威是自发社会控制的阐释者、实施者与执行者，对民族习惯法控制规范早已烂熟于

---

① 梁治平：《清代习惯法：社会与国家》，中国政法大学出版社 1996 年版，第 140 页。

② 毛泽东：《毛泽东选集》（第二卷），人民出版社 1991 年版，第 526 页。

心且在民间威信很高；二来，经常同官方打交道的特殊身份使他们大都认可国家正式社会控制，此外，民族传统权威相对较高的认知水平也使其愿意并易于接受国家正式控制规范。由是，兼具两种规范“知识范式”的民族传统权威能够将法律法规、国家政策和习惯法控制规范创造性地运用于同一社会控制事务。

若要发挥好民族传统权威在整合协同西南山地民族多元社会控制中的作用，解决之道不外以下三条途径。一是通过各种形式的讲座培训、指导训练和观摩法院庭审向民族传统权威传授、讲解国家政策和法律法规知识，不断提升民族传统权威秩序调控时运用国法的自觉意识和能力水平。二是广泛吸收德古、寨老、乡老等民族传统权威担任基层人民调解员、治安调解员和人民陪审员。但同时必须坚持“政教分离”原则，民族宗教权威不得干预行政、司法、教育等国家职能的实施。一方面，民族传统权威积极参与人民调解、行政调解和法院调解，增强不同形式社会控制沟通互动的同时有助于提高调解协议的执行效力；另一方面，调解员和陪审员的身份能够提升民族传统权威的社会威望，而反复参与官方秩序调控实践也会对民族传统权威产生潜移默化的影响，进而降低有违法律的民族民间调解的发生概率。三是还要注重发挥担任国家公职的民族传统权威在秩序调控和社会治理中的积极作用。他们同时兼具官方和民间的双重控制主体的特殊身份，自然而然地推动了不同社会控制规范的整合协同，并且能够使调处结果尽可能地兼顾国家法律权威和民族群众情绪，在妥善解决矛盾纠纷的同时其国家干部的公职身份也无形中督促着双方尽快履行已达成的调解协议。为了使上述论述得以更为明晰地表达，下文笔者试举几则案例（案例23—25）予以证实。

【案例23】①：云南省曲靖市罗平县某哈尼族村寨因国家铺设高速公路而被征收大片土地。在土地征收过程中，政府按照国家法律法规规定的补偿标准一次性向被征收土地的农户发放了征地补偿款和生活补偿金，并积极引导农民发展副业生产。但有些农户因为失去耕地而抵制政府的征地政策，拒绝接受就业指导，在领到征地补偿款和生活补偿金后并没有用于再生产，而是买酒吃肉、挥霍一空。不久后，又以征地补偿太少不足以维持生计为由闹事，要求政府再次予以补偿，

---

① 尹长海：《法社会学课件》（内部资料），2015年。

政府多方劝导无果，为摆平矛盾不得以进行了二次补偿。但是数月之后，这些农户故技重施继续向政府索要征地补偿。政府无奈之下请来当地几位哈尼族头人处理此事。哈尼族头人以自己的社会威望，运用传统民族习惯法控制规范和古规古理劝说这些民族群众不要闹事，要服从政府的安排和就业指导。之后，这一令政府倍感棘手的社会治理问题得到顺利地解决，农户们再也没有向政府提出继续增加征地补偿的请求。

【案例 24】①：案件发生在 1994 年至 1995 年之间，当时云南省思茅市（即今普洱市）澜沧县雪林佤族乡芒登村南明寨缺铁匠，于是邻村的小芒令村有个铁匠为了生计就搬了过去。小芒令村人认为他既然已经离开原来的村寨去了南明寨，便不再是小芒令村人了。依照佤族阿佤理，迁出寨子不可带走土地、房屋，土地、房屋收归村寨公有，作为全寨的共有用地或是将来分给新的迁入户。于是，小芒令村依据阿佤理收回了原先承包给铁匠的耕地，认为他的耕地应由其迁入的南明寨负责划拨。因此，铁匠和小芒令村便产生了纠纷。铁匠请求时任雪林乡乡长的李俊生（佤族，其父在民主改革之前为佤族部落头人）去解决。李俊生便同乡人大主席、乡司法员、武装干事和生产干事一同去调解。李俊生调解时说："按照国家政策和法律法规，铁匠的户籍还在小芒令村，他承包的土地以及自留地不能随随便便地予以没收。我们佤族有自己的阿佤理，但也不能违犯国家法律政策。"不论如何做解释和思想工作，小芒令村人就是想不通。但国家政策和法律法规的底线不能违反，最后乡里决定小芒令村收回铁匠原先承包的土地无效，土地仍应由铁匠继续耕种。小芒令村人虽然心里不服，但事已如此也就不再闹了。

【案例 25】②：1998 年，云南省思茅市（即今普洱市）澜沧县雪林佤族乡芒登村央伍、央安两寨发生争夺水源的纠纷。起因大致是这样的：地属央伍寨的山涧中雨季时有泉水流出，央安寨很早以前就在

① 这则案例是在澜沧拉祜族自治县县委访谈李俊生（男，佤族，访谈时任县委统战部副部长）时收集到的。访谈、记录人为刘振宇。

② 这则案例是在澜沧拉祜族自治县县委访谈李俊生（男，佤族，访谈时任县委统战部副部长）时收集到的，访谈、记录人为刘振宇。

山泉下搭建了竹槽将山泉引到自己寨中灌溉农田。央伍寨眼睁睁看着自家山涧流出的泉水为他人所用而自己却丝毫无分，因此心生不满、耿耿于怀。是年雨季，央伍寨就在央安寨的竹槽上新建水槽，将山泉截流并引到央伍寨去。两寨由此发生了矛盾纠纷，情况愈演愈烈，群情激愤的群众一度手持长刀、火枪要展开械斗。当时乡司法员、派出所民警、派出法庭法官和乡农科员等十余人反复调解了十多天也未有结果。后来，时为雪林乡乡长的李俊生找来乡村两级干部和佤族民间权威共同来协商调处此事。李俊生说他调解时把握两条理由，一条是《民法通则》（第七条）的规定，"民事活动应当尊重社会公德，不得损害社会公共利益，扰乱社会经济秩序"；另一条则是佤族的阿佤理，不管山泉流出之地归于何寨，先搭建竹槽引水的寨子优先用水，其他寨子若要用水不得损坏原竹槽或在其上方截水使用，而只能从已建好的旧竹槽下方搭建新的竹槽。虽然山泉从央伍寨所属的山涧中流出，但是央安寨搭建竹槽引水在先，无论是根据《民法通则》亦或是阿佤理，央伍寨建槽截水的做法都是不对的。在李俊生等乡村两级干部和佤族民间权威耐心细致地说服下，央伍寨自认理亏并在李俊生的指挥下拆除了截水的竹槽。最后，两寨代表共同喝了"和解酒"，之后再没有因为用水问题发生过争执。

通过分析以上三则案例，不难得出以下几点认识。第一，西南山地民族传统权威参与社会调控的范围很是广泛，既有案例中彰显出的土地征收补偿、土地承包权属和山泉用水争议，实践中还包括大量的诸如经济生产、民商纠纷、婚姻家庭、继承矛盾、交通事故、治安案件甚至是跨境纠纷。① 第二，民族传统权威参与社会控制在绝大多数情况下是有利于秩序维护和社会治理的（诚然，亦不可忽视其消极因素）。他既可以像案例 24 展现的那样及时介入化解基层矛盾纠纷，弥补西南山地民族偏远乡村公权救济力量之不足，同时又能类似案例 23、案例 25 那般调处国家正式社会控制不易化解或难以解决的社会控制

① 西南山地民族多属跨境民族，虽分属两国但民族民间交往从未中断，而有交往联系则必会引发矛盾纠纷，若是通过涉外渠道化解定是迁延日久，因而现实实践中民族民间传统权威调处解决跨境民间纠纷的案例不在少数。笔者在澜沧拉祜族自治县访谈县委统战部李俊生副部长（男，佤族）时就曾记录下其参与解决的四起中缅佤族跨境纠纷案例。详细案情介绍请参见陈金全、刘振宇：《云南省普洱市佤族地区原始部落法文化考察访谈日志》，载杨玲、袁春兰主编：《反思与借鉴——法律史论文辑（四）》，中国文化出版社 2008 年版，第 488 - 491 页。

难题。第三，兼具两种规范“知识范式”的民族传统权威参与社会调控时并非“天然”或“本能”地绝对依赖某种社会控制形式，他既可以运用习惯法控制规范和自身的民间威信补充国家正式社会控制的“水土不服”（如案例23），又能够坚守国家法律和政策的底线而排斥与之相冲突的习惯法控制规范的适用（如案例24），还可能在社会调控中实现不同性质的习惯法控制规范和法律法规的配合协作（如案例25）。由是而论，民族传统权威确是实现西南山地民族多元社会控制资源良性互动与整合协同不可或缺的重要主体。

其次是路径方法问题，即如何实现西南山地民族多元社会控制资源的良性互动和整合协同。社会控制说到底是一个应用技术问题。若欲实现民族地区多元社会控制的整合协同，视野就不能仅停留在规范对接层面，而更应在运行实施层面理顺和平衡相互之间的关系。以法律政策学（legal politics）的视角审视，国家法律法规在实施过程中除照章适用外，还应强调其在现实实践中的变通灵活运行、多元综合治理以及政策性因素的考量。法律政策学认为，一国法的实施运行乃是一项高度策略化的活动，“当今人类的紧迫需要是把法律作为一种政策工具予以有意识地、从容、谨慎地运用”①，实际上“法律在具体案件中的每一种运用都要求进行政策选择。”② 笔者认为，法律政策学的上述理念对当前西南山地民族多元社会控制的整合协同颇富启示意义，它要求法律工作者在处理民族地区社会纠纷时需要根据具体案情与实际情况，评估案件可能产生的社会影响，运用巧妙和高超的法律政策技巧兼顾国家法律规范和民族习惯法之间的微妙平衡（如案例26所示）。

【案例26】③：1982年3月，云南省思茅市（即今普洱市）澜沧县雪林佤族乡大芒令村和佐都大寨曾因土地纠纷而发生过大规模械斗事件。两村交界处有百余亩荒地，是年春佐都大寨佤民开荒种谷、发展生产。大芒令村人见后分外眼红，声称这百余亩土地归属自己，佐都寨人无权垦荒耕种，并要求收回土地。佐都寨人据理力争、寸土不让，双方剑拔弩张、矛盾一触即发。大芒令村当时村上有民兵武装，

---

① ［美］哈罗德·D. 拉斯韦尔、迈尔斯·S. 麦克道格尔著，王贵国总审校：《自由社会之法学理论：法律、科学和政策的研究》，法律出版社2013年版，序言。

② ［美］迈尔斯·S. 麦克道格尔：《法律在世界政治中的作用》，载《密西西比法律杂志》，1949年，第155页。

③ 这则案例是在澜沧拉祜族自治县县政协访谈李永泽（男，佤族，访谈时任澜沧县县政协主席，其父在民主改革之前为佤族部落头人）时收集到的，访谈、记录人为刘振宇。

自恃其势大，准备依据阿佤理武力强夺。大芒令村人请来魔巴打鸡占卜，魔巴看卦后推断某日夺地乃吉卦。到了是日，大芒令村不少佤民连同民兵手持枪支、器械去强行抢夺土地。于是两寨人发生大规模械斗，虽然大芒令人始终没有鸣枪，佐都寨仍被打死三人、重伤二人、轻伤数人，此外，大芒令村人亦有数人负伤。案发之后惊动了县乡两级党委和政府，公安、民族宗教局、法院和佤族民间权威一起介入。经过认真查实和勘验，双方争议的百余亩土地确属佐都大寨，大芒令村强取豪夺实属无理，确认土地权属归佐都大寨。而对大芒令村聚众械斗强夺土地致人死伤行为，经过反复讨论和斟酌权衡，考虑到佤族风俗习惯和民族地区社会稳定，并未对参与者采取刑事惩罚或行政处罚。最终决定对双方参与械斗者进行严肃的批评教育，双方损失互相抵偿外，令大芒令村赔偿佐都寨死伤人员多出的安葬费、医疗费和财物损失等各项费用，与此同时，按照佤族风俗，由大芒令人摆水酒、请吃饭，并向佐都寨人赔礼道歉。

从性质上讲，案例 26 属于涉及民族关系的重大民族突发群体性事件，与有组织的集团犯罪存在着本质区别。因之，国家公权机关并未莽撞地直接介入，并依据法律简单轻率地做出结论，对于组织者和主犯以过失致人死亡罪和故意伤害罪（或寻衅滋事罪）定罪量刑，对从犯和盲从者以寻衅滋事处以行政拘留和罚款。就本案而言，明确土地权属并非难事，难点在于如何对械斗事件定性和裁决。本案涉及民族关系和习惯法控制规范，参与械斗人员众多，众人混战厮打，证据收集和责任认定困难重重，稍有处理不甚或是迁延日久很可能反而激化矛盾，引发两村再次冲突和械斗。有鉴于此，该案处理时促成了县乡党委、公安机关、民族事务管理部门、司法机关、佤族民间权威和村民代表共同参与的协商解决机制。经过反复认真讨论和再三斟酌权衡，没有对双方参与械斗者采取刑事或行政制裁，而是通过和解方式给予死伤者家属满意的物质赔偿，并且运用佤族传统方式赔礼道歉以及众人共饮“和解酒”。如此一来，既有利于规避冲突纠纷的持续发酵、激化升级和日后反复，又能够照顾和安抚各方情绪并及时恢复了两寨关系。此外，对参与械斗人员的严肃批评教育也能起到预防和遏制类似事件发生的效果，从而在案结事了的同时较好地实现了法律效果、民族效果和社会效果的三者有机统一。

实践表明，民族地区执法、司法部门和法律工作者在长期的社会治理和秩序调控中积累了丰富的宝贵经验（如村民自治、“虎日禁毒”、刑事和解、“老马工作法”①、基层大调解等）。笔者认为，现在亟须做的是走向田野、深入基层，在广大民族地区法治实践中充分发掘、认真总结和凝结提炼被实践反复证明行之有效的成功经验，并推动其逐渐上升为指导性案例、司法惯例和法律政策，以推进西南山地民族多元社会控制资源在运行实施层面有效的整合协同。

上文的讨论主要是基于西南山地民族地区公权机构和法律工作者在法的实施过程中必要时应以法律政策调谐法律法规和民族习惯法的协同适用。接下来我们切换到西南山地民族自发社会控制领域，以法律政策学和法律社会学视角审视，民族习惯法运行中彰显出的原创智慧和实践经验有时也能为解决国家正式社会控制自身缺陷提供警醒与启示。

第一，建立在科学理性基础上的现代法律法规运行中过度依赖和迷信鉴定结论，有些案件不做细致的调查取证就轻率启动鉴定程序，甚至为了鉴定而鉴定，反而有可能背离解决争议的最初目的和本真，而因俗制宜、以人为本的民族习惯法民间经验智慧有时反倒更具有优势。以“涉牛”纠纷为例，对经济生产不发达的西南山地民族而言，牛既是家庭财富的象征，又是犁田耙地的工具，还是祭祀祖先的祭品，因此，少数民族群众非常重视对牛的保护。一旦发生关于牛的权属争议，民族地区司法机关如何处理呢？徐晓光在一篇论文中曾全文记录了两个发生在黔东南苗族地区的“涉牛”司法判决，两案均是通过DNA 鉴定解决的（虽然民族地区法院处理“涉牛”案件并非都如此处理，但这两个案例仍然具有典型性，类似案例在西盟佤族自治县人民法院也出现过）。第一份“T 县人民法院民事判决书（2009）T 民初字第 55 号”，原告罗甲和被告罗乙为明确一头小母牛的所有权，花去鉴定费用 6750 元，最后罗乙胜诉。第二份“L 县人民法院民事判决书（1996）L 民初字第 90 号”，案由是原告吴某和被告韦某为争夺一头小黄牯牛（注：“牯牛”，意指公牛）的所有权，该案曾历经两审（当事人未收到书面终审判决），耗时长达半年之久，先后做过两次鉴定。一审是由 L 县畜牧局做的年龄鉴定，据此一审法院判令小牛

① “老马工作法”是由重庆市江北区观音桥街道人民调解委员会“老马工作室”负责人马善祥在长期基层调解工作实践中总结提炼而成。马善祥，男，回族，从事基层调解工作 30 年，成功调处矛盾纠纷 2000 余宗，总结出“民为本 · 义致和”六字理念，遵循“情、理、法、事”十三要则，依托“3441”保障制度（即三层责任体系、四项调解制度、社区治理四个注重和一个专业工作团队）和“老马三十六策”等一整套“老马工作法”。2018 年 12 月 18 日，马善祥被党中央、国务院授予“改革先锋称号”，并获评“基层社会治理创新的优秀人民调解员”。

归属韦某，吴某不服提起上诉；二审时又做了一次 DNA 鉴定，最终吴某赢得了诉讼。而为解决这起“涉牛”纠纷，前后两次鉴定费用竟高达 12000 余元。[①] 那么，民族传统权威又是如何调处“涉牛”纠纷的呢？下面笔者以一则在田野调查中收集到的案例（案例 27）予以直观展示。

【案例 27】[②]：事情发生在 2002 年，当时缅甸第二特区（佤邦）帮康市登娥乡莫海村的广晒（属“老缅人”，我国称之为拉祜族）和岩布勒（佤族）为一头母黄牛的权属产生纠纷。争执发生后，广晒随即将母黄牛杀掉并与村民分食，仅剩下牛骨和牛皮。岩布勒要求乡里解决，乡政府指派派出所干警扎额、农科长石文义和文书郑少坤前去解决，同时邀请登娥乡原先的窝郎岩辟参与调处纠纷。岩辟首先向莫海村的村民了解情况，可能是因为村民分食了牛肉或是碍于情面，均称不知道谁是母黄牛的主人。询问村民无果之后，岩辟紧接着分别向岩布勒和广晒询问了母黄牛的情况，并且看了两家的牛犊。随后，岩辟拿起吃剩的牛骨和牛皮进行反复细致地观察。岩辟和指派的几位乡干部商量之后认为岩布勒是母黄牛的主人。岩辟给出了三条具体理由：第一条，将牛皮和牛毛的颜色与两家牛犊的肤色作比对，其与岩布勒家的牛犊更为近似；第二条，从牛骨、牙口和牛皮大小所推断出的母黄牛年龄以及其他情况，与岩布勒的描述更为吻合，而与广晒的陈述有所出入；第三条，事发之后广晒急切间便将母黄牛宰杀，并与众人分食，不合乎常理。众人听后心服口服，广晒无从抵赖只得供认自己偷牛的事实。最后，根据当时市价估值，责令广晒赔偿岩布勒的失牛损失 1100 元，双方对此均无异议，再由广晒备酒赔礼，大家一起吃了“和解酒”。

从案例 27 观之，似乎同我们的通常想象不同，民族传统权威调处纠纷时并不是随意和武断的，相反他们“出乎意料地重视证据”[③]。西南山地民族的

---

① 具体判决内容详见徐晓光：《小牛的 DNA 鉴定——黔东南苗族地区特殊案件审理中的证据与民间法参与》，载《广西民族大学学报》（哲学社会科学版）2011 年第 1 期，第 119－120 页。

② 这则案例是在缅甸第二特区（佤邦）帮康市登娥乡登娥大寨采访郑少坤时收集到的。郑少坤，男，本为四川泸州人，1986 年赴佤邦至今，他通佤语，访谈时任登娥乡汉文文书，访谈、记录人为刘振宇。需要指出的是，该案例虽然发生在与我国云南省毗邻的缅甸佤邦，但其民族民间传统权威调处纠纷的方式与我国佤族并无二致。

③ ［美］霍贝尔：《原始人的法——法律的动态比较研究》，严存生等译，法律出版社 2006 年版。

法生活虽然简单，但民族传统权威也不是熟记几条习惯法控制规范就可以从容应对的，案情、事实和证据也不是原原本本地摆放在那里等待权威们直接取用。相反，为了成功化解民间矛盾纠纷，权威们常常需要询问当事人、证人以及村民相关情况，反复勘察现场和证物，以便能够深入了解案情，更多时候还要综合运用常识、常情、常理去发现、去甄别、去还原，察言观色、案情推理以及心理战术等技巧也是权威们所必须具备的，民族传统权威在社会控制中实在需要具备高超的调解技巧与丰富的生活经验。就西南山地民族“涉牛”纠纷而言，类似案件往往需要法官们深入乡村主动细致地调查取证，而这与被动、中立的现代司法职能定位多少有些不符，况且本就有限的司法人员也无力承担如此琐碎的事务。因之，对于此类纠纷司法诉讼途径并不能很好地定纷止争，反而容易形成调解死结。上述发生在黔东南苗族地区的两则“涉牛”案件中为了价值一两千元的小牛犊，法院动辄就启动高于争议标的数倍价格的DNA鉴定，耗资巨大且旷日持久的司法诉讼最终给出了结论（需要指出的是，从“吴某和韦某争牛案”中可以看到，鉴定结论也并非是唯一确定的）。但如此“小题大做”耗费国家司法资源的同时，还可能导致当事人因诉致贫，“赢了面子却丢了里子”，大量司法成本的投入和长期“对簿公堂”致使两起案件当事人结成了仇家，反而不利于民族基层社会秩序的和谐稳定。而从岩辟成功调处争牛纠纷的案例（即案例27）来看，经济实惠、灵活快捷、入情入理的民族自发社会控制在化解诸如“涉牛”纠纷等民族地区特殊案件中有着较好的功效。此外，不少西南山地民族在长期处理“涉牛”纠纷中形成了丰富的“地方性经验”，成为民族习惯法控制规范的有机组成部分。例如：双方如对牛犊的归属发生争议，则分别迁来家中母牛，视牛犊随谁家的母牛回家而定其归属；或是将牛犊分置两家牛圈之中，如母子牛相打则非牛的主人，若母子牛相安则为牛之真主。

第二，国家法律法规在实际运行过程中存在着法社会学者们所谓的“甩干机制”。[①] 司法审判实质上是一个高度抽象化的逻辑过程，并非所有的案情事实对司法审判而言都有意义，法院庭审就是诉讼双方围绕法律要件和证据规则对案件事实和前因后果的甩干重构，这样的确使法律的实施变得简单且易于操作，但缺陷在于法官想当然地将某些可能对审判有意义的事实和情节直接

① 郭星华主编：《法社会学教程》，中国人民大学出版社 2015 年版，第 325－326 页。

“过滤”掉了。实际上，很多社会关系都是特殊主义或是高度情境化的，它们所包含的丰富内容很难甩干、约化为精确的法律话语。就西南山地民族而言，现代法律法规术语和内容远远无法涵盖民族社会生活的全部。因之，其在民族地区秩序调控和社会治理中时常会遇到难题与不适。与法律法规的“甩干机制”不同，民族传统权威的自发社会控制绝非是在“甩干”案情事实的基础上习惯法控制规范的机械适用，相反他要综合考量多种可能影响纠纷调处结果的社会因素，诸如纠纷的社会背景和文化情境、失范者的悔错态度与日常表现、案件的社会构成、当事人的社会地位与受尊重程度、当事人之间的关系距离和复杂程度、当事人之间的“交易”等。诚然，民族传统权威的自发社会控制也有其自身的不足，但亦不乏可圈可点之处，这些至少可以引起国家正式社会控制对自身缺陷的反思。

3. 多元社会控制手段的整合协同

客观来说，改革开放40多年来，国家在西南山地民族地区推行的政府主导式的法治建设无论是在数量、质量，还是在广度、深度亦或是制度、观念上在民族地区社会控制领域都产生了革命性的变革。但我们必须正视的是，法律作为民族社会控制的一种手段而非唯一手段，在民族地区社会控制进程中发挥主导作用的同时，仍然不可避免地存在着某些局限性。诚如美国学者E. 博登海默所言，“尽管法律是一种必不可少的具有高度裨益的社会生活制度，它象人类创建的大多数制度一样也存在某些弊端。如果我们对这些弊端不引起足够的重视或者完全视而不见，那么它们就会发展为严重的操作困难。”①

作为民族地区重要社会控制手段的法律，其局限性具体表现在以下六个方面。第一，法律规范并非越多越好，法令滋彰以致互相冲突，民族社会控制竟成为所谓“法律迷宫”也便有法难依了。第二，法律本身所具有的时空滞后性和宏观关照的特征，使其对千变万化、微观细致的民族社会生活的适应性与涵盖性必然存在着某种限度。第三，规范法学之下法律固有的晦涩难懂、高度抽象、成本高昂、耗时费力、程序程式以及忽视恢复当事人社会关系等呆板僵化因素，与民族自发内生的习惯法控制规范相较，在民族地区运行实践中多了几分陌生与隔离感。第四，法律的社会控制作用也不是无限的，并非所有民族社会领域均适宜运用法律进行调控（如思想、认知、信仰、情感等属于私人生

---

① ［美］E. 博登海默：《法理学——法哲学及其方法》，邓正来、姬敬武译，华夏出版社1987年版，第388页。

活领域的问题），而且法律也不是在所有民族社会关系调控中都应成为主要手段。第五，法律的优势在于国家强制力保障实施，但单纯的外力强制也限制了法律在民族社会控制中的适用范围和场域。正如庞德所告诫的那样，“如果法律作为社会控制的一种方式，具有强力的全部力量，那末它也具有依赖强力的一切弱点。”① 第六，在民族地区法律实施所需要的人员条件（法律工作者的专门化和职业化）、精神条件（民族群众的公民意识、权利意识、法治意识和程序意识等）和物质条件（人、财、物力及法律附属设施等）不充足的情形下，法律的社会控制功效也就不可能真正发挥出来。

正由于法律这一正式社会控制手段在民族社会秩序调控和社会治理中存在的局限性，亟须其他非正式社会控制手段的辅助与配合。从理论上讲，任何卓富成效的社会控制系统必定是正式控制与非正式控制的有机统一。庞德在《通过法律的社会控制》一书中曾阐述道，即便现代社会法律已然成为社会控制的主要手段，但仍然离不开道德、宗教和教育等非正式控制手段的配合协作。现代社会如此，那么打上深刻传统印记的民族社会则更是自不待言。特别是像西南山地民族如此典型的相对封闭的乡土社会和熟人社会，在秩序调控和社会治理过程中除应发挥法律这一正式的外在社会控制手段外，还应在法律和政策允许的范围内积极发挥禁忌、舆论、习俗、道德和仪式等非正式的内在社会控制手段的功能。这是因为在乡土熟人社会下，“法律并不是效力最高的控制工具。说服性的控制工具，如暗示、模仿、批评、报酬、赞许、反应等，往往比法律有较高的功效。”② 因此，当今西南山地民族地区秩序调控和社会治理实践中应当积极谋求和促进自发控制、正式控制和准正式控制，外在控制和内在控制，积极控制和消极控制，硬控制和软控制等多元社会控制手段的整合协同，唯有如此方才能够更为有效地约束民族群众行为、维护民族社会秩序、实现民族社会治理和推动民族社会发展。

那么，现实实践中又当如何实现西南山地民族地区法律正式控制与禁忌、舆论、习俗、道德和仪式等非正式控制等多元社会控制手段的整合协同呢？笔者认为，必须处理好以下四个问题。一是多元社会控制手段的整合协同不是各种社会控制手段同轻共重、并辔而行，而是有主次和轻重之分。应当坚持法律

---

① ［美］罗·庞德：《通过法律的社会控制 法律的任务》，沈宗灵、董世忠译，杨昌裕、楼邦彦校，商务印书馆 1984 年版，第 10－11 页。

② 龙冠海主编：《云五社会科学大辞典·社会学》，台湾商务印书馆 1973 年版，第 98 页。

正式控制手段的主导地位，其他非正式控制手段在不违反国家强行法的前提下发挥辅助与配合作用。二是这里讨论的禁忌、舆论、习俗、道德和仪式等非正式控制手段必须是正向和良善的。需要指出的是，现实中西南山地民族的禁忌、舆论、习俗、道德和仪式等控制手段往往处于鱼龙混杂、良莠并存的状态，这就需要我们对民族地区非正式控制手段进行细致地调查、甄别和筛选，从而分门别类地采取不同措施，发挥其中对民族社会控制具有积极功效的部分，而对消极的部分则要予以限制和禁止，对中性的部分则展开改造与转型。三是根据社会控制手段越纯粹和单一，其社会控制边际效益就越衰减的社会控制原理，必须重视非正式控制手段的功能效用，并在西南山地民族社会控制实践中积极促成其与正式控制手段的沟通合作与协调一致。否则，若是为了抑制其他非正式控制手段而大量地制定法律法规，结果很可能出现随着法律法规的数量不断增多而法律的社会控制边际效益却呈现逐渐递减的不利局面，甚至法律社会控制效果会与立法预期完全相背离。① 四是西南山地民族非正式控制手段中最难掌控的即是宗教。一方面，应当承认各种宗教所具有的慰藉民众心理、规制个体行为、道德引领教化、调谐民族关系（如民族团结誓词碑等）、稳定社会秩序（如摔跤神判解决集体土地权属争议等）和族群文化整合等积极的社会控制功能。但另一方面，囿于宗教和民族问题的复杂性，必须正视境内外宗教极端势力、民族分裂势力和暴力恐怖势力打着宗教的名义和旗号，以宗教为工具和突破口图谋危害国家安全、破坏民族团结、妨碍国家制度、扰乱民族社会秩序和威胁民族社会稳定这一不争的事实。这不仅关涉外来宗教（佛教、基督教、伊斯兰教等），而且牵涉本土宗教（道教）甚至是原始自然宗教。如下文案例 28（“圣马案”）所反映出得即是宗教对民族社会控制的消极影响。

【案例 28】②（“圣马案”）：位于我国滇西南阿佤山区的佤族人历来就信奉“万物有灵”的自然宗教。20 世纪 70 年代，佤族人扎甸充分利用民族群众的原始宗教信仰，自创了一套教义邪说，并编造谎言、广召信徒，不少佤族和拉祜族群众成为扎甸的忠实信徒。扎甸见

---

① 张岩涛：《习惯法在社会控制系统中的地位——从一个模型的建构说起》，载谢晖、蒋传光、陈金钊主编：《民间法》（第十四卷），厦门大学出版社 2014 年版，第 92 页。

② 这则案例是在澜沧拉祜族自治县县政协访谈李永泽（男，佤族，访谈时任澜沧县县政协主席，其父在民主改革之前为佤族部落头人）时收集到的，访谈、记录人为刘振宇。

随众日渐壮大，于是乘机散布脱离中央、分裂国家和民族独立的反动言论，后来其阴谋败露，逃亡缅甸，但国内仍有部分信众。

李门宰（男，佤族，澜沧县安康佤族乡安康寨人），自1979年开始迷信扎甸的教义邪说，并于同年逃入缅甸，因此包产到户时村集体就没有给他划分土地。待李门宰于1983年末回来之后，发现自己没有耕地，但这人脑子灵活，为了生计想出了一招“妙策”。他返回缅甸带回一匹大红马，并向当地群众宣称这是扎甸让他带回来的“圣马”，只要信徒虔诚地供奉“圣马”，自会风调雨顺、丰衣足食。由于扎甸的教义邪说在当地民众中很有影响，所以人们对李门宰的话深信不疑。李门宰将大红马关入封闭黑暗的小木屋内，门外插上一根木棍并系上红、黑、白三色丝线，民众禁止出入木屋，只需将供奉“圣马”的粮食、钱物放于屋外以祈求“圣马”庇佑。通过这种诈骗钱财的方式，李门宰迅速地发家致富。

乡政府知道此事后，鉴于当地不少民族群众信奉扎甸邪说和“圣马”，审慎起见不敢采取贸然行动。经过一段时间的反邪教教育，在对民族群众做反复耐心的劝说、教导和解释工作，充分稳定民意之后，1986年乡政府果断打开小木屋，牵出大红马，由于关了好几年，大红马已经浑身赘肉，不能行动了。为免夜长梦多、节外生枝，乡政府迅速用大卡车将大红马运至上允镇集市，当作肉马卖给一缅甸人。为防范可能引发的不良社会影响，对李门宰的处理也采取了谨慎方针，只是作出5石谷子的处罚，同时对其监视居住，令其具结悔过，不得再宣扬扎甸的教义邪说。

在宗教问题上，我们必须旗帜鲜明地贯彻执行党和国家的宗教工作方针政策，即“全面贯彻党的宗教信仰自由政策，依法管理宗教事务，坚持独立自主自办原则，积极引导宗教与社会主义社会相适应。”① 具体到西南山地民族地区宗教的社会控制功能问题，笔者认为，在法律法规和国家政策许可的范围内，只要少数民族群众愿意，可以发挥宗教在秩序调控和社会治理中的积极作用和正向功能。但要注意的是，在此过程中必须严格遵循习近平总书记反复强调的“坚持政教分离，坚持宗教不得干预行政、司法、教育等国家职能实施”

① 《全面提高新形势下宗教工作水平》，载《人民日报》2016年4月24日，第1版。

的原则，绝不允许用发挥宗教的社会控制作用干扰或替代国家正式社会控制的职能。应当检讨过去个别民族地方赋予宗教组织行政或司法职能的实践做法是错误的。据有学者调查，西藏那曲、昌都等地的社会控制实践在这方面处理得较为妥当。首先，民族权威可以参与民族群众一般的民间纠纷化解，但寺院僧侣不得强制或引导民族群众到寺院调解纠纷。其次，事属涉法纠纷特别是刑事案件则须通过行政、司法机关解决，即便双方均愿诉诸寺院调解，寺院也无权介入。最后，若藏族群众已经去找政府解决，即使矛盾纠纷不涉法，政府也不应不负责任地再将问题交给寺院去处理。①

4. 多元社会控制机制的整合协同

笔者认同夏锦文等学者的看法，由于司法的程序性不可避免会带来周期长、成本高等局限性，因而司法机能是有限度的，国家司法并非解决纠纷的唯一途径。② 实践表明，西南山地民族地区存在着多元社会控制机制，但这些控制机制在民族社会秩序调控中却处于分裂、零散和冲突的状态，实际上并没有形成有效的社会控制合力，因之需要对这些社会控制机制进行有效的整合。

为了建构西南山地民族地区囊括自我控制、自行和解、私力救济、民族权威调处、社会组织调解和官方调解、仲裁与审判机制在内的兼收并蓄、有机衔接和协同配合的多元社会控制机制整合的多彩图景，笔者认为应从以下四个方面着手。

第一，支持和保障民族地区民间运用自行和解、私力救济解决矛盾纠纷，但必须在法律和政策允许的框架内运行，且应在所受损失范围内主张，原则上不认可有违国家法律的无限度自行和解和暴力式私力救济，不过处理时应采取法律政策学的审慎策略，严格管控的同时需兼顾法律效果和社会效果的有机结合。

第二，民间调解乃是中华法系土壤中自发滋养生成的“东方之花”，应当根据“法无禁止即自由”的法理原则，普通民间民事纠纷和轻微刑事案件可由民族传统权威调处，充分发挥德古、头人、乡老、寨老、族老等民族地区

---

① 强舸：《强舸谈〈宗教事务条例〉修订的三个亮点：划定世俗社会的宗教边界》，https：//www. guancha. cn/QiangGe/2017_ 09_ 08_ 426299. shtml（观察者网），上传时间：2017－09－08，访问时间：2018－04－15。

② 夏锦文、徐英荣：《现实与理想的偏差：论司法的限度》，载《中外法学》2004 年第 1 期，第 33－46 页。

"地方精英"和"乡土法杰"[①] 在民族地区秩序维护中的积极作用。一是民族民间调解绝不是随意、任性的调解，应通过规范性文件规制民族民间调解的主体条件、适用领域、运行程序和调解协议效力等事项，以逐步推进民族民间调解的科学化和规范化。二是若非侵害他人合法权益抑或是触犯法律法规的禁止性规范，国家对民族民间调解大可不必过度紧张和过多干涉，但必要的引导和监管则是必须的。三是充分尊重少数民族群众对民族民间调解中调解主体、调解时间、调解地点和调解方式的自愿选择，允许传统民族民间调解仪式的存在（如为督促当事人履行民间调解协议的"和解酒""盟誓"等）。四是当事人不愿接受民族民间调解或是对调解结果不满时，国家正式司法制度应为他们提供足够和通畅的救济渠道。

第三，民族地区应遵循党和国家着力打造"党委领导、政府支持、多方参与、司法推动"的多元化纠纷解决机制和调动各种积极社会控制力量创建基层"大调解"机制。西南山地民族应在党委和政府统一领导下，建立由政法综治部门牵头，公安、法院、司法等职能部门和民族权威、社会组织共同参与，整合基层民族民间调解、人民调解、行政调解和法院调解等各种秩序调控资源的"大调解"机制。例如：西南山地民族地区若发生由田土、水源、婚姻等问题引发的家族和村寨之间的重大纠纷或是交通、治安以及突发群体性事件，可由国家公权机关、乡村干部和民族传统权威共同协商调处。为规范基层"大调解"机制的有效运行，应当根据各种调解机制的特点、性质，以规范化形式合理界定各自的调整主体、调整领域、适用空间、规范基准、运行程序和调解协议效力以及理顺相互之间的关系，在各自分工负责的基础上实现民族地区多元社会控制机制之间的密切协同、沟通衔接与互动联调。[②] 如此一来，民族地区的基层"大调解"机制既有助于提升公权裁决和人民调解的执行效力，同时又有利于消弭民族民间调解随意性强、程序简陋等缺陷。

第四，对于重伤及其以上的刑事案件，原则上只能够通过司法审判解决，民族民间调解只可以介入刑事案件中附带民事部分的调解。

笔者认为，上述西南山地民族多元社会控制机制整合协同若能成功建构，

---

① 高其才在"乡土法杰"系列著作中采取了法社会学生活史叙事方法，探讨了民间权威和习惯法社会控制规范的成长问题。截至目前，"乡土法杰"系列著作已经出版了七部，其中涉及少数民族权威参与社会控制的有《桂瑶头人盘振武》《陇原乡老马伊德勒斯》等。

② 李剑、杨玲：《民族地区多元化纠纷解决机制的构建——以当代彝区的法律实践为例》，载《法学杂志》2011 年第 8 期，第 130 页。

一方面，能够发挥民族民间调解和社会组织调解在民族社会秩序调控中的重要功能（如排查、遏制和化解基层矛盾，防范纠纷激化、转化和蔓延等），尽可能地将民族社会矛盾纠纷解决在基层、在当地、在萌芽状态，以有效弥补公权救济在解决民族地区特定纠纷时可能出现的应对不足，使之成为国家正式社会控制必要的支持与辅助力量；另一方面，由于民族民间调解和社会组织调解成功调处了大量的矛盾纠纷，在民族社会秩序调控中扮演着“隔离网”和“消防员”的重要角色，从而使国家公权力量得以集中精力应对民族地区的重大社会纠纷和社会治理问题，而当民族民间调解和社会组织调解无法解决或是解决不力时，国家公权机构再以更高的调控力量介入。这种民族地区自发、正式和准正式社会控制机制的“高低搭配”和“协同治理”能够有效地构筑起民族社会控制网状化的“差序格局”，从而能够充分释放出民族地区多元社会控制机制在秩序调控和社会治理中的功能活力与整体效能。

结　语

本书选择“社会控制”这一恰当的理论分析工具，围绕西南山地民族自发社会控制相关问题展开，力图实现资料汇集整理和述评结合的有机统一，理论分析与现实镜鉴的有机统一，通过研究希冀达致以下目的和研究意义。第一，西南山地民族自发社会控制是民族特殊社会结构和历史文化的产物，是当地民族长期生产生活实践中应对各种越轨行为和社会失范的原创经验，它不仅是一种遗存的历史文化现象，而且更是一种现实社会中的实践活动。第二，自然地域的封闭性、经济类型的多样性、民族文化的差异性和社会生活的复杂性共同决定了西南山地民族自发社会控制的多元特征。第三，西南山地民族自发秩序的实现是控制主体、控制规范、控制手段、控制机制、控制方式、控制类型等自发社会控制系统相互配合和动态互动的结果，是多种社会控制要素共同作用下的“综合之治”。第四，当前西南山地民族地区存在着民族自发社会控制和其他社会控制断裂共存的“多元复杂”社会控制资源，民族自发社会控制与其他社会控制之间既不是纯粹的冲突、对立关系，也不是简单的影响、补充关系，就西南山地民族社会秩序实现和治理能力提升而言，它们之间无法相互替代，而应处于经常的相互配合、交叉渗透的合作状态。第五，西南山地民族地区的社会稳定与和谐绝不是单一社会控制所能达致的结果，社会治理的变革与完善也并非是一种社会控制形式消灭另一种社会控制形式的简单过程，而是各种社会控制资源经过不断博弈形成共识的过程。当代中国民族地区的复杂性决定了需要建构多元整合协同的社会控制体系，应当充分利用和发掘西南山地民族自发社会控制这一传统本土资源与现实基层实践经验，通过积极引导和路径探索实现其与其他社会控制资源的整合调谐与有效协同。

当代西南山地民族多元社会控制整合协同问题远比我们想象得更为复杂和棘手。但笔者坚信，只要民族自发社会控制和准正式社会控制仍然具有其存在的社会合理性，国家正式社会控制"独行天下"的条件还只是基于想象，那么西南山地民族地区持续、高效、稳定、和谐的秩序调控和社会治理就不可能仅是某种社会控制力量的单向支配，而只能是多元社会控制资源之间沟通协调与配合协作的结果。当然，我们绝不否认法律法规和国家政策在当代西南山地民族多元社会控制中的主导性地位和作用。另外，对我国少数民族地区特别是基层民族乡村而言，当代西南山地民族多元社会控制整合协同的构想很大程度上都是适用的。因之，在经济社会转型和文化价值多元的时代背景下，广大民族地区应当积极推进国家法律法规、村规民约和优良民族习惯法传统的充分整合，实现民族自发社会控制、国家正式社会控制和准正式社会控制等多重社会控制资源的有效协同，共同推动民族地区社会秩序和社会治理的稳定、有序与发展。需要指出的是，将"整合论"和"协同论"引入民族自发社会控制与国家正式社会控制关系研究也只是笔者提出的一个尚待完成的命题，笔者对当代西南山地民族多元社会控制整合协同的宏观构想和具体路径的阐述和分析也还很粗浅，不当之处在此就教于民族法学界大方之家。

最后，笔者通过对民族自发社会控制与国家正式社会控制关系研究各种进路和学说的批判性反思以及尝试建构的西南山地民族地区复合型、自主型和现代型整合协同的多元社会控制体系，旨在抛砖引玉引起共鸣，促使民族法学界对该问题的研究得以持续和深入，从而裨益于广大民族地区的秩序调控和社会治理，有助于民族地区治理体系和治理能力的整体提升，有利于推动新时代我国少数民族社会控制的系统化、科学化和社会化水平。

参考文献

一、文献资料类

1.《中国少数民族社会历史调查资料丛刊》（具体书名兹不一一列出），民族出版社。

2.《中国少数民族简史丛书》（具体书名兹不一一列出），民族出版社。

3. 李文海主编：《民国时期社会调查丛编·少数民族卷》，福建教育出版社 2005 年版。

4. 中共中央马克思恩格斯列宁斯大林著作编译局编：《马克思恩格斯选集》，人民出版社 1972 年版。

5. 全国人民代表大会民族委员会编：《中华人民共和国民族法律法规全书》，中国民主法制出版社 2008 年版。

6. 杨侯第主编：《世界民族约法总览》，中国法制出版社 1996 年版。

7. 国家民族事务委员会编：《中国共产党关于民族问题的基本观点和政策》，民族出版社 2002 年版。

8. 中共中央党史研究室科研管理部、国家民族事务委员会民族问题研究中心编：《中国共产党民族工作历史经验研究》，中共党史出版社 2009 年版。

9. 中共内蒙古自治区委员会党史研究室编：《中国共产党与少数民族地区的民主改革和社会主义改造》，中共党史出版社 2001 年版。

10. 吕大吉、何耀华总主编：《中国各民族原始宗教资料集成》（具体卷名兹不一一列出），中国社会科学出版社。

11. 张晓辉、李天元主编：《中国民族村寨调查丛书》，云南大学出版社 2004 年版。

12. 云南省社会科学院宗教研究所编：《宗教调查与研究》（内部刊物），成都铁路局印刷厂，1986 年。
13. 施沛生、吴贵辰等编著：《中国民事习惯大全》，上海广益书局 1924 年版。
14. 黔西南布依族苗族自治州史志办公室编：《黔西南布依族清代乡规民约碑文选》，册亨县印刷厂，1986 年。
15. 徐秀丽编：《中国近代乡村自治法规选编》，中华书局 2004 年版。
16. 黄珺主编：《云南乡规民约大观》，云南美术出版社 2010 年版。
17. 莫金山编著：《金秀瑶族村规民约》，民族出版社 2012 年版。
18. 《二十四史》，中华书局 2011 年版。
19. ［宋］周去非著，杨武泉校注：《岭外代答校注》，中华书局 2006 年版。
20. ［清］鄂尔泰等修，靖道谟纂：《云南通志》，江苏广陵古籍刻印社，1988 年版。
21. 罗书勤、贾肇华、翁仲康、杨汉辉点校，黄永堂审校：《黔书·续黔书·黔记·黔语》，贵州人民出版社 1992 年版。
22. 张济民主编：《渊源流近——藏族部落习惯法法规及案例辑录》，青海人民出版社 2002 年版。
23. 张济民主编：《诸说求真——藏族部落习惯法专论》，青海人民出版社 2002 年版。
24. 海乃拉莫、曲木约质、刘尧汉：《凉山彝族习惯法案例集成》，云南人民出版社 1998 年版。
25. 陈金全、巴且日伙主编：《凉山彝族习惯法田野调查报告》，人民出版社 2008 年版。
26. 陈金全、梁聪主编：《贵州文斗寨苗族契约法律文书汇编——姜启贵等家藏契约文书》，人民出版社 2015 年版。
27. 陈金全、郭亮主编：《贵州文斗寨苗族契约法律文书汇编——易遵发、姜启成等家藏诉讼文书》，人民出版社 2017 年版。
28. 吴江编录：《侗族部分地区碑文选辑》，黎平县方志办公室印刷，1989 年。
29. 周润年、喜饶尼玛译注：《西藏古代法典选编》，中央民族大学出版社 1994 年版。
30. 中国大百科全书法学编辑委员会编：《中国大百科全书·法学》，中国大百科全书出版社 1984 年版。
31. 夏征农主编：《辞海》（缩印本），上海辞书出版社 1990 年版。
32. 《中国民族工作年鉴》编辑委员会编：《中国民族工作年鉴 2002》，《中国民族工作年鉴》编辑委员会，2002 年版。
33. ［英］戴维·M. 沃克编：《牛津法律大辞典》，北京社会与科技发展研究所译，光明日报出版社 1988 年版。
34. ［清］阮元校刻：《十三经注疏》，中华书局 2009 年版。
35. 黄钰辑点：《瑶族石刻录》，云南民族出版社 1993 年版。
36. 邹渊等著：《贵州少数民族习惯法调查与研究》，中央民族大学出版社 2014 年版。
37. 广西壮族自治区地方志编纂委员会编：《广西通志·民俗志》，广西人民出版社 1992 年版。
38. 尹长海：《法社会学课件》（内部资料），2015 年。

二、中文著作类

1. 杨桂华：《转型社会控制论》，北京师范大学出版社 2009 年版。
2. 宫志刚：《社会转型与秩序重建》，中国人民公安大学出版社 2004 年版。
3. 万斌、王学川：《社会调节机制论》，社会科学文献出版社 2011 年版。
4. 沈小峰：《混沌初开——自组织理论的哲学探索》，北京师范大学出版社 2008 年版。
5. 胡浩、楼慧心：《自组织理论与社会发展研究》，上海科技教育出版社 2002 年版。
6. 孙志海：《自组织的社会进化理论：方法和模型》，中国社会科学出版社 2004 年版。
7. 姚中秋主编：《自发秩序与理性》，浙江大学出版社 2008 年版。
8. 杨贵华等著：《自组织：社区能力建设的新视域》，社会科学文献出版社 2010 年版。
9. 罗豪才、宋功德：《软法亦法——公共治理呼唤软法之治》，法律出版社 2009 年版。
10. 段海风：《我国地方软法治理的规制研究》，人民日报出版社 2017 年版。
11. 高满良：《农村治理中正式制度与非正式制度的整合方式研究》，中国社会科学出版社 2016 年版。
12. 杨菊平：《非正式制度与乡村治理研究》，上海交通大学出版社 2016 年版。
13. 张冠梓：《论法的成长——来自中国南方山地法律民族志的诠释》，社会科学文献出版社 2002 年版。
14. 方慧主编：《少数民族地区习俗与法律的调适：以云南省金平苗族瑶族傣族自

治县为中心的案例研究》，中国社会科学出版社 2006 年版。

15. 周世中等著：《西南少数民族民间法的变迁与现实作用——以黔桂瑶族、侗族、苗族民间法为例》，法律出版社 2010 年版。
16. 徐晓光：《黔湘桂边区山地民族习惯法的民间文学表达》，广西师范大学出版社 2016 年版。
17. 郭凤鸣：《秩序中的生长——少数民族习惯法的教育人类学解读》，四川大学出版社 2011 年版。
18. 马珺：《清末民初民事习惯法对社会的控制》，法律出版社 2013 年版。
19. 黎瑛：《民国时期广西民族地区社会控制（1927～1949）》，社会科学文献出版社 2015 年版。
20. 覃主元、刘晓聪：《瑶族习惯法与社区控制和法治秩序构建》，民族出版社 2014 年版。
21. 杨志明等著：《边疆社会非正式控制研究—— 一种基于民族伦理控制的扩展分析》，中国社会科学出版社 2016 年版。
22. 何立荣、覃晚萍：《西部民族地区农村法治与和谐社会的构建：以法人类学为视角》，中国法制出版社 2015 年版。
23. 袁翔珠：《广西少数民族互助习惯研究及其在构建农村社会保障机制中的运用》，北京大学出版社 2016 年版。
24. 刘华：《少数民族地区乡村治理法则研究——以勐海县一个傣族村寨为例》，民族出版社 2012 年版。
25. 张文显主编：《法理学》，高等教育出版社、北京大学出版社 2011 年版。
26. 吕世伦主编：《现代西方法学流派》，中国大百科全书出版社 2000 年版。
27. 黄文艺：《中国法律发展的法哲学反思》，法律出版社 2010 年版。
28. 朱景文主编：《法社会学》，中国人民大学出版社 2013 年版。
29. 郭星华主编：《法社会学教程》，中国人民大学出版社 2015 年版。
30. 郑杭生主编：《社会学概论》，中国人民大学出版社 2003 年版。
31. 季卫东：《法治秩序的建构》，中国政法大学出版社 1999 年版。
32. 江山：《法的自然精神导论》，法律出版社 1997 年版。
33. 周勇：《少数人权利的法理》，社会科学文献出版社 2002 年版。
34. 周长龄：《法律的起源》，中国人民公安大学出版社 1997 年版。
35. 王学辉：《从禁忌习惯到法起源运动》，法律出版社 1998 年版。
36. 尹伊君：《社会变迁的法律解释》，商务印书馆 2003 年版。
37. 梁治平：《法律的文化解释》，生活・读书・新知三联书店，1994 年版。

38. 吴大华：《民族法律文化散论》，民族出版社 2004 年版。
39. 范忠信、郑定、詹学农：《情理法与中国人——中国传统法律文化探微》，中国人民大学出版社 1992 年版。
40. 梁治平：《寻求自然秩序中的和谐》，中国政法大学出版社 2002 年版。
41. 苏力：《法治及其本土资源》，中国政法大学出版社 1996 年版。
42. 苏力：《制度是如何形成的》，北京大学出版社 2007 年版。
43. 林耀华主编：《民族学通论》，中央民族大学出版社 1997 年版。
44. 金炳镐：《民族理论与民族政策概论》，中央民族大学出版社 2006 年版。
45. 布赫主编：《马克思主义民族理论与党的民族政策》，内蒙古人民出版社 1987 年版。
46. 吴宗金、张晓辉主编：《中国民族法学》，法律出版社 2004 年版。
47. 宋才发主编：《民族区域自治法通论》，民族出版社 2003 年版。
48. 吴宗金：《民族法制的理论与实践》，中国民主法制出版社 1998 年版。
49. 戴小明等著：《民族法制问题探索》，民族出版社 2002 年版。
50. 严志钦：《时代精神与民族法制》，民族出版社 2005 年版。
51. 彭谦：《中国民族政策法律化问题研究》，中央民族大学出版社 2006 年版。
52. 张晓辉主编：《中国法律在少数民族地区的实施》，云南大学出版社 1994 年版。
53. 孙渝：《中国西部地区法制环境研究》，重庆出版社 2001 年版。
54. 孙韡：《西部民族法制建设与社会和谐》，民族出版社 2009 年版。
55. 曾宪义：《民族地区现代化进程中的民主法制建设》，民族出版社 2002 年版。
56. 田成有：《乡土社会中的民间法》，法律出版社 2005 年版。
57. 谢晖：《大、小传统的沟通理性》，中国政法大学出版社 2011 年版。
58. 王新生：《习惯性规范研究》，中国政法大学出版社 2010 年版。
59. 厉尽国：《法治视野中的习惯法：理论与实践》，中国政法大学出版社 2010 年版。
60. 李可：《习惯法——一个正在发生的制度性事实》，中南大学出版社 2005 年版。
61. 高其才主编：《变迁中的当代中国习惯法》，中国政法大学出版社 2017 年版。
62. 吕廷君：《民间法与法治社会》，人民出版社 2016 年版。
63. 张镭：《论习惯与法律——两种规则体系及其关系研究》，南京师范大学出版社 2008 年版。
64. 高晋康、何真：《习惯与法制的冲突及整合：以西部地区的调查分析为进路》，法律出版社 2010 年版。
65. 施蔚然：《少数民族民事习惯的法治价值》，法律出版社 2017 年版。

66. 龚卫东等著：《西部少数民族民事习惯法治化问题研究》，法律出版社 2016 年版。
67. 顾梁莎：《少数民族习惯法的“合法化”路径——刑法视域下的思考》，中国社会科学出版社 2017 年版。
68. 缪家福：《全球化与民族文化多样性》，人民出版社 2005 年版。
69. 中国社会科学杂志社编：《社会转型：多文化多民族社会》，社会科学文献出版社 2000 年版。
70. 江应梁主编：《中国民族史》，民族出版社 1990 年版。
71. 萧万源、伍雄武、阿不都秀库尔主编：《中国少数民族哲学史》，安徽人民出版社 1992 年版。
72. 高发元主编：《中国西南少数民族道德研究》，云南民族出版社 1990 年版。
73. 马学良、梁庭望、张公瑾主编：《中国少数民族文学史》，中央民族学院出版社 1992 年版。
74. 瞿同祖：《中国法律与中国社会》，中华书局，1981 年版。
75. 费孝通：《乡土中国 生育制度》，北京大学出版社 1998 年版。
76. 林耀华：《凉山彝家的巨变》，商务印书馆 1995 年版。
77. 金泽：《宗教禁忌研究》，社会科学文献出版社 1996 年版。
78. 宋全：《少数民族民间禁忌》，中央民族大学出版社 1994 年版。
79. 宋兆麟：《巫与巫术》，四川民族出版社 1989 年版。
80. 邓敏文：《神判论》，贵州人民出版社 1991 年版。
81. 刘黎明：《中国民间习惯法则：契约 · 神裁 · 打赌》，四川人民出版社 2003 年版。
82. 童恩正：《南方文明》，重庆出版社 1998 年版。
83. 李根蟠、卢勋：《中国南方少数民族原始农业形态》，农业出版社 1987 年版。
84. 宋恩常：《云南少数民族研究文集》，云南人民出版社 1986 年版。
85. 林耀华：《金翼：中国家族制度的社会学研究》，生活 · 读书 · 新知三联书店，1989 年版。
86. 钱宗范、梁颖等著：《广西各民族宗法制度研究》，广西师范大学出版社 1997 年版。
87. 周光大主编：《壮族传统文化与现代化建设》，广西人民出版社 1998 年版。
88. 王胜先：《侗族文化与习俗》，贵州民族出版社 1989 年版。
89. 石开忠：《侗族款组织及其变迁研究》，民族出版社 2009 年版。
90. 李廷贵、张山、周光大主编：《苗族历史与文化》，中央民族大学出版社 1996 年版。

91. 张有隽：《瑶族历史与文化》，广西民族出版社 2001 年版。
92. 罗之基：《佤族社会历史与文化》，中央民族大学出版社 1995 年版。
93. 陈本亮：《佤族文化大观》，云南民族出版社 1999 年版。
94. 李鸣：《中国民族法制史论》，中央民族大学出版社 2008 年版。
95. 胡兴东：《中国少数民族法律史纲要》，中国社会科学出版社 2015 年版。
96. 高其才：《中国习惯法论》，中国法制出版社 2008 年版。
97. 梁治平：《清代习惯法：社会与国家》，中国政法大学出版社 1996 年版。
98. 黄宗智：《清代的法律、社会与文化：民法的表达与实践》，上海书店出版社 2007 年版。
99. 徐中起、张锡盛、张晓辉主编：《少数民族习惯法研究》，云南大学出版社 1998 年版。
100. 高其才主编：《当代中国少数民族习惯法》，法律出版社 2011 年版。
101. 陈金全主编：《西南少数民族习惯法研究》，法律出版社 2008 年版。
102. 潘志成：《西南民族传统法文化的历史与现状考察》，民族出版社 2010 年版。
103. 师蒂：《神话与法制：西南民族法文化研究》，云南教育出版社 1992 年版。
104. 徐晓光：《原生的法：黔东南苗族侗族地区的法人类学调查》，中国政法大学出版社 2010 年版。
105. 徐晓光、文新宇：《法律多元视角下的苗族习惯法与国家法——来自黔东南苗族地区的田野调查》，贵州民族出版社 2006 年版。
106. 杨怀英、赵勇山等著：《滇西南边疆少数民族婚姻家庭制度与法的研究》，法律出版社 1988 年版。
107. 胡卫东：《黔东南苗族山林保护习惯法研究》，西南交通大学出版社 2012 年版。
108. 吕志祥等著：《藏区生态法研究——从藏族传统生态文明的视角》，中央民族大学出版社 2013 年版。
109. 淡乐蓉：《藏族“赔命价”习惯法研究》，中国政法大学出版社 2014 年版。
110. 莫金山：《瑶族石牌制》，广西民族出版社 2000 年版。
111. 高其才：《瑶族习惯法》，清华大学出版社 2008 年版。
112. 蔡富莲、米伍作：《当代凉山彝族血缘家支、传统习惯法研究》，民族出版社 2014 年版。
113. 罗明军：《民族地区权力、文化与社区治理：一个彝族社区的政治人类学研究》，中国书籍出版社 2016 年版。
114. 邓敏文、吴浩：《没有国王的王国：侗款研究》，中国社会科学出版社 1995 年版。

115. 徐晓光：《款约法——黔东南侗族习惯法的历史人类学考察》，厦门大学出版社 2012 年版。
116. 李鸣：《碉楼与议话坪——羌族习惯法的田野调查》，中国法制出版社 2008 年版。
117. 龙大轩：《乡土秩序与民间法律——羌族习惯法探析》，华夏文化艺术出版社 2001 年版。
118. 周相卿：《雷公山地区苗族习惯法研究》，法律出版社 2016 年版。
119. 梁聪：《清代清水江下游村寨社会的契约规范与秩序——以文斗苗寨契约文书为中心的研究》，人民出版社 2008 年版。
120. 吴才茂：《民间文书与清水江地区的社会变迁》，民族出版社 2016 年版。
121. 冉春桃、蓝寿荣：《土家族习惯法研究》，民族出版社 2003 年版。
122. 刘振宇：《初民社会法的图景——佤族习惯法的法人类学诠释》，九州出版社 2014 年版。
123. 陈金全主编：《彝族仡佬族毛南族习惯法研究》，贵州民族出版社 2008 年版。
124. 龚佩华：《景颇族山官制社会研究》，中山大学出版社 1988 年版。
125. 尹绍亭：《一个充满争议的文化生态体系——云南刀耕火种研究》，云南人民出版社 1991 年版。
126. 张文山等著：《自治权理论与自治条例研究》，法律出版社 2005 年版。
127. 刘广安等著：《中国古代民族自治研究》，中央民族大学出版社 2009 年版。
128. 徐勇：《中国农村村民自治》，生活·读书·新知三联书店，2018 年版。
129. 周庆智：《中国基层社会自治》，中国社会科学出版社 2017 年版。
130. 于建嵘：《岳村政治：转型期中国乡村政治结构的变迁》，商务印书馆 2001 年版。
131. 王布衣：《震惊世界的广西农民——广西农民的创举与中国村民自治》，广西人民出版社 2008 年版。
132. 汪世荣、褚宸舸：《“枫桥经验”：基层社会治理体系和能力现代化实证研究》，法律出版社 2018 年版。
133. 孙韡：《黔东南苗族村寨村规民约研究》，西南交通大学出版社 2014 年版。
134. 赵树坤：《社会冲突与法律控制：当代中国社会转型期的法理秩序检讨》，法律出版社 2008 年版。
135. 邵华：《自组织权利救济——多元化纠纷解决机制的新视角》，中国法制出版社 2007 年版。
136. 徐昕：《论私力救济》，中国政法大学出版社 2005 年版。

137. 范愉：《非诉讼纠纷解决机制研究》，中国人民大学出版社 2000 年版。
138. 高其才：《多元司法：中国社会的纠纷解决方式及其变革》，法律出版社 2009 年版。
139. 王铭铭、王斯福主编：《乡土社会的秩序、公正与权威》，中国政法大学出版社 1997 年版。
140. 赵旭东：《权力与公正——乡土社会的纠纷解决与权威多元》，天津古籍出版社 2003 年版。
141. 苏力：《送法下乡——中国基层司法制度研究》，北京大学出版社 2011 年版。
142. 左卫民等著：《中国基层纠纷解决研究》，人民出版社 2010 年版。
143. 强世功编：《调解、法制与现代性：中国调解制度研究》，中国法制出版社 2005 年版。
144. 陈文华：《民间规则在民事纠纷解决中的适用》，中国政法大学出版社 2012 年版。
145. 胡兴东：《西南民族地区纠纷解决机制研究》，社会科学文献出版社 2013 年版。
146. 罗大玉、龚晓、魏晓欣等著：《西部少数民族地区纠纷解决机制研究》，中国人民大学出版社 2015 年版。
147. 周世中等著：《民族习惯法在西南民族地区司法审判中的适用研究》，法律出版社 2015 年版。
148. 徐晓光等著：《锦屏乡土社会的法与民间纠纷解决》，民族出版社 2012 年版。
149. 李剑：《凉山彝族纠纷解决方式研究》，民族出版社 2011 年版。
150. 张邦铺：《彝族习惯法及调解机制研究》，法律出版社 2016 年版。
151. 赵天宝：《景颇族纠纷解决机制研究》，法律出版社 2013 年版。
152. 陈庆英主编：《藏族部落制度研究》，中国藏学出版社 1995 年版。
153. 金玉学：《民俗与社会控制》，群众出版社 2008 年版。
154. 吴大华主编：《民族法学讲座》，民族出版社 1997 年版。
155. 吴玉章：《中国土司制度渊源与发展史》，四川民族出版社 1988 年版。

三、外文著作和译著类

1. ［美］E. A. 罗斯：《社会控制》，秦志勇、毛永政译，华夏出版社 1989 年版。
2. ［荷］盖叶尔、佐文：《社会控制论》，黎鸣等译，华夏出版社 1989 年版。
3. ［美］罗·庞德：《通过法律的社会控制 法律的任务》，沈宗灵、董世忠译，杨昌裕、楼邦彦校，商务印书馆 1984 年版。

4. ［德］赫尔曼·哈肯：《协同学：大自然构成的奥秘》，凌复华译，上海译文出版社 2005 年版。

5. ［英］C. W. 沃特森：《多元文化主义》，叶兴艺译，吉林人民出版社 2005 年版。

6. ［日］千叶正士：《法律多元——从日本法律文化迈向一般理论》，强世功、王宇洁、范愉、董炯、彭冰、赵晓力译，中国政法大学出版社 1997 年版。

7. ［加］威尔·金里卡：《少数的权利：民族主义、多元文化主义和公民》，邓红风译，上海译文出版社 2005 年版。

8. ［英］弗里德利希·冯·哈耶克：《自由秩序原理》，邓正来译：生活·读书·新知三联书店，1997 年版。

9. ［美］詹姆斯·N. 罗西瑙主编：《没有政府的治理》，张胜军、刘小林等译，江西人民出版社 2001 年版。

10. ［德］贡塔·托依布纳：《法律：一个自创生系统》，张骐译，北京大学出版社 2004 年版。

11. ［美］本杰明·内森·卡多佐：《法律的生长》，刘培峰、刘骁军译，贵州人民出版社 2003 年版。

12. ［美］P. 诺内特、P. 塞尔兹尼克：《转变中的法律与社会：迈向回应型法》，张志铭译，中国政法大学出版社 2004 年版。

13. ［德］哈贝马斯：《在事实与规范之间：关于法律和民主法治国的商谈理论》，童世骏译，生活·读书·新知三联书店，2011 年版。

14. ［美］弗朗西斯·福山：《政治秩序的起源：从前人类时代到法国大革命》，毛俊杰译，广西师范大学出版社 2012 年版。

15. ［美］E. 博登海默：《法理学——法哲学及其方法》，邓正来、姬敬武译，华夏出版社 1987 年版。

16. ［美］哈罗德·D. 拉斯韦尔、迈尔斯·S. 麦克道格尔：《自由社会之法学理论：法律、科学和政策的研究》，王贵国总审校，法律出版社 2013 年版。

17. ［美］劳伦斯·M. 弗里德曼：《法律制度——从社会科学角度观察》，李琼英、林欣译，中国政法大学出版社 2004 年版。

18. ［美］R. M. 昂格尔：《现代社会中的法律》，吴玉章、周汉华译，译林出版社 2001 年版。

19. ［奥］尤根·埃利希：《法律社会学基本原理》，叶名怡、袁震译，中国社会科学出版社 2009 年版。

20. ［英］罗杰·科特威尔：《法律社会学导论》，潘大松、刘丽君、林燕萍、刘海善译，华夏出版社 1989 年版。

21. [英] 拉德克利夫－布朗：《社会人类学方法》，夏建中译，华夏出版社 2002 年版。
22. [英] 罗伯特·莱顿：《他者的眼光：人类学理论导论》，罗攀、苏敏译，华夏出版社 2005 年版。
23. [法] 克洛德·列维－斯特劳斯：《结构人类学》，张祖建译，中国人民大学出版社 2006 年版。
24. [美] 威廉·A. 哈维兰：《文化人类学》，瞿铁鹏、张钰译，上海社会科学出版社 2006 年版。
25. [美] 克利福德·吉尔兹：《地方性知识：阐释人类学论文集》，王海龙、张家瑄译，中央编译出版社 2000 年版。
26. [美] E. 希尔斯：《论传统》，傅铿、吕乐译，上海人民出版社 1991 年版。
27. [德] 恩斯特·卡西尔：《人论》，甘阳译，上海译文出版社 1985 年版。
28. [英] 洛克：《政府论》，翟菊农、叶启芳译，商务印书馆 1964 年版。
29. [法] 孟德斯鸠：《论法的精神》，张雁深译，商务印书馆 1961 年版。
30. [法] 卢梭：《社会契约论》，何兆武译，商务印书馆 2003 年版。
31. [英] 梅因：《古代法》，沈景一译，商务印书馆 1959 年版。
32. [美] 路易斯·亨利·摩尔根：《古代社会》，杨东莼、马雍、马巨译，商务印书馆 1977 年版。
33. [美] 伯尔曼：《法律与宗教》，梁治平译，中国政法大学出版社 2003 年版。
34. [奥] 凯尔森：《法与国家的一般理论》，沈宗灵译，中国大百科全书出版社 1996 年版。
35. [美] 罗纳德·德沃金：《法律帝国》，许杨勇译，上海三联书店，2016 年版。
36. [日] 穗积陈重：《法律进化论》（法源论），黄尊三、萨孟武、陶汇曾、易家钺译，中国政法大学出版社 2003 年版。
37. [美] 塞罗妮－隆、周建新主编：《民族关系/Ethnic Relations》，知识产权出版社 2011 年版。
38. [美] Robert H. Lowie（罗维）：《初民社会》，吕叔湘译，商务印书馆 1935 年版。
39. [英] 爱德华·泰勒：《原始文化：神话、哲学、宗教、语言、艺术和习俗发展之研究》，连树声译，广西师范大学出版社 2005 年版。
40. [英] 马林诺夫斯基：《原始社会的犯罪与习俗》，原江译，法律出版社 2007 年版。
41. [英] A. R. 拉德克利夫－布朗：《原始社会的结构与功能》，潘蛟、王贤海、刘文远、知寒译，潘蛟校，中央民族大学出版社 1999 年版。

42. ［美］霍贝尔：《原始人的法——法律的动态比较研究》，严存生等译，法律出版社 2006 年版。
43. ［英］埃文思－普理查德：《努尔人——对尼罗河畔一个人群的生活方式和政治制度的描述》，褚建芳、阎书昌、赵旭东译，华夏出版社 2002 年版。
44. ［法］埃米尔·涂尔干：《社会分工论》，渠东译，生活·读书·新知三联书店，2000 年版。
45. ［法］米歇尔·福柯：《规训与惩罚》，刘北成、杨远婴译，生活·读书·新知三联书店，2007 年版。
46. ［苏］Ю. И. 谢苗列夫：《婚姻和家庭的起源》，蔡俊生译，沈真校，中国社会科学出版社 1983 年版。
47. ［芬］E. A. 韦斯特马克：《人类婚姻史》，李彬等译，刘宇、李毅夫等校，商务印书馆 2002 年版。
48. ［法］安德烈·比尔基埃、克里斯蒂亚娜·克拉比什－朱伯尔、冯尔蒂娜·雪伽兰、弗朗索瓦兹·佐纳邦德主编：《家庭史》，袁树仁等译，生活·读书·新知三联书店，1998 年版。
49. ［英］J. G. 弗雷泽：《金枝》，徐育新、汪培基、张泽石译，刘魁立审校，新世界出版社 2006 年版。
50. ［法］马塞尔·莫斯：《论馈赠——传统社会的交换形式及其功能》，卢汇译，中央民族大学出版社 2002 年版。
51. ［奥］弗洛伊德：《图腾与禁忌》，文良文化译，中央编译出版社 2005 年版。
52. ［美］露丝·本尼迪克：《文化模式》，何锡章、黄欢译，梦觉、鲁奇校，华夏出版社 1987 年版。
53. ［日］滋贺秀三：《中国家族法原理》，张建国、李力译，法律出版社 2003 年版。
54. ［美］D. 布迪、C. 莫里斯：《中华帝国的法律》，朱勇译，江苏人民出版社 2004 年版。
55. ［美］约翰·麦·赞恩：《法律的故事》，刘昕、胡凝译，姜渭渔审校，江苏人民出版社 2010 年版。
56. ［美］唐·布莱克：《社会学视野中的司法》，郭星华等译，［美］麦宜生审校，法律出版社 2002 年版。
57. ［美］唐纳德·J. 布莱克：《法律的运作行为》，唐越、苏力译，中国政法大学出版社 2004 年版。

58. ［美］斯蒂芬·B. 戈尔德堡、弗兰克 E. A. 桑德、南茜·H. 罗杰斯、塞拉·伦道夫·科尔：《纠纷解决——谈判、调解和其他机制》，蔡彦敏、曾宇、刘晶晶译，中国政法大学出版社 2004 年版。
59. ［美］罗伯特·C. 埃里克森：《无需法律的秩序——邻人如何解决纠纷》，苏力译，中国政法大学出版社 2003 年版。
60. ［日］高见泽磨：《现代中国的纠纷与法》，何勤华、李秀清、曲阳译，法律出版社 2003 年版。
61. ［日］棚濑孝雄著：《纠纷的解决与审判制度》，王亚新译，中国政法大学出版社 2004 年版。
62. ［英］马凌诺斯基：《文化论》，费孝通译，华夏出版社 2002 年版。
63. ［美］斯蒂芬·M. 菲尔德曼：《从前现代主义到后现代主义的美国法律思想：一次思想航行》，李国庆译，中国政法大学出版社 2005 年版。
64. ［德］马克斯·韦伯：《经济与社会》，林荣远译，商务印书馆 1997 年版。
65. ［美］H. W. 埃尔曼：《比较法律文化》，贺卫方、高鸿钧译，清华大学出版社 2002 年版。
66. D. Black. Toward a General Theory of Social Control，Academic Press，1984.
67. Allan V. Horwitz. The Logic of Social Control，Plenum Press，1990.
68. Xin Ren. Tradition of the Law and Law of the Tradition：Law，State，and Social Control in China，Greenwood Press，1997.
69. Leopold Pospisil. Anthropology of Law：A Comparative Theory，Harper & Row，1971.
70. Sally Falk Moore. Law as Process：An Anthropological Approach，Routledge & Kegan Paul，1978.
71. William M. Evan. Social Structure and Law，Sage Publications，1990.
72. Roger Cotterrell. Law Culture and Society，Ashgate Pub. Company，2006.
73. Charles Horton Cooley. Human Nature and the Social Order，Scribner，1922.
74. See Steven Vago. Law and Society，Pearson Education，2009.

四、期刊论文类

1. 杨桂华：《论社会系统的自在控制和自为控制》，载《哲学研究》1998 年第 8 期。
2. 张进铭、高雪萍：《自发秩序与建构秩序的相容性——以哈耶克法治理论为视角》，载《江西社会科学》2010 年第 8 期。
3. 郝彩虹：《现代社会的社会秩序、个体自由与社会控制——基于对部分社会学经典文献的分析》，载《社科纵横》2016 年第 6 期。
4. ［美］博登海默：《法律与其他社会控制力量的差别》，潘汉典译，载《中国法律评论》2014 年第 4 期。
5. 朱景文：《中国法治道路的探索——以纠纷解决的正规化和非正规化为视角》，载《法学》2009 年第 7 期。
6. 马长山：《国家“构建主义”法治的误区与出路》，载《法学评论》2016 年第 4 期。
7. 马长山：《从国家构建到共建共享的法治转向——基于社会组织与法治建设之间关系的考察》，载《法学研究》2017 年第 3 期。
8. 王晓：《社会控制与社会秩序：国外研究的考察》，载《岭南学刊》2014 年第 6 期。
9. 杨桂华：《社会控制理论的三大历史阶段》，载《北京社会科学》1998 年第 3 期。
10. 寇祥强：《社会控制理论的主要形态》，载《大理学院学报》2009 年第 1 期。
11. 田佑中、陈国红：《罗斯的社会控制理论述评》，载《南京政治学院学报》1999 年第 6 期。
12. 崔涵冰：《通过法律的社会控制理论给转型时期法治中国的镜鉴》，载《理论与改革》2016 年第 3 期。
13. 周明侠：《当代中国社会控制模式转型与对策》，载《社会科学战线》2007 年第 1 期。
14. 蒋传光：《对我国社会控制模式选择的法社会学思考》，载《政法论坛》1997 年第 5 期。
15. 陶建钟：《治理转型下的社会控制及其制度调适》，载《中共浙江省委党校学报》2015 年第 4 期。
16. 李瑞清：《社会控制在构建和谐社会中的地位和功能》，载《内蒙古师范大学学报》（哲学社会科学版）2007 年第 6 期。
17. 黄润柏：《社会控制体系的重构与壮族和谐社会建设》，载《广西民族研究》2006 年第 2 期。
18. 龙宗智：《关于“大调解”和“能动司法”的思考》，载《政法论坛》2010 年第 4 期。
19. 吴英姿：《“大调解”的功能及限度——纠纷解决的制度供给与社会自治》，载《中外法学》2008 年第 2 期。
20. 赵旭东：《纠纷解决机制及其“多元化”与“替代性”之辨析》，载《法学杂志》2009 年第 11 期。

21. 田北海：《试论我国传统社会控制体系的构成》，载《求索》2006 年第 3 期。
22. 胡兴东：《元明清时期南方民族基层社会控制制度的变迁》，载《中南民族大学学报》（人文社会科学版）2005 年第 5 期。
23. 郗玉松：《国家权力的渗透与民族地区社会秩序的重构——“改土归流”后湖广土家族地区的士绅培育与社会控制研究》，载《长江师范学院学报》2014 年第 6 期。
24. 魏丽、吴琼：《以政府治理理念完善多民族地区的社会控制》，载《西藏大学学报》（社会科学版）2016 年第 1 期。
25. 种年、孙秋云：《从人类学角度看社会控制》，载《中南民族学院学报》（哲学社会科学版）1995 年第 4 期。
26. 陈金全：《原创文化与人类的法治精神》，载《现代法学》2002 年第 6 期。
27. 田成有、张向前：《原始法探析——从禁忌、习惯到法起源运动》，载《法学研究》1994 年第 6 期。
28. 廉睿、高鹏怀：《来自民间的社会控制机制——中国“民间法”的过去、现在和未来》，载《理论月刊》2016 年第 2 期。
29. 王启梁：《习惯法/民间法研究范式的批判性理解——兼论社会控制概念在法学研究中的运用可能》，载《现代法学》2006 年第 5 期。
30. 王启梁：《作为生存之道的非正式社会控制》，载《山东大学学报》（哲学社会科学版）2010 年第 5 期。
31. 王启梁：《乡村社会中的多元社会控制：“分裂的整体”》，载《云南民族大学学报》（哲学社会科学版）2011 年第 1 期。
32. 张晓辉、王启梁：《少数民族地区农村的社会控制与法治建设》，载《思想战线》2005 年第 2 期。
33. 赵桅：《少数民族地区传统社会控制系统探析》，载《三峡大学学报》（人文社会科学版）2010 年第 5 期。
34. 李毅：《民族地区的社会控制》，载《南昌师范学院学报》（社会科学）2017 年第 2 期。
35. 赵利生：《民族社会控制系统分析》，载《甘肃政法学院学报》2003 年第 2 期。
36. 赵利生：《民族社会控制及其必然性分析》，载《甘肃理论学刊》2003 年第 6 期。
37. 崔树义：《当代村落社区社会控制刍议》，载《山东社会科学》1996 年第 4 期。
38. 梁利：《边境民族地区社会控制模式中的民俗控制检讨——以广西为考察对象》，载《学术论坛》2012 年第 6 期。

39. 吴大华：《中国少数民族犯罪社会控制的实践与反思》，载《湖北民族学院学报》（哲学社会科学版）2005 年第 1 期。
40. 刘希：《论我国少数民族地区犯罪社会控制中的习惯法——以法律人类学为视角》，载《时代法学》2008 年第 4 期。
41. 魏红：《如何发挥社会控制在防控西南地区性侵害未成年人犯罪中的作用》，载《政法论丛》2016 年第 2 期。
42. 胡兴东：《历史上西南少数民族地区族际纠纷解决机制研究》，载《云南社会科学》2010 年第 4 期。
43. 杨亚东：《移民与边疆社会：社会控制视阈下清朝对云贵地区夷汉矛盾的调控》，载《云南师范大学学报》（哲学社会科学版）2017 年第 2 期。
44. 孙秋云：《少数民族山村村民自治的民间基础分析》，载《民族研究》2004 年第 1 期。
45. 徐勇：《由能人到法治：中国农村基层治理模式转换——以若干个案为例兼析能人政治现象》，载《华中师范大学学报》（哲学社会科学版）1996 年第 4 期。
46. 刘振宇：《清代黔东南苗族社会变迁与民间纠纷解决——以文斗寨解纷文书为研究对象》，载《江苏警官学院学报》2011 年第 3 期。
47. 陈德顺：《中国西南民族地区的家族势力与家族政治》，载《云南民族学院学报》（哲学社会科学版）2003 年第 2 期。
48. 黄灵芝、梁利：《民间社会力量参与社会控制的成本分析——以广西边疆多民族地区为考察对象》，载《广西民族师范学院学报》2018 年第 2 期。
49. 王存奎、孙先伟：《民俗信仰与社会控制》，载《民俗研究》2005 年第 4 期。
50. 朱惠芳、焦艳：《民间习俗的社会控制作用——以〈金翼〉中的婚姻习俗为例》，载《重庆科技学院学报》（社会科学版）2015 年第 2 期。
51. 种年：《人类学视野下的宗教——中国乡村社会控制中的一种力量》，载《东南文化》2000 年第 7 期。
52. 杨玉荣：《鄂西南民族地区宗教信仰及其社会控制功能》，载《中南民族学院学报》（人文社会科学版）2002 年第 1 期。
53. 洪涵：《巫蛊信仰与社会控制》，载《云南大学学报》（法学版）2009 年第 5 期。
54. 周勇、高兴：《社会控制中的文化因素分析》，载《湖南大学学报》（社会科学版）2015 年第 1 期。
55. 钱锦宇：《通过神话的社会控制——兼论神话作为民间法的渊源》，载《中南民族大学学报》（人文社会科学版）2010 年第 4 期。

56. 李晓斌、龚卿、胡兴东：《云南人口较少民族传统精神文化社会控制功能弱化相关因素分析》，载《中央民族大学学报》（哲学社会科学版）2006 年第 3 期。
57. 严志亮、廖君湘、严志钦：《习惯法与民族社会控制》，载《兰州学刊》2005 年第 1 期。
58. 杨军、刘娟：《少数民族习惯法与少数民族地区社会控制》，载《思想战线》2008 年第 S2 期。
59. 周晓涛：《西北少数民族法制建设中习惯法因素的整合》，载《兰州大学学报》（社会科学版）2010 年第 3 期。
60. 周庆刚：《法制资源：从“二元整合”到“一元整合”——以国家法与民间法的整合为视角》，载《广西社会科学》2007 年第 4 期。
61. 冯广林、刘振宇：《“活法”视域下国家法与民间法的关系》，载《内蒙古大学学报》（哲学社会科学版）2012 年第 2 期。
62. 刘振宇：《中国古代民族法的历史演进及其精神特质》，载《法学杂志》2012 年第 6 期。
63. 蒋超：《论少数民族习惯法的现代化途径》，载《甘肃社会科学》2008 年第 3 期。
64. 吴才茂、李斌：《清代黔东南地区的乡村社会控制——以新见官文书为中心》，载《中国社会经济史研究》2017 年第 1 期。
65. 杨红伟、张科：《甘青川边藏区传统部落非正式社会控制刍议》，载《青海民族研究》2016 年第 3 期。
66. 杨红伟：《藏传佛教与安多藏区的社会控制》，载《中国边疆史地研究》2017 年第 2 期。
67. 扎洛：《西藏农村的宗教权威及其公共服务——对于西藏农区五村的案例分析》，载《民族研究》2005 年第 2 期。
68. 王林敏：《论藏区社会控制与赔命价习惯法的治理》，载《湖南警察学院学报》2015 年第 4 期。
69. 周星：《家支·德古·习惯法》，载《社会科学战线》1997 年第 5 期。
70. 蔡富莲：《市场经济体制下凉山彝族家支、习惯法与彝区社会治安问题研究——以彝族聚居县美姑、昭觉、布拖为例》，载《贵州民族研究》2006 年第 6 期。
71. 嘉日姆几：《彝汉纠纷中的身份、认知与权威——以云南省宁蒗彝族自治县为例》，载《民族研究》2008 年第 4 期。
72. 廷贵、酒素：《略论苗族古代社会结构的“三根支柱”——鼓社、议榔、理老》，载《贵州民族研究》1981 年第 4 期。
73. 张斌：《诗性智慧、民族记忆与共同体秩序：作为社会控制工程的苗族贾理》，载《甘肃政法学院学报》2016 年第 6 期。
74. 曹端波：《苗族文化的社会控制》，载《中央民族大学学报》（哲学社会科学版）2008 年第 1 期。
75. 徐晓光：《无文字状态下的一种“立法”活动——黔桂边界苗族地区作为“先例”的埋岩》，载《山东大学学报》（哲学社会科学版）2006 年第 6 期。
76. 徐晓光：《小牛的 DNA 鉴定——黔东南苗族地区特殊案件审理中的证据与民间法参与》，载《广西民族大学学报》（哲学社会科学版）2011 年第 1 期。
77. 雷广正、李知仁：《侗族地区“洞”、“款”组织的特征和作用》，载《民族研究》1980 年第 5 期。
78. 范毅：《原始民主：现代跨越的“卡夫丁峡谷”——侗、苗民族“款文化”的政治社会学视角》，载《求索》2002 年第 2 期。
79. 潘志成：《从江县占里侗寨当代婚育习惯法考察》，载《湘潭大学学报》（哲学社会科学版）2008 年第 2 期。
80. 曹端波：《侗族传统婚姻选择与社会控制》，载《贵州大学学报》（社会科学版）2008 年第 2 期。
81. 廖君湘：《侗族禁忌与原生型宗教：内涵及其社会控制功能》，载《经纪人学报》2005 年第 1 期。
82. 张冠梓：《近代瑶族社会控制研究》，载《广西民族研究》1994 年第 2 期。
83. 李国明：《佤族村寨的社会控制——以沧源县翁丁村为例》，载《凯里学院学报》2012 年第 1 期。
84. 朱和双、李金莲：《佤族的神灵信仰及其对男女性关系的社会控制》，载《湖北民族学院学报》（哲学社会科学版）2003 年第 4 期。
85. 吴晓琳：《仪式、超自然知识及社会整合——翁丁佤族叫魂活动的人类学阐释》，载《思想战线》2008 年第 S1 期。
86. 刘振宇、陈金全：《西盟佤族传统纠纷解决及其法社会学解读》，载《北方法学》2011 年第 4 期。
87. 兰元富、陈小曼：《丽江纳西族的习惯法与环境保护》，载《贵州民族学院学报》（哲学社会科学版）2008 年第 2 期。
88. 罗家云：《哈尼族村寨的社会控制组织体系——以红河州绿春县新寨村为例》，载《学术探索》2006 年第 6 期。
89. 赵天宝：《自发秩序与和谐——以景颇族解纷为例》，载《学术探索》2010 年第 1 期。
90. 赵天宝：《论德昂族孝文化的社会控制功能——基于法人类学的分析》，载《湖北民族学院学报》（哲学社会科学版）2018 年第 4 期。
91. 高龙：《拉祜族苦聪人的社会控制——以镇沅县苦聪人为例》，载《攀枝花学院学报》2014 年第 5 期。
92. 张晓辉：《现代仡佬族的民间法与民间纠纷解决方式——以贵州省大方县普底乡红丰村为例》，载《贵州民族学院学报》（哲学社会科学版）2007 年第 3 期。
93. 兰元富：《西南民族地区百年法制变迁述论》，载《贵州民族研究》2008 年第 5 期。
94. 郑茜：《民族团结誓词碑》，载《中国民族》2009 年第 Z1 期。
95. 王启梁：《传统法文化的断裂与现代法治的缺失——少数民族农村法治秩序建构路径选择的社区个案研究》，载《思想战线》2001 年第 5 期。
96. 李剑、严文强：《“真实”与“建构”的二元对立——论国家法与彝族习惯法的断裂与合作》，载《民族学刊》2012 年第 4 期。
97. 李剑、杨玲：《民族地区多元化纠纷解决机制的构建——以当代彝区的法律实践为例》，载《法学杂志》2011 年第 8 期。
98. 戴小明、谭万霞：《论民族习惯法与国家法的冲突及整合》，载《广西民族大学学报》（哲学社会科学版）2006 年第 6 期。
99. 云翼：《法律的一种人类学解释》，载《研究生法学》2003 年第 4 期。
100. 田成有：《论民族习惯、习惯法和法律的关系》，载《云南法学》1995 年第 3 期。
101. 夏锦文、徐英荣：《现实与理想的偏差：论司法的限度》，载《中外法学》2004 年第 1 期。
102. 刘振宇：《当前我国地方民族立法体系评析》，载《湖北民族学院学报》（哲学社会科学版）2011 年第 3 期。
103. 许章润：《“习惯法”的当下中国意义》，载《中国法律》2009 年第 4 期。
104. 庄孔韶、杨洪林、富晓星：《小凉山彝族“虎日”民间戒毒行动和人类学的应用实践》，载《广西民族学院学报》（哲学社会科学版）2005 年第 2 期。
105. 张冠梓：《禁忌：类同于法律属性的初级社会控制形态》，载《中央民族大学学报》（哲学社会科学版）2002 年第 4 期。

五、析出论文类

1. 邵方：《中国古代的法制与秩序：一统与自治相结合的民族秩序》，载《中国古代法制与秩序国际学术研讨会文集》，中国政法大学法律史学研究院，2011 年。
2. 王彬：《自发性秩序：进化论理性主义视野下的民间规则》，载谢晖、陈金钊主编：《民间法》（2010 年卷），济南出版社 2010 年版。
3. 刘红春：《自生与融合：少数民族村寨秩序的建构——以曼芽村为例》，载谢晖、陈金钊、蒋传光主编：《民间法》（第十七卷），厦门大学出版社 2016 年版。
4. 张岩涛：《习惯法在社会控制系统中的地位——从一个模型的建构说起》，载谢晖、蒋传光、陈金钊主编：《民间法》（第十四卷），厦门大学出版社 2014 年版。
5. 冉琳闻：《论法治建设中民族地区的社会控制——国家法律控制与民族习惯法的冲突与互补》，载《当代法学论坛》（第 3 辑），中国方正出版社 2007 年版。
6. 梁海燕：《民族地区习惯法与区域法治构建探析》，载谢晖、陈金钊、蒋传光主编：《民间法》（第十五卷），厦门大学出版社 2015 年版。
7. 徐晓光：《神话、禁忌与西南少数民族习惯法》，载张艾清、李理主编：《首届贵州法学论坛文集》，贵州人民出版社 2000 年版。
8. 张祝平：《正名与正行：民间信仰的社会控制及策略选择》，载《浙江省社会学学会第六届会员代表大会暨 2010 年学术年会论文集》，浙江省社会学学会，2010 年。
9. 沈寨：《从“权威治理”转向“规则治理”——对乡贤治理的思考》，载谢晖、陈金钊、蒋传光主编：《民间法》（第十七卷），厦门大学出版社 2016 年版。
10. 陈寒非：《人生史、权威与习惯法的成长——评高其才教授“乡土法杰”系列》，载谢晖、陈金钊主编：《民间法》（第十三卷），厦门大学出版社 2014 年版。
11. 刘希：《民间法：一种少数民族地区犯罪控制的乡土力量——以云南宁蒗跑马坪乡彝族社区民间禁毒个案为样本》，载何明主编：《西南边疆民族研究》（第 6 辑），云南大学出版社 2009 年版。
12. 张邦铺：《彝族传统法文化对凉山彝区乡村治理的影响与对策》，载谢晖、蒋传光、陈金钊主编：《民间法》（第二十卷），厦门大学出版社 2018 年版。
13. 周星：《死给、死给案与凉山社会》，载马戎、周星编著：《田野工作与文化自觉》（下），群言出版社 1998 年版。
14. 杨晓红：《论乡规民约环境保护规范的社会控制——以四川泸沽湖摩梭人乡规民约为例》，载《生态安全与环境风险防范法治建设——2011 年全国环境资源法学研讨会（年会）论文集》（第三册），中国法学会环境资源法学研究会，2011 年。
15. 刘振宇：《当代佤族村寨纠纷解决中的多元社会控制》，载谢晖、陈金钊主编：

《民间法》（第十三卷），厦门大学出版社2014年版。
16. 厉尽国：《当代中国习惯法研究遭遇的瓶颈问题及其突破》，载谢晖、陈金钊主编：《民间法》（第十三卷），厦门大学出版社2014年版。
17. 潘志成：《传统权威与当代少数民族村寨社会控制》，载毛公宁、吴大华主编：《民族法学评论》（第6卷），团结出版社2009年版。
18. See S. Macaulay. "Private Government", in Leon Lipson & Stanton Wheeler. Law and the Social Science, Rusell Sage Foundation, 1986.

六、学位论文类

1. 姜宏微：《当代中国社会控制理论的前提性问题》，东北师范大学2005届社会学专业硕士学位论文。
2. 王启梁：《社会控制与秩序》，云南大学2005届民族法学专业博士学位论文。
3. 李开：《理性法与社会自治——鲍曼的社会控制技术理论评析》，西南政法大学2011届法学理论专业硕士学位论文。
4. 岳德顺：《社会管理创新的自组织路径研究》，重庆大学2014届行政管理专业硕士学位论文。
5. 周丽红：《少数民族农村社区自组织研究——基于云南红村的个案考察》，云南大学2010届社会学专业硕士学位论文。
6. 窦端林：《少数民族传统社会组织与乡村治理——社会资本视野下卓尼拉力沟的俄拉组织研究》，兰州大学2009届民族学专业硕士学位论文。
7. 权文长：《法律与社会控制：中国古代礼法结合的传统及当代启示》，淮北师范大学2010届法学理论专业硕士学位论文。
8. 张杰：《社会控制语境下的中国传统家族法研究》，兰州大学2017届法律史专业硕士学位论文。
9. 官波：《法律多元视野中的少数民族习惯法》，云南大学2005届民族学专业博士学位论文。
10. 偶芳：《"人与自然是兄弟"——对云南丽江纳西族环境保护习惯法的文化解读》，西南政法大学2004届法律史专业硕士学位论文。
11. 潘志成：《清代贵州苗疆的法律控制与地域秩序》，西南政法大学2010届法律史专业博士学位论文。
12. 张伟：《侗族的婚姻关系与习惯法研究》，西南政法大学2009届法律史专业硕士学位论文。
13. 刘琳：《侗族侗款的遗存、传承与时代性发展——以广西三江侗族自治县侗族侗款为例》，广西师范大学 2007 届法学理论专业硕士学位论文。
14. 刘云：《渝东南土家族商事习惯法文化考察》，西南政法大学 2004 届法律史专业硕士学位论文。
15. 严文强：《凉山彝族习惯法的历史流变——以案例分析为中心的研究》，西南政法大学 2008 届法律史专业博士学位论文。
16. 杨文情：《彝族古代社会控制思想研究》，云南师范大学 2015 届社会学专业硕士学位论文。
17. 李剑：《论彝族民间的法律人——“德古”》，西南政法大学 2006 届法律史专业硕士学位论文。
18. 郭亮：《桂西北村寨治理与法秩序变迁——以合寨村为个案》，西南政法大学 2011 届法律史专业博士学位论文。
19. 李仁煜：《明清时期桂东北地区的社会控制研究——以乡绅权威为中心的考察》，广西师范大学 2013 届中国古代史专业硕士学位论文。
20. 周欣宇：《文化与制度：藏区命价纠纷的法律分析》，西南政法大学 2009 届法律史专业博士学位论文。
21. 王玉杰：《清代地方社会控制与政府控制的研究》，烟台大学 2014 届法律硕士学位论文。
22. 邱科：《改土归流前后湘西社会控制的变迁研究——以中央、地方政府的社会控制为主要内容》，吉首大学 2013 届历史学专业硕士学位论文。

后　记

书稿终于完成了。本书从国家社会科学基金项目“民族法视域下西南山地民族自发社会控制研究”的申报、立项，经过项目的实施、验收，随后又根据评审专家的鉴定意见进行了认真修改，最后形成了现在的书稿，前后历时八年有余。期间资料收集、田野调查、案牍劳神、反复改易自是毋需多言，直至2021年夏秋之际本书方才得以定稿，可算是件值得欣喜的事情。

中华民族是由56个民族共同组成的大家庭，中华文化也是由各民族文化共同构成的。西南山地民族在长期生产生活实践中形成了独具特色且至今仍然发挥效用的自发社会控制资源，它是中国传统社会治理资源的重要组成部分，值得我们去调查、去整理、去认识、去研究。与此同时，在完善和创新新时代民族地区基层社会治理过程中，我们不应忽视少数民族内源性自发社会控制资源。就西南山地民族地区而言，应当充分挖掘丰富的少数民族优秀传统自发社会控制资源，并将其有效地融入当代民族地区基层社会控制体系，发挥其积极的社会控制效能，这对于提升民族地区基层社会治理能力和水平而言具有重要意义。正是基于这一原因，课题立项之后，我们走出书斋，走向田野，先后赴滇西南、黔东南、桂西北以及川滇大小凉山等地区从事西南山地民族自发社会控制的调查，其中的艰难险阻，非局中人难以体会。

我能够走上民族法学研究之路，离不开西南政法大学陈金全教授、中央民族大学李鸣教授两位恩师的悉心指导和谆谆教诲。自2008年起，我就追随恩师奔赴西南山地民族各地展开田野调查，在调研过程中与西南山地民族结下了不解之缘，与当地少数民族群众建立了深厚感情。我的硕士和博士学位论文、首个国家社会科学基金项目都是围绕西南山地民族展开的研究。本书的完成可以说既是我民族法学学术研究历程中的一段难忘经历，同时也是作为一名民族法学研究者应当肩负的使命担当。在此谨将这本小书献给热情好客、勤劳善良的广大西南山地民族同胞。今后，我还将长期致力于西南山地民族研究，为提升民族地区社会治理水平和实现少数民族社会秩序和谐稳定贡献自己的绵薄之力。

西南山地民族自发社会控制涉及的领域和内容非常广泛，关联的研究论题也纷繁复杂，研究学科跨度较大，研究难度实属不易。本书以西南山地民族自发社会控制为研究样本，对西南山地民族自发社会控制的民族法文化基础、生成机理、运作机制、现实困境以及其与国家正式社会控制、准正式社会控制之间的互动进行了较为全面系统的深耕爬梳，力图厘清西南山地民族自发社会控制的历史传承、现实问题和未来发展趋势。虽然最终呈现出来的书稿不是很完备和成熟，但它的确是一种学术探索与尝试。

书稿定稿之际，回顾几年来艰辛的田调经历和煎熬的写作过程，最想表达的就是感恩。本书得以顺利完成，其间得到了太多人的帮助，没有他们的大力支持，本书的完成将是难以想象的。

本书从国家课题申报、立项后组织实施、文稿写作以及修改完善的全过程中，得到了一直以来关心、支持和鼓励我从事民族法学研究的陈金全教授、李鸣教授、孙振玉教授、李德宽教授、李自然教授、任军教授、吕耀军教授、梁向明教授的指导、点拨与赐教。谨向上述各位专家、学者表示由衷的感谢！

本书乃全体课题组成员共同努力的成果，是全体课题组成员辛勤付出的结晶。在此向贵州民族大学潘志成教授、西昌市人民政府李剑副市长、重庆邮电大学郭亮副教授、西南政法大学张伟副教授和陈小曼博士、云南大学叶黑龙博士等课题组成员的辛苦付出表示由衷的感谢！此外，我所指导的法学理论专业硕士研究生孙月茹、张谋义两位同学参与了资料整理、文字校对等工作，感谢他们认真、细心的劳动。

本书的完成离不开广泛而深入的实地田野调查。在田野调查期间，我们得到了许多西南山地民族同胞的鼎力相助，他们或提供资料、或接受访谈、或充当翻译、或陪同走访、或提供食宿，为我们的研究工作提供了诸多支持和便利。离开了他们的帮助，我们的研究将举步维艰。在调研过程中，他们对本民族传统文化的热爱令我感动，没有他们对民族自发社会控制方方面面耐心、细致地讲解，我们很难完成书稿的写作。与此同时，我们的田野调查还得到西南山地民族地区各级党政司法部门、民族宗教事务管理部门、政协文史办、档案馆、博物馆、村（居）民委员会等组织的大力协助，在此特致以诚挚的谢意！我留恋与他们相处的时刻，铭记他们的真情厚谊，怀念我们一起度过的那些辛苦而又充实的田调生活。

毋庸讳言，前人的田调资料和研究成果为本书研究奠定了坚实基础。本书写作过程中参阅了不少学者的著作、论文和田野调查报告以及各种相关资料，吸收了学界前辈和同仁们不少的研究成果，这些成果给了笔者很多有益的启示，谨此致谢！

还要特别感谢中国出版集团、研究出版社编辑部张立明主任，他为本书的编辑和出版付出了辛勤劳动，没有他的付出，本书不可能顺利出版。同时，也要感谢我的师兄殷秀峰博士为本书出版所付出的辛劳。

感谢“宁夏大学民族学一流学科建设经费”对本书出版给予的资助，感谢宁夏大学民族学学科群负责人杜建录教授的支持与提携。

我的妻子王颖女士对本书的写作、修改十分关心，在紧张撰写她的博士学位论文的同时包揽家务，为我写作创造条件。因此，本书也包含了她的付出，我向她表示感谢！在本书写作过程中，我的儿子出生并快乐地成长，在此我把本书作为一个父亲的礼物送给他。

由于系统、深入地研究西南山地民族自发社会控制及其相关问题，对我来说尚属于探索阶段，选题本身具有一定的难度，现存资料零散庞杂，加之田野调查的广度和深度不够以及笔者学识水平有限，本书所存在的遗漏、不周乃至错误之处再所难免，在此恳请专家学者和广大读者批评指正、不吝赐教！

刘振宇

2021 年 8 月 10 日

于宁夏银川市宁夏大学怀远校区逸夫楼